云南大学民族学一流学科建设经费资助

民族区域发展的奇迹

西藏经济实现中国式现代化研究

杨明洪　张艳红　刘建霞　著

中国藏学出版社

目　录

导　论

一、背景

2021 年 7 月 1 日，习近平总书记在庆祝中国共产党成立 100 周年大会上庄严宣告："经过全党全国各族人民持续奋斗，我们实现了第一个百年奋斗目标，在中华大地上全面建成了小康社会，历史性地解决了绝对贫困问题，正在意气风发向着全面建成社会主义现代化强国的第二个百年奋斗目标迈进。"① 中华民族迎来了从站起来、富起来到强起来的伟大飞跃。

作为祖国不可分割的组成部分，西藏也同步宣布全面建成小康社会，并步入"第二个百年"奋斗目标。由于众所周知的原因，西藏的现代化建设是晚于中国其他地区的，目前公认的历史起点是 1959 年的民主改革，而中国其他地区一般认为是从 1840 年的鸦片战争开始。从 1959 年起到 2021 年，不过 62 年的时间，晚于中国其他地区 119 年。虽然西藏在 2021 年所达到的现代化水平仍低于全国平均水平，但中国官方和学术界普遍认为西藏与全国是处于同一水平的，因为习近平总书记宣布"我们实现了第一个百年奋斗目标"是将西藏以及与西藏相类似的地区放在全国这个整体去评估而得出的结论。因此，西藏现代化的发展阶段可以被认为是

① 习近平：《在庆祝中国共产党成立一百周年大会上的讲话》，《人民日报》2021 年 7 月 2 日第 2 版。

“全面建成小康社会”。事实上，回溯西藏现代化的历程，按照中国改革开放总设计师邓小平的设想，到2000年，中国解决所有地区的温饱问题，实现总体小康，自然也包括西藏。如果再向前回溯，1994年召开的中央第三次西藏工作座谈会提出“西藏经济体制改革要围绕社会主义市场经济体制的总目标，总体上与全国框架一致，体制衔接”①，则可见西藏的改革和发展逐步实现了与全国的并轨。因此，至少从20世纪90年代中期开始，西藏逐步走上与全国一道推进现代化的历程。

西藏在如此短的时间内就逐步接近全国平均水平的现代化，可谓是一个伟大的奇迹。1987年邓小平在接见美国前总统卡特的谈话中指出，西藏要“在中国四个现代化建设中走进前列”②。从那以后，学术界对西藏现代化的研究进入一个高潮，尤其是格勒研究员将西藏现代化作为重点研究对象，并取得了重大成果。2001年11月8日，国务院新闻办公室还发布了《西藏的现代化发展》白皮书。格勒研究员的学术研究与中国政府之间的互动再次掀起学界对西藏现代化问题的研究高潮。但大约在2010年召开的中央第五次西藏工作座谈会之后，学术界对西藏现代化问题研究的兴趣呈下降趋势，以至于目前很少有学者将其作为研究课题。

然而，西藏现代化本身是一个十分重大的课题。实现中华民族伟大复兴离不开社会主义现代化。实现社会主义现代化，就是要把我国建设成为富强民主文明和谐美丽的社会主义现代化强国。国家的现代化既要从构成中华人民共和国组成部分的各地区考察，又要从构成国家现代化的各项事业和各个领域去考察。西藏现代化是中国式现代化一个极其重要的组成部分，加快推进西藏现代化具有重大现实意义和深远历史意义。同时，西藏的现代化本身包括经济、政治、文化等多方面的现代化，而前期关注的现代化，主要是政治、社会、文化，对经济现代化关注较少，至少没有将其作为一个相对独立的研究对象。从现代化各个方面之间的关系来看，经济现代化是基础，如果不对西藏经济现代化进行全面研究，就无法全面理解

① 《中共中央、国务院关于加快西藏发展、维护社会稳定的意见》（1994年8月29日），中央文献研究室等编：《西藏工作文献选编（一九四九—二〇〇五年）》，中央文献出版社，2005年，第483页。

② 邓小平：《立足民族平等，加快西藏发展》（1987年6月29日），中央文献研究室等编：《西藏工作文献选编（一九四九—二〇〇五年）》，中央文献出版社，2005年，第398页。

西藏现代化。因此，本书将关注点放在西藏的经济现代化方面，以为全面研究西藏现代化奠定基础。

本书试图将经济现代化从西藏现代化的议题中单列出来，并置于国家经济现代化的宏观视野中去考察，试图能够较圆满地回答西藏经济现代化的关键性问题，包括西藏经济现代化的相关理论问题、西藏经济现代化的历程、西藏经济现代化评价与分析、西藏经济现代化的规律性问题、西藏经济现代化的战略任务及其实现机遇与挑战，以及西藏经济现代化的路径选择问题。

二、设问

走在西藏的城市和乡村，人们会明显地感受到经济上的现代化扑面而来，吃、穿、住、行以及娱乐等多方面的变化日新月异，尤其是近十年，人们会感受到西藏城乡一日赶上过去一年的变化。这仅是感官的印象，这些印象需要以一种理性的态度和居中的立场去描述和分析。

众所周知，学术界对现代化的讨论有非常丰富的成果。最为明显的是前些年对第一次现代化和第二次现代化的讨论，并且探路者之间基本上达成了共识。最近几年对现代化的讨论则主要强调现代化的中国方式问题，即中国式现代化是绕不开的议题。所谓“中国式”，一方面需要突出现代化与西方式现代化道路的区别，另一方面需要突出现代化与整个国家现代化的共性和关联性。本书将从国际国内多重维度评价西藏自 1951 年和平解放至 2021 年 70 年的现代化。西藏经济现代化表现在哪些方面？怎样科学合理地评价西藏经济现代化所取得的成就？如果将西藏经济现代化所取得的成就与其他省区市、与同处喜马拉雅地区的其他国家或地区进行比较，又应该怎样进行评价？

通过上述比较，笔者得出一个结论：西藏经济现代化在喜马拉雅地区是一个发展奇迹。怎样认识这一奇迹的出现？因为西藏的经济现代化所取得的成就不是凭空而来，而是经历了一定的历史过程。充分认识这一历史过程，将有助于更好地认识西藏经济现代化。因此，我们进一步提出的问题是：西藏经济现代化的历史过程是什么？有什么样的阶段性特征？与国家推进社会主义现代化进程有怎样的关联？如果说西藏经济现代化是一个奇迹，而这一奇迹又是特定历史背景下的产物，那么西藏现代化的历史规律性及其表现特征又是什么？

我们知道，西藏经济现代化本质上是西藏相对落后的经济状况得到快速改变，并实现了与中国其他地区大体相当的生活水平。这一过程是得到中央的特殊关怀、全国各地的无私支援，再加上西藏各族人民自我奋斗的过程，这一过程还是西藏各族人民分享国家发展、民族繁荣成果的过程。当前西藏已经完成中国“第一个百年”奋斗目标，步入“第二个百年”奋斗阶段，那么，进入“第二个百年”奋斗阶段之后，西藏经济现代化的战略任务、阶段性经济增长目标是什么？有哪些有利条件？又面临哪些挑战？怎样选择恰当的路径去实现这一奋斗目标？

共同富裕是中国进入“第二个百年”奋斗阶段的核心任务。从西藏现代化的水平来看，西藏会更加依靠国家的力量和全国各地的支援，其现代化将会更多地体现在全国范围内共同富裕的特征。在这种背景下，西藏经济现代化的道路将如何更加凸显中国特色？

西藏经济现代化是其现代化的一部分。任何现代化都是一个整体，在数十年的奋斗历程中，整体上它所体现的性质是什么？或者说，西藏的现代化道路是什么？这与中国共产党成立以来的百年探索有怎样的关系？

本书试图回答上述问题。

三、理论基点

经济现代化是世界经济发展进程中的事实和规律，是一场全球性的经济革命。尽管不同国家和地区的经济现代化水平和道路有着很大的差别，但不可否认的是，世界上所有的国家都将不可避免地走上经济现代化的道路，“在过去300年里，经济现代化是世界经济变化的主旋律。”① 2005年，何传启等从世界经济发展的事实中总结出了经济现代化的基本理论和

① 中国现代化战略研究课题组、中国科学院中国现代化研究中心：《中国现代化报告2005——经济现代化研究》，北京大学出版社，2005年，第Ⅰ页。

一般规律，并认为：“在21世纪前50年，经济发达国家将继续推行第二次经济现代化，经济发展中国家有三种选择：第一，直接进入第二次经济现代化，适合已经完成经典经济现代化的国家；第二，先完成经典经济现代化，然后再进行第二次经济现代化；第三，同时推进两次经济现代化，知识化和工业化并进。”①

然而，在过去300年里，中国经济逐渐落后于西方发达国家，最终成为第三世界国家。中国的经济现代化是在西方列强的入侵下被动开启的。新中国成立以来，尤其是改革开放以来中国的经济现代化快速发展，到2020年，中国的经济现代化取得了举世瞩目的成就。在中国经济现代化的进程中，各地区之间的经济现代化水平一直有较大的差距，整体来看东部高于中部，中部又高于西部，其中东部的沿海地区是经济现代化水平相对较高的地区，而西部的边疆民族地区则是中国经济现代化水平相对较低的地区。西藏经济是世界经济的一部分，其经济现代化符合人类发展规律和历史潮流；西藏是中国的重要组成部分，其经济现代化是中国各族人民实现共同繁荣的必然要求。因此，西藏经济现代化既具有世界经济现代化的一般规律，同时又具有特殊性。

西藏与世界在经济现代化上的共性在于：第一，经济现代化是一个进步的过程，也是一个充满风险的过程，因为经济现代化需要付出成本和代价，并且还有可能遇到其他因素干扰而出现停滞、中断，甚至倒退；第二，经济现代化是一个长期、复杂的过程，这一过程带来的是经济结构、经济制度和经济观念的变化；第三，经济现代化不是一个完全自发的过程，而是一个人工控制的开放系统，是一个破旧立新的过程；第四，经济现代化是一个全球化的过程，将波及每个国家和地区；第五，经济现代化是一个国际差距扩大的过程，如果不重视，未来短时间内这种差距不但不会缩小，反而会扩大，并且还会出现新的差距鸿沟，如数字鸿沟和知识鸿沟等。② 事实上，民主改革后，西藏就已经开始了经济现代化的进程，在

① 中国现代化战略研究课题组、中国科学院中国现代化研究中心：《中国现代化报告2005——经济现代化研究》，北京大学出版社，2005年，第127页。

② 经济现代化的共性参见中国现代化战略研究课题组、中国科学院中国现代化研究中心：《中国现代化报告2005——经济现代化研究》，北京大学出版社，2005年，第11页。

经济现代化推进过程中也有选择不当的问题，由此西藏经济现代化受到了阻碍，然而幸运的是，经过调整后，西藏经济现代化进程得到了恢复，改革开放以来加速发展。随着西藏经济现代化水平的提高，西藏人民的生活水平也有了很大的提高。

西藏经济现代化的特殊性在于：第一，西藏是一个以藏族为主的少数民族地区，社会意识、民族文化、宗教信仰等非经济因素与经济现代化的进行有着密切的关系，处理好现代化与传统文化保护之间的关系尤其重要；第二，西藏是一个生态脆弱地区，其经济现代化的过程难免要与生态环境产生联系，保护生态环境成为西藏经济现代化十分重要而繁重的任务；第三，西藏地处我国的边疆地区，其经济现代化过程与我国边疆稳定及世界和平密切相关，兴边富民成为西藏经济现代化的重中之重。

西藏经济现代化最直接的受益人是西藏人民，西藏经济现代化的进行需要西藏全体人民的不懈努力，而西藏经济现代化水平的不断提高又有利于西藏人民生活水平的提高。西藏是藏族高度聚居的区域，其经济现代化建设有着自己的特征。通过认识这些特征，了解其经济现代化进程中的经验和教训，结合世界经济现代化的一般规律和特征，从而选择适合西藏的经济现代化道路，大力促进西藏经济现代建设。

因此，研究西藏经济现代化必然要涉及对经济现代化概念的理解，包括经典现代化、二次现代化、综合经济现代化和中国式现代化等概念，也要涉及工业化、城市化、经济增长（发展）等概念，还涉及与政治现代化、社会现代化、文化现代化之间的关系。进一步讲，研究西藏经济现代化还需要考察西藏经济现代化的历史起点、价值追求和前提条件以及重要意义等问题。厘清这些基本问题，将有助于正确认识西藏经济现代化。

四、主要内容

（一）对西藏经济现代化的历史回顾与规律性总结

西藏的经济现代化是在既定的历史条件下启动的，受到客观历史条件的制约。回顾西藏经济现代化的演进过程，将有助于我们更好地理解西藏经济现代化的特点。从1888年英国发动的第一次侵藏战争开始，到1951年西藏和平解放为止这段时期里，西藏地方经历了半殖民地的肇始、演变过程，同时西藏的封建农奴制经济并没有瓦解，没有与全国一道进入到“半封建”状态。在这种状态之下，西藏社会内部也掀起了所谓的“现代化”浪潮。从现代化的角度考察，这可以视为西藏经济现代化的初步尝试。

中国经历了从“站起来”到“富起来”再到“强起来”的历程，而西藏经济现代化则与这一历程紧密地连接在一起。1949年新中国的成立标志着中国人民“站起来了”。西藏与全国人民一道，经过“站起来”的时期。1980年中央召开第一次西藏工作座谈会之后，西藏进入改革开放时期。和平解放前，西藏是以低水平的传统农牧业为主体的产业结构（有学者称为“混沌的一元经济”），辅之以作为家庭副业存在的传统民族手工业及以原材料输出为主的传统商业，经济现代化的起点较低。中央第一次西藏工作座谈会召开之后，在中央支持和全国的支援下，西藏开启了经济现代化的进程。这一阶段奠定了西藏经济现代化的基础和制度框架。

1980年召开的中央第一次西藏工作座谈会开启了西藏的改革开放时代。邓小平开创的改革开放使中国逐步从贫困走向富裕，“富起来”成为这个时代的最强音符。西藏经济现代化也在这一过程中迅猛推进，直到2012年中国进入“强起来”的时代。特别是邓小平提出西藏要“在中国四个现代化中走进前列”，为西藏经济现代化的加速推进规划了蓝图。改革开放40年来，西藏的经济社会取得了长足的发展，现代化的经济体系逐步建立。1980—2012年，从产业规模来看，西藏地区生产总值从8.67亿元增长到701.03亿元，以年均两位数的速度增长；西藏人均地区生产总值从471元增加至22936元；西藏三次产业结构从53.5：25.2：21.3调整为11.50：34.60：53.90，产业结构进一步优化。西藏居民的物质生活大为改善，1978—2012年，农牧民人均纯收入从175元增加到5719元；城镇居民人均可支配收入从565元增长至18028元。①

中国共产党第十八次全国代表大会是一个里程碑，它标志中国特色社

① 数据来源参见西藏自治区统计局、国家统计局西藏调查总队编：《西藏统计年鉴2018》，中国统计出版社，2018年，表2－2、2－6。

会主义建设进入新时代。西藏保持与全国一致的趋势，其经济现代化也进入新时代。这一时代是中国从“富起来”走向“强起来”的转变时期。进入新时代，西藏经济现代化取得长足进展。仅“十三五”期间，西藏产业建设驶入快车道，高原生物、旅游文化、绿色工业、清洁能源、现代服务、高新数字、边贸物流等七大产业实现增加值超 1900 亿元，经济现代化的成效逐步显现。西藏经济现代化快速推进，改善了当地居民，尤其是农牧民的生活，也是发展社会主义市场经济中取得的重大成就。西藏经济现代化的快速推进与生态环境保护是同步进行的，同时也扩大了西藏集体经济规模。

尽管西藏经济现代化受到的干扰因素不少，总体上讲，西藏经济现代化的进程是持续的，所取得的成果是丰硕的，西藏各族人民得到的实惠是史无前例的。西藏经济现代化和国家的命运紧紧拴在一起，全国人民成为西藏经济现代化的坚强后盾。西藏经济现代化所产生的效果是积极的，不仅给西藏各族人民带来实惠，还为国家的边疆治理现代化打下了坚实的基础，为中华民族实现伟大复兴提供坚实的保障。

从多个层面考察西藏经济现代化的历史规律性。从经济现代化的动力角度考察，经济现代化首先是社会内部的变化，外部因素是通过内部因素而发挥作用的。西藏的经济现代化也不例外。资本形成是西藏经济现代化的第一推动力，人力资本形成是西藏经济现代化的关键性因素，科技进步是西藏经济现代化的新动能。从西藏经济现代化的外部条件来看，西藏的经济现代化与经济全球化密不可分，同时，西藏经济现代化与祖国现代化紧密相连，因为西藏经济现代化事关整个中国现代化的大问题，西藏的经济现代化离不开国家的支持。而从西藏经济现代化的保障条件看，中央政府大政方针的正确指引是西藏经济现代化的战略保障。实践证明，稳定对西藏经济现代化发展至关重要。只有稳定才能发展，只有发展才能实现长期的稳定。两者互为条件、缺一不可。从西藏经济现代化的推动方式考察，中央支持是西藏经济现代化的主导力量，对口支援是西藏经济现代化的重要推动力量。这种经济现代化的推进模式与中国其他地区现代化推进模式有显著的区别。从经济现代化的过程考察，西藏经济现代化的开启和持续推进主要是西藏之外的力量。这种独特的现代化推进方式带来的结果是现代性经济嵌入西藏社会之中，与西藏原有的经济活动之间出现断裂或者不搭界，当外来力量持续进入西藏，西藏的现代经济规模越来越强大，同时，原有传统经济形式因外部环境发生改变也出现某种变化，而且这些变化越来越强。这样，在它们之间出现某种结合，并出现过渡形式，进一步发展便过渡到典型的二元经济，城乡之间劳动力形成流动，农村剩余劳动力向城市现代部门流动。这种流动持续发生，最终走向一元，实现现代化。

（二）对西藏经济现代化水平的评估

2004 年，中国科学院创立了国别经济现代化评价方法。根据这一方法得出的评价结果是：在 2002 年，西藏经典经济现代化指数、第二次经济现代化指数及综合经济现代化指数分别为 30、5 和 9。根据这一测算，1990 年以来西藏经济现代化的速度明显加快，如果按照 1990—2002 年的年均增长速度计算，则西藏实现经典经济现代化需要 38 年的时间，即西藏将于 2040 年实现工业化。借鉴这一方法，我们分别以 1980 年、2012 年和 2019 年为时间节点，测算西藏的现代化水平。

从纵向来看，1980—2019 年，西藏的经济现代化水平发展迅速，其中，经典经济现代化指数从 1980 年的 8 增加到 2019 年的 83，第二次经济现代化指数从 9 增至 65，综合经济现代化指数由 3 增至 70，但在不同的年份年均增幅不同。从西藏经济化水平评价的结果可以看出，西藏经济的增长绩效明显，但增长潜力未能发挥出来。第二产业，尤其是工业已经成为西藏实现经典经济现代化、第二次经济现代化和综合经济现代化的制约因素。由测度结果可知，1980 年西藏综合经济现代化指数增长最快，2000—2007 年经典经济现代化指数增长最快，2012—2019 年综合经济现代化指数增长最快。

从西藏区内来看，拉萨市区位优势最好，各项经济现代化指标都较好，西藏区内各地区之间经济现代化发展不平衡、水平差异明显。经过改革开放 40 多年的发展，西藏经济社会取得了长足的发展。但西藏经济发展的粗放型、初级性特性依然明显，总体产业层次低、规模小，对内对外开放程度偏低，进出口对经济现代化的拉动作用有限。西藏各地区需要加大力度提高农业生产率和工业化水平。

（三）西藏经济现代化的特点研究

西藏经济现代化，与世界历史和中国历史的整体进程有着内在联系，一方面，如果不是现代性的力量开辟出来的世界历史，就不会有现代化和马克思主义向中国传播的过程，更不可能是以现代化和马克思主义及其中国化为导向的中国道路。另一方面，同样是中国与世界历史的联系，中国在现代化上对世界形成广泛的影响。总结和平解放以来西藏走过的现代化道路发现，西藏的现代化道路既有“中国特色”，又有“西藏特点”，且当前已经取得历史性发展成就。总体说来，西藏的现代化走的是一条中国式的现代化道路。又因西藏地处喜马拉雅地区，面向南亚、中亚，为这些地区，尤其是喜马拉雅地区中希望走现代化道路的其他国家和地区树立了榜样，因而具有广泛的影响力。

简单地讲，西藏的现代化是在人口密度小的地区，以人民为中心、全体人民逐步共同富裕的现代化，是物质文明和精神文明相协调的现代化，是人与自然和谐共生的中国式现代化。中国式的西藏现代化道路是西藏经济现代化成功的“制度密码”。

（四）西藏经济现代化未来推进谋划

对于西藏而言，既存在着如何加快促进其融入国家现代化的发展进程问题，又存在着如何尽快促使其形成具有本民族特色的区域性现代化发展问题。

推动西藏经济现代化也存在经济现代化的内部条件，青壮年劳动力仍然占很大比重，说明 2020 年西藏仍处于人口红利期，劳动力资源丰富。此外，在西藏现代化建设中长期形成的“老西藏精神”“两路精神”“援藏精神”等，也是西藏经济现代化的内在条件。更为重要的是，西藏还有相当有利的外部条件。西藏经济现代化被上升为国家战略，党和国家领导人非常重视西藏现代化的进程。进入新时期，中央对西藏的政策支持成体系化，包括对口援藏政策的丰富和完善，各项民族优惠政策的提出和落实，国家乡村振兴战略和建设“一带一路”倡议的实施。同时，西藏经济现代化推进中仍然面临很多挑战，包括西藏与全国的差距趋势明显，来自资源、环境的约束作用增大，非经济因素的制约作用长期存在和人的素质制约作用长期存在等。而非经济因素主要是藏传佛教世界观、人生观及价值观的影响，财富积累的异化，“藏独”势力和其他干扰因素长期存在。

当代中国少数民族的社会发展历史，实际上就是一部实现社会跨越式发展的现代史。西藏正反映了这样的历史，但是，这一社会跨越式发展极不平衡，发展的限制因素较多，这主要反映在三个“社会障碍”方面，即民族进行经济交流、文化交流时面临着更多的语言文字、风俗习惯、宗教习俗等文化差异；受教育机会少，人口文化素质普遍较低；交通信息闭塞，基础设施落后，社会发育程度低，这是造成民族地区贫困、产业结构单一、经济发展相对落后、开放型经济发展起步晚、利用外资能力低、对外开放相对落后、计划经济体制影响深刻、新旧体制转换速度缓慢、改革进程相对落后的重要原因。

在这种背景下，选择恰当的政策推进西藏经济现代化成为当务之急。促进西藏经济现代化是一项系统工程，需要从多方面入手。总体上讲，西藏经济现代化涉及西藏的产业发展、区域发展、财政金融、人才资源、社会保障和市场主体培育等多方面。事实上，长期以来党和国家也从这些方面“多管齐下”，合力推进西藏经济现代化进程，但现有政策仍然存在不能适应西藏经济现代化的问题，需要进一步完善。

五、需要说明的问题

西藏作为一个主要是藏族居住的少数民族聚居区，发展、稳定与安全成为治理的三大主题。西藏的稳定，涉及国家的稳定；西藏的发展，涉及国家的发展；西藏的安全，涉及国家的安全。① 西藏的现代化问题是在复杂的历史背景下产生的，西方的眼光一直没有离开过西藏。长期以来，境外政治分裂集团在国际敌对势力的支持下利用西藏现代化过程中存在的问题，从事分裂国家的活动，阻挠西藏的现代化进程。他们把中央政府推动西藏现代化进程说成是“消灭西藏的民族特性”，把西藏经济的快速发展

① 江泽民：《江泽民文选》第一卷，人民出版社，2006 年，第 390 页。

攻击为“破坏西藏环境”，把中央政府和全国人民关心、支援西藏现代化建设污蔑为“掠夺西藏资源”“加强对西藏的控制”、对西藏进行“汉化”，把西藏废除政教合一制度和宗教、寺院的世俗特权污蔑为“灭绝宗教”，把西藏传统文化在新时代的弘扬和现代科学教育文化前所未有的发展诬称为“灭绝西藏文化”，如此等等，不一而足。一句话，凡是有利于西藏现代化发展和社会进步、有利于西藏人民幸福的事情，他们都要制造各种“莫须有”的罪名，不遗余力地予以反对。为回应这些责难或者曲解，早在2000年6月22日和2001年11月8日，国务院新闻办公室分别发表题为《西藏文化的发展》和《西藏的现代化发展》的白皮书。发布《西藏的现代化发展》的目的是“展现西藏各族人民在中央政府和全国人民的支援下为实现现代化努力奋斗的成果，揭示西藏现代化发展的规律，有助于加快西藏现代化建设事业的健康发展，也有助于消除国际社会在‘西藏问题’上的各种误解，增进对西藏历史和现实情况的全面了解”。此后，国务院新闻办公室先后发布了《西藏文化的保护与发展》（2008年9月25日）、《西藏民主改革50年》（2009年3月2日）、《西藏的发展与进步》（2013年10月22日）、《西藏发展道路的历史选择》（2015年4月15日）、《民族区域自治制度在西藏的成功实践》（2015年9月6日）、《伟大的跨越：西藏民主改革60年》（2019年3月27日）、《西藏和平解放与繁荣发展》（2021年5月21日）等白皮书。中国藏学研究中心也于2009年3月25日发布了《中国西藏经济社会发展报告》。这些都是为消除外界对西藏现代化的种种误会、曲解或者责难而作出的陈述，起到的一定的作用。

第一章

西藏经济现代化的“奇迹”及其意义

对西藏经济现代化作出一个总体的、基础性的分析是本章的主要任务。具体而言，怎样认识西藏经济现代化是本书首先要解决的问题。而科学认识西藏经济现代化需要找到它的历史起点，即它在什么样的历史基础上开启的经济现代化。进一步看，西藏经济现代化的开启是在中国现代和当代这样宏大的历史背景中实现的，同时，西藏现代化的开启也有其特殊历史背景，因此，需要探讨西藏经济现代化的政治前提和制度基础。对西藏经济现代化本身的认识，需要从西藏经济内部发生的变化开始，即从时间上进行纵向对比。仅此一点还不够，还需要将其与全国的现代化进程进行对比，与其他同处于喜马拉雅地区的国家和地区相对比。从纵横两个方面得到西藏经济现代化的显著特点。此外，尚需进一步分析西藏经济现代化的价值追求和推进条件，并分析其历史意义和现实意义，以及与西藏其他方面现代化之间的关系。

第一节　历史起点

西藏经济现代化引起的主要是西藏经济形态的变化，而最初引起这一变化的是来自清末的“新政”。此前，长达千年的西藏经济形态变化甚微，可以视为没有任何变化。不过，这里我们说西藏经济没有任何变化，是说资本主义生产方式不曾在西藏社会内部出现，也没有外来因素促成西藏社会发展起资本主义生产方式。而西藏社会内部从原始社会向奴隶制经济、封建农奴制经济转变，变化是非常大的。在这一过程中，社会生产力的发展也有着巨大的跳跃；西藏社会生产关系也在变化，到后来形成“政教合一”的封建农奴制以后，生产关系对西藏社会生产力发展的制约作用越来越明显。如果看不到西藏社会内部生产力与生产关系的变化，就难以理解西藏现代化的历史基础。

后面部分将专门论述清末西藏“新政”问题，这里不赘述。清末“新政”总体上是失败的，但在这之后，在西藏社会中也零星地诞生了近代工业，这是事实，至少在西藏的传统经济形态中出现了近代工业的“火星”。不过，这点“火星”光亮太微弱，无法照耀西藏大地，而且西藏社会原有生产关系所产生的力量太强大，无法给这点“火星”以呵护，反而极力去扑灭它。因此，总体上西藏的经济形态仍然是传统的，长期变化不大。

马戎教授在 20 世纪 90 年代初期研究过 1952 年以前的西藏。对于 1952 年以前西藏经济的特点作出以下概括：

> 1. 西藏的经济基本上仍然是使用人力、畜力和简单工具的传统农牧业经济，可以说没有现代工业、交通和科技的应用，商业和手工业也处于很不发达的阶段（小型手工业作坊、街头摊贩、人畜力运输），城市化的水平也很低。
>
> 2. 在人口较密的平原、河谷地区的农牧业由三大领主（政府、贵族、寺庙）所控制，生产以领地庄园为单元，实行的是农奴制，同时也存在着少量的奴隶。在人烟稀少的高原牧区，三大领主的控制较弱，一些部落甚至仍然处于原始氏族社会阶段。
>
> 3. 西藏基本上是自给自足的农业经济，同时出口羊毛和其它畜产品以换取茶、棉布、金属和其它日用品，用以满足僧俗居民的日常消费和农业、牧业和手工业对于生产工具和原料的需求。

4. 宗教集团（上层喇嘛）拥有极大的权势。在50年代初期喇嘛为总人口的10%和城镇人口的半数。寺庙控制着政府以及社会的经济活动，拥有全部耕地的三分之一、大量的牧场以及许多农奴和奴隶。①

从马戎对1952年以前西藏经济主要特点的描述来看，西藏的社会生产力发展十分落后，西藏的生产关系是属于“政教合一”的封建农奴制。考虑到西藏的特殊性，中央对西藏的解放采取的是和平解放的方式。1951年5月23日，《中央人民政府和西藏地方政府关于和平解放西藏办法的协议》（以下简称《十七条协议》）的签订，标志着西藏的和平解放。从那时到1959年达赖集团发动武装叛乱前，是执行《十七条协议》时期，中央对西藏社会制度的改革是在西藏人民希望改革、并征得西藏地方政府同意的前提下进行的。因此，虽然1951年实现了和平解放，但西藏的社会改革并没有进行，直到1959年被迫提前进行民主改革以前，西藏经济形态没有发生根本性变化。

对1959年前的西藏经济形态的另外一种科学分析是由“西藏青年理论学社”在20世纪80年代作出的。当他们将刘易斯的“二元经济结构”理论引入分析时，便发现西藏经济在20世纪80年代是明显的“非典型二元结构”，也明显不同于刘易斯的“二元经济结构”。而他们的分析起点是将西藏传统经济概括为“混沌一元”经济。他们写道：“以产业元为表征进行考察，1951年以前西藏基本上是游牧农耕的简单生态平衡自然经济社会；产业元状态是混沌一元的，缺乏大规模的产业分工，社会处在一种离散的、生产能力低下的单纯经济结构之中。”②

总之，西藏经济现代化的历史起点是西藏传统经济形态。从生产关系的角度看，它是“政教合一”的封建农奴制经济。从生产力的角度看，它是“使用人力、畜力和简单工具的传统农牧业经济”。从产业发展的角度看，它是“混沌一元”经济。有了对西藏经济现代化历史起点的认识，

① 马戎著：《西藏的人口与社会》，同心出版社，1996年，第176—177页。

② 孙勇主编：《西藏：非典型二元结构下的发展改革——新视角讨论与报告》，中国藏学出版社，1991年，第1页。

就能够较为准确地理解西藏经济现代化的过程及其结果，也能理解进入西藏经济现代化的新征程之后所面临的问题和困难。

第二节　政治前提与制度基础

探讨西藏经济现代化，必须科学地认识其政治前提和制度基础。这是由中国历史的共性和西藏的历史特殊性决定的。西藏从远远落后于时代的封建农奴制社会直接跨步进入社会主义社会，西藏人民成为国家的真正主人，落后的社会制度得到根本改变。但改变落后的社会生产力与生产方式，实现西藏经济现代化，无疑又成为西藏社会进步的唯一出路与最现实的课题。随着民族民主革命的胜利和中华人民共和国的成立，西藏实现了和平解放，驱逐了帝国主义势力，开始了现代化发展的进程，并通过民主改革挣脱了封建农奴制的沉重枷锁，铺平了走向现代化的道路，成为西藏经济现代化的起点。西藏经济现代化的目的则必然是以人民为中心的现代化，必然以国家统一和民族团结作为其实现经济现代化的条件。

一、和平解放：西藏经济现代化的政治前提

相比中国其他地区，西藏经济现代化是迟滞的。这是旧西藏“政教合一”封建农奴制度造成的，当然，这也与帝国主义的侵略有一定的关系。和平解放前，西藏长期处于封建农奴制社会。农奴超过旧西藏人口的90%，藏语叫“差巴”和“堆穷”，他们不占有土地，没有人身自由，都依附在某一领主的庄园中为生。占西藏人口不到5%的农奴主占有农奴的人身，把农奴当作自己的私有财产随意支配，可以买卖、转让和交换。农奴中流传着这样的话：“能带走的只是自己的身影，能留下的只有自己的脚印。”这里借用周兴维教授建立的分析框架①分析在“政教合一”制度下西藏经济形成的“内卷化”格局。在“政教合一”政治制度下，任何农奴没有选择不信教的权利，只有选择信教的义务。农奴被迫选择消费寺

① 周兴维：《神权农奴制的起源和终结———中国传统藏区的一个宗教经济学解读以及在现代藏区发展中引入“宗教经营”的问题》，《西南民族大学学报》（人文社科版）2006年第6期。

庙提供的宗教产品，同时，他们也没有选择经济的自由。这样一来，这种双重自由的被剥夺，演化为一个垄断的宗教市场，在这个市场上，一般信徒与最高精神领袖处于供需两端，寺庙和僧人成为中间商，由于信息不对称，中间商赚取中间利益。因此，西藏经济始终在这个循环中兜圈子，无法摆脱约束、走向现代化。

帝国主义入侵也是西藏无法实现现代化的原因之一。众多学术研究已经揭示帝国主义侵略西藏的史实。[①]《十七条协议》在其序言中写道：“在近百余年来，帝国主义势力侵入了中国，因此也就侵入了西藏地区，并进行了各种的欺骗和挑拨……而西藏地方政府对于帝国主义的欺骗和挑拨没有加以反对，对伟大的祖国采取了非爱国主义的态度。这些情况使西藏民族和西藏人民陷于奴役和痛苦的深渊。”也就是说，近代中国由于国力的贫弱和封建专制政权的腐败无能，沦为半殖民地半封建社会，包括西藏在内的中国领土遭到西方列强的侵略和蹂躏，面临被瓜分、肢解的厄运。西藏深受其害，帝国主义势力不但侵略西藏、破坏中国的主权，而且阻挡西藏社会内部的改革举措，成为西藏经济现代化迟滞的主要原因。

在这种情况下，西藏的现代化必然要进行彻底的社会革命为其奠定基础。不赶走帝国主义势力，西藏就无法进入现代化；不进行社会改革，西藏就没有现代化的基本条件。

《十七条协议》的签订标志着西藏和平解放的实现。在西藏和平解放后，中国人民驱逐帝国主义势力，使西藏重新回到祖国的怀抱。从1840年以来的中国历史证明，西方殖民主义者侵略中国，不是要把中国变成一个强大的国家，而是奴役中国人民，剥夺和压迫中国人民。事实上，西方帝国主义侵略西藏也显示同样的逻辑。只有在中国共产党的领导下，驱逐帝国主义势力出西藏，在西藏才具备实现现代化的前提。因此，西藏的现代化从一开始就是在中国共产党的领导下进行的，没有这样的前提，就不可能实现现代化。

我们已经看到，从《十七条协议》的签订起，中央就号召甚至是安排内地支援西藏建设。从此，西藏的现代化有了祖国这座“靠山”。内地的人员、物资和资金源源不断地输入西藏，为西藏经济社会发展注入新的

---

① 丁名楠、张振鹍：《帝国主义侵略中国领土西藏的罪恶历史》，《历史研究》1959年第5期。

力量，也带去外界的新鲜观念、思想、技术和制度等。这些都是西藏开启现代化的必备条件。

二、民主改革：西藏经济现代化的制度基础

关于中国的现代化，吴晓明教授这样论述：“毫无疑问，如果没有一场彻底的社会革命，中国的现代化事业就不可能全面地展开并得以真正实现；同样毫无疑问，如果这场社会革命不是最终采取新民主主义—社会主义的定向，它就不会达到自己的目的并得以完成。一般说来，任何一个大规模的现代化进程都必然通过一场（或几场）社会革命来为其奠基。”① 西藏也不例外。从经济现代化的障碍来讲，帝国主义和封建农奴制是西藏经济现代化的主要障碍，因此，驱逐帝国主义势力出西藏，实施社会制度的变革是西藏现代化的起点。没有这一历史起点，西藏是不可能进入现代化的。

和平解放之后，按照中央的设想，先保持西藏的基本社会制度不变，等待社会条件成熟之后再进行社会改革。这一设想也得到当时的西藏地方政府的认同，并通过由中央政府与西藏地方政府签订的《十七条协议》加以确认。西藏地方政府上层误以为，中国共产党领导的中央政府也与历史上的国家统治者一样，只要他们服从（甚至是表面上服从）中央政权，他们就可以实现长期统治西藏。虽然《十七条协议》上规定“有关西藏的各项改革事宜，中央不加强迫。西藏地方政府应自动进行改革，人民提出改革要求时，得采取与西藏领导人员协商的方法解决之”，但西藏社会上层希望永远不改。一旦他们确认不进行民主改革仅是暂时的，达赖集团就会掀起武装叛乱。平定叛乱、进行社会改革成为当时的必然选择。民主改革是西藏最伟大的一场社会改革，为西藏的现代化发展扫清了道路。如果说，驱逐帝国主义势力出西藏是西藏现代化的前提，那么，西藏的民主改革则是西藏现代化的起点。

民主改革仅仅是一个开端，其后的疆域、政治、经济、文化、族群等多方面的整合也是在民主改革成果的平台上进行的，这其中也包含了国家统一和民族团结的内容。民主改革解放了农奴，他们获得了人身自由，成

---

① 吴晓明：《世界历史与中国道路的百年探索》，《中国社会科学》2021年第6期。

为国家和社会的主人，广大人民群众成为推动西藏经济现代化的主体。按照马克思主义的唯物史观，人民群众是历史发展与社会进步的推动者。在旧西藏，被政教合一的封建农奴制度束缚的农奴，与三大领主之间有着强烈的人身依附关系。他们不仅没有生产资料，而且也没有人身自由。农奴的生存环境泯灭了劳动者的社会创造力，窒息了社会的生机活力，上千年来的西藏社会生产长期处于停滞状态。直到民主改革前，西藏的经济主要是农牧业，绝大部分吃、穿、用物品都要靠个体或庄园的手工生产，而西藏的农牧业又处于极其原始的状态，是耕作粗放甚至是刀耕火种的原始生产方式。这与几百年前无多大区别。民主改革废除了封建农奴主的土地所有制，广大农牧民获得了属于自己的生产资料。社会变革使得农牧民焕发出空前的生产和生活热情。在民主改革中，西藏建立起历史上的第一个供销社、第一所民办小学、第一所夜校、第一个识字班、第一家农村信用社、第一个电影放映队、第一个医疗卫生机构等等。

在民主改革后，马克思主义向西藏快速传播，同时，西藏建立了各级人民政权。旧西藏的农奴翻身成为土地、社会和国家的主人，其发展经济和参与各级人民政权建设的积极性空前提高。一是中国共产党在西藏的各级组织开始建立起来，大批的农牧民加入中国共产党，西藏与祖国内地实现了在党组织上的一致性，为西藏地区人民政权的建设奠定了基础。二是在中国共产党的领导下，在政治、经济和文化上建立起社会主义基本制度，与祖国内地一体化的各级人民政府建立起来。三是根据党的民族政策和宗教政策，在西藏实施民族区域自治制度，实施政教分离制度，加强了与祖国各兄弟民族的大团结。这些方面为西藏现代化打下了坚实的基础，开创了西藏与全国人民一起走向现代化的历史新纪元。在中央关怀和全国支援下，加上西藏各族人民的艰苦奋斗，西藏的经济现代化加速进行。有了这一基础，改革开放后，西藏经济得到快速发展，社会事业取得全面进步，西藏经济正在一步一步地向现代化迈进，这为西藏社会全面发展奠定了坚实的物质基础。

第三节 历史成就

一、与西藏自身的历史相比

与自身的历史相比，西藏在以下几个方面取得了较大的进步。

第一，西藏经济实现跨越式发展。从地区生产总值（GDP）及其增长率来看，西藏和平解放的1951年，其地区生产总值为1.29亿元；实施民主改革的1959年，仅为1.74亿元；西藏自治区成立的1965年，为3.27亿元；中国进入改革开放的1978年，为6.65亿元。中央第一次西藏工作座谈会之后，西藏逐步跟上了全国改革开放的步伐，经济发展取得举世瞩目的成就，中央第一次至第七次西藏工作座谈会召开的1980、1984、1994、2001、2010、2015、2020年，西藏地区生产总值分别为8.67亿元、13.68亿元、45.99亿元、139.16亿元、507.46亿元、1043.00亿元和1902.74亿元。

从地区生产总值及其增长速度看，1965年西藏自治区成立的当年经济增长速度达到11.09%，而进入改革开放之后，其地区生产总值连续27年保持了两位数的增长速度。从人均地区生产总值来看，1959年西藏人均地区生产总值仅为142元，1989年人均地区生产总值首次跃上1000元台阶，2001年跃上5000元台阶，2006年跃上10000元台阶，2020年超过5万元。

从来源于西藏地方的财政收入看，1952年仅300万元，1959年增加到2200万元，这一数值一直到1965年基本保持不变。1978—1984年，来自西藏地方的财政收入均为负数，此后慢慢有所上升，到1994年达到1.42亿元，而2001、2010、2015和2020年分别为6.11亿元、26.65亿元、137.12亿元和220.99亿元。来自西藏地方的财政收入从2010年开始增长速度非常快，说明西藏自我发展能力显著提升。

支撑西藏经济增长的是西藏生产力的变化。就粮食生产来讲，从1959年的低于20万吨，到2000年达到100万吨，到2015年再次创新高，达到105万吨，2020年有所下降，仍然超过100万吨。从肉类生产来看，

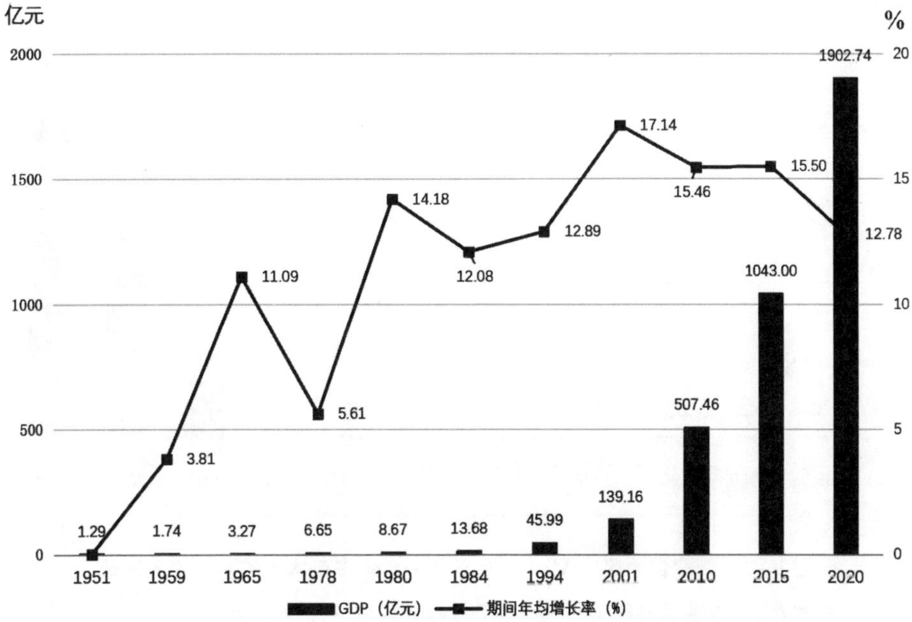

图 1-1　西藏自治区 1951—2020 年部分年份生产总值总量与增长率变化

资料来源：《西藏统计年鉴 2021》，中国统计出版社，2022 年，表 2-6。

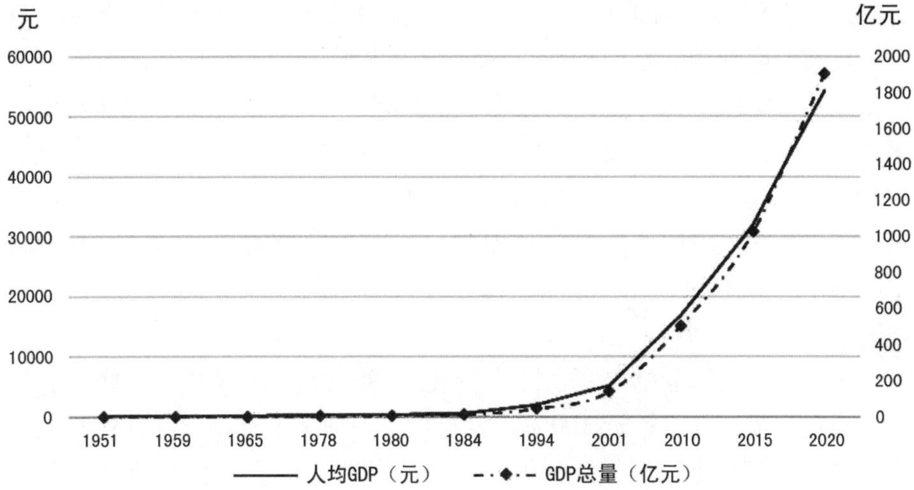

图 1-2　西藏自治区 1951—2020 年部分年份地区生产总值及其人均变化

资料来源：《西藏统计年鉴 2021》，中国统计出版社，2022 年，表 2-6。

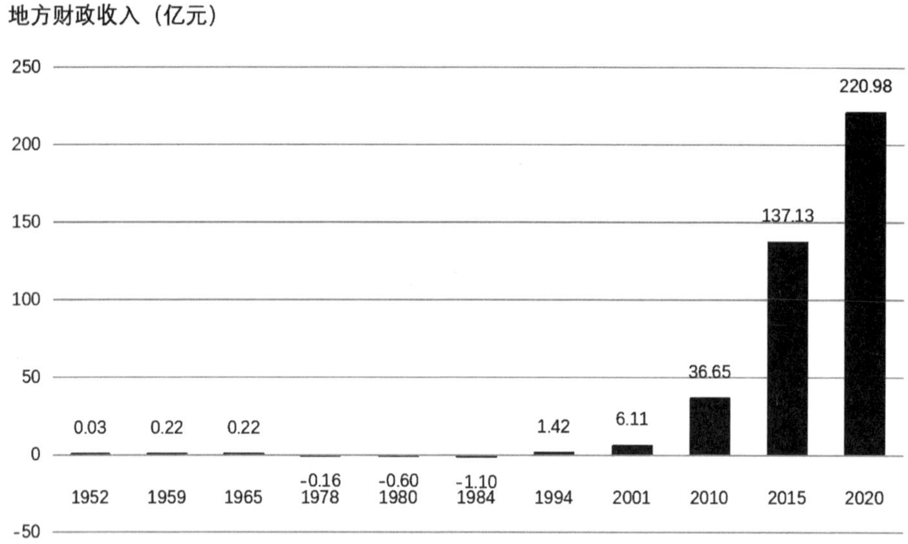

图 1－3　西藏自治区 1951—2020 年部分年份来自本地的财政收入增长

资料来源：《西藏统计年鉴 2001》，中国统计出版社，2002 年，表 6－1；《西藏统计年鉴 2021》，中国统计出版社，2022 年，表 6－1。

1977 年为 18 万吨，到 2020 年接近 80 万吨。从发电量来讲，西藏和平解放前，只有 92.5 千瓦的拉萨夺底电站，供少数贵族家庭享用，普通百姓家庭日常照明都用油灯或松脂。1956 年发电量为 3 万千瓦时，2020 年发电量为 89.09 亿千瓦，总装机容量超过 400 万千瓦，并形成了以水电、太阳能等清洁能源为主的能源结构，清洁能源在发电装机容量中的占比达 89.09%。2020 年调出电力总量达 18.14 亿千瓦时，相继实现了青藏联网、川藏联网、阿里电网联网，成功地摆脱了电力孤岛的困境。2020 年实现主电网全部覆盖 74 个县（区），覆盖人口达到总人口的 85%，广大偏远地区也接通了电网。

第二，西藏产业结构发生巨大变化。1951 年，西藏产业结构中农牧业占绝对优势，几乎接近 100%，这是中国其他省区所没有的产业结构。1959 年第二三产业有所发展，第一产业降到 80% 以下。到 1978 年，第二产业占 35%，第三产业占 20%，因此，第一产业仅占 50%。1995 年，农牧业占比第一次低于服务业。2005 年，农牧业第一次低于建筑业。2020

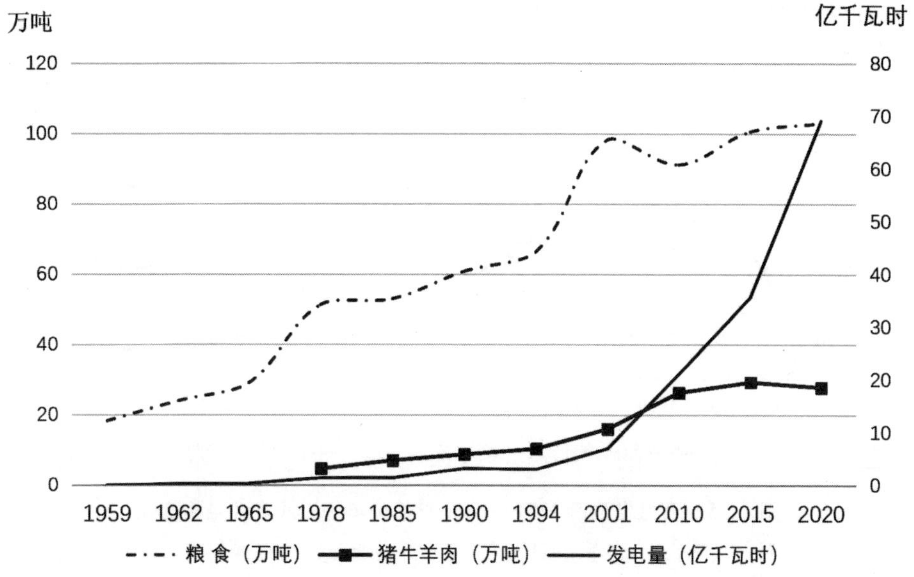

图 1－4　西藏自治区 1959—2020 年部分年份部分产品生产力的变化

资料来源：《西藏统计年鉴 2001》，中国统计出版社，2002 年，表 9－16、9－25、10－7；《西藏统计年鉴 2021》，中国统计出版社，2022 年，表 8－15、8－23、9－10。

年，农牧业与工业持平。2002 年之后，西藏服务业所占比重一直接近 60%，即使 2015 年以后所有下降，2020 年西藏服务业也高于 50%；而建筑业在 1996 年之后一直显著上升，到 2020 年，所占比重超过 35%。产业结构的变化最为明显地显示了西藏经济现代化快速推进的事实和趋势。

在第二产业内部，工业与建筑业的发展出现了不同趋势，工业除 20 世纪 50 年代末 60 年代初有突飞猛进的发展外，以后基本上稳定在占西藏自治区地区生产总值约 10% 的水平。而建筑业也有飞速发展，20 世纪 50 年代和 60 年代有第一波短暂发展，当时占比约 10%。从 20 世纪 70 年后期迎来第二波发展，整个 80 年代回落，从 90 年代中期开始进入第三波快速发展，到 2020 年达到占西藏自治区地区生产总值接近 35% 的水平。

在第三产业内部，旅游业发展较为快速。2001 年，该产业占西藏地区生产总值的 5.39%，一路上升至 2019 年的 32.94%，2020 年 2 月开始由于新冠疫情，旅游业开始出现大规模下滑。

第三，西藏居民生活水平的变化。1959 年西藏人均纯收入只有 35

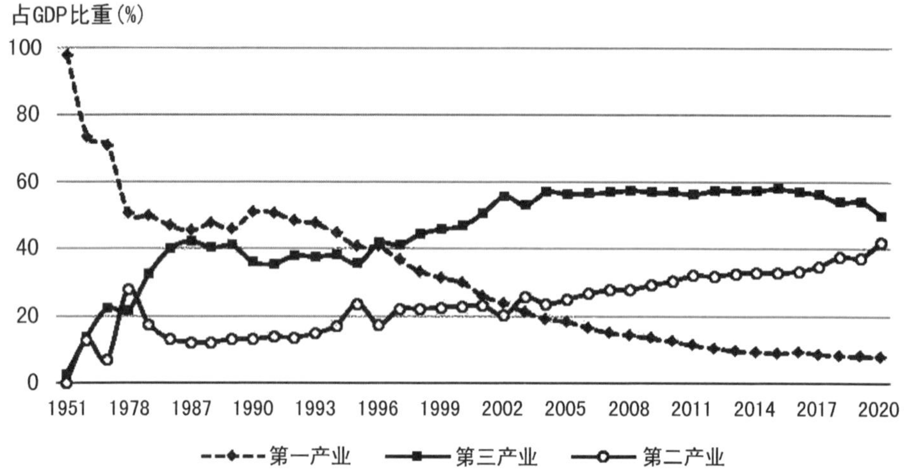

图 1－5　西藏自治区 1951—2020 年部分年份三次产业结构变化

资料来源：《西藏统计年鉴 2021》，中国统计出版社，2022 年，表 2－7。

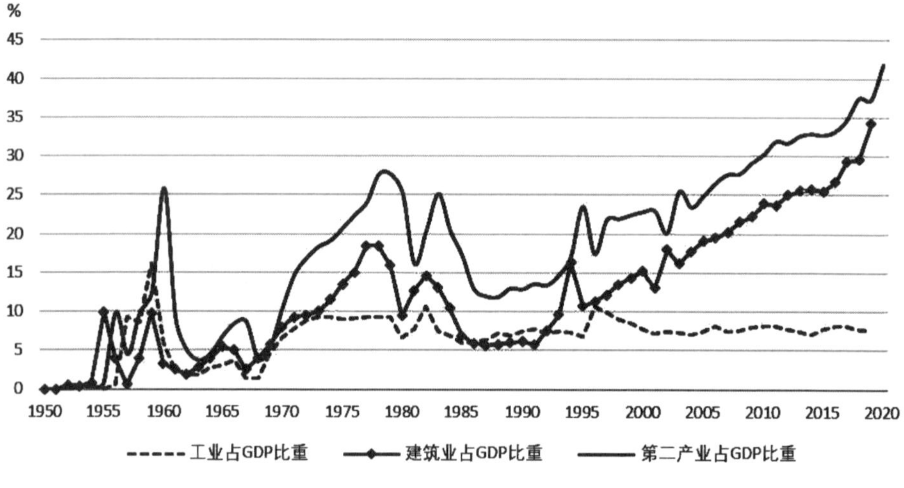

图 1－6　西藏自治区 1950—2020 年部分年份第二产业及建筑业发展变化

资料来源：《西藏统计年鉴 2001》，中国统计出版社，2002 年，表 2－7；《西藏统计年鉴 2021》，中国统计出版社，2022 年，表 2－7。

元，到 1978 年实现人均纯收入 175 元，1997 年突破 1000 元，2005 年跃上 2000 元大关，到了 2017 年农牧民人均可支配收入突破万元，达到了 10330 元，2020 年则为 14598 元。西藏农牧民可支配收入已连续 18 年实

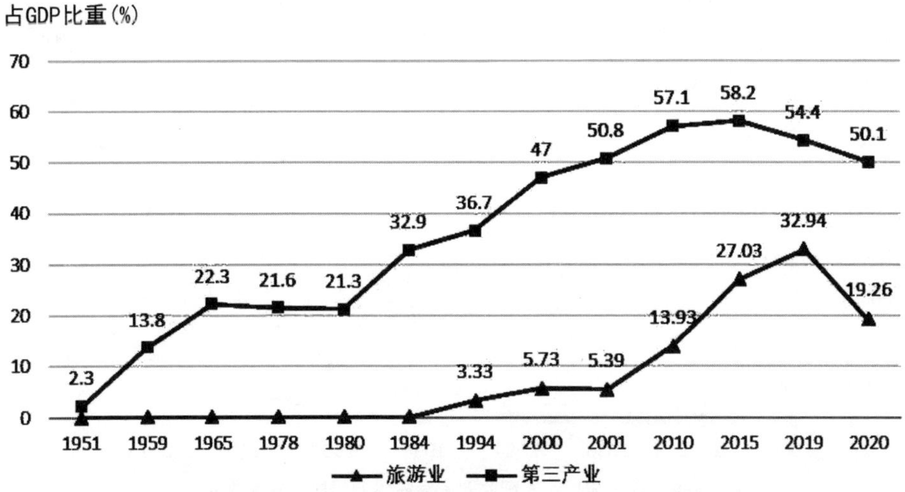

图 1－7　西藏自治区 1951—2020 年部分年份第三产业及旅游业发展变化

资料来源：《西藏统计年鉴 2001》，中国统计出版社，2002 年，表 2－7、14－5；《西藏统计年鉴 2021》，中国统计出版社，2022 年，表 2－7、13－3。

现两位数增长，连续 6 年保持全国增速第一。2020 年末城镇居民人均自有住房面积 33.4 平方米，农牧民人均自有住房面积 41.5 平方米。根据“两不愁三保障”的标准，62.8 万贫困人口全部脱贫，26.6 万易地扶贫搬迁群众顺利入住，11.1 万贫困人口最低生活保障实现应保尽保。

恩格尔系数反映了居民生活水平的变化。1985—2020 年恩格尔系数总体上大幅度下降，说明城乡居民生活水平显著提高。就农村居民而言，1985 年为 55.51；1995 年所有上升，为 57.64；到 2000 年下降为 40.49；2010 年有所上升，为 50.51，与城镇居民接近；2015 年略微有所上升，为 52.19；到 2020 年大幅度下降，为 27.99，与城镇居民接近。从城镇居民来看，1985 年为 68.62，远远高于农村居民；1995 年更高，达 76.08；以后持续下降，2000 年为 66.73；2010 年为 51.44；2015 年为 42.52；2020 年为 25.88。

社会消费水平显著提高，旅游、通信、汽车、住房等成为新的消费热点。前面已经谈及西藏旅游业的快速发展。虽然西藏旅游业发展主要是区外因素推动，但西藏居民对旅游出现新的需求，到区外旅行非常频繁。表 1－1 反映了西藏自治区通信设备安装变化，到 2020 年安装固定电话

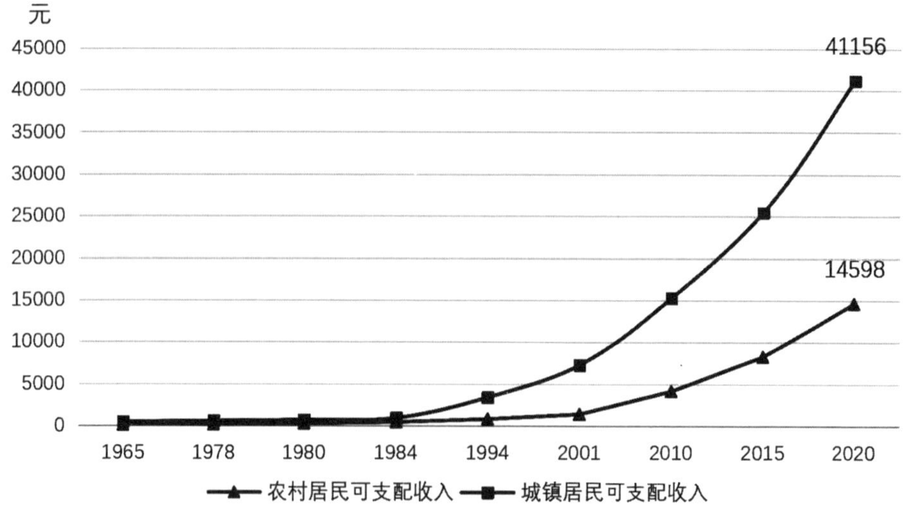

图 1－8　西藏自治区 1965—2020 年部分年份居民人均可支配收入和城乡收入比的变化

资料来源：《西藏统计年鉴 2021》，中国统计出版社，2022 年，表 7－2。

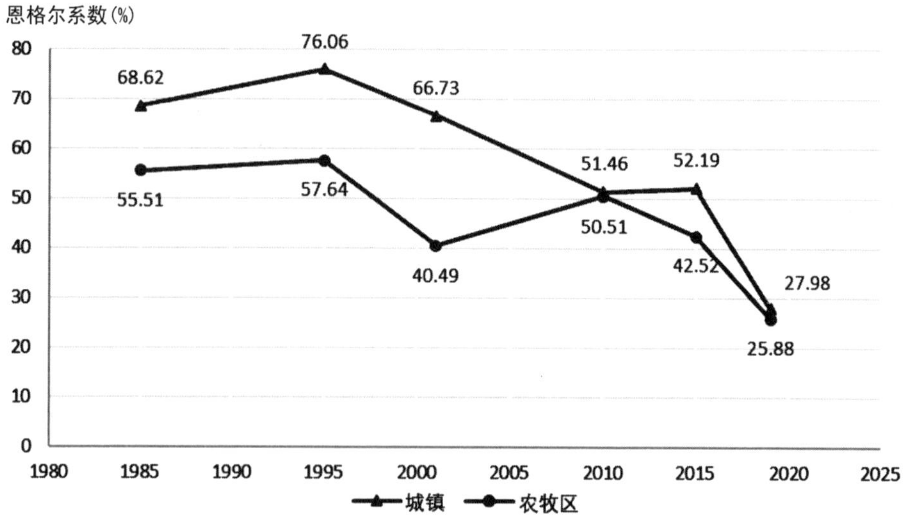

图 1－9　西藏自治区 1985—2020 年部分年份恩格尔系数变化

资料来源：国家统计局国民经济综合统计司：《新中国五十年统计资料汇编（1949—1998）》，中国统计出版社，1999 年，表 C26－24；《西藏统计年鉴 2016》，中国统计出版社，2017 年，表 7－11、7－18；《西藏统计年鉴 2021》，中国统计出版社，2022 年，表 7－9、7－17。

75.74 万户，移动电话为 321.92 万户。进入 21 世纪，家用汽车正成为新的耐用消费品。西藏民用汽车数量从 1990 年以来保持持续增长趋势，从 1990 年的 2.48 万辆增长到 2019 年的 63.61 万辆，年均增长率达到 11.84%。2016—2019 年，每百户家用汽车拥有量从 23.3 辆快速增长到 39.5 辆，其中，农村居民为 32.35 辆，城镇居民为 50.52 辆。符合国际“汽车社会”的标准。① 第二章表 2－6 反映了西藏房地产相关情况，也说明西藏住房消费正在成为西藏新的消费热点。西藏是喜马拉雅山麓经济发展最好和生活水平最高的地区，而拉萨是喜马拉雅地区现代化程度较高的城市之一。

表 1－1 1958—2020 年西藏部分年份通信设备安装变化

年份	市内电话户数（万户）	农村电话户数（万户）	移动电话户数（万户）
1958	0.0139	–	–
1959	0.0276	–	–
1965	0.0735	–	–
1978	0.3189	0.0530	–
1980	0.3923	0.0529	–
1984	0.5213	–	–
1994	1.9778	0.0312	0.0717
2001	14.4852	0.4713	11.2836
2010	41.9142	1.9602	157.6388
2015	34.7	0.2	268.7
2020	75.74		321.92

资料来源：《西藏统计年鉴 2001》，中国统计出版社，2002 年，表 12－10（续表 2）；《西藏统计年鉴 2020》，中国统计出版社，2021 年，表 11－7；《2021 年西藏自治区国民经济和社会发展统计公报》。

① 参见何玉宏：《挑战、冲突与代价：中国走向汽车社会的忧思》，《中国软科学》2005 年第 12 期。

第四，西藏就业结构的变化和城镇化发展。从西藏人口来看，1951 年总人口为 114.5 万人，到 2020 年达到 364.8 万人。就业人口 1978 年接近 100 万人，到 2010 年达到 170 万人，到 2018 年超过 260 万人。非农产业增加值占地区生产总值的比重从 1970 年的 34%，上升到 2020 年的超过 90%。与非农化的发展趋势一致，西藏城镇发展取得成效。2020 年，西藏城镇人口为 110.57 万人，城镇化水平达到 31.5%；2019 年，西藏城区面积为 632.17 平方公里，建成区面积为 164.42 平方公里，同比增长 0.46%。2020 年，西藏城镇数量达到 140 个，人口 3 万人以上的城镇达到 6 个，初步形成以拉萨为中心，六地市驻地城镇为支撑，其他县城为支点，以边境、旅游、文化和产业小镇为特色的城镇体系。

第五，西藏科技、教育和卫生等事业得到长足发展。和平解放前，西

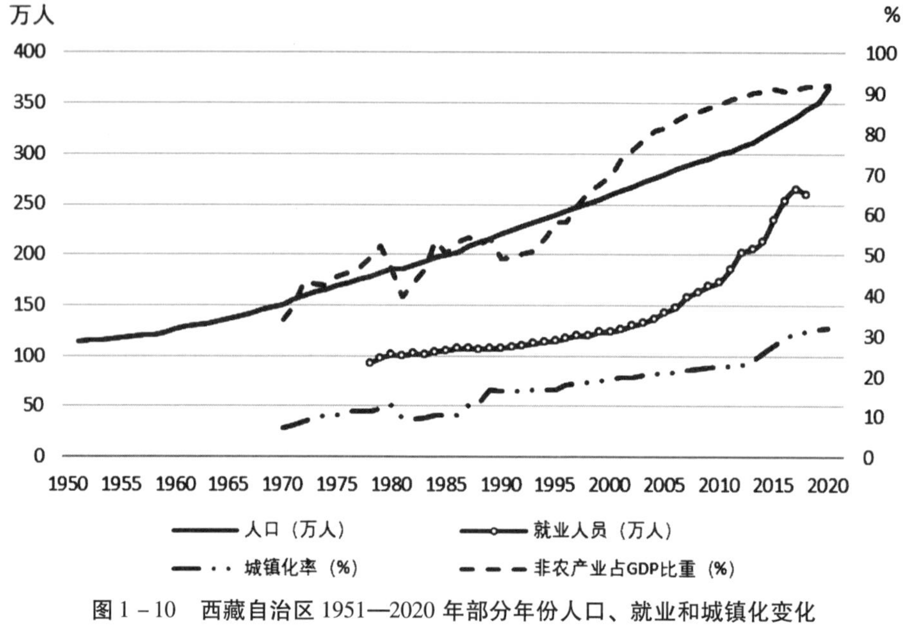

图 1－10　西藏自治区 1951—2020 年部分年份人口、就业和城镇化变化

资料来源：国家统计局国民经济综合统计司：《新中国五十年统计资料汇编（1949—1998）》，中国统计出版社，1999 年，表 C26－1；《西藏统计年鉴 2001》，中国统计出版社，2002 年，表 2－7、3－18、4－1；《西藏统计年鉴 2021》，中国统计出版社，2022 年，表 2－7、3－1。

说明：因 2019、2020 年缺乏城镇私营单位和个体就业人数，故统计年鉴未公布就业人员数据。

藏的科技十分落后，没有一所现代科学技术研究机构，只有不足100名从事藏医天文历算的科技人员。到2020年，西藏有包括西藏社科院在内的独立科研机构，各类专业技术人员达8.3万人、技能型人才达9.3万人，分别比2012年增加2.1万人、3.4万人。建成1个省部共建国家重点实验室、4个国家级农业科技园区、1个国家级可持续发展实验区、1个国家级科技企业孵化器，以及37家省级重点实验室和工程技术研究中心等。建成中国国家知识产权局专利局拉萨办事处，专利申请及授权量显著增加。2016—2020年，西藏实施国家和自治区各类科技计划项目近千项，落实安排国家、自治区科技计划项目资金16.3亿元，2020年，科技进步对西藏经济增长贡献率达到45.6%，对农牧业发展贡献率达到55.9%。西藏大学生态学纳入国家一流学科建设，博士学位授权单位实现零的突破。同时，国家启动第二次青藏高原综合科学考察研究。实施八大重大科技专项，青稞和牦牛种质资源与遗传改良国家重点实验室、农口院士专家工作站正式成立。建成拉萨、日喀则、那曲3个国家级农业科技园区。

同时，西藏教育条件得到了极大改善。双语教育快速普及，基础教育均衡发展，构建以中职为重点、高职为龙头，学历教育和职业技能培训相结合的现代职业教育体系。农牧区学校办学条件得到极大改善，到2020年，51个县通过义务教育均衡发展国家评估认定，小学、初中入学率分别达到99.5%、99.3%。中等职业学校11所，在校生22817人，专任教师1754人。内地普通高中办班学校有34所，在校生61702人。普通高等教育院校7所，在校生37447人，其中，研究生1804人，普通本专科35643人。在教育惠民政策上，从1985年开始，国家对西藏义务教育阶段的农牧民子女采取“包吃、包住和包学习费用”的“三包”政策，“三包”标准达到每年人均3720元。同时，基本医疗公共服务不断提升，实施了1000余个基层医疗卫生机构基本建设和能力建设项目，到2020年，有卫生机构1506个，病床床位16113张，卫生技术人员16479人，每千人病床数和卫生技术人员数分别达到了4.78张和4.89人。医疗卫生条件大大改善，西藏人均预期寿命达到71.1岁，比和平解放前提高了35.6岁，寿命延长一倍。

第六，西藏交通实现了跨越式发展。1954年12月25日，川藏、青藏公路通车，架起了西藏人民通向幸福的“金桥”，开创了西藏现代交通事业。1956 年，飞机突破了“空中禁区”，通航拉萨。1977 年，建成了格尔木至拉萨的输油管线。现代交通运输取代了千百年来栈道、溜索和人背畜驮的极其落后的交通运输方式，标志着西藏交通运输事业步入了新纪元。改革开放以来，西藏交通建设力度不断加大。截至 2018 年，74 个县（区）、697 个乡镇（街道）全部通公路、99% 的建制村通公路，一个干支相连、脉络相通、通达全区城镇乡村和通往区外的公路网已经初步形成，更多的农牧民走出了封闭的深山、草原，闯市场、奔小康。青藏铁路、拉日铁路、拉林铁路建成运营，川藏铁路全线建设加快推进，初步形成了“两纵两横”的铁路网格局。1956 年 5 月 26 日，在海拔 4200 米的当雄草原修出了“世界屋脊”上的第一条飞机跑道。西藏机场数量从 1 个增加到 5 个（贡嘎、米林、和平、昆莎、邦达），航线从 1 条扩展到 103 条，通航城市从 2 个发展到 51 个。

总之，如此看待西藏的经济现代化，它无疑是令人瞩目的。

表 1－2　1951—2020 年西藏部分年份交通基础设施建设变化情况

年份	公路里程（万公里）	桥梁数（座）	铁路里程（公里）	民用机场（个）
1951	0.0003	–	–	–
1954	0.20	–	–	–
1959	0.73	–	–	1
1965	1.47	631	–	1
1978	1.59	665	–	1
1980	2.15	712	–	1
1984	2.16	726	–	1
1994	2.18	881	–	1
2001	3.55	1293	–	2
2010	6.08	5545	531	5
2015	7.83	8188	786	5
2020	11.88	11945	796	5

资料来源：《西藏统计年鉴 2001》，中国统计出版社，2002 年，表 12－1；《西藏统计

年鉴2015》，中国统计出版社，2016年，表11－1；《西藏统计年鉴2021》，中国统计出版社，2022年，表11－1；西藏自治区网络安全和信息化委员会办公室：《西藏民航通航55周年》。参见https：//baijiahao. baidu. com/s？id－165996002568349866 5&wfr = spider&for = pc。

二、与全国现代化进程相比

西藏是中国的一部分，但其现代化进程与全国相比，有其特殊性。2019年10月，党的十九届四中全会通过的《中共中央关于坚持和完善中国特色社会主义制度、推进国家治理体系和治理能力现代化若干重大问题的决定》指出，“新中国成立七十年来，我们党领导人民创造了世所罕见的经济快速发展奇迹和社会长期稳定奇迹，中华民族迎来了从站起来、富起来到强起来的伟大飞跃。”“两个奇迹”是对新中国成立以来建设社会主义现代化国家所取得成就的理论描述。

与全国现代化进程相比，西藏的社会主义建设所取得的成就更是一大奇迹（见图1－11）。1906—1911年，西藏进行推进现代化的某种尝试，但并没有取得太大的成果。因此，直到1951年西藏和平解放，西藏经济现代化非常缓慢。只有一座专供少数人使用的小型电站。如果以1951年和平解放作为完成西藏推进现代化的政治前提构建的起点，那么到2020实现全面建成小康社会，仅有70年的历史；如果以1959年民主改革作为完成西藏推进现代化的制度基础的起点，到2020年实现全面建成小康社

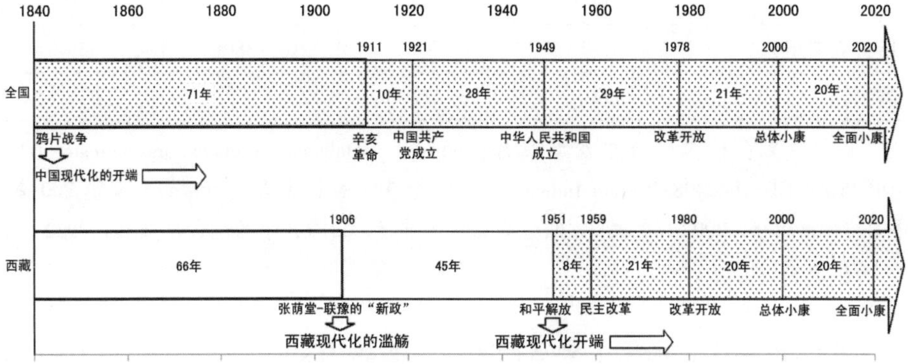

图1－11　包含西藏自治区在内的中国现代化进程

会，则仅有61年的时间。西藏现代化的时间长度仅及全国的三分之一。

总之，如此看待西藏的经济现代化，无疑它是中国经济现代化中的一个奇迹。

三、与喜马拉雅地区其他经济体相比

与中国在西藏临边的国家，如尼泊尔、印度和不丹，2020 年人均地区生产总值分别为1155 美元、1928 美元和3001 美元，按照汇率1：6.5，折合成人民币分别为7508 元、12532 元和19507 元，远远低于西藏的5.13 万元。

表1－3　在喜马拉雅地区经济体中的人均GDP比较

单位：美元

国家＼年份	1960	1980	2000	2020
中国	89	194	959	10434
其中：中国西藏	83	197	558	8024
不丹	–	316	718	3001
孟加拉国	89	227	418	1962
印度	82	226	443	1928
缅甸	–	30	147	1468
巴基斯坦	83	303	576	1189
尼泊尔	50	129	229	1155
塔吉克斯坦	–	–	138	859
阿富汗	59	272	–	517

资料来源：世界银行组织数据库：https：//databank. worldbank. org/indicator. NY. GDP. PCAP. CD/1ff4a498/Popular-Indicators；中国西藏的数据来自《西藏统计年鉴2001》，中国统计出版社，2002 年，表2－6；《西藏统计年鉴2021》，中国统计出版社，2022 年，表2－6。

以2020 年人均地区生产总值为例，西藏为8024 美元（按照1：6.5测算），在西藏内部，从人均GDP 看，林芝、拉萨两市超过1 万美元，与全国平均水平持平。而不丹、孟加拉国、印度、缅甸、巴基斯坦、尼泊尔、塔吉克斯坦、阿富汗则分别是3001美元、1962美元、1928美元、1468美元、1189美元、1155美元、859美元、517美元。西藏分别是它们的2.67倍、4.09倍、4.16倍、4.08倍、6.75倍、6.95倍、9.34倍、15.52倍。

以此来看，西藏的经济现代化也是喜马拉雅地区现代化中的一个奇迹。

第四节　价值追求与推进条件

探讨西藏经济现代化，必须探讨其价值追求和推进条件。这是西藏现代化不同于发生在世界其他国家和地区的现代化，是西藏经济现代化的本质，也是一个内在的过程，同时还是衡量西藏经济现代化的重要视角。事实上，西藏的现代化之所以能够得到西藏广大人民群众的欢迎，是因为西藏的现代化不是为了别的，而是为了服务于广大人民群众的根本利益。广大人民群众从中获得了实实在在的利益，西藏各族人民在西藏经济现代化过程中不仅提高了生活水平，而且政治地位也得到稳步提高，其获得感、幸福感和安全感得到提升。

一、以人民为中心：西藏经济现代化的价值追求

实现现代化是中国人民的根本利益所在，中国共产党是中国人民根本利益的忠实代表。习近平指出：“只有坚持以人民为中心的发展思想，坚持发展为了人民、发展依靠人民、发展成果由人民共享，才会有正确的发展观、现代化观。”① 从现代化的价值取向上看，中国实行的社会主义制度，其现代化的价值取向是追求自由和平等。这超越既有的现代化道路和模式，西藏经济现代化也是这样的价值取向，也必须有这样的价值取向。

众所周知，为多数人民求解放到谋利益是中国共产党的建党立党宗

① 《习近平在省部级主要领导干部学习贯彻党的十九届五中全会精神专题研讨班开班式上的讲话》，《人民日报》2021年1月12日第1版。

旨。中国共产党从诞生起就肩负起为中华民族求解放、谋幸福的使命。中国共产党在西藏完成的五件大事彰显了这一宗旨。第一件大事是 1951 年和平解放西藏，帮助西藏完成了摆脱帝国主义侵略和羁绊的历史任务。西藏和平解放之后，党通过与西藏上层人士协商，开展了修公路、办学校、免费为群众治病、发放无息农业贷款、抗灾救灾、扶危济贫、促进生产等工作，竭力为各族人民谋利益。第二件大事是 1959 年的民主改革，完成了从政教合一的封建农奴制度下解放农奴的历史任务。民主改革以后，党以各族人民根本利益为出发点和落脚点，保障翻身农奴当家作主，拥有政治、经济、文化、受教育、宗教信仰等各项权利。第三件大事是在西藏建立社会主义制度。中国共产党建立各级政权，为保障人民当家作主提供政治保障。第四件大事是在西藏实施改革开放。实施改革开放以来，党和人民政府大力发展经济与文化，改善民生，修建现代基础设施，提供丰富的物质文化和精神文化产品，使冰箱、彩电、电话、电脑、洗衣机、摩托车、手机等消费品进入寻常百姓家。第五件大事是近年来在西藏实施民生改善和生态环境保护项目。将广大人民群众涉及医疗、教育、就业、养老等事业发展放到优先位置，将青藏高原的生态环境保护放到重要位置，奋力推进西藏的高质量发展。

总之，西藏和平解放，特别是民主改革之后的几十年中，中国共产党始终以人民利益为中心，为各族人民尽心竭力谋幸福，以此推动西藏经济现代化。因为经济现代化能够给民众带来实实在在的利益，所以，不同的国家、不同民族都不遗余力地推进经济现代化。从西藏的现实来看，经济现代化使西藏民众走上了幸福安康之路。现代化是西藏发展的必由之路，是西藏各族人民的共同愿望。西藏经济现代化顺应了时代潮流和人类社会发展的客观规律，体现了西藏社会进步的需求，是西藏社会发展的必然选择。

展望未来，西藏的经济现代化发展是西藏各族人民的事业。以习近平同志为核心的党中央执行“以人民为中心”的发展理念，将西藏经济现代化的出发点和落脚点放到“以人民为中心”上。这是不忘初心的生动表现。

由起点引致的西藏经济现代化的目的，则必然以国家统一和民族团结作为其实现经济现代化的条件。

二、国家统一和民族团结：西藏经济现代化的条件

从经济现代化的条件来看，国家统一和民族团结是西藏经济现代化的必要条件。没有祖国的富强和统一，就没有西藏社会的新生和发展；没有民族的团结，就没有西藏现代化的起步和顺利推进。习近平在中央第七次西藏工作座谈会上指出，“做好西藏工作，必须坚持中国共产党领导、中国特色社会主义制度、民族区域自治制度，必须坚持治国必治边、治边先稳藏的战略思想，必须把维护祖国统一、加强民族团结作为西藏工作的着眼点和着力点。”① 概括起来，西藏现代化所面临的主要问题之一在当前就是达赖集团与国际反华势力勾结起来分离国家统一、破坏民族团结。这是一切矛盾的总根源。与中国其他地区相比，这是西藏实现现代化的特殊性。

西藏的民族团结在一定程度上受民族分裂势力的干扰，即达赖集团和国际反华势力勾结起来破坏国家统一和民族团结。第一，西藏社会实现的两次跨越，始终贯穿着分裂国家、破坏民族团结与维护祖国统一、加强民族团结的斗争。第一次跨越是西藏从政教合一的封建农奴制社会向有中国特色的社会主义社会转变。第二次跨越是从落后的封闭社会向发达的开放社会转变。前一个跨越是生产关系的变革，后一个跨越是在生产力实现跨越基础上的生产关系的变革。在这两次跨越中，达赖集团和国际反华势力始终图谋“西藏独立”，分裂国家统一，破坏民族团结。第二，实现西藏社会稳定和国家安全是西藏一切工作的起点。事实上，美国要在“印太战略”中融入和强化西藏因素，并同欧盟、日本、印度、澳大利亚等建立“西藏问题联盟机制”联合对华，而达赖集团是组织体系完善、国际影响大的分裂主义政治集团。西方敌对势力之所以把涉藏问题作为分裂我国的手段，也是因为有达赖集团这样一个政治工具。因此，当前，达赖集团冒险性上升，美国也在极力榨取十四世达赖喇嘛的“剩余价值”。

从这一点看，西藏经济现代化要顺利推进，没有一个稳定的社会环境是不可能办到的。把维护祖国统一、加强民族团结作为西藏工作的着眼点

① 新华社：《中央第七次西藏工作座谈会在京召开》，《中国民族教育》2020 年第 10 期。

和着力点，是对西藏工作面临形势的重要判断。维护祖国统一、加强民族团结的“着眼点”是指着重考虑的目标方向，“着力点”是相关工作的重点着手之处。看准了“着眼点”、抓住了“着力点”，就能够使党的西藏工作重点更明确、聚焦更准确，就能使西藏的各项工作充满精气神、打开新境界，不是零敲碎打、头痛医头脚痛医脚，而是胸有全局、提纲挈领、形成合力。由此，习近平在中央第七次西藏工作座谈会上指出：“要加强对群众的教育引导，广泛发动群众参与反分裂斗争，形成维护稳定的铜墙铁壁。要深入开展党史、新中国史、改革开放史、社会主义发展史教育，深入开展西藏地方和祖国关系史教育，引导各族群众树立正确的国家观、历史观、民族观、文化观、宗教观。要重视加强学校思想政治教育，把爱国主义精神贯穿各级各类学校教育全过程，把爱我中华的种子埋入每个青少年的心灵深处。要培育和践行社会主义核心价值观，不断增强各族群众对伟大祖国、中华民族、中华文化、中国共产党、中国特色社会主义的认同。”①

2020 年 8 月，中央对西藏现代化的形势作出研判，提出“五期叠加”论断。也就是说，西藏社会呈现出“五期叠加”阶段性特征。

> 反分裂斗争进入应对重大风险的关键期，不同性质矛盾相互交织，斗争将更加尖锐、复杂、激烈；社会大局进入实现长治久安的推进期，反对分裂、维护国家安全特别是政治安全任务更加艰巨；经济社会进入高质量发展的转型期，发展不平衡不充分的问题更加突出；生态保护进入生态文明建设的深化期，巩固重要的国家生态安全屏障、建设国家生态文明高地的任务更加繁重；边境建设进入富民强边的攻坚期，补齐边境建设短板、加强国防能力建设、深化反蚕食斗争已刻不容缓。②

“五期叠加”论断着重阐述了西藏全面开启社会主义现代化新西藏建

① 新华社：《中央第七次西藏工作座谈会在京召开》，《中国民族教育》2020 年第 10 期。

② 转引自：《中共西藏自治区委员会关于西藏“十四五”规划和 2035 年远景目标建议》，《西藏日报》2020 年 12 月 28 日。

设新征程所遇到的重大矛盾和挑战。毫无疑问，这些重大矛盾和挑战主要是西藏经济现代化所面临的。这深化了对西藏推进经济现代化条件的认识。

第五节　历史意义与现实意义

西藏经济走向现代化，符合世界历史潮流和人类社会发展规律，体现了西藏社会发展的内在要求和西藏人民的根本利益与愿望，彰显其深远的历史意义和重大的现实意义。

一、从生产力与生产关系的矛盾运动中洞察西藏经济现代化的意义

从社会发展规律来看，西藏经济现代化是西藏社会内部的矛盾运动推动的，而最基本的社会矛盾是生产力与生产关系的矛盾。

根据马克思主义原理，社会发展从根本上讲是其社会内部的矛盾运动推动的。生产力和生产关系是生产方式这个矛盾统一体中的对立双方。它们之间既对立又统一，相互依存、相互作用，有着不可分割的内在联系。其中，生产力是矛盾的主要方面，对生产关系起着决定作用。首先，生产力的状况决定生产关系的性质。生产力是生产关系形成的前提和基础。生产关系是适应生产力发展的要求建立起来的，是生产力的发展形式，它的性质必须适应生产力的状况。有什么样的生产力，最终就会有什么样的生产关系。其次，生产力的发展决定生产关系的发展和变革。生产力是生产方式中最活跃、最革命的因素，经常处于变化和发展之中。与生产力相比较，生产关系则更具稳定性，一种生产关系一经产生，就在一定的历史时期内保持相对稳定的形式。但是，生产关系也不是凝固不变的。随着生产力的发展，生产关系在相对稳定中也会发生部分的、某些方面的重要变化。当生产力发展到一定阶段，原来的生产关系再也容纳不下它的发展时，就会引起生产关系的根本变革，为新的生产关系所代替。生产力决定生产关系，这是一方面。另一方面，生产关系对生产力有重大的反作用，它会起着束缚或解放生产力的作用。当生产关系与生产力的发展要求相适应时，它会有力地推动生产力的发展；当生产关系与生产力的发展要求不

相适应时，它会阻碍甚至破坏生产力的发展。生产关系对生产力的反作用，有时会十分突出。例如，当生产关系由生产力的发展形式变成生产力的桎梏时，生产关系的变革对生产力的发展就具有决定性的意义。不过，即使在这种状况下，生产关系仍然是由生产力所决定的，因为生产关系之所以要变革，归根到底还是由生产力发展的要求决定的。不论在何种情况下，生产关系反作用的发挥，都是以适应一定的生产力状况为前提的，都是建立在生产力决定作用的基础之上的。

西藏社会内部的矛盾运动也不例外。从变革生产关系入手解放生产力，是社会发展和进步的一种方式。因为生产力与生产关系之间的矛盾所产生的结果会表现出具体的社会矛盾和问题。这些具体的社会矛盾和问题长期得不到解决，就会窒息社会发展和进步。事实上，任何一个民族要想自强、自立，都必须跟上时代的脚步，推动现代化进程。对于西藏来讲，即使在民主改革之前，也不缺乏推动现代化进程的历史事例。由于现代化是一个相对概念，相对于传统而言，引入外来先进因素即可视为“现代化”。从这个意义上讲，松赞干布的“改革开放”（从四邻邦国或地区引进先进的科技文化知识等）和晚清时期西藏的“改革”可以视为现代化的尝试。后文将较详细论述这些“改革”的历史，此不赘述。这些都是来自西藏社会内部的变革力量，是促进生产力发展的革命性力量。上述这些事例说明，西藏的现代化是一种历史趋势，改革落后的社会政治制度和生产方式，实现现代化，历史性地成为西藏社会进步的唯一出路。西藏社会内部孕育着实现经济现代化的力量，包括改变原有的社会制度和文化习惯，引入新的经济因素和组织形式，形成新的经济需求，强化与外界，特别是与祖国内地的经济交流和联系。

值得指出的是，这些事例也说明，只要找准“现代化”的参照系，西藏快速发展和强大的“现代化”之路必然成为当政者的战略选择。实现西藏经济现代化是西藏社会发展的内在要求，而不是外在力量强加的，也不是现在才有的。这里我们仅仅想说明的是，西藏社会内部也有要求社会变革的力量。当然，在长达千年的历史中，西藏生产力与生产关系处于相对适应的状态，直到民主改革前，生产力与生产关系的矛盾尚未达到尖锐的程度，因此，相对于内地甚至其他少数民族地区而言，西藏社会内部推动生产关系变革的动力还比较微弱。

二、推动西藏经济从自然经济走向市场经济

经典经济现代化理论认为，经济现代化的主要目标是实现工业化。根据经济学原理，市场化是工业化的前提，市场化为工业化准备条件。市场化，亦即市场经济的形成与发展过程是经济现代化的第一个阶段。没有市场经济的发展，便不可能出现工业化阶段。在现代经济中，市场化与工业化同为经济现代化的两个车轮，互相促进以推动经济现代化滚滚向前。200多年前的欧洲经济发展是这样，近40年来的中国经济发展也是这样。由此看来，经济现代化从市场化开始，经济现代化是一国经济走向市场化的必然选择。市场化贯穿于经济现代化发展全过程，实现由传统自然经济向现代商品经济转变的一个过程，它是以社会分工和生产、分配、交换、消费的社会化为基础的。市场化是工业化与信息化的基础和前提，市场规模越大，工业化与信息化发展程度就越高，市场扩展的速度越快，工业产业和信息产业的发展就越快。反过来，工业化与信息化也使人们不断产生新的更高层次的需求以及提供更多的社会供给，为市场化规模的扩大奠定了坚实的基础。

我国经济现代化的目标至少应包括建立完善的社会主义市场经济体制。市场经济要求确立市场在资源配置中的关键性作用，承认企业在市场竞争中的主体地位。与此同时，一个完善的适应中国经济发展水平的市场经济法律体系也是社会主义市场经济的重要内容。发达的市场经济需要有统一的国内市场以及稳定合理的经济秩序。从这个意义上说，市场经济是一种法治经济、规则经济，市场经济活动应该接受法律的规范、制约与保护，企业在市场中自由竞争、平等合作，违反竞争规则的行为受到相应的惩处并给予受害方相应的补偿。脱离了市场化这个基础，经济现代化是难以进行的。我国经济发展的最大教训，就是1978年以前推行工业化、现代化与市场化逆向而行的政策，或者说，脱离市场化基础搞工业化、现代化。改革开放以来我国经济工作最重要的经验和最主要的理论成果，就是1979年以后推行建立社会主义市场经济体制的政策和社会主义市场经济理论，也就是在市场化的基础上推进工业化、现代化以达到实现经济现代

化目标。改革开放以来我国证明：离开了市场化，工业化和经济现代化是畸形的、跛足的；离开了市场化，生产率和经济效益低下，未能实现工业化和经济现代化的根本目标，人民生活没有得到根本改善，人民不满意。离开市场化的工业化，不具备经济现代化的本质。由于这两个原因，离开了市场化，工业化和经济现代化不可能长期坚持下去，必须实行经济体制改革，发展市场经济，使工业化和经济现代化建立在市场化基础之上。

开放市场的出现，打破了国家之间、国家内部地区之间及民族之间的界线。以市场经济为基础的现代经济发展，冲破了过去的民族自给自足和闭关自守的封闭状态，各民族的相互往来日益频繁。同样，西藏经济现代化离不开市场化。市场化使外界与相对封闭的西藏相连接，为西藏发展带来了信息、技术、资金、人才等，并加速了这些物质生产要素的流动，促进了西藏经济快速发展。拉萨可以说是西藏对外开放的窗口，即使在遥远的藏北牧区，农牧民的生产生活方式也已经与国际市场接轨。特别是近年来，随着山羊绒制品在国际市场上逐渐看好，山羊绒价格逐年上升，农牧民收入明显增加，生产生活条件也得到显著改善。基于市场经济的快速发展，西藏农牧民开始大量养殖山羊等牲畜，由此也可以看出，国际市场对藏北牧区的牲畜饲养结构产生了重要影响。此外，近年来随着西藏经济的快速发展，个体私营经济逐渐成为市场经济中非常活跃的主体。这些来自西藏地区内外的个体户在批发零售、餐饮娱乐、建筑运输等行业中占有举足轻重的地位，他们对西藏经济现代化发展作出了重要贡献。

但同时我们还应看到，由于历史与社会的原因，2020 年西藏经济发展仍然是靠中央政府与内地省市政府的援助为主，自给能力相对较差。也就是说，一方面，相对于内地，甚至与其他边疆少数民族地区相比，西藏市场发育滞后；另一方面，鉴于西藏发展面临诸多困难，西藏经济发展中政府干预过多，市场经济发挥作用还相对有限。这样一来，市场化发育程度低，没有建立完善的社会主义市场经济体制，这制约着西藏经济运行机制的现代化，进而制约着西藏经济的现代化。众所周知，西藏具有丰富的矿产、水利、旅游等各种资源优势，但长期没有得到很好的开发利用，被称为“富裕的贫穷”，其中，很重要的因素就是没有完全开放，没有完全市场化。基于此，必须建立更为开放的市场经济体制，逐步缩小政府干预经济发展的范围，让市场经济逐步发挥主导作用。2020 年，西藏更应着眼经济发展的长期规划，加快基础设施建设步伐与科研开发力度，营造更为公平合理的市场环境，逐步建立完善商品市场、资金市场、劳动力市场等，依法对个体私营经济进行监管，尽可能地吸引区外私人投资，使个体私营经济有更大的发展。

2020 年，西藏自治区经济现代化的重点是推进经典经济现代化，即提高劳动生产率与实现工业化，此外，还面临经济市场化的艰巨任务。西藏要实现第一次现代化，应首先建立健全市场经济体制，大力推进工业化、城市化、福利化、法治化和民主化进程，用最短时间完成以工业化、城市化和民主化为主要特点的第一次现代化。同时还要逐步大力发展知识经济，建设知识社会，提高全区人民生活质量，改善自然生态环境，保护文化多样性，推动知识化、信息化、全球化、创新化和绿色化进程，逐步实现第二次现代化。

总之，从动力机制来看，经济现代化是西藏经济走向市场化的必然趋向。

三、促进西藏从封闭经济走向开放经济

经济现代化是一个全球竞争的过程。不论是发达国家还是发展中国家，如果要实现经济现代化，达到或保持世界经济先进水平，就必然要求在竞争激烈的国际环境中获得有利地位，谋求占有更多的战略资源和市场空间。对外开放适应了经济全球化的发展趋势，促进了经济现代化的发展进程。面对经济全球化的发展趋势，越来越多的国家选择和实行对外开放政策，转向发展市场经济、探索开放型经济发展的道路。坚持对外开放和不断扩大开放，提高开放水平，促进国际经济贸易交流与合作，推动本国经济发展，已成为 20 世纪 70 年代以来众多国家的共识，也为世界经济发展历程和已实现经济现代化目标的国家的经验所证明。事实上，在过去 300 年里，所有发达国家都是实行对外开放并参与全球竞争的国家，经济现代化波及全球绝大多数国家和地区。在未来 100 年时间里，发达国家将实行更加开放的政策，全面参与经济全球化。希望推进经济现代化的国家也会参与经济全球化，就是不参与经济全球化的国家也会受到全球化的影

响。经济全球化就是生产要素在全球范围内流动，寻找适当位置进行最佳配置，追求效益最大化。因此，一个国家只有把本国经济与世界经济互接互通，融为一体，才能充分利用国内外的两个市场和两种资源。

经济全球化已成为当今世界的一个显著特征，这也是促进我国实行对外开放和不断扩大对外开放政策的一个重要因素。中国经济现代化是世界经济现代化的组成部分。随着中国加入世界贸易组织，经济全球化大潮已经降临。在世界经济竞争中，中国正处于经典经济现代化阶段，中国的国际竞争力非常有限。要适应经济全球化，就必须在推进经典经济现代化的同时，有选择地推进第二次经济现代化，参与全球高端经济市场的竞争，形成两次经济现代化协调发展的局面，这就要求中国经济必须实行对外开放战略。对外开放是市场经济发展的内在要求，也是经济现代化建设的必然规律。只有实行对外开放，才能参与国际分工和国际交换体系，充分利用“两个市场、两种资源”，促进中国与世界各国经济的交流与合作，推动经济现代化建设。邓小平曾经指出：“关起门来搞建设是不行的，发展不起来。关起门有两种，一种是对国外；还有一种是对国内，就是一个地区对另外一个地区，一个部门对另外一个部门。两种关门都不行。”① 在当今开放的时代，一国经济的国际化程度决定了发展速度和发展水平，已成为现代化的一个关键因素。然而，在很长一段时间内，我们整个国家都处于封闭状态，关起门来搞建设，经济没有得到发展。1978 年我国开始实行对外开放政策。在坚持社会主义制度的基础上，在独立自主、平等互利的前提下，根据生产社会化、经济全球化的发展趋势和社会主义经济发展的客观要求，主动参与国际分工和国际交换体系，积极发展与世界各国的友好关系及各方面的交流合作，形成了多层次、多渠道、全方位的对外开放总体格局。实践证明，对外开放打破了我国经济发展的半封闭状态，逐步向适应经济全球化趋势的开放型现代经济转变，极大地拓展了我国经济活动空间，增加了经济发展机会，使我国利用“两个市场，两种资源”的水平不断提高，促进了生产要素在更大范围、更高水平上的优化配置，实现了国内外优势互补，提高了我国经济的技术水平，增强了综合国力。对外开放有力地推动了中国经济迅速发展，加快了中国现代化建设进程，

① 邓小平：《邓小平文选》第三卷，人民出版社，1993 年，第 64—65 页。

也加深了中国经济与世界经济的联系。

现代经济全球化已经成为一种发展事实，正在全世界范围内为各国创造分享资金、商品、技术、服务、知识和观念的机会。同样，现代经济全球化使我国西部地区面临着开放、知识、改革、市场等机遇，因此，西部地区作为工业化的后来者具有后发优势。有利的周边国际和平环境，为西部地区进一步对外开放、争取优先开放的国内市场、充分利用国际周边市场创造了条件。全球化给西部地区带来的最大机遇是能够充分利用全球的知识、资源、市场，用以解决其自身发展与资源、环境的矛盾问题。

世界文明发展的历史表明，一个民族或地区长期落后，是由于长期封闭所致；一个民族或地区能够实现追赶，则是由于实行对外开放政策与不断提高学习能力，并有能力也有机遇获取外部的资金、知识、技术与服务等。一个民族不能够实现开放与变革，就不能享用全人类共有的文化与文明，只能是永远处于愚昧和落后的境地。一个民族不能够积极寻求学习与借鉴其他民族贡献给全人类的优秀文化技术遗产，未能利用全人类共有的知识与技术，只能是长期处于民族边缘化的封闭状态。应该在学习与借鉴、改造与创新的基础上，最终形成具有本民族特色的发展模式。同样，我国西部民族地区如果一味地照搬东部发达地区的发展模式，其结果只能导致西部民族地区自然生态环境大规模破坏、民族文化生态退化丧失、民族边缘程度日益加剧。

众所周知，西藏自治区边境线长达 4000 多公里，同相邻的周边国家在经济贸易方面有很强的互补性，市场潜力很大。但西藏现代化发展进程缓慢的一个重要原因就是对外开放程度低，利用国内外资金、技术、资源和市场的程度和能力较低。2018 年，西藏进出口总额为 48 亿元，在全国进出口总额中所占比例微不足道（全国进出口总额为 305050 亿元）。从我国全部涉藏地区来看，云南藏族地区经济发展最快，主要是因为其开放程度较高。同样地，就西藏而言，拉萨、日喀则等地区经济发展较快，就是因为这些地区开放程度高于其他地区。西藏经济发展落后，一方面在于恶劣的自然地理条件，自生能力不足；另一方面在于因自然条件和交通条件造成的西藏与外界隔绝状态，“请进来”与“走出去”的成本都很高。因此，西藏经济的发展重点，一方面在于增强自力更生能力，另一方面在于打通获取外部支援的渠道。为了发展西藏经济，必须坚持对内与对外同时开放的政策。对内开放，就是要学习国内先进地区的先进技术和管理经验，在互相帮助的基础上，争取得到他们更多的支援。对外开放就要发展边境贸易，开展国际旅游业务和引进国外先进技术。运用好国内国外两个市场、两种资源。进一步加强西藏与内地的经济文化交流与合作。通过引进资金、技术、人才，形成具有影响力、辐射力和带动力的主导产业，促进西藏与内地经济的融合和互补。

20 世纪 80 年代初，西藏和全国一样掀起了改革开放和现代化建设热潮。为推动西藏的发展，西藏农区实行“土地归户使用，自主经营，长期不变”，牧区实行“牲畜归户，私有私养，自主经营，长期不变”等一系列有利于经济发展的政策，推进了西藏经济体制改革和对外开放。从 1984 年起由国家投资、全国九省（市）援建西藏 43 项工程等一批项目。改革开放政策的实施和国家的支援，繁荣了西藏的工业、农牧业及以商贸、饮食、旅游为主的第三产业，提高了西藏产业整体水平和经济活动的商品化水平，使西藏经济和社会发展跨上了一个新的台阶。改革开放还推动了西藏商业、对外贸易和旅游产业的空前发展，增强了西藏与内地、与世界的相互联系和合作。西藏地方区域市场体系初步形成，与全国乃至世界市场体系正在逐步实现接轨。大量农牧民走出乡村，投身于市场经济大潮。同样，来自全国和世界各地的商品源源不断地进入西藏，不断丰富城乡市场和百姓生活。西藏的名、优、特产品及民族手工业产品，大量进入全国和世界市场。商业贸易的蓬勃发展，推动了农牧产品加工业的发展，农牧业生产开始向市场化方向迈进。国家还制定了一系列优惠政策，鼓励和吸引国内外企业到西藏投资办企业，扩大对内对外经济交流与合作。改革开放为西藏的现代化发展注入了强大动力，西藏经济对外开放成效显著。

当然，对外开放为西藏经济发展带来了市场与机遇的同时，也带来了一些压力与挑战。如资源型产业优势将部分消失，市场变化将导致资源开发成本明显升高，绝大部分资源市场竞争力已基本消失等。我们不能因此而拒绝实行对外开放政策，相反，应加速民族地区的双重开放，采取有利于加快促进民族自身开放与发展变革的全面开放政策，努力构建开放型经济体系。在对外开放中，充分利用国际、国内分工扩大的有利时机，充分发挥西藏的比较优势，扬长避短，在积极参与全球经济活动的过程中实现发展经济、缩小或赶上世界先进水平的战略目标，逐步实现经济现代化目标。

总之，从外部条件来看，经济现代化是西藏走向开放的必然选择。

第六节　小　结

众所周知，经济现代化、社会现代化、政治现代化、生态现代化、文化现代化构成了一个完整的、互动互补的西藏现代化体系。其中，经济现代化是核心和关键，政治现代化是保障，文化现代化则是发展模式的主要决定力量，社会现代化是最终目标。在西藏，经济现代化更是其他现代化的重要基础。只有经济发展了，才能打牢西藏稳定的物质基础，促进边防巩固、国家安全，实现祖国强盛、人民富裕，最终实现人的全面发展。西藏经济现代化不是一个独立的过程，在这个过程中伴随着西藏的社会现代化、文化现代化、政治现代化和生态现代化。因此，西藏的现代化必然要有几场彻底的社会革命为其奠定基础。不赶走帝国主义势力，西藏就不能进入现代化；不废除封建农奴制进行社会改革，西藏就没有现代化的基本条件。

《十七条协议》的签订标志着西藏和平解放的实现。在和平解放后，中国人民将帝国主义势力驱逐出西藏，使西藏重新回到祖国的怀抱。西藏现代化的真正开启是在中国共产党的领导下进行的，没有这样的前提，就不可能实现现代化。民主改革是西藏最伟大的一场全面社会改革，为西藏的现代化发展扫清了障碍，这是西藏现代化的起点。实现现代化是中国人民的根本利益所在，中国共产党是中国人民根本利益的忠实代表。由起点引发的西藏经济现代化的价值追求是以人民为中心。从经济现代化的条件来看，国家统一和民族团结是西藏经济现代化的必要条件。没有祖国的富强和统一，就没有西藏社会的新生和发展；没有民族的团结，就没有西藏现代化的起步和顺利推进。西藏经济走向现代化，符合世界历史潮流和人类社会发展规律，体现了西藏社会发展的内在要求和西藏人民的根本利益与愿望。从社会发展的规律来看，西藏经济现代化是西藏社会内部的矛盾运动推动的。而最基本的社会矛盾是生产力与生产关系的矛盾。从现实来看，西藏经济现代化是西藏社会主要矛盾及其转换的需要。这是被历史事实和现实所证明的。从西藏发展的趋势看，西藏经济现代化是西藏经济走向市场化的必然趋向，也是西藏走向开放的必然选择。

然而，西藏经济现代化不是理论形态的东西，而是历史和现实的客观存在，是通过千千万万个实践去实现的。回顾西藏经济现代化的历程就可以清晰地了解这一实践过程。下一章，我们将重点阐述这方面的内容。

第二章

西藏经济现代化的历史演化回溯

从阶段上把握西藏经济现代化可以更加深刻地理解西藏经济现代化。与国内其他地区的现代化相似，西藏经济现代化有一个阶段性的过程。从走出传统开始，到现代化实现，中间的一大过渡又可以分成若干小阶段，虽然处于不同时代的西藏经济现代化的方式和具体模式互不相同，但都表现出西藏社会内部对现代化的追求、回应，也表现出中央政府对西藏现代化的各种资源输入，以及通过各种途径实现西藏与内地的整合。就西藏经济现代化来讲，西藏“现代化过程开始之前业已呈现的内部状况，基本上能说明现代化的各种速率和模式”①。马克思指出：“人们自己创造自己的历史，但是他们并不是随心所欲地创造，并不是在他们自己选定的条件下创造，而是在直接碰到的、既定的、从过去继承下来的条件下创造。”②西藏的经济现代化是在既定的历史条件下启动的，受到客观历史条件的制约。回顾西藏经济现代化的演进过程，将有助于我们更好地理解西藏经济现代化的特点。

---

① ［美］吉尔伯特·罗兹曼著，陶骅译：《中国的现代化》，江苏人民出版社，1998 年，第 8 页。

② 《马克思恩格斯选集》第一卷，人民出版社，1972 年，第 603 页。

第一节　初步尝试

当世界主要资本主义国家到处掠夺殖民地、扩张势力范围时，中国正在施行闭关自守的政策，但 1840 年的第一次鸦片战争迫使清政府开始对外开放。18 世纪末 19 世纪初，清政府开始走向衰落，英帝国主义趁机于 1888 年和 1903 年以武力入侵西藏，将西藏纳入半殖民地社会。辛亥革命推翻了两千多年的封建帝制，建立了中华民国。国民政府时期，我国各地长期陷于军阀混战的局面，各地政府既无心、更无力发展地区经济。因此，从 1888 年英国发动的第一次侵藏战争到 1951 年西藏和平解放这段时间里，西藏地方经过了半殖民地的肇始、演变过程①，同时西藏的封建农奴制经济并没有瓦解，没有与全国一道进入到半封建状态。即使在这种状态下，西藏社会内部也掀起了所谓的“现代化”浪潮。从现代化的角度考察，这可以被视为西藏经济现代化的初步尝试。

一、近代经济现代化开启前的“现代化”

近代以前（即 1840 年以前），中国西藏的经济似乎变化不大，但如果仔细考稽历史，特别是有学者将“现代化”作宽泛理解，则可以看出，首次推动历史上的西藏实现“现代化”的是吐蕃赞普松赞干布。当时唐朝在经济、政治、社会等方面所取得的巨大成就和高度文明，成为吐蕃推动“现代化”的强大动力和学习榜样。生于公元 617 年的松赞干布，13 岁被拥立为赞普，即位时恰逢内忧外患，经过重重历练威望日增。面对强大的外在压力和自身的学习动力，松赞干布在吐蕃实行了类似今天的“改革开放”政策，奠定了藏族第一次历史性的辉煌，并最终为藏传佛教在西藏的兴起奠定了基础。不少藏族精英人士都不否认这一点，官方也有类似的看法。例如，2004 年 4 月 14 日，新华社对松赞干布的“改革开放”作出了分析与评论，也说明了这一点。

---

① 狄方耀、何宗英著：《西藏百年经济史》，厦门大学出版社，2020 年，第 1 页。

专栏2-1　新华社评松赞干布的“改革开放”

公元633年，松赞干布力排众议，迁都吉雪卧塘（拉萨），摆脱了传统势力的沉重包袱，开辟了新天地。松赞干布即位后，在吐蕃实行了“改革开放”，包括从四邻邦国或地区引进先进的科技文化知识，同时对政治、经济、军事、文体等领域大力改革。松赞干布首先命人赴天竺学习梵文，参照梵文创造了藏文，结束了吐蕃没有文字的时代。文字创立后，从公元七世纪中叶开始，吐蕃已有能力和条件翻译佛经。其后，松赞干布迎请印度、尼泊尔、汉地等佛教高僧大德到吐蕃翻译了众多佛经。其中，重点翻译了大悲观音菩萨之显密经典二十一部。这些经书经广泛传播，观世音菩萨深入人心后，藏民认定她就是普度吐蕃众生的菩萨，拉萨的红山被认定为观世音菩萨的道场，取名为布达拉。与此同时，松赞干布又迎请佛像供品，包括从印度南部迎请了一尊被称为从旃檀蛇心中自然形成的十一面观音像，迎请了尼泊尔尺尊公主带来的不动金刚佛八岁等身像和唐朝文成公主带来的释迦牟尼佛十二岁等身像。也在这个时期，吐蕃建造了众多佛寺，包括拉萨大昭寺和小昭寺，以及山南的昌珠寺。佛教开始在吐蕃正式传播。松赞干布时期是西藏社会大开放、大变革时期。当时社会的这种大开放、大变革为佛教在西藏的传播提供了机遇和条件。①

也就是说，自古以来，西藏是一个开放的社会，以包容的态度对待外来文化。事实上，在吐蕃之后的西藏从来都在对外开放中不断吸取外来先进因素，尽管走上政教合一的西藏社会滋养出保守的倾向。西藏与内地之间的经济交流不断发生，内地的先进生产力被引入西藏，滋养着西藏经济社会发展。有学者将此次改革开放称为“现代化”，实际上是误解了“现代化”的基本内涵。这种宽泛理解难以得到广泛的认同。

虽然如此，1840年以前，自然经济在西藏占绝对优势，以传统的农

① 中国新闻网:《松赞干布的“改革开放”与前佛法时代的西藏文明》，参见 https://www.chinanews.com/cul/news/2008/04-14/1219382.shtml。发表时间:2008-4-14，访问时间:2020-05-02。

牧业为主体，其中牧业生产占 3/4，① 农牧业生产主要是用于满足西藏人民最基本的生存需要，农业中经济作物种植少。西藏的农牧产品呈现出高原特色，农产品以青稞为主，也种植少量的荞麦、蚕豆、豌豆、土豆、玉米等，牧业产品以牦牛、犏牛、黄牛、绵羊、山羊为主。农业生产技术落后，农业产出低下。西藏商品经济极不发达，手工业和商业经济很少，广大农牧区仍以物物交换为主，商品交换的种类有限，有些生活必需品，如茶叶、布匹等都必须从外部输入，更不必说奢侈品了。② 西藏的这种经济结构和形态长期保持不变，或者变化甚微，加上政治上的政教合一制度，经济日趋停滞，民众的物质生活水平提高有限，或者长期没有提高。

二、近代西藏的两次经济现代化尝试

进入近代以后，中国遭受西方殖民主义的入侵。在西藏，英国先后于 1888 年、1903 年发动侵藏战争，虽然都遭到西藏各族人民的反抗，但无法抵御强大的侵略者，其结果是战后英国通过签订不平等条约及其他方式，将其经济入侵的魔掌伸入中国西藏地区，控制了西藏的经济和政治，使其沦为半殖民地社会。这不仅破坏了西藏的农牧业、手工业，还进行文化渗透和文化奴役，从思想和观念深处培养一批亲英分子，削弱了西藏地方同祖国内地的经济联系。③ 清政府末期的腐败、近代西藏经济的停滞不前及帝国主义的入侵，使有志之士看到西藏经济社会与西方国家的巨大差距，萌生出要学习西方先进的知识和技术，推动西藏经济走向现代化的愿望，并进行了一系列的尝试。

（一）清末“新政”：近代西藏现代化的滥觞

1906 年 4 月，张荫棠奉清朝中央政府之命入藏“查办藏事”。他于 12 月 12 日由印度抵达拉萨后，“发现当时藏中吏治之污，弊孔百出，乃藏众轻视藏臣，异国敢于侵略西藏之重要原因”④，于是，他抵住压力惩治腐败、整顿吏治。为应对英政府的侵略和解救西藏人民出苦难，他在西藏施

① 黄万纶编：《西藏经济概论》，西藏人民出版社，1986 年，第 155 页。

② 美朗宗贞：《论西藏近代商人阶层的形成》，《中国藏学》2009 年第 4 期。

③ 狄方耀、何宗英著：《西藏百年经济史》，厦门大学出版社，2020 年，第 48—52 页。

④ 贺文宣编著：《清朝驻藏大臣大事记》，中国藏学出版社，1993 年，第 482 页。

行以加强中央对西藏地方的主权控制、改善民生、巩固边疆为主要目的新政，主张在西藏成立交涉、巡警、督练、盐茶、财政、工商、矿物、学务、农务九局以发展西藏经济，在拉萨创办汉文报纸、设立学校等以发展文化教育。在他的治藏措施中，有些意在削弱西藏地方政府的权力，而有些措施，如改良风俗，则带有同化西藏的倾向①。此外，“达赖、班禅等由他领导”等措施还引起了清政府及新任驻藏大臣联豫的猜忌，加上帝国主义势力的阻挠，清政府于1907年将其调离西藏，他的治藏行动未能付诸实践。

值得庆幸的是，随后联豫继续筹办新政，“在藏实行政治改革，办学校，训练藏兵，积极实施张荫棠的改革方案。”② 不过，他的新政是在张荫棠的构架内进行的③。联豫在拉萨待的时间较久，直到1911年辛亥革命爆发时还在拉萨管理政务。对西藏经济社会发展有一定的影响。

专栏2-2　清代联豫的“新政”

联豫的新政主要涉及政治、经济、文教、军事和外交五个方面：

在政治方面，政治改建工作从他入藏一直持续到他撤离拉萨为止。政治改革主要集中在以下三个方面：首先，撤销驻藏帮办大臣，设立左、右参赞各一人。其中左参赞驻前藏，与驻藏大臣同署办公，协助驻藏大臣管理整个西藏，不单独设立机构官员；右参赞驻后藏，设有专门的办公场所和工作人员，按驻藏大臣的旨意管理亚东、江孜和噶大克三个商埠的事项。其次，撤销管理粮食的官员，设立理事官和驻地委员。其三，将驻藏大臣的衙门办公各房改为各科，分科办事。

在经济方面，联豫主张铸造银元，开垦荒地，派藏族赴川学习工艺，主张开发矿山以充分利用西藏丰富的矿业资源，设立商品陈列所并对外开放。他安排架设了驻藏大臣衙门到西大关之间约30公里的电线，派人测

---

① 如张荫棠建议清廷将驻藏大臣和驻藏帮办大臣裁撤，改为行部大臣。行部大臣为西藏职位最高官员，有节制达赖喇嘛和班禅的权力。见成崇德主编：《清代西部开发》，山西古籍出版社，2002年，第230页。

② 杨公素：《中国西藏地方的涉外问题》，中共西藏自治区委员会党史资料征审委员会，1985年，第5页。

③ 此观点参见郭克范：《本世纪上半叶西藏政事的现代性分析》，《西藏研究》1999年第4期。

量了从察木多到拉萨以及从拉萨到江孜的电线长度，为西藏建设电讯事业奠定了基础。

在文教方面，联豫主张兴办初小学堂、创办报纸，“我国最早的藏文报纸——《西藏白话报》”就是他与张荫棠共同创办的；设立印书局，印刷实业方面的书籍以帮助当地人民扩充知识；设立新式学堂向藏族、汉族人民传授知识，设立汉文、藏文传习所以培养藏汉翻译人员。

军事方面，联豫成立武备速成学堂训练新兵，设立督练公所管理西藏的军政事务及督练新军，设立巡警总局，下设相关警官和警兵。

在外交方面，联豫的改革是开埠通商。先后在亚东、江孜和噶大克设立关税，这是“中国自办海关之创举”。同时，还筹设驻外领事官等。①

新政给长期封闭的西藏社会带来了新气象，但同时也触动了西藏部分上层人士的利益，激化了驻藏官员与以达赖为代表的西藏地方势力的矛盾，加上帝国主义势力的反对，最终导致大多数政策未能付诸实践。张荫棠、联豫在西藏推行新政时西藏正面临着严峻的国际国内形势，国际上，英、俄两国对西藏的争夺趋于妥协②。清政府的统治已濒临崩溃，一种新生的社会力量从中成长起来，即新兴的资产阶级改良派，他们主张推行新政以挽救日益衰败的国势。在十三世达赖喇嘛出走期间，在国内舆论的强烈指责和资产阶级改良派的巨大压力下，清政府决定在西藏推行新政，这是清政府为维护其对西藏的统治所作的最后尝试，也是当时内地兴起的资产阶级维新运动在西藏的一种反映。张荫棠和联豫的新政均是为了捍卫我国对西藏的主权，但这些新政措施严重脱离西藏社会的发展实际，带有很大的强制性。③

---

① 《联豫新政》，参见 http：//www. tibetol. cn/html/2013/qingchao_ 0311/190. html。发表时间：2022－10－20，访问时间：2023－01－13。

② 沙俄由于在日俄战争中败北，国内革命爆发而元气大伤；英国由于第二次英日同盟条约的签订，增强了防俄侵略印度的信心；德国在欧洲的崛起明显威胁到了英、俄两国的利益，于是英俄结为友好关系成为当务之急。1907 年 8 月 31 日，英俄两国签订《英俄协约·西藏专约》，承认中国在西藏的“宗主权”，确认了彼此在西藏的侵略利益。见黄维忠：《清季筹藏新政评述》，《中国藏学》1995 年第 1 期。

③ 参见石硕：《西藏文明东向发展史》，四川人民出版社，1994 年，第 425—426 页。

（二）十三世达赖喇嘛的“改革”：近代西藏现代化的再度尝试

1895 年，十三世达赖喇嘛亲政，此时西藏已沦为半殖民地社会，1902 年英印政府以西藏地方政府与沙俄关系密切，已经对沙俄通过西藏侵略印度造成威胁以及藏军越界等为借口，在边境进行挑衅。1903 年，英帝国主义发动了第二次侵藏战争。1904 年英军达到曲水附近时，十三世达赖喇嘛在亲信的陪同下逃亡外蒙古。英帝国主义插手后，西藏地方与清中央政府的关系更加复杂化。1910 年川军新军入藏，激化了清朝驻藏官员与达赖喇嘛之间的矛盾，十三世达赖喇嘛再次逃亡，不过，这次是逃亡印度。十三世达赖喇嘛在逃亡的过程中开阔了眼界，目睹了西藏以外的社会在政治、经济、科学文化等方面的成就，认识到现代科学技术在经济发展中的重要性。这是十三世达赖喇嘛返藏后推行新政的一个重要原因。此外，十三世达赖喇嘛推行新政，对一些传统体制和习惯做法（如贵族官员工作效率低下、钩心斗角等）进行修补和调整，但其目的是为了挽救危局中的西藏，为了在西藏延续政教合一的封建农奴制。① 在国内维新运动的影响下，为增强西藏地方的军事实力，改变西藏落后的面貌，十三世达赖喇嘛于 20 世纪 20 年代在西藏推行了一系列新政和改革措施。②

尽管张荫棠和联豫在西藏的改革与十三世达赖喇嘛的改革不一样，但自 1912 年开始，由十三世达赖喇嘛发起的改革在西藏绵延了近 20 年。这位西藏地方“政教合一”的领袖从 1895 年上台亲政后，就饱受英军侵扰之苦，并于 1904 年在英军进占拉萨时逃往蒙古，1910 年再逃往印度。流亡生涯让他对西藏的富强有着切肤的期待。在这场被称为西藏“洋务运动”的改革中，军队的扩充与整编首当其冲。十三世达赖喇嘛从日本和俄国分别招聘了一名教官，对西藏军队进行现代化训练。他还大力筹办电力、矿产、邮政等新兴产业。选送四名贵族子弟到英国学习技术，学成归来后即成立了拉萨电报局和夺底发电厂。此后，这一模式在西藏被长期复制。财政改革也被强力推进，1920 年成立“财源调查办事处”，贵族大量的地下财产被曝光，政府的收入也因此大幅增加。第一家现代银行在西藏

---

① 参见本擦·达瓦：《论十三世达赖喇嘛推行新政措施的主要策略》，《中国藏学》2009 年第 2 期。

② 赵萍、续文辉编：《简明西藏地方史》，民族出版社，2000 年，第 206—208 页。

成立，改革币制也同时进行。

（三）两次“现代化”改革评价

西藏经济现代化的启动并没有从根本上动摇西藏“政教合一”的社会制度。虽然政教合一的社会制度是西藏经济现代化的最大障碍，当时现代化的开启没有也不可能触动西藏这一根本性社会制度。西藏经济现代化的启动来自西藏上层改革，而西藏社会上层在改革问题上一直矛盾重重。西藏社会上层分化严重，直到发生了一起骇人听闻的事件：与达赖喇嘛意见相左的噶伦擦绒·旺秋杰布父子被枪杀。第二大活佛九世班禅因不满十三世达赖喇嘛借英俄之力图谋分裂，对改革一直积极性不高，而 1912 年出台的针对班禅主政的后藏的征税政策，对双方的关系无异于“雪上加霜”，并最终导致班禅 1923 年出走内地。于是，当改革进入 20 世纪 20 年代以后，逐渐演化为加强达赖个人权力而采取的排除异己行动，政治争斗此起彼伏，并在 1933 年十三世达赖喇嘛圆寂后演变成激烈的夺权运动，所谓的“改革”无果而终。但从其历史进程来看，与内地的现代化进程大体相当，即在一个环境并不宽顺的条件下实施所谓的“改革”，其结果可想而知。但无论如何，改革给死气沉沉的西藏社会吹入了一股新风，为后来的发展进步作出了尝试。

西藏经济现代化的启动也没有改变中国西藏的“半殖民地”命运。近代英帝国主义的入侵，使得西藏内部开始采取一系列自我振兴的措施，部分人开始“弃农从商”，从而兴起了一股民间投资商业的热潮。西藏商业的发展带动了交通业的发展。区内贸易加强了西藏内部的经济循环；区际贸易加强了西藏与甘肃、青海、四川、云南和印度之间的贸易联系，在一定程度上促进了西藏地区的商品流通。但西藏的商业未能从原材料输出发展到半成品或成品输出，西藏商业的发展也并未造成封建制度的危机，因为西藏商人并没有同封建农奴制决裂。在当时的社会状况下，在西藏经商需要得到权贵的支持和帮助，否则很难成功。然而，在帝国主义的侵略下，中国西藏的半殖民地化加深，不仅使西藏的商业主权丧失，而且金融货币主权也在丧失。此外，邮政电信主权也在丧失。①

这次所谓的“新政”似乎是一场改革游戏，不可能将西藏经济带入

① 狄方耀、何宗英著：《百年西藏经济史》，厦门大学出版社，2020 年，第 53—75 页。

一个现代化阶段，而且注定是不可能取得大的成功。西藏农业生产长期采用原始耕作方式，劳动工具也得不到改进，农牧业生产发展极为缓慢，西藏仍然处于极端落后状态。事实上，农业生产水平极为低下。据 1952 年的不完全统计，西藏实有耕地 245 万多亩，粮食总产量 3.1 亿多斤，平均亩产仅 160 多斤，人均粮食也只有 250 多斤。油菜总产量为 365.3 万斤，单产仅为 50 斤左右，每人平均占有油菜仅 3 斤。① 农业总产值为 4603 万元，牧业总产值为 9407 万元②，农牧业人口 108 万人③，农牧业的人均产值不到 130 元。严格意义上，近代西藏并没有独立的工业。20 世纪 30 年代西藏曾经出现过近代工业的萌芽④，这些工业由封建统治阶级策划和经办，规模小，机器设备数量也少（仅几部），工人不足百名，且多为文盲，到和平解放前夕，除造币厂外，发电厂、纺织厂均因管理不善而相继倒闭。⑤ 同时，直到和平解放前，西藏的手工业也没有完全从农牧业生产中分离出来，而是长期以家庭副业的形式存在。这一时期西藏的手工业以个体劳动为主，资金少，工具简单落后，加上广大农奴普遍贫困，手工业产品的社会需求量少，市场狭小，未能形成较大规模的作坊。⑥ 伴随着英帝国主义入侵西藏后的商品输出，西藏当地的传统手工业大多难以为继⑦。这一时期西藏的手工业者在人身上依附于三大领主（政府、贵族和寺院），手工业呈现出这样一种特点，即与广大农奴生产、生活需要密切相关的手工业技术相对落后，而有关宗教艺术和满足领主奢侈生活需要的

① 安七一主编：《中国西部概览——西藏》，民族出版社，2000 年，第 28 页。

② 西藏自治区统计局编：《西藏统计年鉴 2009》，中国统计出版社，2009 年，表 9-4。

③ 西藏自治区统计局编：《西藏经济概况（1965—1985）》，1985 年，第 56 页。

④ 1931 年前后建立的一家 125 千瓦的小型水电站、一个小型铸币厂和一个小型机械厂，构成了和平解放前西藏工业的全部内容，其中专为当时少数达官贵人提供电力服务的水电站，在投入使用不久后，由于经营不善和缺乏配件，很快关闭。当时全西藏仅有工业从业人员 120 人左右，其规模与产值可忽略不计。资料来源：中国藏学研究中心：《西藏经济社会发展报告》，http：//tibet. news. cn/xwzt/2009-03/30/content_16099802. htm。发表时间：2009-03-30，访问时间：2009-04-10。

⑤ 李坚尚：《西藏的商业和贸易》，参见中国社会科学院民族研究所、中国藏学研究中心社会经济所合编：《西藏的商业与手工业调查研究》，中国藏学出版社，2000 年，第 4—5 页。

⑥ 多杰才旦主编：《西藏封建农奴制社会形态》，中国藏学出版社，1996 年。

⑦ 具体材料可参见俞允贵、文德明、金巴杨培著：《西藏产业论》，中国藏学出版社，1994 年，第 21 页。

手工业技术却得到高度发展。[①] 北平建设图书馆在 1930 年出版的白眉初著《西藏始末纪要》中如此形容西藏的道路："乱石纵横，人马路绝，艰险万状，不可名态。"[②] 旧西藏的广大农奴被剥夺了受教育的权利，适龄儿童入学率不足 2%，青壮年文盲率高达 95%，社会上仅有的极少数学校，也只为贵族子弟服务。即使在 1951 年，西藏地方政府官办的学校也只有约 20 所，私塾约 95 家，在校生大约 3000 人。

西藏经济现代化的启动也没有改变中国西藏的封建农奴制状态。一直到和平解放前，西藏都保持着封建农奴制，甚至遭到帝国主义势力侵略后也没有发生改变。这一方面是由于帝国主义侵略势力在西藏的经济侵略形式主要是商品输出，而不是资本输出，其重点是掠夺西藏的各种资源[③]；另一方面则是由于帝国主义把西藏农奴主变成了他们的同盟，共同剥削和压迫广大农牧民。西藏没有进入半封建社会。同时，官僚资本主义在西藏也没有发展起来。

在这种情况下，不驱除帝国主义势力出西藏，不对西藏社会进行全面的改造，就不可能使西藏走上现代化之路。

第二节　进入“站起来”时代

经过艰苦卓绝的斗争，1949 年中华人民共和国成立了。中华人民共和国的成立标志着中国人民站起来了。西藏与全国人民一道，在中国共产党的领导下，逐步走上现代化之路。这个时代是毛泽东等老一辈革命家开创的，直到 1980 年中央第一次西藏工作座谈会召开为止。西藏现代化是在“站起来”的时代开启的。本节概述自 1951 年西藏和平解放始、1980 年中央第一次西藏工作座谈会为止的西藏经济现代化发展情况。

---

① 李坚尚：《西藏手工业的历史考察》，载于中国社会科学院民族研究所、中国藏学研究中心社会经济所合编：《西藏的商业与手工业调查研究》，中国藏学出版社，2000 年，第 208—209 页。

② 转引自王林：《天上没路，我们修一条“心路”》，《中国青年报》2021 年 2 月 24 日。

③ 许广智主编：《西藏地方现代史》，西藏人民出版社，2009 年，“前言”第 2 页。

一、"站起来"时代的西藏经济现代化表征

西藏和平解放后，在中央关怀和全国的无私支援下，西藏开启了经济现代化的进程。

（一）农牧业经济的现代化兴起与发展

和平解放前，西藏是以低水平的传统农牧业为主体的产业结构，辅之以作为家庭副业存在的传统民族手工业及以原材料输出为主的传统商业，经济现代化的起点较低。和平解放后，内地种植技术传入，在一定程度上提高了西藏粮食产量。民主改革后，占西藏人口95%以上的农奴分到土地，加上农田水利设施建设、机械化的逐步普及，西藏农业生产逐渐摆脱了原始状态，加速向现代生产经营方式转变。

西藏农牧业经济现代化是从兴建一批农业基础设施建设、农牧业科研和推广开始起步的。20世纪50年代初解放军进藏时，毛泽东就提出"生产与筑路"并重的方针，要求进藏部队进行"开荒生产"。拉萨在开荒的基础上建立了两个国营农场：1952年7月1日建立了"七一农场"，8月1日建立了"八一农场"。这两所农场不仅采取与西藏原有农牧业生产有别的组织方式，还引入了新的农业生产方式。新的农业生产工具和作物品种被引入。特别是"七一农场"和"八一农场"将温室蔬菜种植办法引入其中，不仅解决进藏部队的吃菜问题，也使当地居民吃上了蔬菜。此后当地居民逐渐喜爱蔬菜以及与之相应的温室蔬菜种植技术的推广，居民的膳食结构得到改善，健康水平有所提高。

西藏农业经济现代化是在中央的大力支持下开启的。1959—1963年，国家对西藏农牧业投资5240万元①；1966—1976年，中央对西藏的财政支持力度进一步加大。这些财政补助主要用于改善西藏农牧业的生产条件。西藏农业经济现代化主要体现在以下几个方面：第一，农业基础设施得到初步改善。1956年12月1日，拉萨河水利工程拉萨西郊进水闸工程

① 多杰才旦、江村罗布主编：《西藏经济简史》，中国藏学出版社，1995年，第95页。

顺利完工;① 1964 年 6 月 13 日，西藏雅砻河中段治理工程竣工②。第二，农牧业科技引进和推广工作得以启动。1952 年 9 月，首批来拉萨考察农业的技术人员，开始了第一次种植冬小麦的试验。③ 1953 年，拉萨第一个农业试验场建立。④ 1954 年，第一批农机技术人员和拖拉机进入西藏；1957 年引进水泵、畜力条播机、割晒机和畜力打场石磙等农机具。1966 年成立农机公司，经营农机具及其配件以及农业生产资料、农药等业务。⑤ 旧西藏，牲畜疫病防治技术非常落后，一些大型的牲畜传染病，甚至会威胁到人的健康。和平解放后，建立了兽医院和门诊，牲畜治病防疫技术明显提高。1953 年拉萨血清厂建立，进行疫苗生产。1951 年，西藏第一所兽医院——昌都兽医院成立；到 1953 年先后建立了拉萨、那曲、日喀则三个兽医门诊所；1959 年建立地市兽防总站 8 个、县兽防站 32 个；1963 年建立地（市）、县、区三级兽防站 121 个。⑥ 1971 年 4 月 21 日，昌都、山南、日喀则、阿里、那曲、拉萨、林芝等地都建立了气象站（台），整个西藏已初步形成了气象网。⑦

民主改革之后，农牧业生产经营改善标志着西藏农业经济现代化进入新阶段。农牧业生产经营方式采取过个体经营和集体经营的方式。山南地区乃东县克松村是第一个掀起民主改革的村，随后在其他的农区、牧区先后推进了社会改革，翻身农奴和奴隶分到了耕地和其他生产资料，成为土地的主人，人均分得土地 3.5 亩多。同时，翻身农奴和奴隶分到耕地之后，开始探索互助合作，第一个乡级农民协会即克松农民协会，第一个县级农民协会即乃东县农民协会，第一个“朗生”互助组即由乃东县结巴乡

① 《援藏大事记一：1950—1959》，参见 http：//www.chinatibetnews.com/zhuanti/2008－01/28/content_388802_2.htm。发表时间：2008－01－28，访问时间：2023－01－13。

② 《援藏大事记二：1960—1979》，参见 http：//www.ce.cn/xwzx/gnsz/szyw/200804/08/t20080408_15086613.shtml？from＝814e.com。发表时间：2008－04－08，访问时间：2023－01－13。

③ 《援藏大事记一：1950—1959》，参见 http：//www.chinatibetnews.com/zhuanti/2008－01/28/content_388802_2.htm。发表时间：2008－01－28，访问时间：2023－01－13。

④ 罗莉著：《从传统走向现代的西藏经济》，外文出版社，2008 年，第 21 页。

⑤ 多杰才旦、江村罗布主编：《西藏经济简史》，中国藏学出版社，1995 年，第 254—255 页。

⑥ 多杰才旦、江村罗布主编：《西藏经济简史》，中国藏学出版社，1995 年，第 250—254 页。

⑦ 《援藏大事记二：1960—1979》，参见 http：//www.ce.cn/xwzx/gnsz/szyw/200804/08/t20080408_15086613.shtml？from＝814e.com。发表时间：2008－04－08，访问时间：2023－01－13。

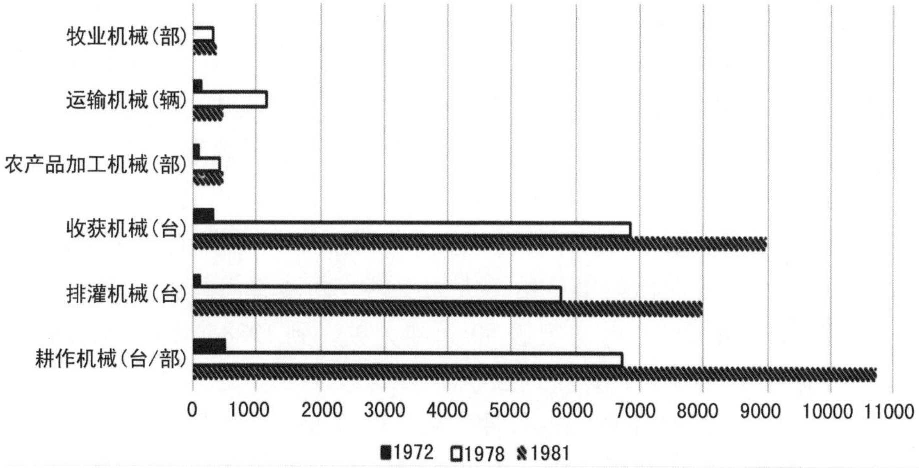

图 2-1 西藏自治区 1972、1978、1981 年主要农牧业机械年末拥有量

资料来源:《西藏社会经济统计年鉴 1989》,中国统计出版社,1989 年,表 4-4。

11 户翻身农奴组建,并在其他农区、牧区推广。到 1960 年,西藏农业生产互助组发展到 13000 多个,入户农民达到 15 万户,已占完成民主改革区域农户的 90%。中央 1961 年的“农村二十六条”和 1962 年的“牧区三十条”确定了西藏农牧业“稳定发展”方针,而西藏工委“大办农业、大办粮食、大办牧业、农牧并举、多种经营”的决策,使得农牧区很快掀起了互助生产和“爱国增产保畜”运动的高潮。到 1965 年,已建成农业互助组 22000 多个、牧业互助组 4000 多个,广大农牧民的积极性得到调动。短短的 6 年时间,西藏农牧业连续增产丰收,粮食产量比民主改革前的 1958 年增加 11.57 万吨,牲畜总数增加 800 万头(只、匹)左右,分别达到 18.29 万吨、1701 万头(只、匹)。

1965 年西藏自治区成立到 1980 年改革开放前,西藏农牧业社会主义改造得以进行。西藏也兴办了人民公社,给社员以自留地、自留畜。不过,社会主义改造直到 1976 年才完成。历时十多年的社会主义改造使得西藏农牧区生产资料的个体所有制被改造为社会主义公有制。值得注意的是,如前所述,在改革现有农牧业生产经营方式的同时,国家还在西藏进行农田水利草场基本设施建设,以及推进农牧科技改革,如选育和推广优良品种,扩种冬小麦,引进、试验和推广网围栏,引进优良种畜等,将西藏农牧业生产经营方式与农业生产条件、农业技术发展有机结合起来。为此，中央根据西藏建设的要求，作出了向西藏支援干部、科技人员的决定，选派优秀的科技人员进藏工作，并培养当地科技人才，农牧业科技含量逐渐提高，全面推广种植冬小麦、改良草场、改良牲畜等。各驻藏部队大力支援地方经济建设，开垦了大量荒地，兴修了农田水利设施，对地方生产起到了示范引领作用。即使在“文革”期间，国家仍继续从人、财、物等方面对西藏各项建设事业给予大力支持，西藏经济社会一直向前发展。1977 年，西藏粮食首次突破 50 万吨大关，到 1978 年达到 51. 34 万吨，人均粮食达 285 公斤；耕地面积增加了 37 万亩，达到 341 万亩。畜牧业从 1973 年开始纠正单纯追求牲畜头数的牧业生产指导思想，提出了调整牧业生产结构和畜群结构，1978 年，牲畜总数达到 2349 万头（只、匹），比 1965 年增加了 648 万头（只、匹）。①

同时，手工业的恢复和发展也是西藏农牧业现代化的重要内容。和平解放后，在党和政府的鼓励与大力扶持下，生产资金长期缺乏的西藏民族手工业出现了转机，从业人数明显增加，原料、工具、技术上的问题得以解决。民主改革前缝纫业是西藏手工业中最大的行业之一，据 1956 年的调查，西藏从事缝纫业的人数达 642 人，其中拉萨市就有 430 多人。缝纫一般以手工为主，很少有缝纫机，当时缝纫机的数量很少，原料一般从印度进口。② 1959 年之后，根据中共西藏工委“就地取材、自力更生、因陋就简、自产自销”的方针，各级人民政府帮助手工业者解决原材料采购和产品销售问题，改进生产工艺，提高产品质量，民族手工业得到恢复和发展。1965 年，手工业互助组达到 238 个，从业人员 6770 人，产值得到了较大提高，由民主改革前的 124 万元提高到 892 万元。“文化大革命”期间，大批手工业者弃工转向务农务牧，部分民族用品和传统工艺被视为“四旧”（旧思想、旧文化、旧风俗、旧习惯），从业人数减少，产品品种减少，产品产量下降。③

---

① 西藏自治区农牧厅：《民主改革以来西藏农牧业发展实现的历史性跨越》，《西藏日报》2019 年 3 月 25 日。

② 诺布旺丹：《西藏手工业及其行业会》，载于中国社会科学院民族研究所、中国藏学研究中心编：《西藏的商业与手工业调查研究》，中国藏学出版社，2000 年，第 246—250 页。

③ 多杰才旦、江村罗布主编：《西藏经济简史》，中国藏学出版社，1995 年，第 332 页。

（二）现代工业的初步发展

和平解放前，西藏几乎没有现代工业。与现代工业文明相联系的是由藏族青年主持修建的小水电站，但电力仅供拉萨少数上层人士享用。[①] 实际上，西藏完全处于自然经济的汪洋大海之中，手工业是附属于农牧业的，而且手工业者地位低下。现代工业的兴起和发展本身就是西藏经济现代化的直接体现。而西藏现代工业部门的建立又是在中央直接主导之下进行的。事实上，为帮助西藏地方尽快建立基础工业，在和平解放之后至民主改革前，中央政府首先在西藏建立了一批工业企业。

在电力工业方面，建立了一批包括水电、火电和地热电力在内的电力工业。1955 年，在拉萨修建小型水电站。1956 年底，装机容量 660 千瓦的夺底电站建成并正式发电，拉开了西藏电力建设的序幕。此后，西藏水电工业得到较快发展。1955 年国务院决定在日喀则建设火电站，1956 年该火力发电厂投产，是西藏历史上第一个火电站。1957 年，国家决定在拉萨东郊建设纳金水电站，1960 年建成发电。1962 年 4 月，有两台机组发电，1965 年纳金电站全部投产发电，装机容量为 7500 千瓦。1966 年建成林芝八一电厂，1972 年建成六〇六电厂，随后又修建了拉萨西郊电厂、山南沃卡电厂三级站，日喀则塘河电厂、献多电站等，1977 年建成羊八井电站。此外，西藏农村小水电也得到开发，整个 20 世纪 60 年代，大约建成装机容量为 15. 8 千瓦的小水电站。而 70 年代，又建成单机装机容量从 10 千瓦至 800 千瓦不等的小水电站。虽然西藏电网发展既受到地广人稀的自然条件和消费需要的限制，又受到电力供给能力的限制，但在拉萨地区也初步建成地区性电网，先后在拉萨的东郊、西郊和北郊修建变电站，并建成 35 千伏的高压输电线路。

在机械工业方面，建立了一批包括汽车修理工业，电机、电器修理工业和农机修配工业在内的工业企业。1957 年格尔木汽车修配厂建成，标志着西藏机械工业开始起步，同年拉萨汽车修配厂建成并投入生产。该厂由捷克斯洛伐克派专家进行技术援助，至 1959 年，职工达到 700 余人，

① 1925 年，在强俄巴·仁增多吉的带领下，由十多位民工和 50 多位石木泥瓦匠在夺底沟建造水电站，这是西藏第一座水电站，也是中国第二座水电站，装机容量为 92. 5 千瓦，1927 年开始运转，至 1951 年失修停运。

成为中国西北第二大汽车修配厂。1960 年拉萨机械修配厂建成，除制造机械配件外，也修理汽车。该厂是 1959 年抽调格尔木汽车修配厂 200 多名干部和技术人员建成的，至 1965 年初具规模。该厂还制造出“昆仑牌”载重卡车和小轿车。此外，驻藏部队先后在昌都、扎木、拉萨建成三个修理所，1957 年，这三所修理所合并组建西藏军区后勤部汽修厂。农机农具修造也是西藏机械工业发展的重要方面，1954 年拖拉机和联合收割机被引入西藏，成为西藏的新式工具，1960 年建成了拉萨综合农具厂（后改名为西藏农业机械制造修配厂），该厂能够制造几十种农业机械和农具，并能修理拖拉机和其他农业机械。扎木机械厂制造出“东风牌”手扶拖拉机。西藏自治区电机厂于 1970 年建成，并于 1971 年正式投产。总之，1980 年以前西藏自治区共建成 41 个机械工业企业，其中 9 个是“文革”前建成的，21 个是在“文革”中建成的，“文革”后建成的有 11 个。①

在轻工业方面，西藏轻工业的起步比重工业晚，首先是从关系人民群众日常生活的粮油和食品加工业开始的。拉萨 1957 年建立副食品生产厂，1958 年建立点心生产组和榨油厂，1960 年建立面粉厂，1961 年建立食品厂，1973 年建立拉萨市粮油加工厂。20 世纪 60 年代开始，西藏以丰富的畜产品为基础，先后在拉萨、那曲、日喀则、昌都、阿里等地区建立了皮革厂，在林芝地区建立了毛纺厂。1960 年拉萨建成一个玻璃制品厂，1966 年西藏火柴厂建成，1968 年西藏第一家现代造纸工业企业——林芝造纸厂开始兴建，1970 年建立西藏地区最大的一家书刊印刷厂——西藏新华印刷厂，1976 年拉萨第一家塑料生产企业——拉萨塑料厂建成。藏医藏药产业是西藏轻工业发展的亮点，虽然不算一个新的工业部门，但在政府支持下得到快速发展。西藏手工业也加入现代化进程，尤其是从手工业发展到现代化工厂，如 1953 年成立的拉萨市地毯厂。1954 年，北京地毯总厂选派了 3 名织毯技术员、1 名图案设计员、1 名染线技术员对拉萨市地毯厂进行技术指导，帮助其发展生产，并于 1972 年创建了生产卡垫的江孜县地毯厂。②

---

① 多杰才旦、江村罗布主编：《西藏经济简史》，中国藏学出版社，1995 年，第 317—322 页。

② 多杰才旦、江村罗布主编：《西藏经济简史》，中国藏学出版社，1995 年，第 335 页。

在矿业方面，西藏的矿产业起步于20世纪50年代末，主要是以铬铁矿和硼砂矿的开采为主。首先是调查矿产资源，其次是开发。1951年，国务院组织了第一次西藏科学工作考察队，调查西藏矿产资源。1954年组建西藏地质局，并从全国抽调1177名技术人员，1957年被撤销。1959年再次组建西藏地质局，调入技术人员800余名。1962年，组织人员在班戈湖—杜佳里湖等矿区开采天然硼砂，人数最多时达到1.2万人。后来也开采过金、铜、铁等资源，但规模小、技术差。对煤炭开采是一个重点，先后组建了那曲土门格拉、昌都马查拉、八宿县瓦达、日喀则东嘎、阿里噶尔县门土等煤矿，但受制于自然条件，开发难以进行。1959年建立土门煤矿，1971年组建西藏日喀则东噶煤矿，先后取得成功。1955年建起了第一座建材企业即拉萨采石厂，1960年建起了拉萨水泥厂。

当然，西藏的这些工业企业只是初具规模，并未得到大规模的发展。民主改革以后，原有的生产关系被社会主义生产关系所取代，中央向西藏投入了大量资金，西藏具备了大规模建设工业的条件。这一时期西藏的工业以开发资源型工业为主，到1965年，西藏全区建成电力、煤炭、机械、化工、建材、森工、轻工等中小型工厂80个（其中集体企业7个），初步形成了现代企业规模。到1970年，西藏工矿企业增加到218个，主要工业品由18种增加到70种。虽然这些工业的发展尚处于初创阶段，但与旧西藏相比，作为一种新的经济活动出现在西藏地区，很多方面是历史上的第一次，是西藏经济现代化的鲜明写照。

（三）服务业的兴起和发展

交通运输业的兴起与发展是西藏服务业现代化的标志。1951年5月25日，毛泽东指示进藏部队要“一边进军、一边修路”，① 拉开了西藏现代交通运输业的序幕。1954年12月25日，康藏、青藏公路正式通车，加强了西藏与内地的联系，内地的各种物资源源不断运往西藏，改变了西藏市场被洋货垄断的局面。在国家相关部门的帮助和支援下，1955年10月20日，拉萨—日喀则、日喀则—江孜两条公路正式通车，11月14日，江孜到帕里的公路全线修通。从黑河到阿里的公路于1956年10月25日正式动工修筑。拉萨至泽当的公路于1956年8月10日开始施工，并于1957

---

① 许广智主编：《西藏地方现代史》，西藏人民出版社，2009年，第89页。

年1月10日全线通车。1957年10月6日，新藏公路提前一年零四个月全线通车。1957年10月，从新疆叶城县到西藏阿里地区首府噶大克的新藏公路初步建成通车。① 1964年，由国家投资150万元改造新藏干线公路。1965年6月中尼国际公路建成，加强了中尼两国的经济往来。1967年8月，由国家投资195.8万元修筑的全长91公里的泽当—罗布莎矿区公路竣工。1976年7月6日，在国家的帮助下，滇藏公路建成通车。这条公路是继川藏、青藏公路完成以后，从内地通往西藏的第四条公路干线。② 与此同时，西藏自治区内若干条公路，如拉萨—日喀则、江孜—亚东、黑河—阿里、拉萨—泽当、噶大克—普兰、黑河—昌都等公路也陆续建成通车。③ 1954年，西藏的公路通车里程仅为1988公里，1959年已达7343公里，可见公路建设十分迅速；1965年达14721公里，比1959年整整翻了一番；1978年，西藏的公路通车里程达到15852公里。新建现代化机场，开辟内地到西藏的航空线路。1956年5月26日，在当雄建成西藏第一座机场；1967年，西藏第二座高原现代化机场——贡嘎机场建成；1973年日喀则和平机场建成；1978年，国内海拔最高、跑道最长的昌都邦达机场建成。④ 此时，西藏基本建成了由当雄、日喀则、贡嘎、邦达机场组成的航空网络。西藏与内地之间的铁路也开始修建，1979年1月7日，青藏铁路一期工程从西宁到格尔木的铁路路基工程基本完工。⑤ 当然，西藏现代交通运输业的兴起，离不开国家的大力支持和帮助，除了修路、建机场、修铁路之外，为保证西藏公路网的顺利运行，国家还多次向西藏分配现代的交通运输工具。例如，1955—1956年购置汽车750辆，由交通部掌握分配，1956年6月10日，交通部拨给西藏交通局200辆载重汽车。

邮政通信业的兴起和发展是西藏经济现代化的重要内容。1951年4月16日，川西邮电管理局和昌都地区人民解放委员会抽调一批业务骨干，

---

① 《援藏大事记一：1950—1959》，参见 http：//www. chinatibetnews. com/zhuanti/2008 -01/28/content_ 388802_ 2. htm。发表时间：2008 -01 -28，访问时间：2023 -01 -13。.

② 《援藏大事记二：1960—1979》，参见 http：//www. ce. cn/xwzx/gnsz/szyw/200804/08/t20080408_ 15086613. shtml? from =814e. com。发表时间：2008 -04 -08，访问时间：2023 -01 -13。

③ 多杰才旦、江村罗布主编：《西藏经济简史》，中国藏学出版社，1995年，第273—276页。

④ 多杰才旦、江村罗布主编：《西藏经济简史》，中国藏学出版社，1995年，第286、288—289页。

⑤ 《援藏大事记二：1960—1979》，参见 http：//www. ce. cn/xwzx/gnsz/szyw/200804/08/t20080408_15086613. shtml? from =814e. com。发表时间：2008 -04 -08，访问时间：2023 -01 -13。

组建了昌都邮政局，这是人民邮电在西藏创办的第一家邮电机构。① 在国家的大力扶持和帮助下，西藏现代邮电通信业开始起步，先后成立了一批邮电机构，开始建设邮电网。1952 年 7 月 1 日，中华人民共和国邮电部拉萨邮电局成立。1953 年 11 月 30 日，邮电部派出技术人员，投资建成了拉萨发讯台。1954 年 12 月 27 日，昌都一等邮车站在昌都镇正式建立，开通了昌都—甘孜、昌都—拉萨的汽车邮路，并分别在松宗、太昭两地设立了邮车分站。1956 年 10 月底，昌都地区邮电网建成。② 1963 年 10 月 1 日，由邮电部和人民解放军共同建设的成都至拉萨的长途电信架空明线线路竣工。③ 1971 年，拉萨市电信局接通与北京等地的长途有线电话，结束了西藏与内地仅有无线通信的状况，进入了有线、无线共同发展的新阶段；1973 年西藏开始发展农村电话，④ 1978 年西藏农村电话用户达到 530 户。⑤ 农牧区的邮政通信得到加强，1978 年西藏农村投递路线已经由 1965 年的 10498 公里增加到 82480 公里⑥。

现代金融出现在西藏是西藏经济现代化的一个侧面。旧西藏的金融主要由寺庙垄断，成为封建关系的组成部分。1952 年 2 月拉萨建立了中国人民银行西藏办事处（后改为分行）。随后在昌都、江孜、日喀则、亚东等地也都建立起人民银行，以银元为本位，以外汇支持银元，保障西藏的供给，稳定西藏的金融物价，促进西藏地方经济的发展。从 1952 年起，中央政府每年向藏族农牧民发放无息贷款，支持他们开展农牧业生产。1954 年，中共江孜分工委向江孜织垫厂发放无息贷款 10 多万银元，帮助其恢复生产。1962 年公布《西藏自治区金银管理和禁止外币、银元流通暂行管理办法》，结束了“藏钞”的使用，在西藏统一使用人民币，促进

---

① 《援藏大事记一：1950—1959》，参见 http：//www. chinatibetnews. com/zhuanti/2008 -01/28/content_ 388802_ 2. htm。发表时间：2008 -01 -28，访问时间：2023 -01 -13。

② 《援藏大事记一：1950—1959》，参见 http：//www. chinatibetnews. com/zhuanti/2008 -01/28/content_ 388802_ 2. htm。发表时间：2008 -01 -28，访问时间：2023 -01 -13。

③ 《援藏大事记二：1960—1979》，参见 http：//www. ce. cn/xwzx/gnsz/szyw/200804/08/t20080408_15086613. shtml？from =814e. com。发表时间：2008 -01 -28，访问时间：2023 -01 -13。

④ 萧寒：《大步走向现代化的西藏邮电通信业》，《西藏研究》1995 年第 3 期。

⑤ 西藏自治区统计局、国家统计局西藏调查总队编：《西藏统计年鉴 2009》，中国统计出版社，2009 年，表 12 -6。

⑥ 西藏自治区统计局、国家统计局西藏调查总队编：《西藏统计年鉴 2009》，中国统计出版社，2009 年，表 12 -5。

了商品流通。此外，其他现代产业也有了一定程度的发展。商业方面，1952年4月成立西藏贸易总公司，随后又在昌都、日喀则、江孜等地建立了贸易分公司。① 1960年在基层组建半社会主义性质的供销社。

二、“站起来”时代西藏经济现代化评价

第一，西藏经济现代化真正的起点是民主改革。开启西藏经济现代化是十分复杂的过程。虽先后经历了和平解放、平定叛乱和民主改革等重大事件，但西藏现代化的真正起点是民主改革。和平解放前西藏社会的主要矛盾是帝国主义与中华民族之间的矛盾、农奴主阶级与农奴之间的矛盾。前者是民族矛盾，后者是阶级矛盾，帝国主义与中华民族之间的矛盾是最主要的矛盾，西藏要启动经济现代化首先必须排除外力的干扰。1951年中国共产党采取和平谈判的方式解放了西藏，领导西藏人民将帝国主义势力驱逐出境，为西藏经济现代化扫除了一大障碍。西藏和平解放之后，根据《十七条协议》，西藏原有的社会制度不变，尽管进藏部队的主要职责是国防和稳定安全，进藏部队和其他进藏干部、技术人员也“逐步发展西藏的农牧工商业，改善人民生活”，直到1959年达赖集团发动武装叛乱为止，推进西藏经济现代化的工作还十分有限。在平定叛乱的过程中同时实施民主改革，民主改革实现了西藏社会制度的根本性变革，为西藏的经济现代化奠定了良好的社会基础。根据党的民族政策，1965年西藏自治区成立，为西藏经济现代化进一步奠定了政治基础。但西藏很快就与全国一道进入“文革”时期。“文革”期间，虽然西藏持续得到全国人民的支援，一些事业也得到发展，但总体上发展十分缓慢。这些情况表明，西藏的经济现代化与祖国其他地区甚至其他边疆民族地区相比有着较大的不同，具有一定的特殊性。

第二，西藏经济现代化的进程从一开始就与祖国内地联系在一起。和平解放后，西藏虽然开启了经济现代化的进程，但其经济现代化并不是完全自发的，不是在内部条件发育成熟的条件下启动的，而是在中央政府的大力支持和帮助下启动的。西藏是中国的一部分，西藏的经济发展战略和政策必然受到中国整体经济发展战略和政策的影响。改革开放以前，我国

① 许广智主编：《西藏地方现代史》，西藏人民出版社，2009年，第83—84页。

采取了重工业优先发展的战略，忽视了轻工业、农业和服务业的发展，导致重工业发展领先于轻工业、工业发展远远领先于农业的状况，这一状况在西藏显得更为严重。传统的农牧业经济一直是西藏经济的主体，和平解放前西藏没有现代工业，和平解放后西藏直接开始建立现代工业。西藏现代工业的起点原本就远高于农牧业，优先发展重工业的做法，导致轻工业和农牧业等发展严重滞后，产业结构不合理，这种滞后达到一定程度后又会反过来制约重工业的发展。这些情况在西藏经济现代化进程中表现得比较明显。

第三，从一开始西藏经济现代化的进程呈现出曲折性。西藏和平解放后，中央坚持用和平协商的方法来实现西藏地区的社会改革，并把西藏的改革推迟到几年以后。但达赖集团的叛乱行为直接导致西藏人民群众无法安心生产，对西藏经济现代化造成了严重影响。1966 年以后，西藏与全国一道进入“文革”时期。尽管中央在西藏工作上一直采取比较慎重、稳健的措施，但在“文革”的大背景下，西藏地区经济的发展仍不可避免地出现了一些脱离实际、急于求成、夸大主观意志的做法。例如，政策规定西藏人民公社的体制与内地不同，但 1970 年以后办的大部分人民公社都是完全照搬内地人民公社“政社合一”“一大二公”的组织形式，这脱离了当时西藏农牧业的发展水平，造成了管理上的“大呼隆”，分配上的“平均主义”和“大锅饭”，挫伤了人民群众的积极性。① “文革”期间以“阶级斗争为纲”思想的存在，丢掉了在民主改革时期中央关于整个社会阶级状况的分析和所制定的阶级路线，重新在西藏划分出了一些原本不存在的阶级成分，如资本家、富农、富牧阶级等，给经济工作带来了不利影响。② 有一些地方出现了盲目开垦草地和林地种粮，破坏农牧结合，片面强调粮食生产的做法。西藏农村的家庭副业和民族手工业在“文革”中也遭到了一定的破坏③，手工业产品产量、手工业从业人数锐

---

① 多杰才旦、江村罗布主编：《西藏经济简史》，中国藏学出版社，1995 年，第 109—110 页。

② 狄方耀、程志碧、罗华主编：《西藏经济学导论》（第 2 版），西藏人民出版社，2006 年，第 131 页。

③ 例如，不少地方把西藏农牧民的家庭副业当作“资本主义尾巴”割掉，部分民族用品和传统工艺被视为“四旧”。见多杰才旦、江村罗布主编：《西藏经济简史》，中国藏学出版社，1995 年，第 220、332 页。

减，刚出现转机的西藏民族手工业出现倒退。1966 年以前，西藏的农业产值一直是增长的，但 1967—1972 年这 6 年间农业产值发展趋势不稳定，有的年份农业产值低于上一年①，但 1966—1976 年西藏的农业产值均高于 1965 年的水平，呈现出在曲折中发展的特点。从农业生产结构来看，农业、林业所占比重有所上升，牧业有所下降。工业总产值除在 1968 年骤减外，其余年份均保持增长，仍以重工业为主，所有制结构以全民所有制为主。从这一时期农业和工业总产值的增速来看，农业发展明显快于工业发展。

值得注意的是，“文革”中后期，西藏的工农业生产、交通运输等开始恢复正常。1974 年与 1965 年相比，主要工业产品由 18 种增至 70 种，发电量增长了 6.7 倍，水泥产量增长了 1.8 倍，百货用品销售额同比增长了 59%，石油销售额同比增长 80%。藏族群众普遍需求的燃料，过去全靠从印度进口，1966 年开始在国内组织生产，年销量 23 吨，到 1978 年增加到 68 吨。1965—1976 年，西藏粮食总产量从 29 万吨增加到 47 万吨，牲畜总头数由 1701 万余头（只、匹）增加到 2180 万余头（只、匹）。1967 年 9 月中尼公路通车，1973 年 10 月滇藏公路通车。贡嘎、和平、邦达三座高原机场分别为于 1966、1968、1971 年建成使用。1972 年 5 月，从青海格尔木至拉萨成品油输油管线正式开工，1976 年 11 月修通，年输油量可达 8 万吨以上。1963 年开始实施青藏铁路第一期工程，20 世纪 60 年代末期，西宁至海晏段建成通车。至 1979 年 9 月，铁路修建到格尔木市，全长 845.9 公里。② 事实表明，西藏经济现代化仍在缓慢推进，显示出与中国其他地区的差异性。

第四，西藏经济现代化的启动是在高度集中的计划经济体制下进行的。1965 年，西藏开始了社会主义改造。经过社会主义革命和建设，西藏建立了“以社会主义经济和半社会主义经济为主的经济制度，基本上进入了初级社会主义，在经济较单一、生产力水平较低的基础上，形成了

---

① 具体来看，1968、1969、1972 这三年的农业产值均低于上一年。见西藏自治区统计局：《西藏经济概况（1965—1985）》，1985 年，第 72 页。

② 李海红、徐凤江、刘洋：《西藏百年发展与对口支援》，《知与行》2020 年第 5 期。

高度集中的计划经济体制”。[①] 高度集中的计划经济体制在和平解放初期对稳定局势，有效集中人力、财力和物力进行重点建设，保证西藏人民生活必需品的生产和供应等发挥了积极作用。但这种供给制经济高度依赖于中央财政补贴，随着西藏经济现代化的推进，高度集中的计划经济体制日益暴露出许多弊端，特别是在发挥西藏自身的积极性、优化资源配置等方面存在很大的弊端。

第三节　进入“富起来”时代

1980 年召开的中央第一次西藏工作座谈会开启了西藏的改革开放时代。[②] 中国逐步从贫困走向富裕，“富起来”成为这个时代的最强音符。这个时代是邓小平开创的。在这个时代，西藏经济现代化迅猛推进，直到 2012 年中国进入“强起来”的时代。

一、改革开放以降至党的十八大之前的西藏经济现代化进程

进入改革开放时代，中央对西藏的现代化提出新的要求，特别是邓小平提出西藏要“在中国四个现代化中走进前列”,[③] 为西藏经济现代化的加速推进规划了蓝图。改革开放 40 年以来，西藏的经济社会取得了长足发展，现代化的经济体系逐步建立。西藏居民的物质生活大为改善，农牧民人均纯收入从 1978 年的 175 元增加到 2012 年的 5645 元；城镇居民人均可支配收入从 1978 年的 565 元增长至 2012 年的 18028 元。[④]

（一）西藏农牧业现代化的加速推进

农牧业机械化水平的提升是西藏农牧业现代化的标志。农业机械总动

① 多杰才旦、江村罗布主编：《西藏经济简史》，中国藏学出版社，1995 年，第 115 页。

② 虽然 1979 年 1 月西藏自治区党委决定贯彻十一届三中全会的精神，决定停止使用“阶级斗争为纲”的口号，切实把党的工作重点转移到社会主义现代化建设上来，但西藏拨乱反正工作比全国“慢了半拍”，1980 年中央召开第一次西藏工作座谈会之后才逐步启动。

③ 参见中央文献研究室等编：《西藏工作文献选编（一九四九—二〇〇五年）》，中央文献出版社，2005 年，第400 页。

④ 西藏自治区统计局、国家统计局西藏调查总队编：《西藏统计年鉴 2018》，中国统计出版社，2018 年，表 2 - 2、2 - 6。

力从2000年的1145276千瓦提高到2012年的4994835千瓦。① 农业的耕种、灌溉、收割，农产品的加工、运输都开始使用现代机械工具，其中用于耕作的农业机械数量增加最快，其次是收获机械和运输机械（见表2-1）。机耕方式开始逐渐代替传统的“二牛抬杠”，机耕播种和收割面积不断增加，农业生产效率大大提高。此外，牧产品的加工与运输逐渐走向机械化，饲料粉碎机、机动剪毛机、机动挤奶器开始应用于牧产品的生产与运输。

表2-1 1981—2012年西藏部分年份主要农牧业机械年末拥有量

年份	耕作机械（台/部）	排灌机械（台）	收获机械（台）	农产品加工机械（部）	运输机械（辆）	牧业机械（部）
1981	10739	7976	8972	487	478	380
1990	12434	4240	5042	1742	5090	66
2000	45507	4711	6988	–	3665	–
2008	132717	5057	25289	–	17196	–
2009	151425	5124	29870	–	19919	–
2010	188311	7616	32106	–	20496	–
2011	234827	6215	38949	–	22110	–
2012	239040	6537	43846	–	24938	–

资料来源：《西藏统计年鉴1993》，中国统计出版社，1994，表9-22；2000—2012年的数据来自《西藏统计年鉴2018》，中国统计出版社，2018年，表8-15。

说明：1. 耕作机械包括农用大中小型拖拉机和机引农具（机引犁、机引耙、机引播种机），排灌机械包括农用排灌动机机械（柴油机和电动机）和农用水泵，收获机械包括联合收割机、机动收割机和机动脱粒机，农产品加工机械包括磨米机、磨面机和榨油机，运输机械包括载重汽车和大中型拖车（不包括手扶拖拉机挂车），牧业机械指饲料粉碎机。2. 2000、2008—2012年未统计农产品加工机械和牧业机械的数量。

农牧业的生产经营方式现代化是西藏农牧业现代化的重要内容。根据

① 西藏自治区统计局、国家统计局西藏调查总队编：《西藏统计年鉴2012》，中国统计出版社，2012年，表8-15。

生产力发展的实际情况，西藏于1984年提出指导思想上要实现“一个解放，两个转变”，明确提出“两个为主”和“两个长期不变”的方针，为转变西藏农牧业生产经营方式提供条件。“两个为主”，即兴办的工商业以集体、个体为主，以市场调节为主；“两个长期不变”是在坚持土地、森林、草场公有制的前提下，牧区实行“牲畜归户，私有私养，自主经营，长期不变”，农区实行“土地归户使用，自主经营，长期不变”。①2005年在“两个长期不变”的基础上，加上第三个“长期不变”，即“草场公有，承包到户，自主经营，长期不变”。这三个“长期不变”为塑造农牧户的市场经济主体奠定了基础。同时，“一个解放，两个转变”即解放思想，从封闭式经济向开放式经济转变、供给型经济向经营型经济转变，以及一系列市场放开的政策为转变农牧业生产经营方式提供了外部条件。1984年5月，西藏农畜产品的价格全部放开。1990年以来，在不同地区建立了不同类型的畜牧产品生产基地，西藏畜牧业生产的专业化程度不断提高，商品化程度进一步提高。如分别在安多、聂荣、那曲、当雄四个县建立了牛羊肉生产基地，在拉萨市城关区建立了奶牛基地，在日土县和尼玛县分别建立了山羊绒基地，在昌都、林芝、日喀则地区分别建立了养鸡场。②改革开放以来，西藏农牧业的生产经营形式发生了转变，由改革开放前的个体经营、集体经营，发展成为以家庭经营为主，家庭和集体双层经营的方式。在此基础上，出现了诸如联产计酬、统一经营、包产到户、包干到户等形式。过去农牧区单一的生产经营形式逐渐转变为国营、集体、个体、私营和各种联合体并存、共同发展的多元局面。③西藏农牧业的现代化也表现在畜产品市场价格的放开、畜产品商品率的提高④。西藏的农业经营体系正在向构建现代农业产业体系、生产体系、经营体系的方向转变。

农牧科技发展是西藏农牧业现代化的关键。通过举办培训班，培训农牧民科技人才，依托其他项目培训技术人员、科技示范户、科技骨干、实

---

① 多杰才旦、江村罗布主编：《西藏经济简史》，中国藏学出版社，1995年，第126页。

② 多杰才旦、江村罗布主编：《西藏经济简史》，中国藏学出版社，1995年，第212页。

③ 多杰才旦、江村罗布主编：《西藏经济简史》，中国藏学出版社，1995年，第196页。

④ 例如，与1984年相比，1989年西藏大牲畜商品率提高0.71%，猪商品率提高1.49%。参见多杰才旦、江村罗布主编：《西藏经济简史》，中国藏学出版社，1995年，第210—211页。

用人才，通过引进人才、高校农牧专业应届毕业生招录等方式，继续充实技术队伍，同时，开展基层农技推广体系改革与建设补助项目，推动乡镇农技推广综合服务站建设项目，实施“金农工程”一期项目，建设农牧业科技综合服务平台，促进农牧科技发展。开展青稞新品种选育和产业链技术攻关、西藏地方牦牛本土品种选育及养殖、西藏野生牧草驯化及新品种引进、特色农畜产品开发及产业化关键技术研发，实施了农牧领域重大科技专项，建成全国首个省级草牧业科技示范园。① 同时，西藏发展绿色环保高效农牧业有了一定成效。2012 年农田有效灌溉面积达 245 万亩，蔬菜面积达 3.52 万亩，人工种草 100 余万亩，草场围栏 4591 万余亩。这些项目的建设，极大改善了农牧业生产条件。农牧业科技对西藏地区经济增长的贡献率达到 38%，科学技术对农牧业发展的作用不断增强。

农牧业综合生产能力不断提高是西藏农牧业现代化的重要结果。西藏地区农业总产值由 1980 年的 2.48 亿元增加到 2012 年的 53.39 亿元，年均增幅为 10.07%；牧业总产值从 1980 年的 2.76 亿元增加为 2012 年的 59.02 亿元，年均增幅为 10.04%。2012 年农牧民人均纯收入突破 5000 元，达到 5645 元，连续 10 年保持两位数增长。

（二）西藏工业现代化的加速推进

改革开放以来，西藏工业发展速度加快，特色工业体系初具规模。

从工业对西藏地区生产总值的贡献来看，西藏全区工业总产值由 1980 年的 1.49 亿元增加到 2012 年的 105.91 亿元，人均工业总产值由 1980 年的 81 元增加至 2012 年的 3443 元②。2012 年，西藏包括工业产业在内第二产业固定资产投资 222.82 亿元，增长 47.9%；2011 年西藏发布《“十二五”时期国民经济和社会发展规划纲要》对西藏的工业发展提出要“有重点地发展第二产业，着力增强工业发展实力”。要加快推进旅游文化、清洁能源、净土健康、天然饮用水、绿色建材、高原生态等特色产业发展；依托特色优势资源，加快工业化进程，力争“十二五”工业增

① 《我区农牧业科技贡献率达到 49%》，参见 http://www.tibetsti.gov.cn/article.aspx?cate=3&id=7680。发表时间：2019-01-04，访问时间：2019-09-25。

② 西藏自治区统计局、国家统计局西藏调查总队编：《西藏统计年鉴 2013》，中国统计出版社，2014 年，表 2-5、9-2。

加值达到 130 亿元。

西藏的工业体系从无到有，当前已经建立起包括能源、机械、轻工、电力、地质和矿产、建筑和建材、森工、制药、食品加工等行业在内的具有西藏特点的工业体系。从西藏的工业化率①来看，改革开放以来，西藏的工业化率相对比较稳定，呈现出工业化率稳中提升的趋势，2012 年工业化率为 14.91%，低于 1980 年的水平（见图 2－2）。总体来看，改革开放以来西藏地区的工业化速度较慢，从工业化率来看还处于工业化的准备时期。西藏的工业化一直严重滞后于城镇化，西藏城镇化与工业化的差距呈现出扩大—缩小—扩大的发展趋势②。

随着企业改革的深化，西藏工业企业由全部国有逐步转变为多种经济成分并存，工业劳动生产率明显提高。从工业经济的类型来看，1983 年以前西藏以国有工业和集体工业为主，其中国有工业占绝对优势。1983 年开始出现其他经济类型的工业，这类工业发展较快，其工业总产值在 2004 年首次超过国有工业，国有经济比例由 2000 年的 23.79：24.33：51.88 转变为 2012 年的 62.26：2.87：34.86。从工业企业的规模来看，西藏的工业企业规模偏小，小规模工业企业比重较大，2010 年才出现了第一家大型工业企业，2012 年西藏共有工业企业单位 473 家，其中大型工业企业 2 家，中型企业 10 家，小型企业 152 家，微型企业 309 家，部分企业通过引进国外先进技术和管理经验，企业生产加工能力和产品质量得到增强和提高。但这些企业主要集中在拉萨，其次是日喀则、山南、昌都、林芝、阿里和那曲地区，工业发展布局不平衡（见图 2－3）。

改革开放后，西藏民族手工业的经营方式发生了变化，由以户或集体为单位经营为主，转变为国营、集体、个人三种经营方式并存，逐渐改变

① 工业化率的标准计算公式是工业增加值占地区生产总值的比重，但由于西藏工业增加值的资料有限，因此，本书在此用工业总产值代替工业增加值，由于工业总产值包括工业增加值，所以此处得出的西藏工业化率实际上高估了西藏的工业化水平。

② 西藏的城镇化发展缓慢，1959 年西藏的非农业人口数为 9.58 万人（占总人口的比重为 7.8%），1970 年为 16.64 万人（占 11%），1978 年为 25.92 万人（占 14.5%）。2020 年，全国城镇化率的平均水平为 63.89%，西藏仅为 32%，是全国最低的。除西藏与贵州外，我国其他地区均已进入城镇化的快速发展时期。按照城镇化发展的 S 形曲线，西藏虽然跨过城镇化发展的初期（城镇化率低于 30%），但是城镇的辐射力仍还较弱，城市文明的普及速度还比较慢。参见国家统计局编：《中国统计年鉴 2018》，中国统计出版社，2018 年，表 3－4。

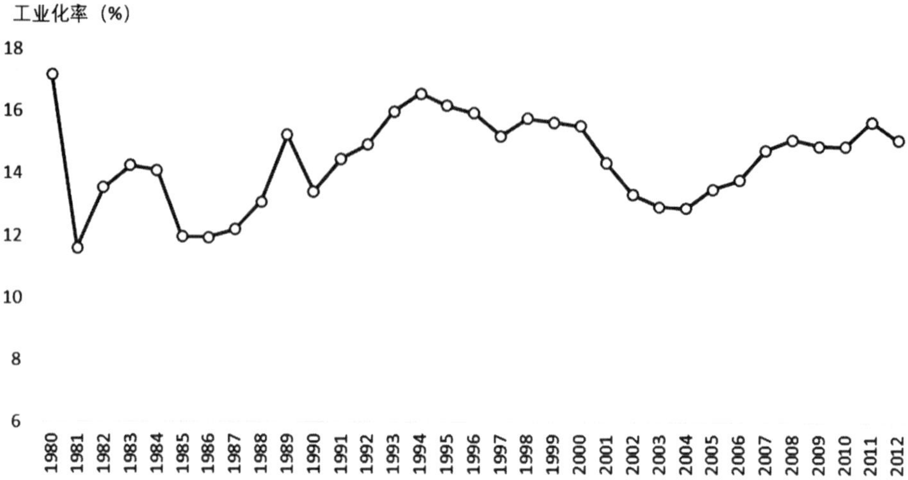

图 2－2　西藏自治区 1980—2012 年工业化率演变

资料来源：根《西藏统计年鉴 2013》，中国统计出版社，2014 年，表 2－6、表 9－2 的数据计算得出。其中 1980 年地区生产总值的数据来自《西藏统计年鉴 2000》，中国统计出版社，2001 年，表 2－6。

了过去吃“大锅饭”的做法，民族手工业企业开始向自负盈亏的现代企业转变。在保持原有民族特色、地方特色的基础上，西藏加大了民族手工业的技术改造，引进新技术、新设备进行生产，从整体上提高生产工艺、产品质量和产量。西藏民族手工业产品的种类不断增加，质量不断提高，逐渐走向市场。2020 年已经形成了包括地毯、卡垫、围裙、绘画、雕刻、金银首饰及藏刀、藏被、藏帽、藏靴和木碗生产在内的手工产品生产行业。截至 2012 年底，全区注册的民族手工业企业 217 家，从业人员约 3 万人，主要分布在拉萨、日喀则、山南、昌都、林芝、那曲、阿里等地市。2012 年民族手工业总产值 6.91 亿元，比 2010 年增加了 2.48 亿元，年均增长率达 27.9%。2012 年民族手工业总产值在自治区工业总产值中的占比为 6.52%，[①] 在国家和自治区政策的大力支持下，西藏民族手工业企业经营规模不断壮大，成为西藏的优势产业之一。

---

① 《西藏民族手工业注册企业 217 家从业人员 3 万多》，参见 http://district.ce.cn/newarea/roll/201311/18/t20131118_1765881.shtml。发表时间：2013－11－18，访问时间：2021－07－20。

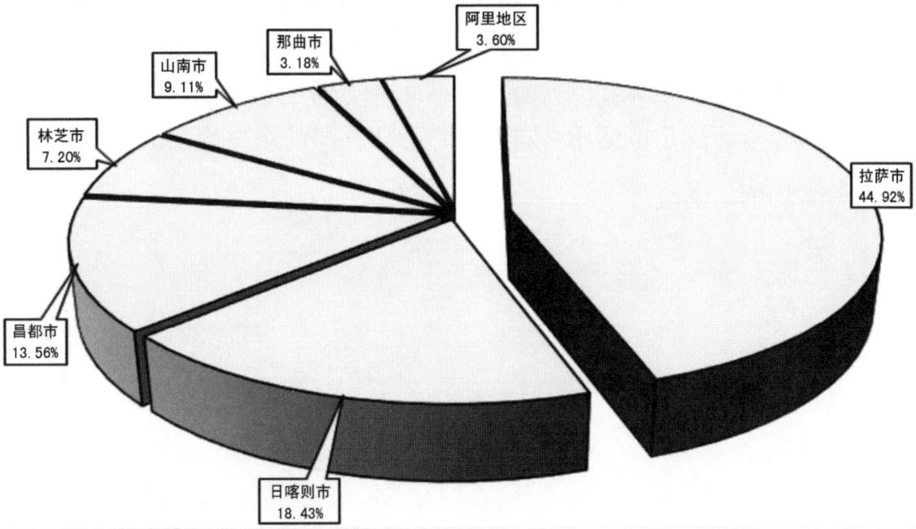

图 2－3　西藏 2012 年规模及规模以上工业企业的地区分布

资料来源：《西藏统计年鉴 2013》，中国统计出版社，2014 年，由表 9－10、9－11 计算得出。

（三）西藏服务业现代化的加速推进

基础设施方面，交通、能源、水利等基础设施超常规发展。2006 年 7 月 1 日，青藏铁路开通运行，结束了西藏没有铁路的历史；2014 年 8 月，拉萨至日喀则铁路正式开通运营；川藏铁路拉萨至林芝段于当年年底正式施工。公路总里程从 1978 年的 15852 公里增加到 2012 年底的 65198 公里，拉贡等高等级公路建成通车。建成运营民航机场 5 个、通航城市 38 个，现代交通运输体系基本形成；满拉、旁多等一大批水利枢纽工程建成发电，青藏电力联网工程架起了电力“天路”，水电为主和太阳能、风能、地热等多能互补的综合能源体系逐步形成。

服务业呈现出多元化发展态势。邮电通信方面，基本形成了全区邮电通信网，藏文电报、载波有线电话等，邮电通信技术得到迅速发展；服务网点覆盖面越来越广，农村投递路线不断扩展，邮政主要设备汽车不断增加，邮政处理能力不断提高，服务质量日益改善。2012 年西藏地区已经形成了以拉萨为中心、覆盖全区，集移动通信、数字通信、卫星通信、集程控交换、光缆和卫星传输等传输方式为一体的现代化通信网络。2012

年，西藏邮电业务总量完成34.41亿元，是1980年的1279倍，年均增长25.05%。2008年，西藏全区固定电话用户为70.7万部，移动用户仅87万户，而随着通信技术的发展，便捷的移动通信覆盖面越来越广，到2012年西藏全区固定电话用户有40.50万部，移动用户达235.5万户。①

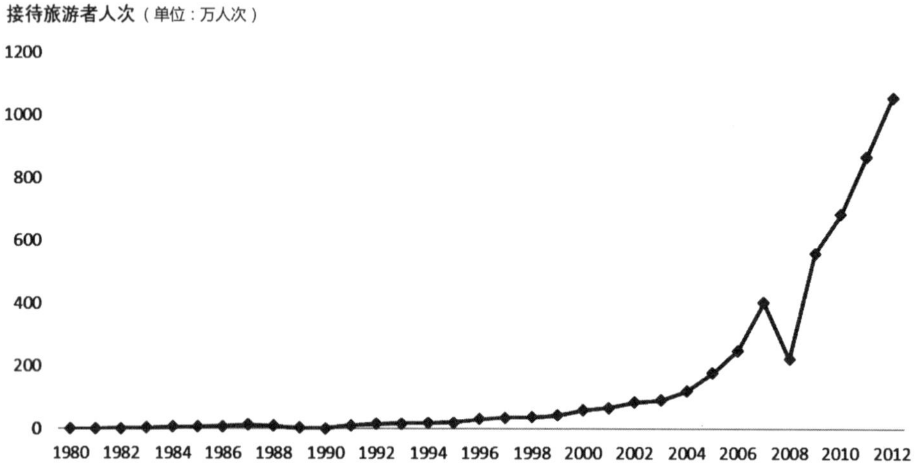

图2-4　西藏自治区1980—2012年接待旅游者人次

数据来源：《西藏统计年鉴2013》，中国统计出版社，2014年，表13-3。

其他新兴服务业，如商务（法律、中介、税务、人力资源等）、科技、工程技术、养老等服务业也逐步发展起来。

旅游业方面，西藏有着极具特色的自然资源和人文旅游资源，但旅游业直到1980年才开始起步，“1985年以前，旅游业对西藏来说，还只能算是一个概念”②。改革开放以来，西藏交通运输业的发展、信息化体系的建立、旅游基础设施的改善，促进了西藏旅游业的快速发展（见图2-4）。2009年以后西藏旅游业进入快速发展时期，接待旅游人次迅速增加，旅游业规模不断扩大。2012年西藏全区共接待国内外游客1058.38万人次，其中，接待国外游客19.49万人次，接待国内游客1038.89万人

① 根据西藏自治区统计局、国家统计局西藏调查总队编：《西藏统计年鉴2018》，中国统计出版社，2018年，表11-7计算得出。

② 杨明洪等著：《西藏经济社会跨越式发展实证研究》，中国藏学出版社，2006年，第36页。

次；旅游收入共126.48亿元；旅游外汇收入1.06亿美元①。总体来说西藏旅游业处于快速发展期。2012年西藏旅游总收入占全区地区生产总值的比例达到17.81%，旅游业已经成为西藏经济发展的重要支撑点，是西藏的优势产业和支柱产业，带动着整个西藏经济社会的发展。

改革开放以来，西藏的产业已形成强关联度的高原生物产业（以青稞、牦牛的深度加工为主）、旅游文化产业、清洁能源产业、绿色工业、现代服务业、高新数字产业等，建立了以水电为主，油、气和地热、光伏可再生能源的互补体系，建成了建材、轻工、食品加工、藏医藏药等20多个门类的现代工业体系。截至2012年底，西藏电力总装机已经达到102万千瓦②。西藏各族人民告别了依靠柴火、草皮、牛粪取暖的时代，进入了经济现代化的新时代。③

二、西藏经济现代化加速推进的评价

改革开放以来，无论是从资金还是行业范围来看，中央和各省市对西藏的扶持和支援力度明显加大。在中央的高度重视和扶持、全国各地的大力支援下，随着我国经济体制从计划经济向社会主义市场经济转变，西藏经济现代化开始加速发展。

（一）西藏经济现代化加速推进与以市场化为取向的改革进程是一致的

传统高度集中的计划经济体制日益暴露出许多弊端，价格不顺，计划调控的低工资导致人才外流，低物价导致企业缺乏活力，最终导致经济缺乏活力，极易陷入“贫困的恶性循环”。要实现西藏经济现代化的快速推进，就必须打破这个困境。西藏的改革最初是从塑造微观经济主体和放开市场入手的。就前者来讲，从“两个长期不变”到“三个长期不变”的

---

① 《2021年西藏旅游市场稳定向好截至5月接待游客近1000万人次》，参见http：//www.wenlvnews.com/p/529053.html.发表时间：2020－07－21，访问时间：2021－07－26。

② 《西藏自治区成立55年来西藏电力发展：“电”亮万家放光明》，参见http：//xz.people.com.cn/BIG5/n2/2020/0823/c138901－34245290.html.发表时间：2020－07－21，访问时间：2020－08－23。

③ 《西藏建成20多个门类现代工业体系》，参见http：//www.cinn.cn/headline/201909/t20190916_218500.html。发表时间：2019－09－16，访问时间：2021－07－26。

转变反映了这一改革过程。“两个长期不变”是在坚持土地、森林、草场公有制的前提下，牧区实行“牲畜归户，私有私养，自主经营，长期不变”，农区实行“土地归户使用，自主经营，长期不变”。“两个为主”和“两个长期不变”解决了“文革”和人民公社遗留下来的问题，在当时历史条件下具有十分重要的意义，对农牧民群众发展生产、增收致富发挥了极其重要的作用。实行“两个长期不变”政策后，广大农牧民群众的生产积极性得到广泛调动，他们的利益得到有效保护，农牧区经济得到持续快速发展的同时，牲畜与草场的矛盾也越来越突出，草场权属不明，牲畜数量不断增加，超载过牧严重，对草原生态保护带来严重影响。就放开市场来讲，“两个为主”和“两个转变”是最初的改革举措。所谓“两个为主”即兴办的工商业以集体、个体为主，而“两个转变”指逐步从封闭式的经济转变为开放经济，增强自身活力，逐步实现西藏城乡经济的良性循环，使供给型经济逐步转变为经营型经济，以提高经营者积极性，提高经济效益。并在此基础上，制定了一系列有利于西藏经济发展，特别是有利于农牧区发展和农牧民治穷致富的特殊优惠政策，逐渐改善农牧民生活。按照中央决策部署，自治区党委、政府相继出台系列重要改革文件。1984 年以后，实行“两个开放”（对国外开放和对国内其他省区市开放）政策。1984 年 10 月党的十二届三中全会确立经济体制改革的目标是建立有计划的商品经济；1987 年党的十三大进一步提出“国家调控市场，市场引导企业”的方针，明确改革的重点由农村转向城市。

1990 年 7 月，西藏自治区第四次党代会全面启动城市经济体制改革，把农牧区改革若干政策进一步具体化，实行企业扩权试点，实施“两个开放”政策。1992 年邓小平南方谈话后加快了改革步伐。之后，中央先后召开第三、四、五次西藏工作座谈会。这三次座谈会是西藏工作的“三个里程碑”。中央制定一系列改革措施，加快改革开放步伐，推动西藏在科学发展轨道上实现跨越式发展。按照中央确定的社会主义市场经济体制改革目标，自治区党委、政府先后制定出台系列改革文件，加快改革开放步伐。2005 年正式确立了土地、牲畜、草场“三个长期不变”政策。在“两个长期不变”的基础上，加上第三个“长期不变”，即“草场公有，承包到户，自主经营，长期不变”。此后，推行草场承包经营责任制，取得了积极成效，特别是国家建立草原生态保护补助奖励机制后，草畜矛盾开始得到解决，草原生态恶化的趋势开始扭转，为草原畜牧业走向可持续发展路子奠定了坚实基础。2006 年提出“一产上水平、二产抓重点、三产大发展”的经济发展战略，进一步理顺了产业发展思路，扎实推进以安居工程为突破口的社会主义新农村建设。2007 年全面启动新一轮国有企业改革。

改革的实质是调整生产关系，效果是解放了社会生产力。西藏经济现代化就在全国改革进程中获得快速推进，不仅是微观经济主体搞活了，而且市场在配置资源中发挥越来越重要的作用，资源得到优化配置，成为西藏经济现代化的第一个“黄金时期”。不过，2008 年拉萨“3・14”打砸抢烧严重暴力犯罪事件发生，西藏经济现代化短暂受到挫折。此后，持续推进的趋势并没有消失。

（二）西藏经济现代化是在“全国支援西藏”的形势下取得的

西藏经济现代化启动时的历史基础，再加上特殊的自然条件，决定了独特的现代化方式。换句话说，西藏经济现代化必须有外力帮助，才可能加速推进。缺少外力，西藏经济也可以实现现代化，但其速度必然是缓慢的。西藏要在“中国四个现代化中走进前列”离不开全国的支援。1979 年召开的全国边防工作会议提出“中央帮扶西藏，全国支援西藏”的援藏方针。中央第二次西藏工作座谈会将“全国支援西藏”的政策加以落实。最为明显的标志是中央安排“43 项工程”,① 中央不仅安排建设资金，还安排中央有关部门和内地省区市以及部分国有企业具体实施这些工程。中央第三次西藏工作座谈会为西藏安排“62 项工程”，在中央财政总体安排建设资金的同时，将部分建设资金安排给内地省市。②

由于中央第三次西藏工作座谈会是在建立社会主义市场经济体制下进行的，“全国支援西藏”概念开始出现新的内涵。一是中央对西藏实施高

---

① 此次会议确定了由北京、上海、天津、江苏、浙江、福建、山东、四川、广东 9 省市帮助西藏建设包括能源、交通、文教卫生及体育、市政、工业、商业等工程在内的 43 项中小型项目。其中有 20 项工程分布在拉萨，23 项工程分布在日喀则、山南、那曲、昌都和阿里地区。

② 包括六大类建设项目：市政建设项目 11 项，文教卫生广播电视建设项目 12 项，农业、牧业、森林、水利建设项目 8 项，工厂矿山建设项目 10 项，交通电讯建设项目 7 项以及能源水电建设项目 14 项。

强度的转移支付。所谓“高强度”的转移支付，包括以下几层含义：第一，中央给西藏计算转移支付额度时，综合考虑西藏的现实，给予较高于其他地区甚至其他边疆民族地区的标准，尽可能向最高标准靠拢，照顾过去的既得份额。从西藏历年的财政收入总额来看，和平解放以来，除个别年份外，国家财政补助收入在西藏财政总收入中所占的比重一直高达90%以上。1986年以来，虽然西藏的地方财政收入一直在增加，但在西藏财政总收入中所占的比重依然较小，到了2012年才第一次实现地方财政收入占财政总收入的比重超过10%。[①] 第二，中央对西藏的专项转移支付是全额下达，在其他省市，凡是专项建设项目，均需要地方配套资金和政策，而对西藏下达的建设项目，则免除地方配套资金，这一资金往往在建设项目资金中占有较高比重。例如，有的建设项目资金地方配套占50%。此外，西藏建设项目主要是中央主动规划建设，与其他省市不一样。因此，从西藏自治区财政收入结构分析，西藏自治区自己完成的财政收入，仅占一成。这样“高强度”对西藏的财政转移支付体现的是全国人民对西藏的支援。

“对口支援西藏”（以下简称“对口援藏”）是“全国支援西藏”的第二种形式。对口援藏是与财政转移支付相平行的支持西藏的一种方式。1994年中央第三次西藏工作座谈会将对口援藏的内涵定位为“分片负责，对口支援，定期轮换”。被中央指定承担对口援藏的内地省市和中央机关，均在现有财政体制之外筹措援藏资金，或者说，分税制的财政体制并没有将对口援藏的资金纳入其中。2001年召开的中央第四次西藏工作座谈会不仅扩大了援藏范围，一方面扩大受援范围，另一方面扩大援助省市；而且还指定部分中央国有企业承担对口援藏任务，最后增加至17个中央企业。中央企业投资的援藏资金也同样没有纳入现有的转移支付体系。因此，相对其他省市，西藏还获取了额外的建设资金。几十年的对口援藏，从西藏之外输入的援藏资金和其他资源是相当可观的。事实上，在对口援藏示范带动下，全国范围内，一些政府部门、企业和个人也纷纷以各种方式援助西藏。这些援助对西藏经济现代化来讲是一种巨大的力量。

---

① 西藏自治区统计局、国家统计局西藏调查总队编：《西藏统计年鉴2018》，中国统计出版社，2018年，表5-2、5-3、5-5。

与财政转移支付相比，对口援藏不仅是援藏资源向西藏的单向输入，而且是西藏与内地的交流过程，内地的观念和思想以及生活方式也通过这一渠道向西藏传播。而财政转移支付仅仅是资金的单向输入西藏过程，有了较为丰富的财政资金，西藏的各项事业发展就有了坚实的基础，内地的商品和物资源源不断地输入西藏。这是西藏经济现代化的现实条件。

对西藏实施优惠扶持政策也是西藏经济现代化的重要条件。尽管优惠政策和扶持政策有所区别，但这两类政策对西藏来讲都具有相同或者相似的意义。优惠扶持政策总是给政策对象带来利益，前述的针对西藏建设项目免去地方配套资金，实际上也是一种优惠扶持政策。除免去建设项目地方配套资金政策之外，针对西藏，国家实施多种多样的优惠扶持政策，包括财政、金融和其他类型，散见于各种文件、法律法规和实施方案之中。特别是中央机关对口援藏，本应包括双重效应，第一，中央机关（包括党中央机关和国务院部门以及所属的事业单位）对口支援西藏相应部门，这种对口支援需要一定的投入，帮助受援方建设相应的项目；第二，中央机关（主要是党中央机关和国务院部门）作为中央的职能部门，掌握中央政府相关政策和项目审批，在对口支援西藏的过程中，他们利用其职能部门的地位，在项目审批和政策制定上向西藏倾斜。事实上，较多的优惠扶持政策是从这一渠道贡献出来的。

总之，西藏的经济现代化是在“全国支援西藏”的框架下实现的。“全国支援西藏”构成西藏经济现代化的支持网和保护网，依托双重网络，全国各地的资源源源不断地输入西藏。孙勇将其概括为“总体供给模式”。①

（三）西藏经济现代化加速推进与中央的高度关注分不开

西藏经济现代化是中央政府主导的，如果没有中央政府的主导，“全国支援西藏”的格局也不会形成。首先，西藏的现代化建设得到中央领导人的高度重视。1987 年 6 月 29 日，邓小平在《立足民族平等，加快西藏发展》的谈话中指出：“西藏是人口很稀少的地区，地方大得很，单靠二百万藏族同胞去建设是不够的，汉人去帮助他们没有什么坏处……关键

① 孙勇主编：《西藏当代经济社会发展中的制度供给研究》，中国社会科学出版社，2016 年，第 64 页。

是看怎样对西藏人民有利，怎样才能使西藏很快发展起来，在中国四个现代化建设中走进前列。”① 1994 年，江泽民在中央第三次西藏工作座谈会上再次指出：“西藏的稳定是保证西藏各项事业持续发展和人民生活水平逐步提高的前提。没有稳定，一切都谈不上。西藏的稳定，涉及全国的改革、发展、稳定，具有重大意义。”② 也正是在这一过程中，江泽民第一次全面系统地概括了西藏治理的三大主题，即稳定、发展和安全。他说：“西藏的稳定，涉及国家的稳定；西藏的发展，涉及国家的发展；西藏的安全，涉及国家的安全。”③ 其次，西藏的发展和稳定历来都是由中央西藏工作座谈会来谋划的。改革开放以来到党的十八大以前，党中央分别于 1980 年、1984 年、1994 年、2001 年、2010 年召开了五次西藏工作座谈会。之后，中央才召开第一次新疆工作座谈会。以此之故，李瑞环在中央第四次西藏工作座谈会上明确指出：“中央为一个地区先后四次召开专门会议并动员全国予以支援，西藏是唯一的。”④ 虽然中央在下发第一次西藏工作座谈会纪要的通知中指出，“中央认为，本通知的基本精神，同样适合全国其他民族自治区和自治州、县”⑤，但中央在下发第二次西藏工作座谈会纪要时却强调，“《纪要》中根据西藏的特殊情况制定的各项具体方针、政策和措施，只适用于西藏，其他民族自治地区不可能照搬。”⑥ 李鹏在中央第三次西藏工作座谈会上指出：“对西藏的特殊优惠政策，是根据西藏的实际情况采取的，其他地方不要援例攀比。”⑦ 朱镕基在中央第四次西藏工作座谈会上也指出：“中央对西藏采取特殊扶持方式和政

① 中央文献研究室等编：《西藏工作文献选编（一九四九—二〇〇五年）》，中央文献出版社，2005 年，第 397—398 页。

② 江泽民：《围绕发展和稳定两件大事，开创西藏工作新局面》（1994 年 7 月 20 日），中央文献研究室等编：《西藏工作文献选编（一九四九—二〇〇五年）》，中央文献出版社，2005 年，第 459 页。

③ 江泽民：《江泽民文选》，第一卷，人民出版社，2006 年，第 390 页。

④ 李瑞环：《集中精力发展经济，改善生活》（2001 年 6 月 25 日），中央文献研究室等编：《西藏工作文献选编（一九四九—二〇〇五年）》，中央文献出版社，2005 年，第 576 页。

⑤ 《中共中央关于转发〈西藏工作座谈会纪要〉的通知》（1980 年 4 月 7 日），中央文献研究室等编：《西藏工作文献选编（一九四九—二〇〇五年）》，中央文献出版社，2005 年，第 576 页。

⑥ 《中共中央关于印发〈西藏工作座谈会纪要〉的通知》（1984 年 4 月 1 日），中央文献研究室等编：《西藏工作文献选编（一九四九—二〇〇五年）》，中央文献出版社，2005 年，第 358 页。

⑦ 李鹏：《抓住机遇，团结奋斗，加快西藏发展》（1994 年 7 月 22 日），中央文献研究室等编：《西藏工作文献选编（一九四九—二〇〇五年）》，中央文献出版社，2005 年，第 473 页。

策，不仅考虑西藏的特殊困难，而且是着眼于维护民族团结、祖国统一和国家安全，是形势的要求，是大局的需要……中央对其他民族的困难和发展问题，也是关心的，并采取了多方面的措施。当然，中央在制定政策时，需要从全局出发，统筹兼顾，有些方面是要区别不同情况。"①

总之，尽管中国其他地区在现代化启动初期也是由国家主导的，但就国家介入范围和程度来看，没有一个地区像西藏这样深入，中央政府一直在财力、人力、物力上给予西藏大力支持。和平解放以来，中央一直大力支持西藏的经济现代化，投入了大量资金，并制定各种优惠政策，包括财政支持政策、金融支持政策和其他政策等。

第四节　进入"强起来"时代

中国共产党第十八次全国代表大会是一个分界点。它标志着中国特色社会主义建设进入新时代。西藏保持与全国一致的趋势，其经济现代化也进入新时代。这一时代是中国从"富起来"走向"强起来"的转变时期。这是以习近平同志为核心的党中央开创的。进入新时代，西藏经济现代化取得长足进展。仅"十三五"期间，西藏产业建设驶入快车道，高原生物、旅游文化、绿色工业、清洁能源、现代服务、高新数字、边贸物流等七大产业实现增加值超 1900 亿元，经济现代化的效益逐步显现。②

一、党的十八大以来的西藏经济现代化进程

（一）西藏农牧业现代化的新时代

进入 21 世纪，西藏围绕耕地改造、良种推广、技术支撑等方面，不断提高口粮自我保障能力。同时，高标准农田建设、麦类作物良种推广、加大病虫草害绿色防控等工程也逐步开展。

---

① 朱镕基：《关于加快西藏经济发展》（2001 年 6 月 25 日），中央文献研究室等编：《西藏工作文献选编（一九四九—二〇〇五年）》，中央文献出版社，2005 年，第 569 页。

② 本节资料来源于新华社采访报道。新华社在西藏和平解放 70 周年之际，对西藏经济社会发展进行全方位报道，报道的事实和数据集中在"数说宝'藏'"。本节中我们以新华社作为资料来源，没有特别说明的，均来源于此。参见新华网西藏频道，其官方网址为 http://tibet.news.cn/。

一是高标准农田建设得到推进。受气候、地势影响，西藏中低产田比例高，加上传统耕作方式比较粗放，很长一段时间内粮食生产处于较低水平，主产青稞甚至不能满足当地人民的需求。近年来，为提高粮食产量，西藏积极实施耕地改造，通过开展高标准农田建设，完善农田水利、田间道路等基础设施，全方位提升耕地质量，进而不断提高重要农产品供给能力，夯实粮食安全。西藏自治区农业农村厅的数据显示，2019 年以来，拉萨市达孜区开展高标准农田建设，截至 2020 年底，西藏已建成高标准农田 2.42 万亩，机械操作率达到 98% 以上，水利基础更加完善、规范，粮食产量大大提高。2021 年，西藏新增和改造 20 万亩以上基本农田，实施 200 万亩耕地质量提升工程，建设 75 万亩高标准农田。预计到 2025 年，西藏将建成 300 万亩高标准农田，青稞良种覆盖率达 95%。高标准农田建设，为西藏农业生产提档升级奠定了基础。据统计，截至 2021 年 5 月，已累计投入 45 亿元，建成高标准农田 225 万亩。2021 年计划新开发 20 万亩以上集中连片的基本农田，实施 200 万亩耕地质量提升工程，新增和改善灌溉面积 120 万亩，确保青稞产量稳定在 80 万吨以上。

专栏 2－3　西藏自治区拉萨市达孜区的高产农田及其托管模式

位于拉萨河畔的拉萨市达孜区，地势宽阔、平坦，耕地连片，是西藏粮食主产区之一。以前有些田地土层薄、石子多，整体肥力不够。经过农田土地平整，灌溉方便，土质肥沃，粮食产量有了很大提升。达孜区在建设高标准农田的基础上，在西藏全域推广春耕、秋收托管模式，既解放农村劳动力，又提高农民经济收入。在建成高标准农田后，农业机械化程度也随之得到提高，进而为推广托管模式、规模化经营等创造条件。农田托管是将春耕、秋收都由村合作社统一作业，仅 2020 年，达孜区 2500 亩农田实施托管模式种植青稞，每亩增产 10—15 公斤。托管模式逐步得到村民的认可，越来越多的村民参与其中。①

---

① 新华社新媒体：《中国宝“藏” | 西藏建设高标准农田提高重要农产品供给能力》，参见 https://baijiahao.baidu.com/s?id=1700998939310877886&wfr=spider&for=pc。发表时间：2021－05－28，访问时间：2021－10－20。

随着高标准农田建设的推进，西藏千百年来的耕作方式也得到改变。2020年底，西藏农机总动力达到691.5万千瓦，农机装备总量突破50.5万台（套），农作物耕种收综合机械化率达到65%。据我们调查，“十三五”以来，西藏共建成227.26万亩高标准农田，每亩单产粮食由2015年的374.94公斤，提高到2020年的387.33公斤，自治区粮食产量连续6年保持在100万吨以上，累计粮食总产量超过500万吨，西藏人民的主粮青稞供应基本实现自给自足。

二是农业现代化装备得到大幅度提升。农机装备总量突破50.5万台（套），总动力达到691.5万千瓦，农作物耕种收综合机械化率提高到65%。青藏高原延续了千年的传统耕作模式也在改变。2020年底，西藏农业机械总动力达到691.5万千瓦，比2012年底增加227.5万千瓦，全区已有170家农机合作社和1086家农业专业合作社。

表2-2　2012—2019年西藏主要农牧业机械年末拥有量

年份	耕作机械（台/部）	排灌机械（台）	收获机械（台）	农产品加工机械（部）	运输机械（辆）	牧业机械（部）
2012	186819	2369	43846	–	24938	–
2013	210121	1857	49708	–	33670	–
2014	230914	1944	59929	–	37918	–
2015	258970	2219	63350	–	41165	–
2016	275737	2941	73446	–	45535	–
2017	280793	4020	72601	–	50079	–
2018	302875	3241	82630	–	107005	–
2019	336598	5053	89798		63173	

资料来源：《西藏统计年鉴2020》，中国统计出版社，2021年，表8-15。

说明：1. 耕作机械包括农用大中小型拖拉机和机引农具（机引犁、机引耙、机引播种机），排灌机械包括农用排灌动机机械（柴油机和电动机）和农用水泵，收获机械包括联合收割机、机动收割机和机动脱粒机，农产品加工机械包括磨米机、磨面机和榨油机，运输机械包括载重汽车和大中型拖车（不包括手扶拖拉机挂车），牧业机械指饲料粉碎机。2. 2012—2020年未统计农产品加工机械和牧业机械的数量。

三是农牧业技术得到快速发展。西藏自治区农业农村厅的数据显示，2020年，西藏青稞良种覆盖率接近90%，禽畜良种覆盖率达30%，科技对农牧业发展贡献率达55.9%。“十三五”期间，西藏年均安排青稞良种繁育基地达16万亩左右；改良奶牛15万余头，推广优良种公羊1.7万只、牦牛5000头。近年来，西藏不断加大农牧业科技创新力度，加快青稞、牦牛、藏鸡等品种选育和良种繁育推广，优化粮食、畜群结构，提高良种补贴资金，提高农牧产品良种覆盖率。2020年，西藏已建成牦牛繁育基地21个，年育肥出栏7万余头，优质青稞基地214.4万亩，年产青稞近80万吨，并持续推进牦牛、青稞等农畜产品的深加工转化，涌现出了白朗有机蔬菜、隆子黑青稞、昌都阿旺绵羊、林芝藏香猪等一大批具有市场竞争力的产品。西藏计划未来加大青稞新品种培育力度，持续开展牦牛、藏羊、藏猪、藏鸡等品种保护和利用，到2025年，努力实现青稞良种覆盖率达到95%，禽畜良种覆盖率达到40%以上。

专栏2－4　西藏自治区新培育的青稞品种“藏青2000”及其推广

西藏是全球唯一大规模集中种植青稞的地区，也是青稞驯化和多样化品种的栽培中心。新培育的青稞品种定名为“藏青2000”。该品种除高产外，还具有产草多、抗倒伏和籽粒白等优点。自2013年至今，“藏青2000”平均每亩增产10%以上，较2012年累计增产5.92万吨；2016年“藏青2000”推广面积达100.55万亩，产量达2.56万吨。“藏青2000”除有效提高青稞产量外，还有效增加了农民收入。按每公斤青稞3.8元算，新增效益2.25亿元。同时，“藏青2000”产秸秆率也大幅提高，每亩增产秸秆11%左右，新增秸秆7.11万吨，按每公斤秸秆1元计算，新增效益0.71亿元。合计新增产值2.96亿元。此外，“藏青2000”推广过程中实行集中生产种子、统一加工供种模式。“藏青2000”种子收购价平均5.2元/公斤，比市场价每公斤高1.4元，仅白朗县巴扎乡4年时间就累计销售种子1000万公斤，增收近700万元。“藏青2000”的示范推广优化了西藏的种植业结构，建立了整村整乡统一安排、集中连片统一种植、加工包装统一供种的“科研单位—推广部门—种子公司—种植农户”

紧密联合的良种繁育供种体系。①

2016—2020年的5年间累计推广麦类作物良种1069万亩，粮食每亩单产已由2015年的374.94公斤，提高到2020年的387.33公斤，净增加12.39公斤。青稞是青藏高原重要的粮食作物，是藏族群众日常不可或缺的食品。西藏自治区农牧科学院培育和普及青稞良种，其中“藏青2000”具有高产、抗病能力强等优点，是主要普及的青稞良种。据统计，以“藏青2000”为代表的青稞良种覆盖率由2015年的85%提高到2020年的接近90%，提高5个百分点。由“青稞博士”尼玛扎西和其团队历经19年研育而成的良种，为青稞增添了科技元素，平均亩产381公斤，青稞单产比2015年增加16.6公斤。2020年的青稞产量和单产均创历史新高。“十三五”以来，西藏整合“三项补贴”资金，累计投入近8亿元引导农民做好耕地地力提升工作。以35个粮食主产县为重点，深化种植业内部结构调整，确保高质高效农作物种植面积稳中有升。

专栏2-5　西藏的“雪域白鸡”

“雪域白鸡”是西藏自治区农牧科学院培育的蛋鸡品种。1960年，西藏以内地白来航鸡为父本，与当地藏鸡杂交开始了选育工作。杂交后代因全身羽毛呈白色，被命名为“拉萨白鸡”。1990年，该蛋鸡品种被评定为“拉萨白鸡”品种群；2020年9月，“拉萨白鸡”通过国家畜禽遗传资源委员会审定，被认定为国家畜禽新品种，更名为“雪域白鸡”。“雪域白鸡”72周龄产蛋个数达206—209个，比藏鸡提高了99—102个，高原种蛋孵化率达到75%以上。该蛋鸡新品种具有抗逆性好、开产日龄适中、总蛋量较多、高原人工孵化率高等特点，为高海拔地区提供了适宜的蛋鸡品种。②

---

① 新华社：《西藏将推广10万多亩高产青稞新品种“藏青2000”》，参见http：//www. gov. cn/jrzg/2013-04/24/content_2388141. htm。发表时间：2013-04-24，访问时间：2021-10-28。

② 新华社：《中国宝“藏”丨西藏农牧产品良种覆盖率持续扩大》，参见https：//baijiahao. baidu. com/s？id=1702081683058768925&wfr=spider&for=pc。发表时间：2021-06-09，访问时间：2021-11-01。

农牧业技术得到快速发展还表现在蔬菜种植技术得到推广。蔬菜是重要的农产品，在提高城乡人民生活水平、振兴乡村建设、全面建成小康社会中发挥着重要作用。2018 年，西藏全区蔬菜种植面积约 38.62 万亩，比 2017 年增加0.44 万亩。其中，大棚蔬菜面积达 7.5 万亩，占蔬菜播种总面积的 19%，比 2017 年增加 1.91 万亩。通过多年的生产发展，拉萨等主要城镇夏、秋两季蔬菜自给率达 85% 左右，冬、春两季自给率达 65% 左右，有效缓解了“吃菜难”问题，特别是农牧民通过参与蔬菜种植，增加了收入。2009 年，白朗县被确定为国家级蔬菜标准化生产示范区。截至2020 年，白朗县蔬菜标准化示范基地4 个，县级蔬菜标准化示范村4 个，初步形成了“公司 + 协会 + 农户”一体化经营模式，日交易能力达9 吨。近年来，随着人民群众对绿色、无公害蔬菜产品需求的不断加大，西藏涌现出了一批绿色、无公害生产基地，并受到了广大消费者的青睐。如拉萨市堆龙德庆区岗德林蔬菜种植农民专业合作社、曲水县达嘎乡土豆专业合作社、蔡公堂白定村农村经济合作社；林芝市朗县“朗敦”辣椒合作社等蔬菜生产基地生产出来的蔬菜，因其绿色、无公害而深受群众喜爱，成为餐桌“新宠”。同时，部分有机绿色农产品也受到国家相关部委肯定。2017 年，日喀则市亚东县黑木耳获得中国百强农产品区域公用品牌；2018 年，拉萨市曲水县“达嘎乡”土豆专业合作社获得全国“一村一品”示范村。截至 2020 年，全区共通过“三品一标”的有 113 个产品，其中无公害农产品 80 个、绿色食品 13 个、有机食品 10 个、地理标志产品 10 个。

专栏 2－6　西藏自治区阿里的蔬菜种植及其发展

西藏阿里，被称为“世界屋脊的屋脊”。因为海拔较高，曾经的阿里基本上无蔬菜产出，主要靠外地长途转运。近年来，当地大力发展蔬菜种植，让当地群众吃上了本地产的新鲜蔬菜。据了解，过去阿里大多数地区的蔬菜供应主要靠从拉萨长途转运，运输时间动辄三五天，价格是拉萨市的两三倍，菜比肉贵得多。蔬菜长期供应缺乏，导致当地老百姓饮食结构失衡，增加了心血管疾病的患病风险，不利于身体素质和健康水平的提高。为让群众吃得更绿色、更健康，近年来当地加大投入，以噶尔、普兰两县为优质蔬菜生产基地，以营销大户为主体，采取项目引导、资金扶持、专项技术服务等方式，支持高效日光温室和集约化蔬菜生产基地建设，大力推广新品种、新技术，实行标准化、集约化生产，持续提升蔬菜供应保障能力。当地还定期组织技术专家开展种植技术推广培训指导，提高菜农种菜技术水平。2020 年，阿里地区种植蔬菜 2600 亩，实现蔬菜产量超 5300 吨，同比增长 680 吨。同时，当地还鼓励农牧民在自家院坝搭建小型塑料拱棚栽种小白菜、萝卜等蔬菜，进一步提高蔬菜自给率。品种包括萝卜、白菜、黄瓜、土豆、青椒、豆芽等蔬菜。很多品种的成功种植对阿里这片土地来说都是破纪录的。当地先后引进 20 余种果蔬，引进试种火龙果、百香果、红提等水果，均是国内最高海拔环境下的规模化栽培成果，扩充了当地栽培作物品种种类，丰富了群众的“菜篮子”，探索出适应高海拔地区的农业发展新路。2020 年，阿里地区共有设施大棚 893 座，占地 527.5 亩，蔬菜年产量达 5400 吨。①

四是农牧业生产得到发展。2020 年西藏农畜产品加工业总产值达 57 亿元，比 2015 年翻了一番。从 2020 年的农作物种植面积看，青稞为 208.19 万亩，小麦为 44.79 万亩，蔬菜为 38.73 万亩，油菜籽为 30.18 万亩。从中可以看出，有着 3500 年种植历史的青稞，历来是西藏种植面积最大、产量占比最高的粮食作物。然而，在西藏和平解放前的很长时间内，旧的农业生产方式加上青稞品种单一、退化，产量只有种子的 4—10 倍。从粮食生产来看，西藏自治区农业农村厅的数据显示，2020 年西藏粮食产量达 103.96 万吨，是 1959 年的 5.7 倍；2020 年西藏肉奶产量分别达到 27.8 万吨和 40.87 万吨，分别是有史料记载的 1978 年的 6 倍和 4.4 倍。农牧民人均可支配收入达到 11450 元，是有史料记载的 1965 年的106 倍。

五是近年来西藏产业化发展步入快车道。以青稞、牦牛、藏猪、藏羊、奶业、蔬菜、饲草等七大产业为重点的“7 + N”发展格局已经形成，

① 新华社新媒体：《西藏自治区阿里的蔬菜种植及其发展》，参见 https：//baijiahao. baidu. com/s? id = 1699446494650452022&wfr = spider&for = pc。发表时间：2021 - 05 - 11，访问时间：2021 - 10 - 28。

并建立起以10个高原特色生物产业基地为主的国家重要高原特色农产品基地。同时，龙头企业、农牧民专业合作社分别达到162家、13475家，分别比2015年增长65%和1.9倍，农畜产品加工综合转化率达到15%。西藏嘎尔德生态畜牧产业发展有限公司是其中的一个典型，截至2021年5月，该公司已组建起100个奶源基地、3200余户牧民参与的全产业链，带动16256人就业，收购牛奶及肥料兑现资金2044.96万元，受益农牧民群众达14773人。该公司进入那曲市达萨乡，带动了当地畜牧业发展。由于达萨乡属于高寒纯牧业区，牧业生产是当地群众最主要的收入来源。过去，受气候、饲料等多种因素影响，当地牧民往往只能依靠冬季卖牛羊获取极不稳定的收入。嘎尔德公司在该地配备冷库和冷链物流，建成现代化乳制品生产线，收购周边牧民牛奶作为原料。在嘎尔德公司实施的产业化发展项目中，当地农牧民受益较大，例如，边巴原本是当地牧民，2017年来到嘎尔德公司负责养殖奶牛，就近就业，年收入达到5万多元；当地牧民扎西次仁交售牛奶给该公司，每年收入达六七万元。

同时，农牧业新型经营主体实现了从无到有、从有到不断发展壮大的转变。2020年西藏全区农牧业产业化龙头企业达到144个，农牧民专业合作社10009家，家庭农牧场138家，在帮助农牧民富脑袋、鼓口袋方面发挥了重要作用，为推动西藏农牧业适应社会主义市场经济的发展需要，加快了农牧业改革的步伐。近几年开展的“1+6”农村改革试验区、农村土地承包经营权确权登记颁证等改革，逐步为农村土地松绑，有效保护了农牧民群众的权益。同时农村土地审批管理机制、农村产权交易机制、投资融资机制、利益联结机制、投资管理机制等为西藏农牧业发展注入巨大活力。

此外，一批农业科技园在西藏也得到快速发展，标志着西藏农业现代化进入新的历史阶段，科技成为农牧民发展的重要支撑。

表2-3　西藏自治区农业科技园一览表

	层级	所在位置	发展简史
拉萨国家农业科技园区	国家级	拉萨市	2002年9月成立，333.5亩。2019年6月升级为国家级。

续表

	层级	所在位置	发展简史
日喀则国家农业科技园	国家级	日喀则	2012 年 4 月被科技部批准为国家农业科技园，2019 年 8 月正式批准为国家级。
那曲农业科技园	国家级	那曲	规划面积 23.30 万亩，2012 年 12 月投入运营，2015 年 11 月升级国家农业科技园。
林芝农业科技园	国家级	米林县、巴宜区	2016 年批准为国家农业科技园。
昌都新区农业科技园区	自治区级	昌都新区	2020 年 12 月批准为西藏区级农业科技园。
阿里措勤农业科技园区	自治区级	措勤	2020 年 12 月批准为西藏区级农业科技园。
昌都市丁青县农业生态园	自治区级	丁青县	2016 年批准为西藏区级农业科技园。
日喀则珠峰现代农业科技创新博览园	自治区级	白朗县洛江镇	2019 年 11 月，成为西藏首个田园综合体类国家 4A 级景区。

资料来源：西藏自治区科技厅。

（二）西藏工业现代化的新时代

一是工业实现跨越式发展。党的十八大以来，将发展现代工业与保护青藏高原生态环境有机结合起来，工业实现跨越式发展。西藏自治区统计局统计数据显示，“十三五”期间，西藏工业产业规模迅速扩大。规模以上工业增加值年均增速 10.3%，连续 4 年位居全国第一。工业占地区生产总值比重由 6.8% 提升至 8%，对西藏经济增长和总量的贡献不断提升，产业发展水平不断提高。截至 2021 年 7 月，农牧业产业化龙头企业有 162 家，从事农牧产品加工和销售，规模以上清洁能源开发企业 152 家，软件和信息技术服务公司 300 家。此外，24 个太阳能光伏扶贫项目实现并网发电。这些企业中，有上市公司 20 家。从时点来看，2020 年，西藏自治区工业总产值达 331.15 亿元，较 2011 年增长 1.7 倍，年均增长 11.5%；较 1956 年增长 4023.3 倍，年均增长 13.8%。2020 年，西藏全区规模以上工业企业 167 家，较 2011 年增加 111 家。在长期稳定和生态良好的情况下，西藏工业主要指标增速均居全国前列。

同时，西藏工业的体系化发展有进一步提升。西藏形成了以优势矿产业、民族手工业、藏药业、农畜产品加工业、高原特色生物和绿色食（饮）品业、水电能源等工业为主的富有西藏特点的工业生产体系，成为西藏百姓就业增收的重要路径。就优势矿产业来讲，在保护生态环境的前提下，西藏优势矿产资源得到开发，形成玉龙铜矿、西藏矿业等优势企业。就民族手工业来讲，2019 年西藏民族手工业市场规模大约为 18.7 亿元，同比增长约 12.6%。其中，行业净利润约为 3.9 亿元，缴纳税额 1.2 亿元，吸纳就业人数 7.3 万人，新增就业人数 2154 人。2017—2019 年，西藏民族手工业市场规模年均增速超过 11%，行业增长较快。同期行业利润的增速超过 15%。2017—2019 年，西藏年均手工艺品制造和销售企业数量增速超过 10%。就藏药业来讲，藏医藏药是西藏优势产业，形成以西藏药业、西藏林芝明珠藏药业有限公司为代表的藏药企业。就农畜产品加工业来讲，它是西藏一二三产业融合发展的“桥梁”和“纽带”，50 万元以上规模的农畜产品加工企业达到 130 家，其中大部分已成为各级农牧业产业化的龙头企业，包括地（市）级龙头企业 80 多家、西藏区级近 200 家和 17 家企业①先后被认定为全国农业产业化经营国家重点龙头企业。农畜产品加工业从初加工到精深加工产业链条已初步形成，门类比较齐全，主要涉及青稞精深加工，油菜籽加工，蔬菜保鲜、贮运，马铃薯加工，奶制品加工，牦牛肉加工，皮毛（绒）加工，葡萄酒加工等。就清洁能源开发来讲，鉴于西藏得天独厚的水电、太阳能、风能、地热能等清洁能源资源，将“资源优势”转变为“能源优势”，建设国家“西电东送”接续能源基地成为西藏工业化的重要支点。截至 2020 年 11 月末，西藏电力总装机容量达 401.85 万千瓦，其中清洁能源板块增长迅速，同期水电、风电、地热以及太阳能光伏发电装机容量达 358 万千瓦，清洁能源在发电装机容量中的占比达 89.09%。

此外，西藏工业技术水平也得到提升。西藏天然饮用水行业整体生产

---

① 第一至五批认定的企业是高原之宝牦牛乳业股份有限公司、西藏银河科技发展股份有限公司、西藏藏药集团股份有限公司、西藏诺迪康药业股份有限公司、阿里地区对外贸易总公司、西藏自治区特色产业股份有限公司；第六批认定的企业是西藏达热瓦青稞酒业有限公司、西藏农牧产业投资集团有限公司、西藏帮锦镁朵工贸有限公司、西藏白朗县康桑农产品发展有限公司；第七批认定的企业是西藏圣信工贸有限公司、西藏日喀则市纳尔扶贫综合开发有限责任公司、林芝银丰农牧科技有限公司、西藏年河乳业有限公司、西藏阳光庄园农牧资源开发有限公司。

技术及工艺标准达到国内先进水平，水泥等基础建材保障基本实现区内为主、区内外相互循环，藏医药技术创新和产品研发的步伐加快，藏药企业全部通过新版 GMP 认证，信息化基础设施不断夯实。同时，5 年来，西藏落实中央预算内信息化基础设施投资 31.3 亿元，建制村通光纤率、4G 通信覆盖率均达 99%，“一网一云一中心”信息化架构体系基本建成，数字经济起步加速，西藏的数字经济规模突破 330 亿元，信息消费规模达 60 亿元，反映了新经济形态在西藏的发展趋势。

二是西藏工业化进程中融入新发展理念。西藏有大量优质资源，如独特的生物资源、丰富的旅游资源、丰沛的水能资源等。将资源优势转化为经济优势是一项系统工程，需要谋划整个产业链条的建设，加大政策、资金的扶持。中共十八届五中全会提出“创新、协调、绿色、开放、共享”五大发展理念。这在西藏的工业化发展中也得到充分体现。

专栏 2－7　西藏自治区 2012—2020 年工业化发展

努力探索适合本地的发展模式。青稞的加工业发展就是一个典型案例。就整体而言，西藏青稞产业普遍存在市场主体规模小而散、产品趋于同质化、品牌意识较弱、市场推介难度较大等问题。不实现创新发展，就无法推动青稞产业进一步发展。日喀则是青稞最重要的产区，当地政府和企业界围绕将青稞产业培育成为当地的特色产业，采取多项举措推动青稞加工企业注重产品的精深化加工，开发多元产品。同时，改进营销方式和企业自身制度建设，密切耕作方与加工生产方关系，实现产业升级，将源头的耕作方、加工生产方与销售市场之间更加有效地联系、更紧密地合作。

扩大城镇的经济辐射面和影响力，实现城乡之间优惠政策和优质资源共享。“十三五”期间，西藏先后投资 89 亿余元，全面建设 26 个生态环境良好、基础设施完善、产业基础扎实的特色小城镇示范点。城乡基础设施的不断完善，加快了新型城镇化进程，西藏开始向城乡融合高质量发展迈进。“十三五”初期，西藏城镇化率仅 27%，到 2020 年已提高至 32%，全区城镇人口已超 107 万人。2020 年，西藏已初步形成了以拉萨为中心、以市（地）所在地为支点，以县城、边境城镇、特色文化旅游城镇为网络的城镇体系。

形成百姓增收致富更多依靠生态经济、绿色经济、绿色产业的发展信念，推动生态产业发展，实现改善民生与保护生态环境双赢。严禁钢铁、冶炼、化工、造纸等环境污染风险大的项目进入西藏，严格落实矿产资源开发政府“一支笔”审批制度、环境保护“一票否决”制度。同时西藏的水泥行业走向了更加环保的可持续发展之路，并从环保再利用考虑，工艺技术老旧的拉萨水泥厂退出了历史舞台，在原来的工厂遗址上修建西藏自治区美术馆，实现转产转业。

融入以国内大循环为主体、国内国际双循环相互促进的新发展格局。其结果是，许多援藏单位主动对接内地市场，安排西藏企业参加内地的特色产品展会，依托电商平台，帮助企业打开销路。将建设“面向南亚开放大通道”纳入国民经济和社会发展规划是西藏自治区最明显的实践行为。打通通过西藏走向南亚的交通也是重要的实践探索。改善吉隆、普兰等陆路口岸和拉萨航空口岸设施条件，恢复重建亚东、樟木等口岸，改善边境贸易通道和边民互市点设施条件，改进口岸跨境物流。通过参与相关经济区建设，推动建设“面向南亚开放大通道”……

有效整合政府的扶贫资金，将建档立卡贫困户吸纳进去。例如，位于羌塘草原腹地那曲市色尼区的西藏嘎尔德生态畜牧产业发展有限公司，配备了专业冷库和冷链物流，建成全自动化灭菌乳和发酵乳生产线，收购周边牧民牛奶作为原料。2020 年 5 月，已组建起 100 个奶源基地、3200 余户牧民参与的全产业链，带动 16256 人就业，收购牛奶及肥料兑现资金 2044.96 万元，帮助部分建档立卡贫困群众成功实现脱贫。①

三是工业向园区集中的趋势明显。西藏已建成各类初具规模的工业园区、经开区和产业集聚区，包括 1 个国家级经济技术开发区、3 个工业园

① 新华社：《数说宝“藏”丨这五年，西藏完成城镇基础设施投资 475 亿元》，参见 https://baijiahao.baidu.com/s?id=1689391828125824871&wfr=spider&for=pc，2021-01-20/2021-10-28；新华社：《数说宝“藏”·70 年巨变丨西藏工业：在改善民生中实现绿色发展》，参见 https://baijiahao.baidu.com/s?id=1702183866958940593&wfr=spider&for=pc，2021-06-10/2021-10-28；新华社：《数说宝“藏”丨这五年，西藏城镇化率提高至 32%》，参见 https://baijiahao.baidu.com/s?id=16 90669949489452928&wfr=spider&for=pc。发表时间：2021-02-03，访问时间:2021-10-28。

区和 3 个经济技术开发区以及 1 个“飞地工业园区”。西藏区级开发区主要有拉萨高新技术产业开发区、西藏自治区藏青工业园、西藏那曲高新技术产业开发区、达孜工业园区。在 2015 年，西藏工业园区实现工业产值 69.1 亿元，占西藏工业总产值 180 亿元的 40%。而在 2020 年，西藏各产业园区实现工业总产值 68.47 亿元，占西藏规模以上工业总产值 274 亿元的 25%，即四分之一。

拉萨经济技术开发区于 2001 年 9 月经国务院批准设立，是西藏唯一的国家级经济技术开发区。开发区规划控制总面积为 5.46 平方公里，分为 A、B 两区。开发区发展产业方向是依托本地资源优势，以资源开发和加工为重点，生产具有竞争优势的藏药、医疗保健用品、食品、传统民族工艺产品、旅游产品和农牧产品深加工，以及开展高原农牧林产业化新技术的引进、开发、推广等工作；研究生物工程技术、节约能源开发技术和环境污染治理工程技术；积极鼓励发展电子信息、新能源和新材料等高新技术和文教卫生、房地产等基础设施与服务贸易等配套服务产业。拉萨经济技术开发区成为西藏工业园区化的一面旗帜。

而“飞地工业园”的发展则成为西藏工业化的一种新趋势。青藏高原是国家重要生态安全屏障，西藏和青海两省区作为这个屏障的主体，为充分发挥两省区互补优势，开创了国内跨区域合作、共享发展的先例，凝聚了加快民族地区、生态地区经济发展的合力，共同创办藏青工业园区，并成为中央第五次、第六次西藏工作座谈会确定的重点项目。这是国家对青藏两省区的特殊关爱，开创了国内跨省区合作和交流的先例。党的十八大以来，在藏青两省区领导的高度重视下，在双方相关部门积极协商沟通和共同推动下，藏青工业园区重大基础设施已基本完善，招商引资成效显著，各项工作呈现稳步推进的良好局面，藏青工业园区发展到了一个新的阶段，形成互利共赢、共同发展的利益共同体，全力推动藏青两省区经济一体化发展。“藏川飞地经济工业园”是西藏和四川两省区筹划的另外一个大型“飞地工业园”，见于新闻报道，人们正在期待其成为西藏工业化的新标杆。同时，西藏自治区《2020 年政府工作报告》提出要探索西藏自治区区内“飞地经济”模式。

吉隆口岸跨境经济合作区是在吉隆口岸基础上发展起来的。在“一带一路”建设推动下，西藏自治区与尼泊尔在经贸、旅游、文化等方面的合作不断深入。吉隆口岸边境贸易规模不断扩大，口岸经济交流日益活跃，成为西藏与南亚国家贸易往来的“黄金通道”。2014 年 12 月 1 日，吉隆口岸正式恢复通关。2017 年 4 月 13 日，吉隆口岸正式扩大开放为国际性口岸，8 月 30 日，吉隆口岸正式扩大对第三国人员开放。2018 年，西藏边境贸易总额达到 28 亿元。商贸发展促进吉隆口岸经济快速增长，同时也给当地旅游业带来机遇。除了普通游客之外，印度来西藏朝圣的香客也是络绎不绝。2021 年，建设“中尼跨境经济合作区”的工作正在推进，以期真正实现“连通南亚、跨境合作、联动发展”，把南亚地区和中国紧紧联在一起。

表 2－4　西藏自治区工业园区一览表

名称	层级	所在位置	发展简史
拉萨经济技术开发区	国家级	拉萨市	2001 年 9 月 19 日经中国国务院批准设立，是西藏最早设立的经开区，也是西藏唯一的国家级经济技术开发区，规划控制总面积为 5.46 平方公里，分为 A、B 两区。
那曲高新技术产业开发区	自治区级	那曲	2012 年 10 月成为自治区级高新区，占地面积约 8000 亩，2013 年 1 月被国家发改委列入全国省级高新区核审备案名单，依托青藏铁路那曲物流中心（园区）设立综合保税区，形成“三区合一”。
昌都高新技术开发区	自治区级	昌都	2013 年成立，2018 年批准成立自治区级经济技术开发区，2020 年批准为高新技术开发区，规划总面积 12.5 平方公里。
达孜工业园	自治区级	达孜区	2002 年 9 月成立，规划面积 6.01 平方公里。
日喀则工业园	地区级	日喀则	2014 年成立，规划总面积 3.0 平方公里。
曲水雅江工业园区	地区级	曲水县	2012 年成立，规划总面积 12.4 平方公里。
山南建材工业园区	地区级	贡嘎县昌果乡	2003 年成立，总规划面积 7.2 平方公里。

续表

名称	层级	所在位置	发展简史
林芝生物科技产业园区	地区级	八一镇新区	创办于 2005 年 9 月，总体规划面积 1.28 平方公里。
西藏自治区藏青工业园区	自治区级	青海省格尔木市	2013 年 7 月藏青两省区签署《关于建设格尔木藏青工业园区的合作框架协议》，规划总面积 30 平方公里。
拉萨综合保税区	国家级	堆龙德庆区	2017 年 5 月成立。

资料来源：西藏自治区工业与信息化厅提供。

由此可见，西藏自治区工业园区从无到有、从小到大，茁壮成长，呈现良好的发展势头。不仅有力推动了产业结构优化和经济发展方式转变，也促进了新型工业化和城镇化建设进程。各类园区已成为西藏经济发展、富民强区、稳定就业的重要载体，在对外开放、推动工业化与城市化、调整产业结构等方面发挥了重要作用。但与全国相比，西藏开发区建设起步晚、经济总量普遍不大、发展质量不是很高、对区域经济的辐射和带动作用还不够强，市场体系建设不够完善，基础设施、配套设施还有待加强，经济运行体制和行政管理体制还需要进一步创新。为应对这些挑战，《2020 年西藏自治区政府工作报告》指出，西藏自治区将推进一地（市）一个特色核心园区建设，加快产业聚集和新型工业化升级。

四是能源工业成为西藏工业现代化的火车头。西藏境内大江大河密布，非常适合发展水力发电。同时，青藏高原又是全世界阳光最充足的区域之一，光伏发电潜力巨大。西藏的风能、地热能等清洁能源资源也较为丰富。近年来，西藏自治区政府努力把“资源优势”转变为“能源优势”，加快建设国家“西电东送”接续能源基地的步伐。“十三五”以来，随着昌都金河瓦托水电站、山南加查水电站等相继投运，以清洁能源发电为主的能源项目加快推进。西藏“十四五”规划显示，2025 年西藏水电已建和在建装机容量将突破 1500 万千瓦。西藏自治区发展改革委的数据显示，近年来西藏发电能力大幅增长，截至 2020 年 11 月末，全区电力总装机容量达 401.85 万千瓦，其中清洁能源板块增长迅速，同期水电、风电、地热以及太阳能光伏发电装机容量达 358 万千瓦，清洁能源在发电装机容量中的占比达 89.09%。

电网设施也在不断升级。2020 年 12 月 4 日，阿里与藏中电网联网工程正式投运，西藏由此进入主电网覆盖全区 7 地市、74 县（区）的统一电网时代。过去 10 年，西藏相继建成青藏联网、川藏联网、藏中联网 3 条电力大通道，并大力推进农网、城网等电网工程。四通八达的供电网络，让一处处清洁能源基地发出的电力，不仅点亮了“世界屋脊”的万家灯火，也得以走出高原，服务全国的经济发展和节能减排。得益于清洁电源和大电网建设，西藏用电负荷持续快速增长。“十三五”规划期间，西藏全社会用电量从 2015 年的 40.53 亿千瓦时增长到 2020 年全年预计的 82.45 亿千瓦时，增幅超过 100%。和平解放前，西藏仅有 1 座装机容量 125 千瓦、只能断断续续发电的小水电站，仅供少数上层贵族使用。和平解放后，西藏电力工业开始起步，1960 年拉萨纳金水电站正式送电，拉萨普通市民首次用上电灯。此后，羊八井地热电站和羊湖、金河等水电站先后建成，特别是随着近年来一批大型光伏电站相继建设，西藏综合能源体系逐步形成。与此同时，随着西藏“户户通电”、无电地区电力建设及改造、新一轮农网改造、“三区三州”深度贫困地区电网建设工程等相继完工，西藏全区主电网不断覆盖延伸。

五是工业部门吸纳农牧业部门剩余劳动力的能力不断提升。西藏形成了以优势矿产业、民族手工业、藏药业、农畜产品加工业、高原特色生物和绿色食（饮）品业、水电能源等工业为主的富有西藏特点的工业生产体系，成为西藏百姓就业增收的重要路径。2016 年以来，西藏累计转移农牧民就业近 500 万人次，年均技能培训 10 万人次。2021 年，西藏计划转移农牧民就业 60 万人以上，其中通过政府和社会投资项目建设带动农牧民转移就业 30 万人以上，实现劳务收入 25 亿元以上。如前所述的西藏嘎尔德生态畜牧产业发展有限公司等。

六是科技成为工业发展的驱动力。2016—2020 年，西藏实施国家和自治区各类科技计划项目近千项，落实安排国家、西藏自治区科技计划项目资金 16.3 亿元。其中，农牧业财政科技投入占全部财政科技投入比重超过 60%，科技创新对西藏经济社会发展的支撑作用显著增强。“十三五”以来，西藏科技进步对经济增长的贡献率达到 45.6%，对农牧业发展的贡献率达到55%，分别较“十二五”末增长5.6个、10个百分点。同时，科技在改善民生上的重要性明显增强。例如，以前冬天取暖，“屋外囱口生烟、屋内烟尘呛人”是西藏许多农牧区群众的真实生活写照，得益于“西藏高原可再生能源供暖关键技术创新与运用”这项科研成果的应用，越来越多农牧民实现了由烧牛粪取暖到依靠太阳能供暖的转变。2019年底，西藏山南市浪卡子县实现了全县太阳能光热集中供暖，“太阳能昼夜两用暖床”“太阳能新风预热墙”等节能取暖设备进入群众生活，浪卡子县也成了太阳能规模化采暖“区域示范地”。

（三）西藏服务业现代化的新时代

一是旅游业成为服务业现代化的重头戏。从旅游业发展的趋势来看，“十三五”期间，西藏累计接待国内外游客15763.26万人次，完成旅游收入2125.96亿元，分别是“十二五”时期的2.3倍和2.4倍。“十三五”期间，旅游业实现税收120.15亿元，带动全区住宿餐饮业实现税收8.02亿元。据西藏自治区旅游发展厅提供的数据，2020年，西藏乡村旅游接待游客1061万人次，实现收入12.17亿元，农牧民直接和间接参与乡村旅游就业8.6万人次，人均收入4300余元。此外，西藏旅游市场在线消费的额度正以每年20%以上的速度持续增长。从旅游业发展的基础来看，截至2020年，西藏已拥有A级景区127处，各类旅游企业2747家；已具备旅游接待能力的乡村旅游点超过300个，特色旅游小镇26个，家庭旅馆2377家，全产业固定资产超过200亿元。西藏还设立了234家文化产业示范基地（园区），年产值超过60亿元。

林芝旅游业发展势头良好。林芝米林机场是西藏自治区第二大机场，共有5家航空公司执飞，通航城市8个。“十三五”期间，林芝市累计旅游人次突破3200万，旅游收入超过240亿元。2013年，在广东有关方面的帮助下，鲁朗兴建了全新的旅游小镇，在保留过去传统项目的基础上增加了一批新式民宿和星级酒店。民宿保留了传统的藏式建筑风格，但内部却配备了淋浴、抽水马桶、电视等。鲁朗国际旅游小镇被誉为“东方小瑞士”“西藏小江南”。昌都市芒康县曲孜卡乡，历史上曾是茶马古道上的古驿站，现在是藏东山谷著名的温泉度假胜地，民宿经济火爆，但在过去，穿越崇山峻岭的茶马古道，交通状况异常艰险。直到西藏和平解放后，川藏、青藏两条公路通车，西藏的路越修越宽，也带火了“最美公路318”等一系列交通干线沿线的景点。

二是新型服务业逐渐形成气候。2006年以来，拉萨西站物流公司从4家增至18家，运输量从发送2万吨、到达29万吨，增至2020年的发送49万吨、到达614万吨，年平均增长30.7%和24.6%。截至2020年12月，西藏的软件和信息技术服务等高新数字企业超过300家，有19家大型全国性的电商和物流快递企业落户西藏。仅2020年，西藏全区开设电商直播2000余场次，围观人数达0.6亿人，销售商品超3000万元，“网红”经济正在成为西藏加强消费拉动、衔接脱贫攻坚和乡村振兴的新抓手。2020年的“天猫双11”期间，西藏的成交额达4.12亿元，羽绒服、手机、棉衣等商品深受西藏消费者青睐。“十三五”期间，西藏从资金、电价、基础设施等方面给予企业全方位支持，吸引了一批高新技术产业落户西藏，带动自治区信息化指数从2015年的63.3，增长到2020年的75.8；2020年西藏软件和信息技术服务企业超过300家，数字经济规模突破330亿元，成为推动全区经济高质量发展的重要引擎。

自2017年步入4G时代后，西藏通信基础设施建设实现快速发展。据西藏自治区通信管理局的统计数据，西藏已有5417个行政村实现4G网络通达，5439个行政村实现光纤宽带通达，两者通达率均达到99%。在西藏，行政村光纤宽带通达率从原来的4%提升到99%，4G网络通达率从0提升到99%。2020年，西藏全区建成通信光缆线路总长度24.08万公里，互联网宽带接入端口216.5万个，通信发展水平与内地省份基本持平。通信技术的发展，全面提高了藏族群众的生活水平。从固定电话到手机、从语音通话到视频聊天，联系方式呈现多元化。网络覆盖率提升也催生了“网红经济”。5G通信技术正在雪域高原普及，在医疗、旅游等多个行业实现应用。2020年5月，西藏首个5G智慧医疗联合实验室在拉萨市人民医院设立，利用5G高速度、低延时等优点，远程诊疗方式已临床应用，治愈了不少疑难杂症患者。2020年西藏已建成5G基站3577个，西藏七地市所在主城区基本实现5G网络覆盖。

三是西藏房地产发展成为新亮点。房地产在西藏是新兴产业，标志着西藏房地产起步的是1996年拉萨东郊安居小区建设。从1998年开始，有

6家房地产公司在西藏经营房地产，西藏平均每年投入住宅建设资金达3亿元左右，每年建成住房面积20万平方米以上。2003年，西藏自治区以外的一些大型房地产企业看到西藏房地产市场运行的良好态势，也开始萌生了到西藏投资、从事房地产开发的想法。有的内地房地产开发企业直接在西藏成立分公司，从事房地产开发；有的则与西藏的企业合资设立新的房地产开发企业从事房地产开发经营业务。2005年，西藏共注册各种类型的房地产开发企业44家。2009年，西藏房地产再次进入高速发展时期，西藏房产企业增加到82家，而住房结构由单一住宅向公寓、写字楼、商铺等多种结构转变。从2011年开始，西藏房地产再次进入高潮（见表2－5）。

表2－5　西藏自治区2010—2020年房地产发展走势

年份	总投资（亿元）	比上年+或者－（%）	施工房屋面积（万平方米）	比上年+或者－（%）	竣工房屋面积（万平方米）	比上年+或者－（%）	商品房销售面积（万平方米）	比上年+或者－（%）
2010	8.96	－43.1	75.26	－46.5	12.18	－73.5	19.37	－69.4
2011	9.68	+40.8	57.70	+21.9	18.09	+96.1	25.40	+12.9
2012	6.87	+33.8	47.33	+2.9	9.23	+57.5	22.50	+18.5
2013	9.68	+40.8	57.70	+21.9	18.09	+96.1	25.40	+12.9
2014	52.91	+450.0	273.17	+370.0	52.47	+190.0	59.33	+130.0
2015	50.02	－5.5	380.62	－39.3	92.27	－75.9	51.27	－13.6
2016	48.54	－3.0	348.77	－8.4	31.53	－65.8	74.61	－45.5
2017	40.36	－16.9	229.85	－34.1	53.25	－28.6	35.28	－7.5
2018	92.60	+129.4	358.61	+56.0	49.94	+14.6	75.35	+49.7
2019	129.56	+39.9	764.16	+113.1	18.87	+62.2	127.71	+74.1
2020	165.47	+27.7	945.33	+23.7	28.00	+48.4	93.26	+27.0
合计	614.65	－	3538.5	－	383.92	－	609.48	－

资料来源：根据西藏自治区2010—2020年国民经济与社会发展统计公报综合整理。

西藏房地产结构从“单一”的住宅区走向“多元化”，商品房结构日趋合理，以普通住宅为主，以商业、办公写字楼、旅游地产为补充的产品结构开始形成。西藏房地产智能商城的建立和运营，成为西藏房地产发展的新趋势。这些房地产公司利用5G云平台先进技术，全面打破线上与线下的渠道壁垒，以线上线下、虚与实充分结合的双端运营模式，为市场用户营造出更加富有吸引力的使用体验，进而吸引了更多的市场用户群体。

四是服务业吸纳农牧业部门剩余劳动力的能力不断提升。“十三五”期间，西藏实现农牧民转移就业433万人次，转移贫困劳动力18.74万人，而旅游业的带动力更强。截至2020年，旅游业带动农牧民转移就业25.9万人次，实现总收入6.3亿元。西藏农牧民通过直接或间接方式参与乡村旅游就业人数达8.6万人次，年人均增收4300余元。各级各类文化产业示范园区（基地）产值超过60亿元，年均增长15%；扶持传统文化的市场化开发，唐卡、塑像等传统手工艺品供需两旺。近年来，西藏结合生态安全屏障保护与建设，加大国家重点生态功能区转移支付力度，让群众充分享受生态政策红利。据统计，2016年以来，西藏累计为群众提供70万个生态岗位，群众增收近40亿元。

专栏2-8　西藏索松村、结巴村和铜龙村旅游业发展（2020年）

林芝市米林县索松村有128户，计424人，由于村级旅游经济发展较好，2020年村里没有外出务工人员，他们都投入到了家门口的旅游餐饮、住宿、娱乐、购物等服务中。每年旺季，甚至村里人手都不够。

在林芝市工布江达结巴村，这个位于5A级景区巴松措内的村庄，保留了传统的工布藏族古村落风貌，受到众多游客青睐。全村173户人家，超过40户都在开民宿，2020年人均年纯收入已超过两万元。

西藏那曲市聂荣县尼玛乡铜龙村，海拔约4700米，玉泽温泉是世界上海拔最高的地热温泉之一，铜龙村玉泽温泉合作组织服务项目包括大型泳池、温泉治疗房、餐饮、住宿、商店等内容。这里，笔直的村级主干道和两旁整齐的牧民安居房尽头，两座现代藏式风格的温泉大楼映入眼帘，楼前停靠着各类汽车。2020年，合作社收益达169万元，除去支出、预留发展资金外，为全村参与合作社的75户、358人发放分红90万元，平均每户1.2万元；发放劳务工资20万元。牧民除年底分红以外，还轮流在岗服务，每次值班一个月，收入500元，其余时间各自照常放牧、外出务工。①

二、党的十八大以来的西藏经济现代化评价

（一）西藏经济现代化快速推进改善了当地居民尤其是农牧民的生活

图2－5　西藏2016—2020年居民人均可支配收入

资料来源：2020年西藏自治区国民经济与社会发展统计公报。

这一点首先从进入新世纪西藏农牧民收入实现快速增长得到证明。以2020年为基准年，西藏连续18年保持两位数增长，连续6年保持全国增速第一。西藏自治区政府统计数据显示，2020年西藏居民人均可支配收入达21744元，较2015年增长77.4%，城乡居民人均可支配收入分别达41156元、14598元，同比分别增长10%、12.7%。②

① 新华社：《宝“藏”故事丨旅游业带动雪域乡村融入市场大潮》，参见https：//baijiahao.baidu.com/s?id=1699009699673082318&wfr=spider&for=pc。发表时间：2021－05－06，访问时间：2021－10－28。

② 农村居民人均可支配收入从1965年的108元增长到1978年的174元，年均增长3.7%。实行改革开放政策之后，到1993年，农村居民人均可支配收入达到703元，较1978年增长3.0倍，年均增长9.8%。1994年，在西藏发展历史上具有里程碑意义的中央第三次西藏工作座谈会胜利召开，作出全国支援西藏的重大决策，将援藏工作和重大项目建设列入五年规划统筹安排，开创了西藏经济社会发展的新纪元。到2011年，西藏农村居民人均可支配收入达到4885元，较1993年增长5.9倍，年均增长11.4%。

其次，从消费来看，“十三五”期间，西藏农牧民群众人均消费粮食下降126公斤、消费蔬菜提高23公斤，衣着消费增加584元，交通和通讯支出增加近一倍，医疗保健支出增长160.9%，人均文化娱乐服务支出增长167.6%。西藏人民收入增加了，消费习惯逐渐改变，生活质量显著改善，吃得越来越丰富，穿得越来越讲究，居住越来越舒适。2020年，西藏日均新车上户166辆。截至2020年底，西藏机动车保有量达到656703辆，机动车驾驶人达613682人。西藏和平解放前，西藏只有极少数上层贵族才拥有轿车。当时的西藏甚至没有一条现代意义上的公路，仅有的轿车，是被拆散成零件用骡马驮到拉萨后再组装起来的，并且只能在市区内的土路上行驶。到2020年，随着拉萨—林芝、拉萨—那曲、泽当—贡嘎等一条条高等级公路建成通车，以及大量农村公路改扩建，西藏全区公路通车总里程达到11.67万公里，群众出行有了更便捷的方式。

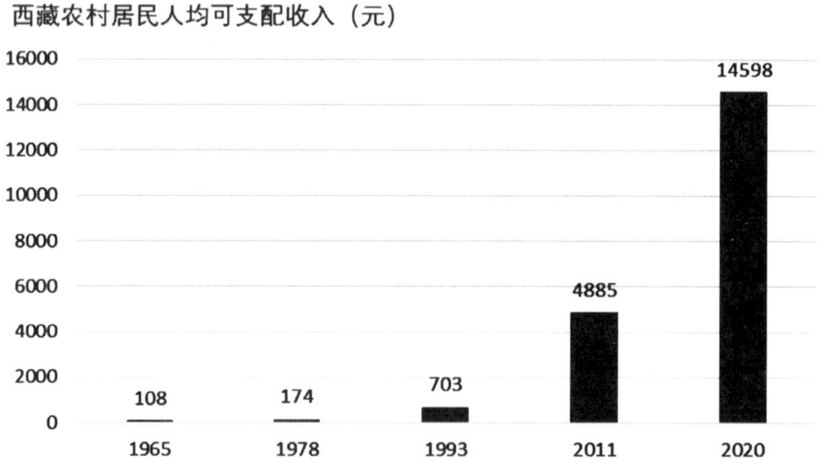

图2-6　1965—2020年部分年份西藏农村居民人均可支配收入

资料来源：2020年西藏自治区国民经济与社会发展统计公报。

再次，从民生保障来看，西藏居民民生得到较好的保障。“十三五”以来，民生重点领域支出年均增速超过10%。2020年，西藏本级财政支出1776亿元用于民生重点领域，占比达80.4%。2016—2020年的5年间，西藏自治区把保障和改善民生放在突出位置，累计投入脱贫攻坚整合资金753.88亿元，确保贫困县（区）摘帽、贫困人口脱贫；累计投入产业扶贫资金 466 亿元、实施项目 3037 个；建成集中安置点 964 个，26.6 万搬迁群众全部入住；连续 5 年召开深化对口援藏扶贫工作会议，累计签约项目 247 个；建档立卡贫困户到户贷款累计发放近 213 亿元，累计帮扶建档立卡贫困户 37.8 万户次；扶贫小额信贷累计发放 89 亿元，累计帮扶建档立卡贫困户 22 万户次。伴随人口增长和就业规模的不断扩大，为了获得更高收入和享受经济社会发展成果，西藏农牧区富余劳动力逐步向建筑制造、公共服务等二三产业转移。不少青壮年放下犁耙和牧鞭，走进城镇和企业，变身产业工人和服务人员。在就业方面，“十三五”期间西藏累计安排就业补助资金 63 亿元，城镇新增就业 21.06 万人，完成“十三五”规划目标的 108%，城镇登记失业率控制在 3% 以内。同时，伴随着就业领域的不断拓展，也对劳动者的知识、技能提出了更高的要求。为此，近年来西藏将就业扶贫当作增加群众收入的重要手段，通过加强免费职业技能培训、打造劳务品牌、提高转移就业组织化程度、优化进城务工环境等方式，大力促进农牧民就近就便就业。2016 年以来，西藏累计转移农牧民就业近 500 万人次，年均技能培训 10 万人次。此外，西藏建立了基本医疗保险、大病保险与医疗救助、应急救助互为补充衔接的多层次医疗保障体系，医疗卫生支出年均增长近 20%。

专栏 2－9　拉萨市德庆村五保供养和孤儿收养实现“双集中”

德庆村位于拉萨市堆龙德庆区德庆镇，在 20 世纪五六十年代是出了名的“乞丐村”。受益于西藏民主改革、改革开放等重要历史进程，德庆村迎来前所未有的快速发展。2017 年德庆村人均纯收入达 1.2 万余元，成功实现脱贫摘帽，过去的“乞丐村”之名被淡忘。在社会保障资金投入方面，西藏完善了城乡居民最低生活保障制度，最低保障标准分别达到月人均 847 元、年人均 4713 元。同时，五保供养和孤儿收养实现“双集中”，农村特困人员集中供养救助生活补助达到年人均 13213 元，分散供养救助生活补助达到年人均 7070 元。

资料来源：新华社。

从次，西藏城乡人居环境发生历史性变化。2018 年以来，西藏新改造农村户用卫生厕所达十余万户，农牧区卫生厕所普及率超过45%，90%以上村庄生活垃圾得到治理。截至2020年底，西藏30%以上村庄生活污水乱排乱放得到管控；136个村庄开展美丽宜居示范村创建，村容村貌明显改善。从1984年之前用石头垒起的“第一代”简易房、1990年成立行政村时修建的“第二代”土木结构房屋、2006年修建的“第三代”安居房、2012年修建的“第四代”钢筋混凝土结构两层独家独院，到扎西旺姆老人2020年入住的“第五代”新居，西藏群众的幸福感不断提升。随着西藏人居环境的不断提高，高原隐藏的美丽不再孤芳自赏，一大批生态宜居、宜业宜游的美丽乡村成为新晋网红打卡地，吸引着全国各地的游客。拉萨市达东村成了热门旅游“打卡地”，大批游客前往乡村，感受山水如画的生态美景，品尝高原特色美食，参与各类乡韵十足的民俗活动，体验着传统村落的魅力。近年来，依靠发展乡村旅游，拉萨市达东村人均年收入翻了几番，实现了脱贫致富，并先后荣获“中国美丽休闲乡村历史古村”“第七批中国历史文化名镇名村”“2017年改善农村人居环境美丽乡村示范村”等国家级荣誉称号，乡村旅游知名度、美誉度不断提高。2020年形成了“幸福林卡”“达东桃花会”“音乐嘉年华”“圣地温泉”“庄园遗址”等乡村旅游品牌，这些旅游品牌的实施，带动该村78名群众就业，年均接待游客40万人次，旅游收入近700万元。

专栏2－10　中国人口最少乡——西藏山南市隆子县玉麦乡的变化

西藏山南市隆子县玉麦乡，曾被称为“中国人口最少乡”。在国家政策、资金的大力支持下，玉麦乡到2020年已成为一乡两村的小康乡镇，2020年全乡人均纯收入达34012元，是1991年的68倍。玉麦乡历史上规模最大时有20多户300多名居民，后因种种原因，大多数居民陆续迁出。到1983年，这里只剩下桑杰曲巴父女3人。直到1996年，他们一家是玉麦唯一的住户，桑杰曲巴和他的大女儿卓嘎先后担任乡长，玉麦成为中国行政建制中最小的乡。随着党的各项政策不断落实，玉麦也进入发展的“快车道”：边境小康村建设持续推进，生活条件大为改善；先后修建两座小型水电站并接入国家大电网，结束了不通电的日子，家电进入寻常百姓家，乡亲们开始开店办厂致富；通乡公路经过新建和改建两次施工，解除了年年大雪封山的困扰；社会保险公共服务平台、学校、卫生院等相继投用，老百姓幸福指数极大攀升。4G 信号和 Wi-Fi 覆盖全乡，家庭旅馆、小卖部都能使用移动支付。大棚里的蔬菜绿意盎然，天然饮用水厂、藏香猪养殖基地等新项目正在积极推进中。①

最后，从居民食品结构来看，蔬菜消费量快速增长。2020 年，西藏蔬菜种植面积达 25.82 千公顷，年产量 84.34 万吨。当地人描述，过去“一菜难求”“菜比肉贵”的窘境，到 2020 年已不复存在，西藏蔬菜可以满足群众需求。从居民健康状况来讲，数据显示，西藏人均预期寿命从和平解放初期的 35.5 岁提高到 2020 年的 71.1 岁。据笔者调查，当地普遍认为，除了医疗条件改善、社保体系完善外，蔬菜摄入量的提高及饮食结构的改善至关重要。

专栏 2－11 西藏自治区拉萨市八廓街风貌改造

城市的人居环境也得到改善。拉萨市八廓街区域距今已经有 1300 年的历史，较完整地保存了古城的传统面貌。2011 年，拉萨市将市区内的 56 座挂牌古建筑大院列为市级文物保护单位。2012 年，拉萨市政府又对其中年久失修的古建大院开展了保护性修缮工作。经过系统的修缮保护，到 2020 年，拉萨市八廓街古建大院已重现昔日风采，极富民族特色。环境设施的改善又促进了八廓街地区经济的发展，在八廓街地区办商铺、开餐馆、卖服装、办旅店等经商的人越来越多。古建筑风貌与现代商业街完美相融，阳光下，市民和游客们在甜茶馆里，喝着甜茶，晒着太阳，悠闲惬意。②

---

① 新华社新媒体：《数说宝“藏”丨温暖！西藏财政民生支出占比超过 80%》，参见 https：//baijiahao. baidu. com/s? id = 1688054384548045018&wfr = spider&for = pc。发表时间：2021－01－05，访问时间：2021－10－28。

② 新华社：《宝“藏”故事丨西藏城乡人居环境发生历史性变化》，参见 https：//baijiahao. baidu. com/s? id = 1699360313778641016&wfr = spider&for = pc。发表时间：2021－05－10，访问时间：2021－10－28。

（二）西藏经济现代化是在发展社会主义市场经济中取得的

西藏自治区发展改革委员会资料显示，“十三五”期间，西藏不断创新招商引资举措，出台涉及税收、金融、土地等52条招商引资政策，推动项目落地成效不断攀升。5年来，西藏招商引资到位资金达2535亿元，是“十二五”时期的2.4倍。自2018年西藏召开全区第一次招商引资大会以来，大大提升了招商引资的力度与速度。2018年9月，第四届中国西藏旅游文化国际博览会期间，签约招商引资项目108个，总投资540亿元；2019年8月，拉萨雪顿节招商引资推介会正式签约项目31个，总投资143亿元；2020年9月，西藏招商引资推介会在四川省成都市举行，签约12个项目，总投资46亿元。同时，自2019年7月进藏以来，山东第九批援藏工作队已引进招商引资项目40个，实际到位资金13.8亿元。越来越多的企业跨越万水千山来到“世界屋脊”投资兴业，助力古老高原产业结构调整、产业布局优化以及特色优势产业发展壮大，为西藏经济社会发展激发新动能、注入新活力。

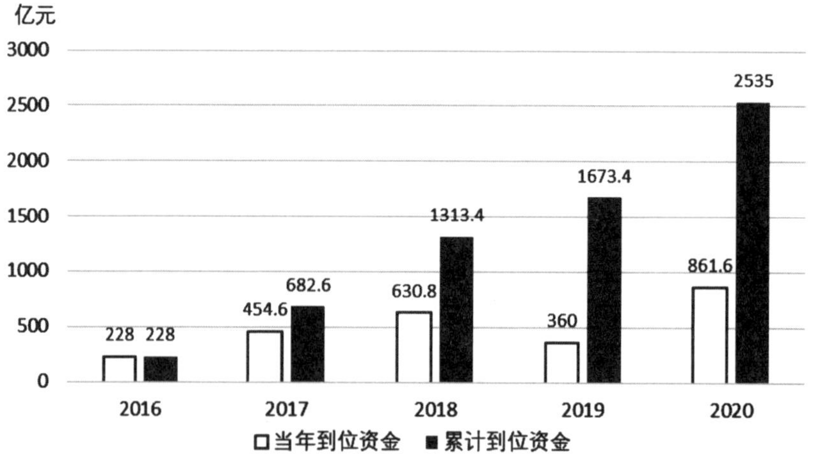

图2－7 2016—2020年西藏招商引资到位资金

资料来源：2021年7月25日西藏自治区发展和改革委员会提供。

西藏现代化建设进入新的历史阶段，可以从市场主体的活跃性上得到反映。“十三五”期间，西藏市场主体活力不断被激发。西藏自治区政府统计数据显示，2015—2020年，每年登记的市场主体分别是15.4万户、

19 万户、22.7 万户、27.4 万户、32.5 万户和 36.5 万户。2020 年，西藏市场主体数量已达 36.5 万户，较“十二五”末增长了 1.3 倍，5 年来平均每天新增市场主体约 115 户，这也从银行发放贷款数额上得到了反映。中国人民银行拉萨中心支行的数据显示，截至 2020 年，西藏金融精准扶贫贷款余额为 1301 亿元（含已脱贫），较 2016 年同期增长 191%。数据显示，2020 年西藏产业精准扶贫贷款余额为 162 亿元，较 2016 年同期增长 185%；项目精准扶贫贷款余额 1071 亿元，较 2016 年同期增长 216%。

（三）西藏经济现代化进入新时代与党的十八大以来中国进入全面深化改革阶段是一致的

党的十八大提出了全面建成小康社会和全面深化改革开放的目标，党的十八届三中、四中、五中、六中全会分别对全面深化改革、全面依法治国、全面建成小康社会、全面从严治党作出重大战略部署。2017 年 10 月，习近平在党的十九届一中全会上指出，“党的十八大以来，在新中国成立特别是改革开放以来我国发展取得的重大成就基础上，我国发展站到了新的历史起点上，中国特色社会主义事业进入了新的发展阶段。”[①] 而“新的历史起点”就是中国特色社会主义进入了新的发展阶段。党的十九大报告提出了“中国特色社会主义进入新时代，我国社会主要矛盾已经转化为人民日益增长的美好生活需要和不平衡不充分的发展之间的矛盾”的重大判断，并提出到 2035 年基本实现社会主义现代化，到 2050 年全面实现社会主义现代化。当前，实现中华民族伟大复兴战略全局与世界百年未有之大变局相互交叉、相互激荡，机遇与挑战并存。

党的十八大以来，习近平总书记提出了“治国必治边、治边先稳藏”的重要论述，作出了“加强民族团结、建设美丽西藏”等重要指示，对第二次青藏高原综合科考等作出重要批示，习近平总书记亲自给隆子县玉麦乡牧民卓嘎、央宗姐妹回信，给西藏民族大学建校 60 周年致贺信，为我们做好新时代西藏工作提供了根本遵循。特别是 2015 年 8 月和 2020 年 8 月中央分别召开第六次、第七次西藏工作座谈会，总结了党的治藏方略，明确了新形势下西藏工作的指导思想和目标任务，提出了“依法治藏、富民兴藏、长期建藏、凝聚人心、夯实基础”的重要原则，指明了

① 习近平：《习近平谈治国理政》第三卷，外文出版社，2020 年，第 61 页。

西藏工作的着眼点和着力点、出发点和落脚点，制定了西藏新时期需要抓好稳定、发展、生态和强边四件大事，确定了“十二五”“十三五”和“十四五”中央支持西藏的一大批重点建设项目，制定了惠及西藏各族干部群众的一系列特殊优惠政策。

伴随着西藏工作在党和国家工作全局中重要战略地位的提升，国家对西藏的投入持续增加。一是中央财政投入增加。截至 2020 年 10 月底，中央财政在“十三五”期间已累计向西藏投资 3136 亿元，超出规划投资额 17. 3%，包括电力等重大基础设施建设在内的一大批重点项目，为西藏经济社会发展提供了强有力的支撑。据西藏自治区发展改革委员会公布，“十三五”期间，中央政府为西藏安排的重点项目主要集中在保障和改善民生、基础设施建设、生态环境保护、基层政权和社会管理能力建设、特色优势产业发展五大领域。到 2020 年为止，实际投入超过规划额的部分，主要用于加大对保障性安居工程以及卫生健康等方面的投资。二是对口援藏投资成为西藏重要的投资来源。1994—2020 年，对口援藏省市、中央国家机关及中央企业分 9 批共支援西藏经济社会建设项目 6330 个，总投资 527 亿元。此外，2016—2020 年的 5 年间，包括中国电信在内的 16 家对口支援西藏的中央企业累计落实投资 1047 亿元，相较于“十二五”期间的 821 亿元，增加 226 亿元。这些投资在西藏脱贫攻坚、基础设施建设、就业增收等方面发挥了积极作用，有力促进了西藏经济社会发展和民生改善。总之，“十三五”期间，西藏地方生产总值、人均国内生产总值、居民人均可支配收入增速均领跑全国平均水平，2020 年已历史性消除绝对贫困。在极高极寒的“世界屋脊”取得这样的成绩，中央政府持续投资托举作用巨大。

（三）西藏交通等基础设施的大幅度改善为西藏经济现代化奠定了基础

第一，综合交通设施得到相当大的改善。公路方面，2000 年底，西藏公路通车里程仅有 2. 25 万公里，而到 2020 年底，已达 11. 66 万公里，乡镇、建制村通畅率分别达到 93. 7% 和 75. 9%，西藏所有县（区）和 476 个乡镇、2050 个建制村通了客车。“十三五”期间西藏新增公路通车里程 3. 83 万公里，创造了平均每年建成 7660 公里公路的高原奇迹，每年新增公路通车里程大于川藏公路与青藏公路之和。“十三五”时期，西藏公路交通完成投资超过2515亿元，是“十二五”时期的3.7倍；截至2020年底，西藏公路通车里程达11.66万公里，较2015年末增长48.9%。从7.83万公里到11.66万公里，西藏公路通车里程数据的变化，鲜明反映了“世界屋脊”路网结构的提升和改善：2016年增速5.3%，2017年增速8.8%，2018年增速9.4%，2019年增速6.3%，2020年增速12.2%。2016年西藏只有一条38公里长的高等级公路，到2020年则达到688公里。拉萨至日喀则、那曲等地在建高等级公路通车以后，西藏高等级公路通车里程将达1100公里。2016—2020年，西藏农牧区基础设施建设投入547亿元，农村公路通车总里程增长三成多，农村达到8.9万公里，占西藏公路通车总里程的76.3%。截至2020年底，西藏乡镇、建制村公路通达率分别达93.79%和75.9%，654个乡镇和4094个建制村通硬化路，通畅率分别达94.1%和74.8%。2021年5月，第二条通往墨脱县的交通要道派墨公路全线贯通。2020年进藏公路基本实现全线黑色化。公路建成通车后，林芝市区至墨脱县的公路里程由原来的346公里缩短至180公里。“十三五”时期是西藏公路建设投资、改善最大的五年计划期。在铁路方面，川藏铁路拉林段已建成通车，林芝至雅安段已经动工。

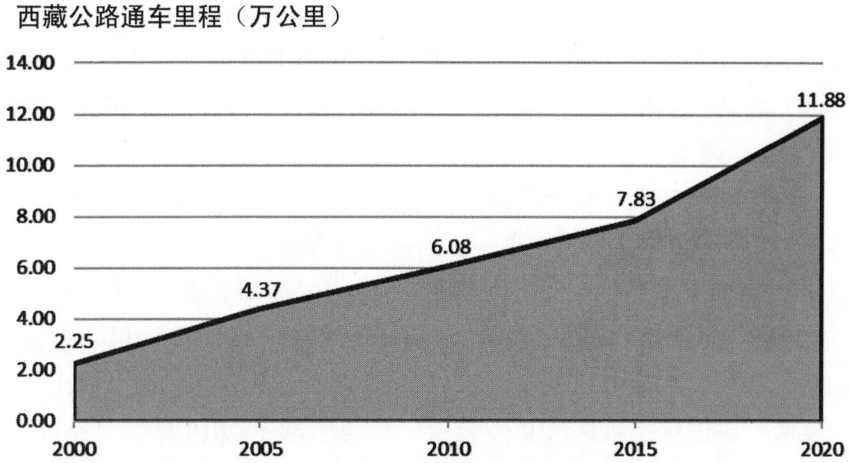

图2-8　2000—2020年西藏公里通车里程增长图

资料来源：2020年西藏自治区国民经济与社会发展统计公报。

在航空方面，截至2020年，西藏机场从1个发展为5个，航线从1条发展到120条，通航城市从2个发展到61个，进出港航班从每周1架次增加到日均150多架次，民航旅客吞吐量从2000年的53万人次增至2020年的515万余人次。仅在“十三五”时期，西藏民航新开航线67条、新增通航城市21个，5年新开航线数量超过了之前50年的总和，连接国内外的航线增加至120条，累计完成旅客吞吐量2480余万人次，比“十二五”时期增长83%。在“十四五”时期，西藏除了实施昌都邦达机场飞行区改造工程、林芝米林机场平行滑行道工程、拉萨贡嘎机场航站区改扩建工程外，还将建设山南隆子机场、日喀则定日机场、阿里普兰机场等3座高原支线机场。2020年4月，国家发展和改革委员会批复了新建西藏隆子、定日、普兰等3座机场及拉萨机场第二跑道改扩建工程项目(简称西藏“3+1”机场项目)，项目总投资超过136亿元。

第二，电力和通信基础设施实现跨越式发展。在电网设施方面，西藏进入主电网覆盖全区7地市、74县（区）的统一电网时代。过去10年，西藏相继建成青藏联网、川藏联网、藏中联网3条电力大通道，并大力推进农网、城网等电网工程，主电网覆盖所有县城和主要乡镇。2020年，阿里与藏中电网联网工程正式投运，西藏实现主电网全区覆盖。全区主电网不断覆盖延伸，西藏缺电成为历史。同时，西藏能源保障能力显著加强，电力装机容量达到401.85万千瓦，比2015年增加152万千瓦。在通信方面，西藏信息化水平不断提高，全部685个乡镇实现了100%通光纤和4G通信全覆盖。

第三，城乡基础设施建设得到快速推进。在城镇基础设施方面，“十三五”期间，西藏着力补齐市政基础设施领域短板，完成城镇基础设施投资475.46亿元，同时，先后在拉萨、日喀则等市建设51条市政道路、6座市政桥梁，西藏新增市政道路里程155公里。城镇公共供水普及率、污水垃圾处理率和城镇化水平显著提升，西藏城镇更加宜居。供水方面，先后完成拉萨市纳金水厂等9座供水厂建设，截至2019年底，全区城市公共供水普及率达到94.75%，比“十二五”末提高了9.75个百分点，农村饮水安全问题全面解决。2016年以来，西藏共建设71座城镇污水处理设施、122座生活垃圾无害化处理设施，总投资36.57亿元。截至2019

年底，西藏设市的城市污水处理率达到 94. 94%，县级以上城镇污水处理率达到 75. 4%。西藏能源保障能力显著加强，电力装机容量达到 401. 85 万千瓦，比 2015 年增加 152 万千瓦。

（四）西藏经济现代化与公共事业的快速发展互为因果

医疗卫生事业快速发展。到 2019 年底，西藏每千人口医疗卫生机构床位数为 4. 87 张，比 2015 年增加 0. 54 张。西藏每个乡镇都有卫生院，每家卫生院卫生人员平均超过 7 人；5277 个村都有卫生室，每个卫生室卫生人员平均超过 2 人，基本实现绝大多数“小病”在乡镇解决的目标。医疗人才“组团式”援藏是党的十八大以来的一个重点项目。该项目自实施以来，共帮带 721 个医疗团队、2031 名本地医务人员、培养医疗骨干约 4000 名，已有 192 名受援医院的医生能独立开展 1—2 种新手术，实现了 400 多种较大疾病不出藏，大多数“中病”不出市（地）就能得到治疗的目标。内地医院通过“以院包科”形式，“打包移植”内地先进经验和技术成果 1061 项，共同攻关技术难题 1305 个，填补了区域内医疗技术空白 1541 项。援藏专家带来了先进技术和管理理念，填补了西藏当地医疗许多空白，为当地留下一批“带不走、留得住”的医疗人才。

教育事业快速发展。2019 年，国家财政性教育经费在西藏投入达 283. 76 亿元，比 2010 年翻了两番，10 年来已累计投入 1656. 89 亿元，年均增幅 17. 96%。受益于投入的持续稳定增长，西藏各级学校办学条件得到极大改善，其中教育信息化的发展尤为显著，2020 年涵盖学前教育、中小学教育、职业教育、高等教育、继续教育的信息化基本架构已初步形成。在 2015—2020 年的 5 年间，西藏教育支出年均增长 15%，实现了学前至高中阶段 15 年教育“三包”。截至 2019 年底，西藏中小学多媒体教室数量达 9484 间，覆盖率 73%；计算机教室 789 间，覆盖率 84%；中小学校教师计算机拥有率达 100%，每百名学生拥有的信息化终端数量为 8. 22 台，居全国中等水平。共有各级各类学校 2995 所，在校生 84 万多人，学前教育毛入园率、小学净入学率、初中阶段毛入学率、高中阶段毛入学率、高等教育毛入学率分别为 84. 42%、99. 71%、102. 88%、86. 62% 和 47. 65%，分别比 2012 年提高 39. 22%、0. 31%、4. 28%、16. 42% 和 20. 25%，主要劳动人口受教育年限达到 9. 8 年。这组数字不仅反映了学校硬件设施的逐年改善，同时也与西藏特殊的教育政策密切相关：实现学前至高中阶段15年免费教育政策全覆盖；实现学前至高中阶段15年教育“三包”政策全覆盖，极大减轻了农牧民的教育负担。学前教育是党的十八大以来的重点建设项目，截至2020年底，西藏学前教育毛入园率达到87.03%，比2011年提高了52.03个百分点。2011年西藏一共只有不到200所公办幼儿园，到2021年，西藏幼儿园数量达到2199所，较2011年增长了10.1倍；2021年在园幼儿达150934人，10年间增长约2.6倍。近年来，国家在增加投入、完善政策、扩大规模、补充教师、规范管理等方面不断加大工作力度，西藏学前教育迎来发展“黄金期”。2012—2020年底，西藏投入幼儿园建设的资金达60.73亿元，其中，乡村幼儿园建设资金达42.52亿元，占70%。到2020年，西藏学前教育已基本普及。西藏学前教育布局日臻完善，主动适应人口变化趋势和新型城镇化发展需要，着力构建市、县、乡、村四级幼儿园体系，将学前教育纳入自治区15年免费教育，全部纳入财政补助范围。此外，西藏还构建了从学前教育到研究生教育全覆盖、公办民办学校全覆盖、家庭经济困难学生全覆盖的学生资助政策体系，先后出台实施了40项学生资助政策，实现了“不让一个学生因家庭经济困难而失学”的目标。同时，实施城镇困难家庭子女助学金政策全覆盖，补助标准达到每生年均4200元①，惠及60多万名学生。

专栏2-12 西藏自治区教育“五个100%”

“十三五”时期，西藏教育“五个100%”全面实现，即中小学双语教育普及率100%，小学数学课程开课率100%，中学数理化生课程教学计划完成率100%，中学理化生实验课程开出率100%，职业技术学校国家目录规定课程开出率100%。“五个100%”的实现，直接表现就是师生应用国家通用语言文字能力的提升、中小学生理科学习成绩的全面提高和学生综合能力及创新思维增强。这标志着西藏教育事业取得巨大进步。

---

① 2020年，西藏自治区对家庭经济困难学生进行分类资助。在西藏自治区以外高校新生每生资助1000元，区内高校新生每生资助500元；在校生纳入国家励志奖学金的每生每年5500元；建档立卡大学生每学年资助7000元，对师范类等专业资助每生每年6600元。

“五个100%”教育目标是西藏基础教育重点工程的主要内容，于2016年正式确定。西藏在资金投入、教师培训、实验设备和仪器配备等方面给予学校支持，并重点加强理科教学和实验教学，强化教师专业技能培训。对此，西藏先后投入2.12亿元新建中小学实验室60万平方米，投入1.99亿元采购中小学实验教学仪器设备等。2020年高考，西藏数学学科成绩较2017年提高34%，各学科总成绩提高16%。数理化成绩的提高，直接带动了升学率的提高。2020年区内重点高中升学率由2019年的30.27%提高至37.09%，普高升学率由2019年的89.80%提高至95.27%。在全面实现“五个100%”目标基础上，西藏将继续发挥内地教育人才“组团式”援藏的作用，强化理科和实验教学，推进教育教学改革，加快补齐教育短板，推进教育事业转入高质量发展新阶段。①

在科技发展方面的快速发展。2016—2020年，西藏实施国家和自治区各类科技计划项目近千项，落实安排国家、自治区科技计划项目资金16.3亿元。其中，农牧业财政科技投入占全部财政科技投入的比重超过60%。5年来，西藏科技型企业研发费用突破12亿元，专利申请及授权量显著增加，每万人发明专利拥有量由0.94件提高至2.11件（预估值），共评选出西藏自治区科学技术奖80项。西藏还加快科技平台和人才队伍建设步伐。截至2021年，西藏建成1个省部共建国家重点实验室、4个国家级农业科技园区、1个国家级可持续发展实验区、1个国家级科技企业孵化器，以及37家省级重点实验室和工程技术研究中心等。“十三五”期间，“藏青16”等10个青稞新品种及“藏冬26号”等一批农作物新品种实现成功选育，以此构建了国内首个青稞核心种质库，首次绘制出青稞、牦牛全基因组遗传和物理图谱。

在西藏，医疗卫生、教育、科技等公共事业的快速发展与经济现代化之间形成相互促进的良性循环，一旦形成这样的状态，西藏的经济现代化将进入加速推进的轨道。

---

① 新华社新媒体：《数说宝“藏”丨这五年，西藏教育实现“五个100%”》，参见https：//baijiahao. baidu. com/s? id = 1690494266072750924&wfr = spider&for = pc。发表时间：2021 - 02 - 01，访问时间：2021 - 10 - 28。

（五）西藏经济现代化的快速推进与生态环境保护同步进行

作为青藏高原的主体，西藏区内江河纵横、湖泊密布，被誉为“亚洲水塔”，是我国以及南亚、东南亚地区的“江河源”。西藏高原地处世界“第三极”核心区，保护好西藏高原生态环境，对于保障全球生态平衡有着重要的战略意义。

首先，同步建立了各种自然保护区。建设第三极国家公园群，是青藏高原在大尺度空间实现可持续发展的最佳路径，是实现“第三极”地区重要自然资源国家所有、全民共享、世代传承的根本途径。当前，西藏禁止和限制开发区域面积占其总面积的 80%。青藏高原是“世界屋脊”“亚洲水塔”。国家高度重视西藏生态保护，在西藏建立了羌塘、雅鲁藏布大峡谷、珠峰等 11 个国家级自然保护区，4 个国家级风景名胜区、3 个国家地质公园、9 个国家森林公园、22 个国家湿地公园等。各类珍稀野生动植物得到有效保护，部分珍稀野生动物种群呈现恢复性增长。西藏各类自然保护区面积达 41. 22 万平方公里，占西藏总面积的三分之一以上。

其次，西藏的藏羚羊和藏野驴等野生动物同步得到重点保护。2015 年，西藏在羌塘国家级自然保护区开展管理体制机制改革试点，实行“局、分局、站、点”四级管理体制，推行网格化保护，建立了 2 个管理分局、73 个管理站，2020 年已有 780 名农牧民成为专业管护员。西藏的藏羚羊 20 世纪 80 年代曾一度“濒危”，几十年间藏羚羊的种群数量从 5 万只左右增加至 20 万只以上，其种群数量恢复性增长得益于一系列有力保护措施：划建国家级自然保护区，成立专门保护管理机构和执法队伍；严格禁止盗猎，定期进行巡山，对藏羚羊等重要物种种群活动进行监测；在藏羚羊分布区开展广泛的科普宣传教育，聘请当地农牧民参与保护管理。藏野驴也由原来的 5 万头左右增加到现在的约 9 万头，黑颈鹤由原来的 1000—3000 只上升到约 8000 只，野牦牛增加至现在的 1 万头左右。此外，雪豹、盘羊、岩羊等野生动物种群数量均出现明显的恢复性增长。野生动物种群数量持续增加，“高原精灵”在雪域高原上奔跑得愈发快活逍遥，人与动物的关系也变得越来越和谐亲密。

再次，同步推进土地绿化。截至 2021 年，西藏已累计投入 121 亿余元推进生态安全屏障保护与建设，多措并举保护冰天雪地、绿水青山。

“十三五”以来，西藏完成造林596万亩，恢复矿山迹地面积1803公顷，实施地质灾害工程治理25处，治理水土流失面积1172.54平方公里。截至2020年，西藏45%的区域被列入生态保护红线范围，实施了5261个行政村人居环境建设和环境综合整治工程。建立了47个各类自然保护区，总面积达41.22万平方公里，其中包括11个国家级自然保护区。西藏累计命名省级生态县17个、生态乡镇213个、生态村2373个。近年来，西藏开展“消除无林乡镇、无林村组、无绿院落、无林农户、种树空白”的“五消除”活动。截至2021年，共有1079个“无树村”和10.47余万户“无树户”成功植树，带动西藏的草原综合植被覆盖度达到46.71%。位于雅鲁藏布江中游的西藏日喀则市南木林生态示范区，曾经是一片戈壁荒滩，土地沙化严重，村民吃够了环境恶化的苦，喝茶都得先涮掉杯子里的灰尘。2014—2017年，国家投资1.5亿元，在南木林生态示范区内植树造林3万余亩，2018—2021年又种植了1万亩的生态林。这条长达50多公里的“生态绿洲”成为雅鲁藏布江沿岸一道靓丽的风景线。从2021年开始，西藏植树造林工作将以拉萨、日喀则、山南三市为重点，努力达到集中连片有规模的植树造林效果，消除“无树村”“无树户”，开展乡村“四旁”植树活动，打造生态宜居的美丽乡村，构建优美洁净的乡村人居环境。

最后，实施青藏高原综合科学考察。第二次青藏高原综合科考从2017年8月全面启动以来，大批科研工作者对青藏高原的水、生态、人类活动等环境问题进行全面深入的考察研究，为保护好世界“第三极”提供重要数据和科技支撑。88项专题科考活动在西藏深入推进，为保护好世界“第三极”提供了重要数据和科技支撑。这些成果不仅将深化对“亚洲水塔”变化、影响及应对措施的认识，而且为国家生态文明建设和区域防灾减灾提供了科技支撑。

专栏2-13 第二次青藏高原综合科考实现的“首次”

第二次青藏高原综合科考从2017年8月全面启动以来，实现了多个“首次”：

——首次在墨脱发现苦苣苔科植物。在纳木错地区发现了死亡的香柏植株和部分残留茎干，重建了我国迄今最长灌木年轮宽度年表（1479—2015年，总长537年）。

——首次较为准确地估算出青藏高原75个大型湖泊冰物候和蒸发量结果，即青藏高原湖泊每年蒸发的水资源总量大约为517亿吨。

——在纳木错水深94.5米的采样点成功在同一孔位连续钻进153.44米，获取了采集率为96%的高质量岩芯，创造了我国湖泊岩芯钻探的新纪录。

——初步估算了“亚洲水塔”冰川、湖泊和主要河流出山口径流量之和超过9万亿立方米，为国家水资源保护战略提供了重要科学支撑。

——首次获得青藏高原海拔7000米高空的大气组分数据，首次呈现青藏高原隆升前古近纪生态系统的整体面貌。

——首次发现裂腹鱼类和高原鳅的分布海拔超过5200米。

——首次在墨脱发现燕凤蝶分布，初步建成雅江冰崩灾害监测预警平台。①

最后，对生态环境保护进行立法。20世纪90年代以来，西藏已先后颁布实施了60多部地方性法规，为高原生态保护提供了重要法律保障。“十四五”时期，西藏将投入18亿元继续实施“两江四河”（雅鲁藏布江、怒江、拉萨河、年楚河、雅砻河、狮泉河）流域造林绿化、防沙治沙等重点工程，推进羌塘、珠峰等国家公园建设，推动自然保护地持续优化整合。

总之，和平解放70年来，西藏累计投入生态环境领域资金达814亿元，实施了一系列生态保护与建设工程，着力构筑国家生态安全屏障。《西藏生态安全屏障保护与建设规划（2008—2030年）》实施以来，截至2020年底，已累计投入资金121.5亿元。自“十三五”以来，西藏生态空间不断优化，全面划定生态保护红线、环境质量底线、资源利用上线，生态红线面积达53.9万平方公里，占全区总面积的45%。推进土地空间

① 新华社新媒体：《中国宝“藏”丨第二次青藏科考成果为全球生态文明建设提供中国智慧》，参见 https://baijiahao.baidu.com/s?id=1688649294806490236&wfr=spider&for=pc。发表时间：2021-01-12，访问时间：2021-10-28。

规划，实施生态环境分区管控，建设各类生态功能保护区 22 个，生态优先、绿色发展的格局全面形成。

（六）西藏经济现代化过程中壮大了集体经济

西藏经济现代化的显著特征是在现代化过程中壮大了集体经济。下面举例加以说明。

案例一：克松村

克松村的集体经济是一个典型。1959 年 3 月，西藏进行民主改革，克松村被称作“西藏民主改革第一村”。20 世纪 80 年代，改革开放释放了高原农牧民的创新活力。土多买了村里的第一台东风卡车，成为村里第一个万元户；达娃次仁兴办了远近闻名的粉条厂，带动乡亲们共同增收。党的十八大以来，国家投资近 4000 万元，启动“生态文明小康示范点”建设，整修排水、照明、绿化系统，修建便民服务中心、农家书屋、学习室、娱乐室，人居环境焕然一新。同时，克松村的农机化作业率已达 98%，粮食亩产量比民主改革前翻了近三番。2019 年克松村的经济总收入超过 3800 万元，其中，非农产业占比已超八成。这些经济收益主要来自交通运输业、商业、服务业、加工业等产业的发展，到 2020 年，克松村共有 45 辆运输和旅游车，445 名劳动力中有七成外出务工，80 余亩土地实现流转，300 余亩土地与公司签订饲草收购合同。与此同时，克松村集体经济发展卓有成效，村里成立了 12 个合作社，村集体经济年纯利润达 36 万元。60 多年前，这里率先进行民主改革，并进行了西藏历史上第一次由解放农奴参与的民主选举，先后诞生了西藏第一个农村基层党支部、第一个农民协会和第一个人民公社。2020 年，克松村年人均纯收入达 22301 元，约为 1978 年的 111 倍，40 余年间增长超百倍。①

案例二：巴吉村

巴吉村则是集体经济发展的另外一个典型。这个村毗邻地处林芝市首府所在地巴宜区的郊区。2012 年，巴吉村获得了共计 3000 万元的土地补

---

① 克松村的资料来源于罗布次仁等：《翻身农奴迎小康——记西藏第一个农村基层党支部诞生地克松》，新华社西藏分社采访资料，2021 年 3 月 19 日。

偿款。随后，巴吉村将这笔补偿款转化成集体经济发展的“资本金”。利用这笔资金发展巴吉建材市场，将这个建材市场承包给开发商。根据协议，开发商每年向村集体上交450万元，每5年递增50万元，直到25年后将经营权归还巴吉村。除了建材市场，村里还陆续成立汽车运输队、专业合作社、物流园区等，进一步提高了集体经济收入。巴吉村全村100户473人，村集体资产评估达8亿元，已成为远近闻名的“富豪”。2020年，巴吉村各项集体经济收益达1000余万元，仅分红一项就让全村获得600多万元的收入，村民的人均收入也从2011年的9000元增长到了2020年的3.4万元。①

案例三：东嘎村

东嘎社区的集体经济是从村转为社区开始的。这个社区属于拉萨市堆龙德庆区，位于拉贡公路沿线，距拉萨市区仅9公里。拉萨高新技术产业开发区开始建设后，原东嘎村一部分土地被征用。征地补偿到位后，村民们在村两委的带领下发展起了集体经济。东嘎村早已搭上了城郊经济的“便车”，依托砂石厂、运输队、门面出租等产业，成了远近闻名的富裕社区。2020年，社区集体经济收益达4050万元，其中1000多万元用于群众年底分红，还有一部分用来为居民缴纳社会保险、医疗保险等。这是东嘎社区从村转为社区后的第一年。

从西藏集体经济发展的特点来看，2020年尚处于不充分和不平衡状态，集体经济仅在一些条件相对较好的地方发展起来。在西藏，5400多个村（居）中共有5127个村（居）有集体经济，年收入超过5万元的集体经济有2520个，年收入超过50万元的集体经济有396个，培育致富带头人9311名。星星之火，可以燎原。未来的西藏，集体经济将会有大的发展。②

---

① 巴吉村的资料来源于张猛、王珊：《巴吉村：西藏的幸福小康村》，《党建》2021年第10期。此处还使用笔者调查加以补充。

② 东嘎村的资料来源于董秀丽：《西藏东嘎村：秀美山水“点亮”小康路》，新华社西藏分社采访资料。此处还采用了笔者2019年7月调研资料加以补充。

第五节 小 结

近代以来，中国遭受殖民主义的入侵，自然经济开始解体，商品经济开始出现，于是转入近代化或者早期现代化过程。西藏也不例外。近代西藏社会内部也逐渐形成了现代化的某些需求，由此也曾经出现过现代化因素。这些新政带有推进现代化的某些性质，为西藏社会吹入一股新鲜空气。虽然有多次尝试，但终归失败，并没有真正开启现代化或者早期现代化的大门。究其原因，主要是由于在政教合一的封建农奴制下，广大农牧民无法成为现代化的民间推动力量，统治阶级既无兴趣更无发动现代化的动力，而帝国主义也不可能让西藏走上现代化的道路。在内忧外患的历史背景下，西藏社会内部推动现代化力量又过于薄弱，无法推动西藏顺利走上现代化的道路。

中国经历了从“站起来”到“富起来”再到“强起来”的历程，而西藏经济现代化则与这一历史紧密地联系在一起。新中国成立以后，中国人民“站起来了”。西藏各族人民与全国人民一道加入争取“站起来”的行列。西藏的和平解放使其摆脱了帝国主义的束缚，为西藏经济现代化提供了基本前提；1959 年的民主改革推翻了西藏的封建农奴制，从根本上消除了西藏经济现代化的障碍；1965 年西藏自治区成立，从根本上改变了西藏的社会制度和政治面貌，为西藏经济现代化奠定了政治基础。西藏经济现代化是在外力作用、内部经济社会条件不成熟的条件下启动的，启动初期面临的经济发展任务十分艰巨，不得不依靠政府的计划和调节来实现经济发展和社会公平，以提供西藏工业及其他部门发展所需的社会经济和物质技术基础条件。和平解放后，西藏的传统农牧业在生产技术、经营管理方式等方面取得了明显进步，民族手工业也得到了恢复和发展，现代工业、现代交通运输业、现代邮电通信业等逐步建立，西藏的传统经济开始向现代经济转变。但这一时期对现代化的片面理解，西藏上层反动集团的阻挠和破坏，以及西藏社会主义改造与“文化大革命”在时间上的重叠，造成了这一时期西藏的经济现代化呈现出在曲折中发展的特点。

改革开放以来，中国人民进入“富起来”的历史阶段。西藏各族人民也赶上祖国内地的步伐，在中央支持、全国对口援藏及市场化改革的背景下，西藏经济现代化快速推进。现代科学技术在农牧业中的应用越来越广泛，对西藏经济发展的贡献逐步加大。西藏的特色工业体系初具规模，已形成强关联度的高原生物产业（以青稞、牦牛的深度加工为主）、旅游文化产业、清洁能源产业、绿色工业、现代服务业、高新数字产业等，建立了以水电为主，油、气和地热、光伏可再生的能源互补体系，建成了建材、轻工、食品加工、藏医藏药等20多个门类的现代工业体系。服务业开始多元化发展，旅游业逐步发展成为西藏的支柱产业，成为带动西藏经济发展的主要动力，西藏居民的物质生活逐步走向现代化。

党的十八大以来，中国进入中国特色社会主义建设新时代，并逐步走向“强起来”。在中央关怀、全国人民支援下，在西藏各族人民的共同努力下，西藏经济现代化正在走向辉煌。进入新时代，西藏经济现代化取得长足发展。仅“十三五”期间，西藏产业建设驶入快车道，高原生物、旅游文化、绿色工业、清洁能源、现代服务、高新数字、边贸物流七大产业实现增加值超1900亿元，西藏的现代化产业体系逐步形成，经济现代化的效益逐步显现。西藏经济现代化进入新时代与党的十八大以来中国进入全面深化改革阶段是一致的，西藏经济现代化进入快速改善当地居民，尤其是农牧民的生活，也是在发展社会主义市场经济中取得的。西藏经济现代化的快速推进与生态环境保护是同步进行的，西藏经济现代化过程中壮大了集体经济。

尽管西藏经济现代化受到的干扰因素不少，总体上讲，西藏经济现代化的进程是持续的，取得的成果是丰硕的，西藏各族人民得到的实惠是史无前例的。西藏经济现代化使西藏与国家的命运紧紧地联系在一起，全国人民成为西藏经济现代化的坚强后盾。西藏经济现代化所产生的效果是积极的，不仅给西藏各族人民带来实惠，还为国家的边疆治理现代化打下了坚实的基础，为中华民族实现伟大复兴提供了坚实的保障。

回顾西藏经济现代化的演化历程，可以清晰地看到，西藏经济现代化走过了百年历程，正在走向辉煌。西藏经济现代化是与祖国命运紧密联系在一起的。然而，对西藏经济现代化的认识既需要从历史的角度分阶段地考察其实现现代化的重要事实，又需要通过科学的方法对其现代化水平进行评估。

第三章

西藏经济现代化水平评价与分析

对经济现代化的研究需要在比较的视域中进行。1951—1980 年是中国人民“站起来”的历史阶段，1980—2012 年是中国人民“富起来”的历史阶段，从 2012 年开始中国进入“强起来”的历史阶段。与这几个历史阶段的开启时点相对应，西藏的经济发展水平分别为：1951 年西藏人均地区生产总值为 114 元，1980 年为 471 元，2012 年增至 23249 元，①2020 年增加为 52168 元②。比较 1980、2012 和 2020 年西藏的人均地区生产总值与全国人均地区生产总值的平均水平不难发现，1980 年两者的差距为 3 元，2012 年两者的差距达 16625 元③，2020 年两者的差距为 20279 元④，西藏与全国的差距在扩大。因此，西藏经济现代化的首要目标是要达到全国的平均水平、追赶国内发达地区的水平。那么从经济进步和转型方面来看，西藏在全国各地区中处于什么样的水平？所处的水平在不同的时间点上有没有发生变化？西藏区内各地区的发展情况又如何？本章将比

① 1980 年的数据来自西藏自治区统计局编：《西藏统计年鉴 2013》，中国统计出版社，2013 年，表 2 -6，其余年份西藏人均地区生产总值的数据来自《西藏统计年鉴 2020》，中国统计出版社，2021 年，表 2 -6。

② 2020 年西藏自治区国民经济与社会发展公报。

③ 1980 年全国的人均国内生产总值为468 元，2012 年全国人均国民生产总值为39874 元，2020 年全国人均国内生产总值 P 为 72447 元。全国人均国内生产总值的数据来自国家统计局编：《中国统计年鉴 2020》，中国统计出版社，2020 年，表 3 -1。

④ 2020 年中国国民经济与社会发展公报，资料来源于国家统计局。

较西藏与国内其他地区及区内在经济现代化水平上存在的差距，以为推进西藏经济现代化提供参考。

第一节　经济现代化及其与相关概念的关系

一、经济现代化的概念

一般而言，现代化是指18世纪工业革命以来，人类文明所发生的一种革命性变化，它包括从传统经济、传统社会、传统政治和传统文化向现代经济、现代社会、现代政治和现代文化的转变，以及追赶、达到和保持世界先进水平的国际竞争。美国哈佛大学亨廷顿教授认为，现代化是一个系统的过程，一个因素的变化将联系并影响到其他各种因素的变化。现代化可以看作是经济领域的工业化、政治领域的民主化、社会领域的城市化以及价值观念领域理性化的互动过程。随着现代化的发展，其内涵也在不断演进。经济现代化不仅是现代化的重要内容，而且是现代化的基础和动力。如果没有经济的现代化，就没有全面的现代化。在过去300多年里，经济现代化是世界经济变化的主旋律，它既是一场全球性的经济革命，又是一场世界性的经济竞争。经济现代化既是一个长期的历史过程，又是一个变化的发展状态的集合，或者说是世界先进水平的时间序列，后进国家追赶世界经济先进水平的过程。

（一）广义经济现代化

广义的现代化理论，是建立在过去300多年世界经济现代化事实、现代化理论和经济学与知识经济研究成果基础上的。广义经济现代化是指18世纪以来经济领域发生的一种革命性变化，它包括从农业经济向工业经济、从工业经济向知识经济的两次转变、劳动生产率和国民收入的持续增长、经济福利与国内公平的大幅改善，以及国际经济竞争地位的明显变化①。广义经济现代化理论不仅以世界经济300年的事实为基础，还有三

① 广义经济现代化、经典经济现代化、第二次经济现代化和综合经济现代化的定义均来自中国现代化战略研究课题组、中国科学院中国现代化研究中心：《中国现代化报告2005——经济现代化研究》，北京大学出版社，2005年。

个学术基础，这三个学术基础分别是第二次现代化理论、经典经济现代化理论、经济学的新观点。第二次现代化理论中包含对第一次经济现代化和第二次经济现代化的一般阐述；经典经济现代化理论解释了工业经济革命和从农业经济向工业经济的转变过程。

广义经济现代化是一个历史过程，它既是生产模式、核心技术、主导产业、基本制度和基本观念等的两次转变过程，又是劳动生产率和国民收入持续增长的过程，还是追赶、达到、保持世界经济先进水平的国际竞争过程。在 18 世纪到 21 世纪期间，广义经济现代化包括经典经济现代化和第二次经济现代化两个阶段。实现经典经济现代化的标志是完成工业化和劳动生产率达到工业经济的先进水平（20 世纪 60 年代），实现第二次经济现代化的标志是在未来某个时间内完成信息化和知识化、劳动生产率达到世界先进水平。综合经济现代化是一组路径，是一组发展中国家在 21 世纪可能选择的路径，是广义经济现代化的一种形式。

广义经济现代化的动力包括经济增长的推力、需求变化的拉力、全球化的压力和合理预期的引力等四个作用力，具体来说包括知识资本、社会资本、物质资本、人力资本、生态意识和知识消费的增长、经济结构的变化和全球竞争等。广义经济现代化的路径和模式有很多种，在 21 世纪有三种基本路径：经典经济现代化路径、第二次经济现代化路径和综合经济现代化路径，与此对应有三种基本模式：工业化模式、工业化和信息化并行模式、信息化和知识化并行模式。

（二）经典经济现代化

经典经济现代化是指 18 世纪以来经济领域发生的一种革命性变化，它包括国民经济的全面工业化、劳动生产率的持续增长和国际经济竞争的不断强化。

经典经济现代化是一个历史过程，它既是生产方式、生产技术、经济结构、经济制度和经济观念等的工业化过程，又是劳动生产率提高和国民收入持续增长的过程，还是追赶、达到、保持世界经济先进水平的国际竞争过程。经典经济现代化的过程包括起步、发展、成熟和过渡等四个阶段，工业化过程则包括早期、中期和晚期三个阶段。

作为经典经济现代化的结果，包括从农业经济向工业经济的转变，市场经济观念的形成和普及，现代科技和能源的大规模应用，经济活动的工业化、多样化和专业化，生产方式的机械化、电气化和自动化，工业和服务业比重的上升，农业比重的下降，国家市场的形成和发展，经济和生产率的持续增长，经济福利和国内公平水平的提高，经济中心的转移等；国家完成经典经济现代化的关键标志是工业化的完成和劳动生产率达到世界先进水平（20 世纪 60 年代发达国家的水平）。

知识增长、资本积累、劳动分工、国际贸易、人口增长、政治和文化的作用等因素都是经典经济现代化的动力。经典经济现代化的模式也是多种多样的，受到历史、地理和客观条件的影响，具有路径依赖性。经典经济现代化不是孤立的，它既受政治和文化的影响，又与经典社会现代化相互作用，同时受到科技水平的制约和国际关系的制衡。

（三）第二次经济现代化

第二次经济现代化是指 20 世纪 70 年代以来经济领域发生的革命性变化，它包括国民经济的知识化、绿色化和全球化、劳动生产率和国民收入的持续增长，经济福利的大幅改善以及国内、国际经济地位的明显变化。

第二次经济现代化是一个历史过程，它既是生产模式、核心技术、主导产业、基本制度和基本观念等的知识化和绿色化过程，又是劳动生产率和国民收入持续增长的过程，还是追赶、达到、保持世界经济先进水平的国际竞争过程。第二次经济现代化包括起步、发展、成熟和过渡等四个阶段。

第二次经济现代化的结果包括从工业经济向知识经济的转变、经济与生态的协调、生产率和国民收入的增长、经济福利和国内公平的改善、国际经济竞争力的提高和世界经济中心的转移。第二次经济现代化的动力包括知识、信息、生态意识和知识消费的增长、经济结构的变化和全球竞争等，其路径和模式也是多样的，在不同的阶段有不同的模式，如信息化模式、生态经济模式、体验经济模式等。

第二次现代化成为一种潮流。第二次经济现代化是以非物质经济（知识经济）增长和同时满足人类精神和物质需要为主的过程，物质密集度低而且不断降低，知识密集度高而且不断提高，强调经济与生态、人类与自然相互适应。而经典经济现代化则是以物质经济增长和满足人类物质需要为主的过程，物质密集度高，知识密集度低，强调改造自然、忽视环境和生态效应；经典经济现代化是以人为中心的发展观，第二次经济现代化是以人类和自然和谐相处为中心的发展观。西藏经济社会发展的现状和方向是与第二次现代化潮流相适应的。一是优秀传统破坏比较少。第二次现代化强调人与自然的关系、传统建筑的保护、民风民俗的保护。二是自然环境破坏较少。第二次现代化强调对自然环境的保护。西藏在现代化过程中自然环境破坏不大，社会环境、自然环境基本保持了相对没有破坏的局面。

在 1959 年以前，西藏经济社会发展以维护宗教的最高地位为目标，经济现代化基本上无法在社会内部生根。1959 年西藏的民主改革摧毁了封建农奴制，解决了西藏社会最大的问题，即社会公正问题。但后来的“文化大革命”强调“以阶级斗争为纲”，对西藏经济社会发展带来了不利影响。改革开放后，以地区生产总值为中心推动西藏经济社会发展，出现了几次大的波动。现在的西藏正以社会公正、经济发达、人民富裕幸福为目标，跨越第一次现代化，直接进入第二次现代化。这与当前西藏正在推进的中国式经济现代化是相衔接的。

（四）综合经济现代化

进入 21 世纪，发达国家继续推进第二次经济现代化，发展中国家则面临三种选择：一是直接进入第二次经济现代化，这条路径适合已经完成经典经济现代化的国家；二是先完成经典经济现代化，再进行第二次经济现代化；三是同时推进两次经济现代化，知识化和工业化并进。第三种选择也就是所谓的“综合经济现代化”，因为它是两次经济现代化的综合，是一条新型的经济现代化道路。由于不同发展中国家的经济水平不同，所以其经济现代化的起点也不同，赶上发达国家的时间也不相同，因此，综合经济现代化不是一条路径，而是一组路径。

综合经济现代化是 21 世纪广义经济现代化的一条基本路径。它是发展中国家追赶和达到世界经济先进水平的过程及其变化，既包括国民经济的新工业化、知识化、绿色化和全球化的协调发展，以及从新工业化向知识化的转移，又包括劳动生产率和国民收入的持续增长、经济福利的大幅改善以及国内经济公平和国际经济地位的改变。

同时，综合经济现代化是经典经济现代化和第二次经济现代化的协调发展，并逐步向第二次经济现代化转型的历史过程。它既是生产模式、核心技术、主导产业、基本制度和基本观念等的新工业化、知识化和绿色化过程，也是从新工业化向知识化转变的过程，又是劳动生产率和国民收入持续增长的过程，还是追赶、达到、保持世界经济先进水平的国际竞争过程。综合经济现代化包括新工业化和信息化、非工业化和知识化、知识化和绿色化并重等三个阶段。

从综合经济现代化的结果来看，它是追赶和达到世界经济先进水平，其内容包括工业化和知识化的协调发展以及从新工业化向知识化的转移、经济与生态的协调、生产率和国民收入的增长、经济福利和国内公平的改善等。实现综合经济现代化的标志是劳动生产率达到当时的世界先进水平。

此外，综合经济现代化的动力包括合理预期、社会需求、知识、信息、生态意识和知识消费的增长、经济结构的变化和全球竞争等。综合经济现代化的路径和模式是多样的，既具有路径依赖性，受历史、地理和客观条件的影响，也具有起点依赖性，受国家开始综合经济现代化的时间和经济现代化水平的影响。在不同的国家、不同的经济时间、不同的经济现代化水平启动综合经济现代化，需要不同的路径和模式。因此，它就是当前正在西藏推进的中国式经济现代化的另外一种说法。

（五）中国式现代化

当人们使用“中国式的现代化道路”这一概念，一般使用这样的句式表达：中国式的现代化，必须从中国的特点出发，从中国人口多、底子薄、资源相对贫乏的基本国情出发，不能照搬别的国家的现代化模式，只能是适合中国国情的现代化道路。对于“中国式现代化新道路”的内涵，习近平在党的十九届五中全会上首次作了明确阐述，此后他在省部级主要领导干部学习贯彻党的十九届五中全会精神专题研讨班上进一步指出：

> 我们的任务是全面建设社会主义现代化国家，当然我们建设的现代化必须是具有中国特色、符合中国实际的，我在党的十九届五中全会上特别强调了五点，就是我国现代化是人口规模巨大

> 的现代化，是全体人民共同富裕的现代化，是物质文明和精神文明相协调的现代化，是人与自然和谐共生的现代化，是走和平发展道路的现代化。①

2021 年中国宣布圆满完成中国第一个“百年目标”，即 1921 年为起点，到 2021 年实现全面建成小康社会。之后便进入中国第二个“百年目标”，即 1949 年为起点，到 2049 年，中国将全面实现国家现代化。

党的二十大报告将新时代新征程中国共产党的使命任务定位为“从现在起，中国共产党的中心任务就是团结带领全国各族人民全面建成社会主义现代强国、实现第二个百年奋斗目标，以中国式现代化全国推进中华民族伟大复兴”。② 这一政治报告对中国式现代化的这五个特征作了详细的阐述。在这个背景下，包括西藏在内的所有地区正在努力为实现第二个“百年目标”而进行奋斗。

因此，正在西藏推进的现代化本质上是中国式现代化。这一本质决定了西藏现代化在内涵上由中国式现代化来框定，同时西藏现代化的基本特征也由中国式现代化来奠定。从这个意义上讲，作为中国式现代化的组成部分，西藏现代化将有新的内涵和外延及其基本特征。

专栏 3－1　中国式现代化的战略安排与总体目标

全面建成社会主义现代化强国，总的战略安排是分两步走：从二〇二〇年到二〇三五年基本实现社会主义现代化；从二〇三五年到本世纪中叶把我国建成富强民主文明和谐美丽的社会主义现代化强国。

到二〇三五年，我国发展的总体目标是：经济实力、科技实力、综合国力大幅跃升，人均国内生产总值迈上新的大台阶，达到中等发达国家水平；实现高水平科技自立自强，进入创新型国家前列；建成现代化经济体系，形成新发展格局，基本实现新型工业化、信息化、城镇化、农业现代化；基本实现国家治理体系和治理能力现代化，全过程人民民主制度更加

---

① 习近平：《把握新发展阶段，贯彻新发展理念，构建新发展格局》，《求是》2021 年第 9 期。

② 习近平：《高举中国特色社会主义伟大旗帜，为全面建设社会主义现代化国家而团结奋斗——在中国共产党第二十次全国代表大会上的报告》，《人民日报》2022 年 10 月 26 日第 1 版。

健全，基本建成法治国家、法治政府、法治社会；建成教育强国、科技强国、人才强国、文化强国、体育强国、健康中国，国家文化软实力显著增强；人民生活更加幸福美好，居民人均可支配收入再上新台阶，中等收入群体比重明显提高，基本公共服务实现均等化，农村基本具备现代生活条件，社会保持长期稳定，人的全面发展、全体人民共同富裕取得更为明显的实质性进展；广泛形成绿色生产生活方式，碳排放达峰后稳中有降，生态环境根本好转，美丽中国目标基本实现；国家安全体系和能力全面加强，基本实现国防和军队现代化。

在基本实现现代化的基础上，我们要继续奋斗，到本世纪中叶，把我国建设成为综合国力和国际影响力领先的社会主义现代化强国。①

第二节　西藏经济现代化水平的评价方法

一、西藏经济现代化水平评价的基本模型

经济现代化涉及许多方面的变化，但其中有些方面，如经济制度等，是无法定量计算和评价的。2020 年国内关于经济现代化评价的指标体系主要有中科院创立的国别经济现代化评价方法。他们分别从经济增长、经济进步和经济转型三个方面设计了不同的指标体系来评价经典经济现代化、第二次经济现代化和综合经济现代化。②

本书借鉴他们的评价方法和指标③，对西藏的经济现代化水平进行评价。现代化水平评价的基本模型如下：

① 习近平：《高举中国特色社会主义伟大旗帜，为全面建设社会主义现代化国家而团结奋斗——在中国共产党第二十次全国代表大会上的报告》，《人民日报》2022 年 10 月 26 日，第 1 版。

② 中国现代化战略研究课题组、中国科学院中国现代化研究中心：《中国现代化报告 2005——经济现代化研究》，北京大学出版社，2005 年，第 295—296、350、354 页。

③ 中国现代化战略研究课题组、中国科学院中国现代化研究中心：《中国现代化报告 2005——经济现代化研究》，北京大学出版社，2005 年，第 275—292 页。

$$\begin{cases} MI_e = (EI_G \times EI_A \times EI_T)^{1/3} \\ EI_G = (\sum G_i)/N_1 \\ EI_A = (\sum A_j)/N_2 \\ EI_T = (\sum T_k)/n \end{cases}$$

其中，$i=1, 2, \cdots, N_1$，$j=1, 2, \cdots, N_2$，$k=1, 2, \cdots, n$。MI_e 是广义经济现代化指数；EI_G 是经济增长指数，EI_A 是经济进步指数，EI_T 是经济转型指数。G_i 是经济增长第 i 项指标的指数，i 是经济增长评价指标的编号，N_1 是参加评价的经济增长指标的总数；A_j 是经济进步第 j 项指标的指数，j 是经济进步评价指标的编号，N_2 是参加评价的经济进步指标的总数；T_k 是经济转型第 k 项指标的指数，k 是经济转型评价指标的编号，n 是参加评价的经济转型指标的总数。

二、经济现代化水平的评价方法

现代化水平评价的方法如下：

$$\begin{cases} MI_x = (EI_G \times EI_A \times EI_T)^{1/3} \\ EI_G = (\sum G_i)/N_1 \\ EI_A = (\sum A_j)/N_2 \\ EI_T = (\sum T_k)/n \\ G_i = 100 \times i_{实际值} \div i_{标准值}\ （正指标，D_i \leq 100 或 120） \\ G_i = 100 \times i_{标准值} \div i_{实际值}\ （逆指标，D_i \leq 100 或 120） \\ A_j = 100 \times j_{实际值} \div j_{标准值}\ （正指标，A_j \leq 100 或 120） \\ A_j = 100 \times j_{标准值} \div j_{实际值}\ （逆指标，A_j \leq 100 或 120） \\ T_k = 100 \times k_{实际值} \div k_{标准值}\ （正指标，T_k \leq 100 或 120） \\ T_k = 100 \times k_{标准值} \div k_{实际值}\ （逆指标，T_k \leq 100 或 120） \end{cases}$$

其中，$x = se$，ce 或 ec；$i=1, 2, \cdots, N_1$；$j=1, 2, \cdots, N_2$；$k=1, 2, \cdots, n$。其中 MI_{ce} 代表经典经济现代化指数，MI_{se} 代表第二次经济现代化指数，MI_{ec} 代表综合经济现代化指数；EI_G 是经济增长指数，EI_A 是经济进步指数，EI_T 是经济转型指数。G_i 是经济增长第 i 项指标的指数，i 是经济增长评价指标的编号，N_1 是参加评价的经济增长指标的总数，G_i 的取值小于或等于 100（或 120），$i_{实际值}$为 i 号指标的实际值，$i_{标准值}$为 i 号指标的标准值；A_j是经济进步第 j 项指标的指数，j 是经济进步评价指标的编号，N_2是参加评价的经济进步指标的总数，A_j的取值小于或等于 100（或 120），$j_{实际值}$为 j 号指标的实际值，$j_{标准值}$为 j 号指标的标准值；T_k是经济转型第 k 项指标的指数，k 是经济转型评价指标的编号，n 是参加评价的经济转型指标的总数，T_k的取值小于或等于 100（或 120），$k_{实际值}$为 k 号指标的实际值，$k_{标准值}$为 k 号指标的标准值。①

经典经济现代化指标的标准值为 1960 年工业化国家的平均水平，第二次经济现代化和综合经济现代化的标准值为当年世界经济先进水平的平均水平。

三、西藏经济现代化水平评价的指标体系

在选择西藏经济现代化的评价指标时应注意抓住不同类型经济现代化的显著特征，围绕其核心内容选择代表性的指标，指标间应相互独立，尽量采取通用的、具有可比性的指标。经典经济现代化以农业经济向工业经济的转变为主要特征，第二次经济现代化以工业经济向知识经济的转变为主要特征，综合经济现代化则以农业经济向工业经济的转变、工业经济向知识经济的转变为主要特征。按照上述原则选取的评价指标体系见表 3－1。

西藏经济现代化水平评价的指标体系中，除农业劳动力比重、农业增加值比重、物质产业劳动力比重、物质产业增加值比重四个指标为逆指标外，其余指标均为正指标。② 其中经典经济现代化、第二次经济现代化、综合经济现代化的评价指标标准值分别见表 3－2、3－3 和3－4。

① 需要说明的是，评价经典经济现代化的 6 项指标最大取值为 100，评价第二次经济现代化的 6 项指标最大取值为 120，评价综合经济现代化的 12 项指标最大取值为 100。

② 统计学中，按照经济或社会意义将指标划分为正指标和逆指标。其中正指标所指的经济和社会意义的大小与其数值大小成正比，逆指标则成反比。本书在进行评价时，对正指标和逆指标进行了不同处理，具体可见西藏经济现代化的评价模型。

表 3－1　经济现代化的评价指标体系①

领域	经典经济现代化	第二次经济现代化	综合经济现代化
经济增长	1. 增长绩效 人均国内生产总值 2. 增长潜力 农业生产率	1. 增长绩效 人均地区生产总值 2. 增长潜力 工业生产率	人均地区生产总值 农业生产率 工业生产率 服务业生产率
经济进步	3. 进步标志 人均制造业增加值 4. 进步绩效 全员劳动生产率	3. 进步标志 知识资本投入 4. 进步绩效 全员劳动生产率	知识资本投入 因特网普及率 能源使用效率 人均国际贸易
经济转型	5. 就业转型 农业劳动力比重 6. 产业转型 农业增加值比重	5. 就业转型 物质产业劳动力比重 6. 产业转型 物质产业增加值比重	农业劳动力比重 农业增加值比重 服务业劳动力比重 服务业增加值比重

资料来源：中国现代化战略研究课题组、中国科学院中国现代化研究中心：《中国现代化报告 2005——经济现代化研究》，北京大学出版社，2005 年，表 1－3。

表 3－2　经典经济现代化的评价指标及其标准值

领域	指标	指标意义	性质	单位	标准值[a]	标准值[b]
经济增长	人均国内生产总值	人均国内生产总值	正指标	美元/人	1480	7637
	农业生产率	农业增加值/农业劳动力	正指标	美元/人	1200	6192
经济进步	工业化(人均制造业)	人均制造业增加值	正指标	美元/人	450	2322
	竞争力(全员劳动生产率)	国内生产总值/总劳动力	正指标	美元/人	3530	18215
经济转型	农业劳动力比重	农业劳动力/总劳动力	逆指逆	%	30	30
	农业增加值比重	农业增加值/国内生产总值	逆指逆	%	15	15

资料来源：中国现代化战略研究课题组、中国科学院中国现代化研究中心：《中国现代化报告 2005——经济现代化研究》，北京大学出版社，2005 年，表 1－7。

① 中国现代化战略研究课题组、中国科学院中国现代化研究中心：《中国现代化报告 2005——经济现代化研究》，北京大学出版社，2005 年，第 281 页。其中物质产业指的是第一产业和第二产业。

说明：标准值是参考1960年工业化国家平均值确定的；农业比重标准值借用英格尔斯的现代化标准；其他标准值为1960年价格（美元），需用价格指数换算年度标准值。a为1960年标准，b为2002年标准。

表3－3　第二次经济现代化的评价指标及标准值

	指标	指标意义	性质	单位	基准值
经济增长	人均地区生产总值	人均地区生产总值	正指标	美元/人	26490
	工业生产率	工业增加值/工业劳动力	正指标	美元/人	51521
经济进步	知识化(知识资本投入)	科技、教育和卫生投入/地区生产总值	正指标	%	14.1
	竞争力(全员劳动生产率)	地区生产总值/总劳动力	正指标	美元/人	55355
经济转型	物质产业劳动力重	物质产业劳动力/总劳动力	逆指逆	%	30
	物质产业增加值比重	物质产业增加值/地区生产总值	逆指逆	%	29

资料来源：中国现代化战略研究课题组、中国科学院中国现代化研究中心：《中国现代化报告2005——经济现代化研究》，北京大学出版社，2005年，表1－9。

说明：知识资本投入＝R&D投入/国民生产总值＋公共教育投入/国民生产总值＋公共卫生投入/国民生产总值。基准值为当年世界经济先进水平（高收入国家平均值），表中数值为2002年基准值。R&D代表研究与发展。

表3－4　综合经济现代化的评价指标

	指标	指标意义	性质	单位	参考值
经济增长	人均地区生产总值（PPP）	按PPP计算的人均地区生产总值	正指标	美元/人	28480
	农业生产率	农业增加值/农业劳动力	正指标	美元/人	23798
	工业生产率	工业增加值/工业劳动力	正指标	美元/人	51521
	服务业生产率	服务业增加值/服务业劳动力	正指标	美元/人	54322
经济进步	知识化（知识资本投入）	科技、教育和卫生投入/地区生产总值	正指标	%	14.1
	信息化（因特网普及率）	因特网用户/千人	正指标	户/千人	364

续表

	指标	指标意义	性质	单位	参考值
经济进步	绿色化（能源使用效率）	地区生产总值/克标准油	正指标	美元/克	4.8
	全球化（人均国际贸易）	人均国际贸易量	正指标	美元/人	11974
经济转型	农业劳动力比重	农业劳动力/总劳动力	逆指逆	%	4
	农业增加值比重	农业增加值/地区生产总值	逆指逆	%	2
	服务业劳动力比重	服务业劳动力/总劳动力	正指标	%	70
	服务业增加值比重	服务业增加值/地区生产总值	正指标	%	71

资料来源：中国现代化战略研究课题组、中国科学院中国现代化研究中心：《中国现代化报告 2005——经济现代化研究》，北京大学出版社，2005 年，表 1－11。

说明：参考值为当年世界经济先进水平（高收入国家平均值），表中数值为 2002 年参考值。PPP 为购买力平价，是国际通行的计算不同国家人均国民生产总值的方法。

第三节　西藏经济现代化水平的国内比较

西藏经济现代化不仅是一个历史过程，也是一个发展目标，是西藏不断缩小其与国内其他地区经济差距的过程。西藏和国内其他地区的经济都在不断发展，所以，不论过程还是目标，经济现代化都是动态的。下面将应用西藏经济现代化进程的评价理论和方法，评价 1980、2012、2019 年西藏经济现代化的整体水平，及比较西藏与国内其他地区经济现代化水平的差异，以了解西藏经济现代化的水平及在全国所处的位置；比较同样年份西藏各地区经济现代化的水平和差异，以为西藏经济现代化提供参考。

一、经典经济现代化水平的国内比较

（一）1980 年经典经济现代水平的国内比较

1980 年，经典经济现代化指数最高的是上海（42），其次是北京、天津和辽宁。经济最发达的上海也只达到了经典经济现代化的成熟期，发达国家早在 20 世纪 60 年代就完成了经典经济现代化。东部的天津、黑龙江、吉林、辽宁及西部的甘肃 5 个地区进入经典经济现代化的发展期，天津已成完成经典经济现代化阶段的产业转型；安徽、河南、广西、海南、云南、贵州、四川和西藏还处于传统农业经济阶段，其他地区的经典经济现代化则刚开始起步。西部地区整体的经济发展水平很低，大部分地区仍以农业为主。

1980 年，西藏地区的增长绩效指数为 4.86，增长潜力指数为 7.03，经济增长指数为 5.95，在西部地区均位于前列，与西部其他地区相比，西藏还有很大的经济增长潜力，经济增长的绩效还未能充分发挥出来；从经济进步方面来看，西藏地区的工业化指数仅为 1.51，其工业化水平在西部是最低的，劳动生产率为 3.71，在西部甚至全国都是居于中间水平，西藏地区经济进步指数为 2.61，位列全国倒数第二；从经济转型方面来看，西藏地区仍然以传统的农业经济为主，生产方式落后，大量劳动力仍然滞留在农业中，经济转型程度很低。1980 年，西藏农业劳动力占总劳动力的比例为 82%，农业增加值占地区生产总值的比例为 53%，可见西藏还处于传统社会，仍以农业为主要产业。

表 3-5　1980 年中国各地区经典经济现代化水平评价

地区	经济增长			经济进步			经济转型			经典经济现代化指数 MI_{ce}
	指数		经济增长指数 EI_G	指数		经济进步指数 EI_A	指数		经济转型指数 EI_T	
	增长绩效	增长潜力		进步标志	进步绩效		就业转型	产业转型		
北京	16.39	6.59	11.49	32.72	12.47	22.59	100	100	100	30
天津	14.41	6.56	10.48	30.63	11.38	21	93.75	100	96.88	28
河北	4.43	5.31	4.87	6.19	4.35	5.27	40	48.39	44.19	10
山西	4.58	4.30	4.44	8.03	4.71	6.37	49.18	78.95	64.06	12
内蒙古	3.74	4.99	4.37	4.94	4.25	4.59	45.45	57.69	51.57	10
辽宁	8.40	9.64	9.02	17.82	8.45	13.14	73.17	93.75	83.46	21
吉林	4.61	10.55	7.58	7.28	5.98	6.63	65.22	53.57	59.39	14
黑龙江	7.18	13.97	10.57	12.97	8.87	10.92	63.83	60	61.91	19
上海	28.33	6.09	17.21	68.54	18.52	43.53	100	100	100	42

续表

地区	经济增长			经济进步			经济转型			经典经济现代化指数 MI_{ce}
	指数		经济增长指数 EI_G	指数		经济进步指数 EI_A	指数		经济转型指数 EI_T	
	增长绩效	增长潜力		进步标志	进步绩效		就业转型	产业转型		
江苏	5.60	6.06	5.83	8.70	4.92	6.81	42.86	51.72	47.29	12
浙江	4.86	6.37	5.62	6.53	4.19	5.36	42.86	41.67	42.26	11
安徽	3.00	5.09	4.04	3.10	3.05	3.07	37.04	32.61	34.82	8
福建	3.59	5.81	4.70	4.02	3.92	3.97	41.10	40.54	40.82	9
江西	3.54	5.84	4.69	3.18	3.55	3.37	38.46	34.88	36.67	8
山东	4.15	5.53	4.84	6.11	4.07	5.09	37.97	41.67	39.82	10
河南	3.28	4.99	4.14	3.77	3.39	3.58	37.04	36.59	36.81	8
湖北	4.43	6.25	5.34	5.52	4.35	4.94	41.10	41.67	41.38	10
湖南	3.77	5.62	4.69	4.18	3.47	3.83	38.96	35.71	37.34	9
广东	4.96	6.34	5.65	5.86	4.58	5.22	42.25	45.45	43.85	11
广西	2.88	4.36	3.62	2.68	2.72	2.70	36.14	33.33	34.74	7
海南	3.67	7.50	5.58	1.76	3.62	2.69	37.97	26.79	32.38	8
重庆	—	—	—	—	—	—	—	—	—	—
四川	3.31	4.93	4.12	3.51	3.05	3.28	37.04	34.09	35.56	8
贵州	2.27	3.45	2.86	2.34	2.36	2.35	36.14	36.59	36.36	6
云南	2.77	3.83	3.30	2.76	2.60	2.68	35.29	34.88	35.09	7
西藏	4.86	7.03	5.95	1.51	3.71	2.61	36.59	28.30	32.44	8
陕西	3.46	4.36	3.91	5.1	3.55	4.33	41.67	50	45.83	9
甘肃	4.02	—	4.02	6.28	4.02	5.15	—	68.18	68.18	11
青海	4.89	5.90	5.39	5.10	4.90	5.00	43.48	53.57	48.52	11
宁夏	4.48	5.34	4.91	5.61	4.73	5.17	42.86	55.56	49.21	11
新疆	4.25	9.20	6.72	4.60	5.42	5.01	42.86	37.50	40.18	11

资料来源：中国现代化战略研究课题组、中国科学院中国现代化研究中心：《中国现代化报告2005——经济现代化研究》，北京大学出版社，2005年，表2-10-1、2-10-

2、2－10－3、2－10－4、2－10－7。

（二）2012 年经典经济现代水平的国内比较

2012 年，中国各地区经典经济现代化指数平均为 74。其中江苏的经典经济现代化水平指数最高（98），其次是上海（95）、辽宁（95）、北京（94）、浙江（94）、天津（93），这 10 个地区的经典经济现代化已经接近完成。2012 年经典经济现代化指数最低的是西藏（39），其次是贵州（44）、云南（47）。2012 年西藏的经典经济现代化指数为 39，比全国平均水平低 35，这可能是由于西藏的经济进步指数（西藏的工业化与全员劳动生产率与全国的差距巨大）和经济增长潜力较低造成的。2012 年，西藏的经济转型指数接近全国平均水平（仅低于全国平均水平 4.73），其中产业转型已经达到发达国家 2002 年的水平，就业转型处于全国中低水平。

表 3－6　2012 年中国各地区经典经济现代化水平评价

地区	经济增长			经济进步			经济转型			经典经济现代化指数 MI_{ce}
	指数		经济增长指数 EI_G	指数		经济进步指数 EI_A	指数		经济转型指数 EI_T	
	增长绩效	增长潜力		进步标志	进步绩效		就业转型	产业转型		
北京	100	67.06	83.53	100	100	100	100	100	100	94
天津	100	61.63	80.82	100	100	100	100	100	100	93
河北	75.64	57.14	66.39	100	56.56	78.28	85.92	100	92.96	78
山西	69.58	27.61	48.60	100	58.85	79.42	82.99	100	91.50	71
内蒙古	100	63.52	81.76	100	100	100	67.1	100	83.55	88
辽宁	100	79.39	89.70	100	89.15	94.58	100	100	100	95
吉林	90.04	64.86	77.45	100	76.58	88.29	73.03	100	86.51	84
黑龙江	74.08	—	74.08	93.25	58.72	75.99	—	97.16	97.16	—
上海	100	71.55	85.77	100	100	100	100	100	100	95
江苏	100	88.34	94.17	100	98.78	99.39	100	100	100	98
浙江	100	81.74	90.87	100	81.68	90.84	100	100	100	94

续表

地区	经济增长			经济进步			经济转型			经典经济现代化指数 MI_{ce}
	指数		经济增长指数 EI_G	指数		经济进步指数 EI_A	指数		经济转型指数 EI_T	
	增长绩效	增长潜力		进步标志	进步绩效		就业转型	产业转型		
安徽	59.62	36.40	48.01	91.44	35.58	63.51	82.42	100	91.21	65
福建	100	70.78	85.39	100	66.70	83.35	100	100	100	89
江西	59.64	46.25	52.94	88.28	44.06	66.17	91.18	100	95.59	69
山东	100	50.53	75.26	100	66.36	83.18	90.70	100	95.35	84
河南	65.28	36.70	50.99	100	40.94	70.47	71.77	100	85.89	68
湖北	79.87	44.47	62.17	100	100	100	30.00	100	65.00	74
湖南	69.22	46.05	57.64	93.91	47.94	70.92	72.25	100	86.12	71
广东	100	51.36	75.68	100	83.19	91.60	100	100	100	89
广西	57.75	37.53	47.64	76.93	40.96	58.94	56.07	90.01	73.04	59
海南	66.81	78.88	72.84	40.10	51.32	45.71	62.90	60.20	61.55	59
重庆	80.36	40.58	60.47	100	60.76	80.38	82.68	100	91.34	76
四川	61.32	42.36	51.84	89.13	43.27	66.20	72.29	100	86.14	67
贵州	40.80	19.19	29.99	43.41	32.64	38.03	46.07	100	73.03	44
云南	45.90	25.87	35.88	50.53	31.11	40.82	52.83	93.46	73.15	47
西藏	47.27	21.97	34.62	12.28	30.17	21.22	64.76	100	82.38	39
陕西	79.89	43.98	61.93	100	80.94	90.47	58.46	100	79.23	76
甘肃	45.47	22.15	33.81	54.80	32.94	43.87	49.63	100	74.81	48
青海	68.53	39.33	53.93	100	52.97	76.49	81.04	100	90.52	72
宁夏	75.04	30.53	52.79	92.62	59.11	75.86	61.85	100	80.92	69
新疆	69.73	68.62	69.17	87.09	64.60	75.84	61.57	85.25	73.41	73

资料来源：《中国统计年鉴2013》，中国统计出版社，2013年，表2－16、3－5。其中2012年第一产业就业人数和总就业人数的数据由各省统计年鉴（2013年）的数据汇总得出。

说明：计算2012年各地区经典经济现代化水平时用第一产业总产值代替农业增加值、人均工业总产值代替人均制造业增加值、第一产业就业人数代替农业劳动力、三次产业总就业人数代替总劳动力。

（三）2019 年经典经济现代化水平的国内比较

2019 年，全国有 19 个地区的经典经济现代化水平已经达到 100。2019 年全国各地区经典经济现代化水平最低的是黑龙江（80）；西藏经典经济现代化水平为 83，与海南并列全国倒数第二，低于全国平均水平 12.98。在经典经济现代化评价指标中，西藏与全国差距最大的是人均工业增加值，西藏总体工业化水平比较低，人均工业增加值相当于全国平均水平的 18%。

表 3－7　2019 年中国各地区经典经济现代化水平评价

地区	经济增长			经济进步			经济转型			经典经济现代化指数 MI_{ce}
	指数		经济增长指数 EI_G	指数		经济进步指数 EI_A	指数		经济转型指数 EI_T	
	增长绩效	增长潜力		进步标志	进步绩效		就业转型	产业转型		
北京	100	100	100	100	100	100	100	100	100	100
天津	100	100	100	100	100	100	100	100	100	100
河北	87.97	100	93.99	94.59	100	97.29	100	100	100	97
山西	86.79	100	93.39	100	100	100	100	100	100	98
内蒙古	100	100	100	100	100	100	100	100	100	100
辽宁	100	100	100	100	100	100	100	100	100	100
吉林	82.52	100	91.26	77.67	85.23	81.45	100	100	100	91
黑龙江	68.68	100	84.34	54.77	100	77.39	100	58.33	79.16	80
上海	100	100	100	100	100	100	100	100	100	100
江苏	100	100	100	100	100	100	100	100	100	100
浙江	100	100	100	100	100	100	100	100	100	100
安徽	100	100	100	100	100	100	100	100	100	100
福建	100	100	100	100	100	100	100	100	100	100
江西	100	100	100	100	100	100	100	100	100	100

续表

地区	经济增长			经济进步			经济转型			经典经济现代化指数 MI_{ce}
	指数		经济增长指数 EI_G	指数		经济进步指数 EI_A	指数		经济转型指数 EI_T	
	增长绩效	增长潜力		进步标志	进步绩效		就业转型	产业转型		
山东	100	100	100	100	100	100	100	100	100	100
河南	100	100	100	100	100	100	100	100	100	100
湖北	100	100	100	100	100	100	100	100	100	100
湖南	100	100	100	100	100	100	100	100	100	100
广东	100	100	100	100	100	100	100	100	100	100
广西	81.55	100	90.78	66.43	100	83.21	100	85.14	92.57	89
海南	100	100	100	38.89	100	69.45	100	66.42	83.21	83
重庆	100	100	100	100	100	100	100	100	100	100
四川	100	100	100	99.63	100	99.81	100	100	100	100
贵州	88.14	100	94.07	78.33	100	89.17	100	97.49	98.75	94
云南	91.00	100	95.50	68.13	100	84.06	100	100	100	93
西藏	92.82	100	96.41	23.43	96.86	60.14	100	100	100	83
陕西	100	100	100	100	100	100	100	100	100	100
甘肃	62.63	100	81.31	56.12	90.25	73.18	100	100	100	84
青海	92.97	100	96.49	83.94	100	91.97	100	100	100	96
宁夏	100	100	100.00	100	100	100	100	100	100	100
新疆	100	100	100	95.55	100	97.78	100	100	100	99

资料来源：《中国统计年鉴2020》，中国统计出版社，2020年，表3－9、4－5、4－6。

说明：计算2019年各地区经典经济现代化水平时，用人均工业增加值代替人均制造业增加值。

（四）1980—2019年西藏的经典经济现代化水平

1980—2019年，西藏的经典经济现代化指数从8增加到83，增加了75，西藏经典经济现代化指数与全国平均水平的差距呈现出先扩大后缩小的特征。西藏经济转型较快，经济增长的潜力在 2012 年以前提高缓慢，但是 2012 年以后提高迅速；西藏工业化进展缓慢，这已经成为西藏经济现代化的制约因素。

表 3－8　1980—2019 年西藏经典经济现代化水平变化

年份	经济增长			经济进步			经济转型			经典经济现代化指数 MI_{ce}	西藏 MI_{ce}—全国平均 MI_{ce}
	指数		经济增长指数 EI_G	指数		经济进步指数 EI_A	指数		经济转型指数 EI_T		
	增长绩效	增长潜力		进步标志	进步绩效		就业转型	产业转型			
1980	4. 86	7. 03	5. 95	1. 51	3. 71	2. 61	36. 59	28. 3	32. 44	8	－4. 63
2012	47. 27	21. 97	34. 62	12. 28	30. 17	21. 22	64. 76	100	82. 38	39	－35. 00
2019	92. 82	100	96. 41	23. 43	96. 86	60. 14	100	100	100	83	－12. 98
1980—2012	24. 41	14. 94	28. 67	10. 77	26. 46	18. 61	28. 17	71. 7	49. 94	31	－
2012—2019	45. 55	78. 03	61. 79	11. 15	66. 69	38. 92	35. 24	0	17. 62	44	－
1980—2019	87. 96	92. 97	90. 46	21. 92	93. 15	57. 53	63. 41	71. 7	67. 56	75	－

资料来源：根据表 3－5、3－6 和 3－7 汇总整理。

二、第二次经济现代化水平的国内比较

（一）1980 年第二次经济现代化水平的国内比较

1980 年除北京、天津、上海三个地区的第二次经济现代化水平稍好外，我国大部分地区第二次经济现代化的发展水平大体相当，大部分地区的第二次经济现代化都还没有开始起步。西藏自然资源丰富，与西部其他地区相比，其经济仍然有较大的发展潜力（1980 年西藏经济增长潜力指数为 6. 51，是西部地区最高的），但西藏的全员劳动生产率（1980 年劳动生产率指数为 3. 71）水平还较低，第二次经济现代化的产业转型指数高于全国平均水平，但就业转型滞后于产业转型。

表3－9　1980年中国各地区第二次经济现代化水平评价

地区	经济增长			经济进步			经济转型			第二次经济现代化指数 MI_{se}
	指数		经济增长指数 EI_G	指数		经济进步指数 EI_A	指数		经济转型指数 EI_T	
	增长绩效	增长潜力		进步标志	进步绩效		就业转型	产业转型		
北京	14.60	8.05	11.33	—	12.47	12.47	44.78	39.73	42.25	18
天津	12.84	6.66	9.75	—	11.38	11.38	37.50	38.16	37.83	16
河北	3.94	5.75	4.84	—	4.35	4.35	33.33	36.71	35.02	9
山西	4.07	4.44	4.26	—	4.71	4.71	34.88	37.66	36.27	9
内蒙古	3.32	4.32	3.82	—	4.25	4.25	35.29	39.19	37.24	8
辽宁	7.47	5.93	6.7	—	8.45	8.45	37.04	34.12	35.58	13
吉林	4.11	3.93	4.02	—	5.98	5.98	38.46	35.8	37.13	10
黑龙江	6.40	6.56	6.48	—	8.87	8.87	37.97	34.52	36.25	13
上海	25.24	11.59	18.42	—	18.52	18.52	38.46	36.71	37.59	23
江苏	4.98	5.34	5.16	—	4.92	4.92	33.33	35.37	34.35	10
浙江	4.33	3.93	4.13	—	4.19	4.19	33.33	34.94	34.14	8
安徽	2.69	4.15	3.42	—	3.05	3.05	32.61	35.80	34.21	7
福建	3.21	4.76	3.98	—	3.92	3.92	34.88	37.18	36.03	8
江西	3.15	4.28	3.72	—	3.55	3.55	33.33	36.25	34.79	8
山东	3.70	6.65	5.18	—	4.07	4.07	32.97	33.72	33.34	9
河南	2.92	5.41	4.16	—	3.39	3.39	32.61	35.37	33.99	8
湖北	3.95	5.58	4.76	—	4.35	4.35	34.09	35.37	34.73	9
湖南	3.37	3.96	3.66	—	3.47	3.47	32.97	35.37	34.17	8
广东	4.42	4.41	4.42	—	4.58	4.58	34.09	39.19	36.64	9
广西	2.56	4.28	3.42	—	2.72	2.72	32.97	37.66	35.31	7
海南	3.26	3.76	3.51	—	3.62	3.62	34.48	38.67	36.57	8
重庆	—	—	—	—	—	—	—	—	—	—
四川	2.96	4.57	3.77	—	3.05	3.05	33.33	36.25	34.79	7
贵州	2.02	4.10	3.06	—	2.36	2.36	32.61	35.80	34.21	6

续表

<table>
<tr><td rowspan="3">地区</td><td colspan="3">经济增长</td><td colspan="3">经济进步</td><td colspan="3">经济转型</td><td rowspan="3">第二次经济现代化指数 MI_{se}</td></tr>
<tr><td colspan="2">指数</td><td rowspan="2">经济增长指数 EI_G</td><td colspan="2">指数</td><td rowspan="2">经济进步指数 EI_A</td><td colspan="2">指数</td><td rowspan="2">经济转型指数 EI_T</td></tr>
<tr><td>增长绩效</td><td>增长潜力</td><td>进步标志</td><td>进步绩效</td><td>就业转型</td><td>产业转型</td></tr>
<tr><td>云南</td><td>2.47</td><td>5.22</td><td>3.85</td><td>—</td><td>2.60</td><td>2.60</td><td>32.26</td><td>34.94</td><td>33.60</td><td>7</td></tr>
<tr><td>西藏</td><td>4.34</td><td>6.51</td><td>5.42</td><td>—</td><td>3.71</td><td>3.71</td><td>34.09</td><td>37.18</td><td>35.64</td><td>9</td></tr>
<tr><td>陕西</td><td>3.08</td><td>4.17</td><td>3.63</td><td>—</td><td>3.55</td><td>3.55</td><td>33.71</td><td>36.25</td><td>34.98</td><td>8</td></tr>
<tr><td>甘肃</td><td>3.58</td><td>—</td><td>3.58</td><td>—</td><td>4.02</td><td>4.02</td><td>—</td><td>38.16</td><td>38.16</td><td>8</td></tr>
<tr><td>青海</td><td>4.36</td><td>4.82</td><td>4.59</td><td>—</td><td>4.90</td><td>4.90</td><td>34.48</td><td>40.28</td><td>37.38</td><td>9</td></tr>
<tr><td>宁夏</td><td>3.99</td><td>4.9</td><td>4.44</td><td>—</td><td>4.73</td><td>4.73</td><td>34.09</td><td>39.73</td><td>36.91</td><td>9</td></tr>
<tr><td>新疆</td><td>3.78</td><td>5.9</td><td>4.84</td><td>—</td><td>5.42</td><td>5.42</td><td>35.29</td><td>35.80</td><td>35.55</td><td>10</td></tr>
</table>

资料来源：中国现代化战略研究课题组、中国科学院中国现代化研究中心：《中国现代化报告2005——经济现代化研究》，北京大学出版社，2005年，表2-10-1、2-10-2、2-10-3、2-10-9。

说明：1980年的原始数据实际上是按购买力平价计算的人均地区生产总值。

（二）2012年第二次经济现代化水平的国内比较

2012年，第二次经济现代化指数最高的是北京（67），其次是上海（55）、天津（50）、内蒙古（48）、陕西（44）、新疆（44）、青海（43）、西藏（42），最低的是河南（29）。西藏排在全国第八位。2012年，全国第二次经济现代化的平均水平为39，西藏为42（高出全国平均水平3）。2012年西藏第二次经济现代化水平高于全国平均水平的主要原因可能是由于2012年西藏的进步标志已经达到最高值，2012年西藏在科技、教育和卫生方面的支出占地区生产总值的19.36%，高于世界发达国家在2002年的标准值（14.1%），也是2012年全国各地区中最高的（全国各地区这一指标的均值为6.6%，西藏超过平均水平12.76%）；次要原因是2012年西藏的就业转型指数和产业转型指数都已经超过全国平均水平，其中产业转型高出全国平均水平11.5，这得益于中央的支持和其他地区的支援。2012年西藏第二次经济现代化各指标中最低的是工业生产率指数，低于全国平均水平 17.98，2012 年西藏的经济增长指数低于全国平均水平 15.16。

表 3 - 10　2012 年中国各地区第二次经济现代化水平评价

地区	经济增长			经济进步			经济转型			第二次经济现代化指数 MI_{se}
	指数		经济增长指数 EI_G	指数		经济进步指数 EI_A	指数		经济转型指数 EI_T	
	增长绩效	增长潜力		进步标志	进步绩效		就业转型	产业转型		
北京	51.67	58.71	55.19	43.02	46.21	44.62	120	120	120	67
天津	54.56	61.92	58.24	30.86	45.94	38.40	59.92	54.70	57.31	50
河北	21.81	30.74	26.27	32.92	18.61	25.76	43.35	44.83	44.09	31
山西	20.06	42.25	31.15	45.18	19.36	32.27	47.23	47.28	47.26	36
内蒙占	38.14	114.6	76.38	28.83	34.83	31.83	47.77	44.93	46.35	48
辽宁	33.85	62.48	48.17	29.41	29.34	29.37	54.03	46.83	50.43	41
吉林	25.96	69.26	47.61	37.8	25.2	31.50	48.42	44.45	46.44	41
黑龙江	21.36	—	—	39.15	19.32	29.24	—	48.71	48.71	—
上海	50.7	54.9	52.80	38.36	51.78	45.07	68.91	73.32	71.11	55
江苏	40.82	41.03	40.93	26.58	32.50	29.54	47.24	51.33	49.29	39
浙江	37.85	28.31	33.08	27.61	26.88	27.25	46.08	52.95	49.52	35
安徽	17.19	26.12	21.65	46.70	11.71	29.20	47.83	43.09	45.46	31
福建	31.44	31.43	31.43	28.68	21.95	25.31	47.02	47.75	47.39	34
江西	17.19	26.94	22.07	47.58	14.50	31.04	46.95	44.37	45.66	32
山东	30.88	35.24	33.06	26.37	21.84	24.10	44.55	48.32	46.44	33
河南	18.82	26.71	22.76	38.39	13.47	25.93	41.48	41.99	41.74	29
湖北	23.03	44.03	33.53	33.62	38.85	36.24	20.31	45.95	33.13	34
湖南	19.96	34.05	27.00	36.81	15.77	26.29	46.06	47.55	46.81	32
广东	32.21	33.94	33.08	28.00	27.37	27.69	45.56	54.18	49.87	36
广西	16.65	36.94	26.80	48.16	13.48	30.82	41.50	44.90	43.2	33
海南	19.26	41.78	30.52	57.30	16.89	37.09	50.06	54.62	52.34	39

续表

地区	经济增长			经济进步			经济转型			第二次经济现代化指数 MI_{se}
	指数		经济增长指数 EI_G	指数		经济进步指数 EI_A	指数		经济转型指数 EI_T	
	增长绩效	增长潜力		进步标志	进步绩效		就业转型	产业转型		
重庆	23.17	43.46	33.31	41.57	19.99	30.78	48.25	47.85	48.05	37
四川	17.68	30.75	24.21	43.87	14.24	29.06	44.64	44.29	44.47	32
贵州	11.76	34.58	23.17	75.61	10.74	43.18	38.38	55.67	47.03	36
云南	13.23	34.96	24.1	67.03	10.24	38.64	42.69	49.22	45.96	35
西藏	13.63	27.55	20.59	120	9.93	64.96	50.22	62.90	56.56	42
陕西	23.03	83.31	53.17	47.13	26.63	36.88	42.55	44.38	43.47	44
甘肃	13.11	34.27	23.69	66.82	10.84	38.83	39.43	48.47	43.95	34
青海	19.76	45.07	32.41	89.55	17.43	53.49	49.19	43.26	46.23	43
宁夏	21.63	62.65	42.14	49.12	19.45	34.28	46.14	49.97	48.05	41
新疆	20.10	67.88	43.99	61.68	21.26	41.47	46.63	45.32	45.98	44

资料来源：《中国统计年鉴2013》，中国统计出版社，2013年，表2-6、3-5、9-6。其中2012年第一产业就业人数、第二产业就业人数和总就业人数的数据由各省统计年鉴（2013年）的数据汇总得出。

说明：计算2012年各地区第二次经济现代化水平时，用第一产业总产值代替第一产业增加值、第二产业总产值代替第二产业增加值、第二产业总产值代替工业增加值、第一产业就业人数代替农业劳动力、第二产业就业人数代替工业劳动力、三次产业总就业人数代替总劳动力。

（三）2019年第二次经济现代化水平的国内比较

2019年，全国各地区第二次经济现代化水平最高的地区是北京（88），其次是上海（78）。2019年西藏第二次经济现代化水平为65，正好达到全国平均水平。在第二次经济现代化的6项指标中，西藏进步标志，即知识化指数最高，高出全国平均水平70.75；经济增长潜力指数与全国平均水平的差距最大，低于全国平均水平19.3。

表 3-11　2019 年中国各地区第二次经济现代化水平评价

地区	经济增长			经济进步			经济转型			第二次经济现代化指数 MI_{se}
	指数		经济增长指数 EI_G	指数		经济进步指数 EI_A	指数		经济转型指数 EI_T	
	增长绩效	增长潜力		进步标志	进步绩效		就业转型	产业转型		
北京	88.36	67.08	77.72	42.21	117	79.63	98.87	120	109.4	88
天津	48.63	96.49	72.56	38.99	120	79.50	55.66	79.35	67.51	73
河北	24.94	81.52	53.23	46.93	120	83.46	36.61	59.48	48.04	60
山西	24.60	78.16	51.38	46.68	101	73.88	49.14	59.65	54.39	59
内蒙古	36.51	120	78.25	39.58	120	79.79	56.37	57.49	56.93	71
辽宁	30.77	67.98	49.38	35.33	120	77.67	36.43	61.69	49.06	57
吉林	23.39	69.41	46.40	49.68	110.7	80.21	47.65	62.72	55.18	59
黑龙江	19.47	87.91	53.69	47.5	102	74.73	67.06	58.07	62.57	63
上海	84.63	71.66	78.14	34.92	120	77.46	52.14	106.3	79.25	78
江苏	66.51	63.36	64.94	26.28	120	73.14	20.30	59.49	39.90	57
浙江	57.91	49.2	120	34.31	120	77.15	19.49	63.08	41.29	73
安徽	31.48	74.33	52.90	43.71	120	81.86	29.86	58.96	44.41	58
福建	57.65	79.6	68.62	26.26	120	73.13	26.32	53.04	39.68	58
江西	28.61	69.59	49.10	56.22	120	88.11	30.49	55.24	42.87	57
山东	38.02	63.99	51.00	33.67	120	76.84	25.81	61.65	43.73	56
河南	30.34	90.78	60.56	39.32	120	79.66	39.58	55.72	47.65	61
湖北	41.64	102.4	72.03	32.01	120	76.00	36.75	58.02	47.38	64
湖南	30.96	120	75.48	37.53	120	78.76	56.94	62.00	59.47	71
广东	50.67	66.26	58.46	39.25	120	79.63	33.45	65.19	49.32	61
广西	23.12	78.96	51.04	55.17	120	87.59	47.06	58.85	52.96	62
海南	30.41	78.09	54.25	63.24	120	91.62	72.14	70.64	71.39	71
重庆	40.80	83.24	62.02	35.78	120	77.89	34.91	61.96	48.44	62
四川	30.01	113.7	71.84	41.19	120	80.59	54.89	60.97	57.93	69
贵州	24.98	93.71	59.35	72.60	120	96.30	52.75	58.32	55.54	68

续表

地区	经济增长			经济进步			经济转型			第二次经济现代化指数 MI_{se}
	指数		经济增长指数 EI_G	指数		经济进步指数 EI_A	指数		经济转型指数 EI_T	
	增长绩效	增长潜力		进步标志	进步绩效		就业转型	产业转型		
云南	25.80	99.21	62.50	53.06	120	86.53	48.08	61.23	54.66	67
西藏	26.31	65.03	45.67	120	99.24	109.6	48.52	63.63	56.07	65
陕西	35.86	106.7	71.27	40.94	120	80.47	47.40	53.54	50.47	66
甘肃	17.75	63.02	40.39	80.69	90.24	85.46	58.47	64.61	61.54	60
青海	26.36	102.3	64.32	90.86	115.9	103.4	61.85	58.85	60.35	74
宁夏	29.17	120	74.59	59.99	120	90.00	62.13	58.30	60.21	74
新疆	29.21	90.62	59.91	62.92	111.7	87.30	62.88	59.95	61.42	68

资料来源：《中国统计年鉴2020》，中国统计出版社，2020年，表3-9、4-5、4-6、7-6。

（四）1980—2019年西藏的第二次经济现代化水平

西藏第二次经济现代化水平从1980年的9增长为2019年的65，增长明显，与全国平均水平的差距不大。2012年以来，西藏在教育、知识、卫生方面的投入已经超过2002年发达国家的水平，经济进步指数中的进步标志达到120。从1980年到2007年，西藏在经济增长潜力指数上的变化不明显；2012—2019年，西藏的经济增长指数提高迅速，2019年西藏的经济增长指数是2012年2.2倍，其中增长潜力指数提高最快，从2012年的27.55提高为2019年的65.03。

表 3－12　1980—2019 年西藏第二次经济现代化水平变化

年份	经济增长			经济进步			经济转型			经典经济现代化指数 MI_{ce}	西藏 MI_{ce}—全国平均 MI_{ce}
	指数		经济增长指数 EI_G	指数		经济进步指数 EI_A	指数		经济转型指数 EI_T		
	增长绩效	增长潜力		进步标志	进步绩效		就业转型	产业转型			
1980	4.34	6.51	5.42	—	3.71	3.71	34.09	37.18	35.64	9	－0.7
2012	13.63	27.55	20.59	120	9.93	64.96	50.22	62.90	56.56	44	3.46
2019	26.31	65.03	45.67	120	99.24	109.6	48.52	63.63	56.07	65	0
1980—2012	9.29	21.04	15.17	120	6.22	61.25	16.13	25.72	20.92	35	–
2012—2019	12.68	37.48	25.08	0	89.31	44.64	－1.70	0.73	－0.49	21	–
1980—2019	21.97	58.52	40.25	120	95.53	105.89	14.43	26.45	20.51	56	–

资料来源：根据表 3－9、3－10 和 3－11 汇总整理。

三、综合经济现代化水平的国内比较

（一）1980 年综合经济现代化水平的国内比较

1980 年西藏的人均国内生产总值（GDP）指数在全国处于中间水平，在西部 12 个省区中居于第二位；农业和工业生产率指数均高于全国的平均水平（全国农业生产率指数的平均水平为 2.19，全国工业生产率指数的平均水平为 5.3），服务业生产率指数则低于全国的平均水平（全国服务业生产率指数为 3.2）。从全国范围内来看，除经济较为发达的北京、天津、上海外，西藏经济增长指数仅低于黑龙江和辽宁，在全国排名第六。

表 3－13　1980 年中国各地区综合经济现代化的经济增长指数

地区	指　数				经济增长指数 EI_G
	人均 GNP	农业生产率	工业生产率	服务业生产率	
北京	14.60	2.31	8.05	4.12	7.27
天津	12.84	2.30	6.66	5.49	6.82

续表 1

地区	指　数				经济增长指数 EI_G
	人均 GNP	农业生产率	工业生产率	服务业生产率	
河北	3.94	1.86	5.75	3.56	3.77
山西	4.07	1.50	4.44	3.06	3.27
内蒙古	3.32	1.75	4.32	2.95	3.09
辽宁	7.47	3.37	5.93	2.68	4.86
吉林	4.11	3.69	3.93	2.18	3.48
黑龙江	6.40	4.89	6.56	2.69	5.14
上海	25.24	2.13	11.59	7.06	11.51
江苏	4.98	2.12	5.34	3.57	4.00
浙江	4.33	2.23	3.93	2.89	3.35
安徽	2.69	1.78	4.15	2.8	2.85
福建	3.21	2.03	4.76	2.62	3.16
江西	3.15	2.04	4.28	2.83	3.08
山东	3.70	1.93	6.65	2.52	3.70
河南	2.92	1.75	5.41	2.96	3.26
湖北	3.95	2.19	5.58	2.60	3.58
湖南	3.37	1.97	3.96	2.76	3.01
广东	4.42	2.22	4.41	3.90	3.74
广西	2.56	1.53	4.28	2.81	2.80
海南	3.26	2.62	3.76	2.8	3.11
重庆	—	—	—	—	—
四川	2.96	1.72	4.57	2.63	2.97
贵州	2.02	1.21	4.10	2.28	2.40
云南	2.47	1.34	5.22	2.62	2.91
西藏	4.34	2.46	6.51	2.75	4.01
陕西	3.08	1.53	4.17	2.57	2.84

续表2

地区	指　数				经济增长指数 EI_G
	人均 GNP	农业生产率	工业生产率	服务业生产率	
甘肃	—	—	—	—	—
青海	4.36	2.06	4.82	4.17	3.85
宁夏	3.99	1.87	4.90	4.29	3.76
新疆	3.78	3.22	5.90	2.81	3.93

资料来源：中国现代化战略研究课题组、中国科学院中国现代化研究中心：《中国现代化报告2005——经济现代化研究》，北京大学出版社，2005年，表2-10-1、2-10-2、2-10-3。

说明：1980年的原始数据实际上是按购买力平价计算的。

1980年，西藏的经济进步指数是全国最低的，并且与除海南和河北以外的其他地区的经济进步指数相差甚远。具体来看，1980年西藏的信息化程度很低，也就是因特网或电话的普及率很低，经济还比较封闭。

表3-14　1980年中国各地区综合经济现代化的经济进步指数

地区	指　数				经济进步指数 EI_A
	知识化	信息化	绿色化	全球化	
北京	—	8.75	26.36	1.84	12.32
天津	—	4.06	24.55	6.16	11.59
河北	—	1.56	—	0.3	0.93
山西	—	0.63	12.73	0.03	4.46
内蒙古	—	0.94	20.00	0.05	7.00
辽宁	—	2.5	18.18	2.93	7.87
吉林	—	1.25	17.27	0.13	6.22
黑龙江	—	1.88	18.18	0.1	6.72
上海	—	5.63	42.73	9.92	19.42
江苏	—	1.25	37.27	0.40	12.98

续表

地区	指数				经济进步指数 EI_A
	知识化	信息化	绿色化	全球化	
浙江	—	1.25	56.36	0.18	19.26
安徽	—	0.63	36.36	0.03	12.34
福建	—	0.94	44.55	—	22.74
江西	—	0.94	35.45	0.08	12.16
山东	—	1.25	32.73	0.66	11.54
河南	—	0.63	22.27	0.08	7.66
湖北	—	0.94	29.55	0.15	10.21
湖南	—	0.31	25.91	0.15	8.79
广东	—	1.25	53.64	1.24	18.71
广西	—	0.63	41.82	0.28	14.24
海南	—	0.94	—	—	0.94
重庆	—	—	—	—	—
四川	—	0.00	25.45	0.03	8.49
贵州	—	0.63	20.91	0.03	7.19
云南	—	0.94	29.55	0.08	10.19
西藏	—	0.63	—	0.23	0.43
陕西	—	1.56	24.09	—	12.83
甘肃	—	0.63	15.91	0.05	5.53
青海	—	1.88	21.82	0.05	7.91
宁夏	—	1.25	16.82	0.33	6.13
新疆	—	0.63	16.82	0.05	5.83

资料来源：中国现代化战略研究课题组、中国科学院中国现代化研究中心：《中国现代化报告2005——经济现代化研究》，北京大学出版社，2005年，表2-10-5、2-10-6。

从经济转型指数来看，1980年北京、上海、天津这3个地区已经出现产业结构的明显升级，其他地区则还是主要以农业为主，经济转型已经开始出现，但不明显。西藏的经济转型指数虽然低于全国平均水平（各地区经济转型指数的平均值为23.91），但与其他地区的差距不大，西藏的服务业发展相对较好。

表3-15　1980年中国各地区综合经济现代化的经济转型指数

地区	指数				经济转型指数 EI_T
	农业劳动力比重	农业增加值比重	服务业劳动力比重	服务业增加值比重	
北京	37.5	100	58.93	46.55	60.75
天津	28.13	66.67	35.71	41.38	42.97
河北	12	12.9	17.86	36.21	19.74
山西	14.75	21.05	25.00	39.66	25.12
内蒙古	13.64	15.38	26.79	44.83	25.16
辽宁	21.95	25.00	33.93	25.86	26.69
吉林	19.57	14.29	39.29	32.76	26.47
黑龙江	19.15	16.00	37.50	27.59	25.06
上海	31.03	100	39.29	36.21	51.63
江苏	12.86	13.79	17.86	31.03	18.89
浙江	12.86	11.11	17.86	29.31	17.78
安徽	11.11	8.7	14.29	32.76	16.71
福建	12.33	10.81	25.00	37.93	21.52
江西	11.54	9.30	17.86	34.48	18.30
山东	11.39	11.11	16.07	24.14	15.68
河南	11.11	9.76	14.29	31.03	16.55
湖北	12.33	11.11	21.43	31.03	18.98
湖南	11.69	9.52	16.07	31.03	17.08
广东	12.68	12.12	21.43	44.83	22.76
广西	10.84	8.89	16.07	39.66	18.86

续表

地区	指数				经济转型指数 EI_T
	农业劳动力比重	农业增加值比重	服务业劳动力比重	服务业增加值比重	
海南	11.39	7.14	23.21	43.1	21.21
重庆	—	—	—	—	—
四川	11.11	9.09	17.86	34.48	18.14
贵州	10.84	9.76	14.29	32.76	16.91
云南	10.59	9.30	12.50	29.31	15.43
西藏	10.98	7.55	21.43	37.93	19.47
陕西	12.50	13.33	19.64	34.48	19.99
甘肃	—	18.18	—	41.38	29.78
青海	13.04	14.29	23.21	48.28	24.70
宁夏	12.86	14.81	21.43	48.28	24.34
新疆	12.86	10.00	26.79	32.76	20.60

资料来源：中国现代化战略研究课题组、中国科学院中国现代化研究中心：《中国现代化报告2005——经济现代化研究》，北京大学出版社，2005年，表2-10-7、2-10-8。

1980年中国各地区的综合经济现代化水平整体都比较低，西藏的综合经济现代化指数更是排在全国倒数第一位。从前文的分析不难看出，西藏与其他地区的经济增长指数和经济转型指数差距不大，但与其他地区的经济进步指数相差甚远，这是造成西藏综合经济现代化指数最低的重要原因。

表3-16　1980年中国各地区综合经济现代化水平评价

地区	经济增长指数 EI_G	经济进步指数 EI_A	经济转型指数 EI_T	综合经济现代化指数 MI_{ec}
北京	7.27	12.32	60.75	18
天津	6.82	11.59	42.97	15

续表 1

地区	经济增长指数 EI_G	经济进步指数 EI_A	经济转型指数 EI_T	综合经济现代化指数 MI_{ec}
河北	3.77	0.93	19.74	4
山西	3.27	4.46	25.12	7
内蒙古	3.09	7.00	25.16	8
辽宁	4.86	7.87	26.69	10
吉林	3.48	6.22	26.47	8
黑龙江	5.14	6.72	25.06	10
上海	11.51	19.42	59.97	24
江苏	4	12.98	18.89	10
浙江	3.35	19.26	17.78	10
安徽	2.85	12.34	16.71	8
福建	3.16	22.74	21.52	12
江西	3.08	12.16	18.30	9
山东	3.7	11.54	15.68	9
河南	3.26	7.66	16.55	7
湖北	3.58	10.21	18.98	9
湖南	3.01	8.79	17.08	8
广东	3.74	18.71	22.76	12
广西	2.80	14.24	18.86	9
海南	3.11	0.91	21.21	4
重庆	—	—	—	—
四川	2.97	8.49	18.14	8
贵州	2.4	7.19	16.91	7
云南	2.91	10.19	15.43	8
西藏	4.01	0.43	19.47	3
陕西	2.84	12.83	19.99	9
甘肃	—	—	—	—

续表 2

地区	经济增长指数 EI_G	经济进步指数 EI_A	经济转型指数 EI_T	综合经济现代化指数 MI_{ec}
青海	3.85	7.91	24.7	9
宁夏	3.76	6.13	24.34	8
新疆	3.93	5.83	20.60	8

数据来源：根据本章第二节阐述的评价方法计算得出。

（二）2012 年综合经济现代化水平的国内比较

2012 年西藏综合经济现代化的经济增长指数为 14.87，低于全国平均水平 12.11，其中工业生产率与全国的差距最大（低于全国平均水平 17.98），其次是服务业生产率（低于全国平均水平 11.53）。

表 3-17　2012 年中国各地区综合经济现代化的经济增长指数

地区	指数				经济增长指数 EI_G
	人均 GNP	农业生产率	工业生产率	服务业生产率	
北京	48.06	17.45	58.71	47.6	42.95
天津	50.75	16.04	61.92	44.05	43.19
河北	20.28	14.87	30.74	21.74	21.91
山西	18.66	7.18	42.25	20.91	22.25
内蒙古	35.48	16.53	114.62	33.82	50.11
辽宁	31.49	20.66	62.48	25.59	35.05
吉林	24.15	16.88	69.26	23.46	33.44
黑龙江	19.86	—	—	—	—
上海	47.16	18.62	54.90	56.47	44.29
江苏	37.97	22.98	41.03	39.47	35.36
浙江	35.21	21.27	28.31	35.49	30.07
安徽	15.99	9.47	26.12	10.46	15.51
福建	29.24	18.42	31.43	24.26	25.84

续表

地区	指　数				经济增长指数 EI_G
	人均 GNP	农业生产率	工业生产率	服务业生产率	
江西	15.99	12.03	26.94	14.18	17.29
山东	28.72	13.15	35.24	27.23	26.09
河南	17.50	9.55	26.71	15.34	17.28
湖北	21.42	11.57	44.03	18.9	23.98
湖南	18.56	11.98	34.05	17.98	20.64
广东	29.96	13.36	33.94	37.94	28.80
广西	15.49	9.76	36.94	17.54	19.93
海南	17.92	20.52	41.78	20.14	25.09
重庆	21.55	10.56	43.46	21.21	24.20
四川	16.44	11.02	30.75	15.27	18.37
贵州	10.94	4.99	34.58	24.01	18.63
云南	12.31	6.73	34.96	14.42	17.10
西藏	12.68	5.72	27.55	13.54	14.87
陕西	21.42	11.44	83.31	31.89	37.02
甘肃	12.19	5.76	34.27	18.56	17.70
青海	18.38	10.23	45.07	15.01	22.17
宁夏	20.12	7.94	62.65	23.77	28.62
新疆	18.7	17.85	67.88	21.87	31.58

资料来源：《中国统计年鉴 2013》，中国统计出版社，2013 年，表 2－16、3－5。其中 2012 年分三次产业的就业人数和总就业人数的数据资料由各省统计年鉴（2013 年）的数据汇总得出。

说明：第一产业总产值代替农业增加值，第二产业总产值代替工业增加值，第三产业总产值代替服务业增加值，第一产业就业人数代替农业劳动力，第二产业就业人数代替工业劳动力，第三产业就业人数代替服务业劳动力。

2012 年西藏综合经济现代化的经济进步指数为 41.51，高出全国平均水平 7.39，这主要是由于西藏的知识化指数过高造成的，2012 年西藏的知识化指数是全国唯一一个达到发达国家2002年水平的地区（高出全国平均水平54.4）。

表3-18　2012年中国各地区综合经济现代化的经济进步指数

地区	指数				经济进步指数
	知识化	信息化	绿色化	全球化	EI_A
北京	43.02	69.02	—	100	70.68
天津	30.86	42.24	—	68.34	47.15
河北	32.92	36.34	—	5.79	25.02
山西	45.18	38.68	—	3.48	29.12
内蒙古	28.83	30.32	—	3.78	20.97
辽宁	29.41	45.73	—	19.81	31.65
吉林	37.8	37.03	—	7.46	27.43
黑龙江	39.15	32.51	—	8.19	26.61
上海	38.36	62.61	—	100	66.99
江苏	26.58	47.26	—	57.78	43.87
浙江	27.61	59.63	—	47.64	44.96
安徽	46.7	24.2	—	5.48	25.46
福建	28.68	55.34	—	34.75	39.59
江西	47.58	22.90	—	6.2	25.56
山东	26.37	39.84	—	21.17	29.13
河南	38.39	30.11	—	4.59	24.36
湖北	33.62	34.17	—	4.62	24.14
湖南	36.81	25.02	—	2.76	21.53
广东	28.00	51.23	—	77.57	52.27
广西	48.16	30.27	—	5.26	27.90
海南	57.30	29.6	—	13.49	33.47
重庆	41.57	36.2	—	15.09	30.95
四川	43.87	28.5	—	6.12	26.16

续表

地区	指　数				经济进步指数 EI_A
	知识化	信息化	绿色化	全球化	
贵州	75.61	19.67	—	1.59	32.29
云南	67.03	26.96	—	3.77	32.59
西藏	100	15.23	—	9.3	41.51
陕西	47.13	33.18	—	3.29	27.87
甘肃	66.82	18.55	—	2.88	29.42
青海	89.55	24.21	—	1.69	38.48
宁夏	49.12	26.56	—	2.86	26.18
新疆	61.68	32.18	—	9.41	34.43

资料来源：《中国统计年鉴2013》，中国统计出版社，2013年，表2－16、3－5、6－10、9－6、16－43。

2012年西藏的经济转型指数为39.88，比全国平均水平高出0.51。从经济转型的4项指标来看，西藏在服务业转型方面发展较快，其中服务业产业转型指数高于全国平均水平17.99；在农业产业转型方面发展最慢，低于全国平均水平10.29。

表3－19　2012年中国各地区综合经济现代化经济转型指数

地区	指　数				经济转型指数 EI_T
	农业劳动力比重	农业增加值比重	服务业劳动力比重	服务业增加值比重	
北京	77.3	100	100	100	94.32
天津	45.1	100	71.33	66.18	70.65
河北	11.46	16.68	44	49.74	30.47
山西	11.07	34.69	52.12	54.45	38.08
内蒙古	8.95	21.93	53.14	49.94	33.49
辽宁	13.96	23.05	63.54	53.63	38.54
吉林	9.74	16.91	54.34	48.96	32.49

续表

地区	指　数				经济转型指数 EI_T
	农业劳动力比重	农业增加值比重	服务业劳动力比重	服务业增加值比重	
黑龙江	—	12.96	—	56.99	—
上海	97.64	100	80.66	85.14	90.86
江苏	19.23	31.63	52.14	61.27	41.07
浙江	28.28	41.57	49.86	63.71	45.86
安徽	10.99	15.80	53.26	46.06	31.53
福建	16	22.18	51.71	55.31	36.30
江西	12.16	17.04	51.57	48.79	32.39
山东	12.09	23.36	46.67	56.31	34.61
河南	9.57	15.70	39.54	43.58	27.10
湖北	4	15.62	100	51.96	42.9
湖南	9.63	14.75	49.81	54.95	32.29
广东	16.82	40.09	48.80	65.45	42.79
广西	7.48	12.00	39.59	49.87	27.23
海南	8.39	8.03	57.25	66.07	34.93
重庆	11.02	24.28	54.04	55.48	36.21
四川	9.64	14.48	46.86	48.63	29.90
贵州	6.14	15.37	31.19	67.48	30.04
云南	7.04	12.46	42.47	57.87	29.96
西藏	8.64	17.44	57.52	75.9	39.88
陕西	7.79	21.10	42.13	48.82	29.96
甘肃	6.62	14.48	34.16	56.58	27.96
青海	10.81	21.41	55.73	46.44	33.59
宁夏	8.25	23.48	49.97	59.11	35.20
新疆	8.21	11.37	50.95	50.73	30.31

资料来源：《中国统计年鉴2013》，中国统计出版社，2013年，表2－16。其中2012

年第一产业就业人数、第三产业就业人数和总就业人数的数据由各省统计年鉴（2013 年）的数据汇总得出。

说明：计算2012 年各地区经济转型指数时，用第一产业总产值代替农业增加值，第三产业总产值代替服务业增加值，第一产业就业人数代替农业劳动力，第三产业就业人数代替服务业劳动力，三次产业总就业人数代替总劳动力。

总体来看，2012 年西藏的综合经济现代化指数为 29，低于全国平均水平 3.63。2012 年西藏的综合经济现代化指数中的经济进步指数和经济转型指数略高于全国平均水平，但经济增长指数与全国平均水平还有较大的差距（20.42）。

表 3－20　2012 年中国各地区综合经济现代化水平评价

地区	经济增长指数 EI_G	经济进步指数 EI_A	经济转型指数 EI_T	综合经济现代化指数 MI_{ec}
北京	42.95	70.68	94.32	66
天津	43.19	47.15	70.65	52
河北	21.91	25.02	30.47	26
山西	22.25	29.12	38.08	29
内蒙古	50.11	20.97	33.49	33
辽宁	35.05	31.65	38.54	35
吉林	33.44	27.43	32.49	31
黑龙江	—	26.61	—	—
上海	44.29	66.99	90.86	65
江苏	35.36	43.87	41.07	40
浙江	30.07	44.96	45.86	40
安徽	15.51	25.46	31.53	23
福建	25.84	39.59	36.30	33
江西	17.29	25.56	32.39	24
山东	26.09	29.13	34.61	30
河南	17.28	24.36	27.1	23

续表

地区	经济增长指数 EI_G	经济进步指数 EI_A	经济转型指数 EI_T	综合经济现代化指数 MI_{ec}
湖北	23.98	24.14	42.9	29
湖南	20.64	21.53	32.29	24
广东	28.80	52.27	42.79	40
广西	19.93	27.90	27.23	25
海南	25.09	33.47	34.93	31
重庆	24.2	30.95	36.21	30
四川	18.37	26.16	29.9	24
贵州	18.63	32.29	30.04	26
云南	17.1	32.59	29.96	26
西藏	14.87	41.51	39.88	29
陕西	37.02	27.87	29.96	31
甘肃	17.7	29.42	27.96	24
青海	22.17	38.48	33.59	31
宁夏	28.62	26.18	35.2	30
新疆	31.58	34.43	30.31	32

数据来源：根据本章第二节阐述的评价方法计算得出。

（三）2019 年综合经济现代化水平的国内比较

2019 年，全国各地区综合经济现代化增长指数最高的是上海（78）。2019 年，西藏综合经济现代化的经济增长指数为 52.99，位于全国倒数第六名，低于全国平均水平 9.1。在经济增长的 4 项指标中，西藏与全国平均水平差距最大的是工业生产率指数（低于全国平均水平 16.55），其次是人均地区生产总值（低于全国平均水平 10.35），服务业生产率也低于全国平均水平 9.51。

表 3－21　2019 年中国各地区综合经济现代化的经济增长指数

地区	指　数				经济增长指数
	人均 GNP	农业生产率	工业生产率	服务业生产率	EI_G
北京	83.59	100	67.08	45.34	74
天津	46	100	96.49	68.1	77.65
河北	23.59	100	81.52	31.62	59.18
山西	23.27	100	78.16	26.99	57.1
内蒙古	34.54	100	100	30.32	66.21
辽宁	29.11	100	67.98	31.28	57.09
吉林	22.13	100	69.41	18.28	52.46
黑龙江	18.42	100	87.91	24.81	57.79
上海	80.05	100	71.66	39.81	72.88
江苏	62.91	100	63.36	47.16	68.36
浙江	54.78	100	49.2	40.02	61
安徽	29.77	100	74.33	32.09	59.05
福建	54.53	100	79.60	32.27	66.6
江西	27.06	100	69.59	28.42	56.27
山东	35.96	100	63.99	28.05	57
河南	28.7	100	90.78	32.80	63.07
湖北	39.39	100	100	30.12	67.38
湖南	29.29	100	100	42.39	67.92
广东	47.93	100	66.26	30.2	61.1
广西	21.87	100	78.96	24.43	56.31
海南	28.76	100	78.09	27.68	58.63
重庆	38.6	100	83.24	23.46	61.32
四川	28.39	100	100	38.67	66.76
贵州	23.63	100	93.71	23.34	60.17
云南	24.4	100	99.21	30.84	63.61

续表

地区	指　数				经济增长指数 EI_G
	人均 GNP	农业生产率	工业生产率	服务业生产率	
西藏	24.89	100	65.03	22.05	52.99
陕西	33.92	100	100	25.92	64.96
甘肃	16.79	100	63.02	20.07	49.97
青海	24.93	100	100	25.47	62.6
宁夏	27.6	100	100	27.56	63.79
新疆	27.63	100	90.62	28.99	61.81

资料来源：《中国统计年鉴2020》，中国统计出版社，2020年，表3－9、4－5、4－6。

注：计算2019年各地区综合经济现代化水平时，用第二产业增加值代替工业增加值，第二产业就业人数代替工业劳动力。

2019年，西藏综合经济现代化的经济进步指数为87.24，位于全国第一名，高出全国平均水平29.58，这主要是因为西藏在知识资本投入指标上远高于全国平均水平。2019年，西藏科技、教育、卫生支出占地区生产总值的比重为22.59%，高于全国平均水平15.47%。

表3－22　2019年中国各地区综合经济现代化的经济进步指数

地区	指　数				经济进步指数 EI_A
	知识化	信息化	绿色化	全球化	
北京	42.21	100	—	43.5	61.9
天津	38.99	100	—	72.81	70.6
河北	46.93	100	—	10.41	52.45
山西	46.68	100	—	5.12	50.6
内蒙古	39.58	100	—	6.6	48.73
辽宁	35.33	100	—	25.65	53.66
吉林	49.68	100	—	5.97	51.88

续表

地区	指数				经济进步指数 EI_A
	知识化	信息化	绿色化	全球化	
黑龙江	47.5	100	—	5.53	51.01
上海	34.92	100	—	100	78.31
江苏	26.28	100	—	70.14	65.47
浙江	34.31	100	—	64.45	66.25
安徽	43.71	100	—	8.36	50.69
福建	26.26	100	—	36.71	54.32
江西	56.22	100	—	7.93	54.72
山东	33.67	100	—	29.72	54.47
河南	39.32	100	—	7.65	48.99
湖北	32.01	100	—	7.58	46.53
湖南	37.53	100	—	5.09	47.54
广东	39.25	100	—	85.82	75.02
广西	55.17	100	—	10.99	55.39
海南	63.24	100	—	15.12	59.45
重庆	35.78	100	—	20.21	51.99
四川	41.19	100	—	10.41	50.53
贵州	72.6	100	—	1.59	58.06
云南	53.06	100	—	5.75	52.94
西藏	160.23	100	—	1.47	87.24
陕西	40.94	100	—	10.56	50.5
甘肃	80.69	100	—	1.7	60.79
青海	90.86	100	—	0.67	63.84
宁夏	59.99	100	—	5.04	55.01
新疆	62.92	100	—	12.35	58.42

资料来源：《中国统计年鉴2020》，中国统计出版社，2020年，表2-6、3-9、7-6、11-8、16-37。

2019 年，全国各地区综合经济现代化水平的经济转型指数最高的是北京（83.02），其次是上海（77.03）、西藏（75.14）。2019 年，西藏的经济转型指数为 75.14，高出全国平均水平 11.05，这可能是由于西藏服务业劳动力比重这一指标较高造成的。

表 3－23　2019 年中国各地区综合经济现代化经济转型指数

地区	指数				经济转型指数 EI_T
	农业劳动力比重	农业增加值比重	服务业劳动力比重	服务业增加值比重	
北京	100	100	32.09	100	83.02
天津	100	100	5.33	89.37	73.68
河北	100	18.84	33.16	72.17	56.04
山西	100	38.92	78.14	72.37	72.36
内蒙古	100	18.18	76.8	69.8	66.2
辽宁	100	21.98	17.43	74.64	53.51
吉林	100	17.59	98.30	75.72	72.90
黑龙江	100	8.33	60.26	70.51	59.78
上海	100	100	8.14	100	77.03
江苏	100	43.22	8.83	72.19	56.06
浙江	100	58.1	10.3	76.1	61.13
安徽	100	24.19	50.88	71.57	61.66
福建	100	31.51	18.83	63.84	53.55
江西	100	23.18	51.44	66.9	60.38
山东	100	25.95	20.69	74.6	55.31
河南	100	22.33	49.56	67.54	59.85
湖北	100	22.83	78.04	70.44	67.83
湖南	100	20.65	65.24	74.97	65.21
广东	100	48.08	9.24	78.19	58.88
广西	100	12.16	37.21	71.44	55.20

续表

地区	指　数				经济转型指数 EI_T
	农业劳动力比重	农业增加值比重	服务业劳动力比重	服务业增加值比重	
海南	100	9.49	35.88	83.03	57.1
重庆	100	29.86	39.09	74.93	60.97
四川	100	18.88	33.42	73.85	56.54
贵州	100	13.93	100	70.81	71.18
云南	100	15	65.06	74.14	63.55
西藏	100	23.9	100	76.65	75.14
陕西	100	24.59	51.3	64.55	60.11
甘肃	100	16.03	100	77.63	73.42
青海	100	19.38	100	71.44	72.7
宁夏	100	25.19	87.66	70.78	70.91
新疆	100	14.4	35.68	72.71	55.7

资料来源：《中国统计年鉴2020》，中国统计出版社，2020年，表3-9、4-5、4-6。

2019年，全国各地区综合经济现代化水平最高的是上海（76），其次是天津（74）、北京（72）、西藏（70）。2019年，西藏的综合经济现代化水平高于全国平均水平9.34。2019年，西藏的经济进步指数和经济转型指数均高于全国平均水平，其中经济转型指数高于全国平均水平29.58，经济增长指数则低于全国平均水平。

表3-24　2019年中国各地区综合经济现代化水平评价

地区	经济增长指数 EI_G	经济进步指数 EI_A	经济转型指数 EI_T	综合经济现代化指数 MI_{ec}
北京	74	61.9	83.02	72
天津	77.65	70.6	73.68	74

续表 1

地区	经济增长指数 EI_G	经济进步指数 EI_A	经济转型指数 EI_T	综合经济现代化指数 MI_{ec}
河北	59. 18	52. 45	56. 04	56
山西	57. 1	50. 6	72. 36	59
内蒙古	66. 21	48. 73	66. 2	60
辽宁	57. 09	53. 66	53. 51	55
吉林	52. 46	51. 88	72. 9	58
黑龙江	57. 79	51. 01	59. 78	56
上海	72. 88	78. 31	77. 03	76
江苏	68. 36	65. 47	56. 06	63
浙江	61	66. 25	61. 13	63
安徽	59. 05	50. 69	61. 66	57
福建	66. 6	54. 32	53. 55	58
江西	56. 27	54. 72	60. 38	57
山东	57	54. 47	55. 31	56
河南	63. 07	48. 99	59. 85	57
湖北	67. 38	46. 53	67. 83	60
湖南	67. 92	47. 54	65. 21	59
广东	61. 1	75. 02	58. 88	65
广西	56. 31	55. 39	55. 2	56
海南	58. 63	59. 45	57. 1	58
重庆	61. 32	51. 99	60. 97	58
四川	66. 76	50. 53	56. 54	58
贵州	60. 17	58. 06	71. 18	63
云南	63. 61	52. 94	63. 55	60
西藏	52. 99	87. 24	75. 14	70
陕西	64. 96	50. 5	60. 11	58
甘肃	49. 97	60. 79	73. 42	61

续表 2

地区	经济增长指数 EI_G	经济进步指数 EI_A	经济转型指数 EI_T	综合经济现代化指数 MI_{ec}
青海	62.6	63.84	72.7	66
宁夏	63.79	55.01	70.91	63
新疆	61.81	58.42	55.7	59

数据来源：根据本章第二节阐述的评价方法计算得出。

（四）1980—2019 年西藏的综合经济现代化水平

1980—2007 年，西藏的综合经济现代化指数时升时降。2012—2019 年，西藏的经济进步指数从 29 提高至 70，进步巨大。虽然西藏的经济增长指数与全国还存在差距，但从增速来看，其增速快于经济进步指数和经济转型指数。

表 3－25　1980—2019 年西藏综合经济现代化水平变化

年份	经济增长指数 EI_G	经济进步指数 EI_A	经济转型指数 EI_T	综合经济现代化指数 MI_{ec}	西藏 MI_{ec}—全国平均 MI_{ec}
1980	4.01	0.43	19.47	3	－6.34
2012	14.87	41.51	39.88	29	－3.63
2019	52.99	87.24	75.14	70	9.34
1980—2012	10.86	41.08	20.41	26	－
2012—2019	38.12	45.73	35.26	41	－
1980—2019	48.98	86.81	55.67	67	－

资料来源：根据表 3－13、3－14、3－15、3－16、3－17、3－18、3－19、3－20、3－21、3－22、3－23、3－24、3－25 汇总整理。

第四节　西藏经济现代化水平的区内比较

区域经济往往呈现出一种不平衡的发展，从西藏经济现代化水平在全国所处的地位不难看出，我国的区域经济亦呈现出一种不均衡的发展，全国各地区的差距在逐渐扩大。西藏共有7个地市，即拉萨市、昌都市、山南市、日喀则市、那曲市、阿里地区、林芝市，它们的经济现代化水平也不尽相同，经济发展亦不均衡。下面将对西藏这7个地市的经济现代化发展水平进行评价。

一、西藏各地区经典经济现代化水平评价

（一）2000年西藏各地区经典经济现代化水平的区内比较

2000年西藏各地区经典经济现代化指数最高的是拉萨市，其次是林芝市、阿里地区、昌都地区、山南地区、日喀则地区，最低的是那曲地区。2000年拉萨市已经进入经典经济现代化的发展期，山南地区、日喀则地区、林芝也开始了经典经济现代化的进程，昌都地区、那曲地区和阿里地区则还处于传统的农业经济。其中，拉萨市、林芝市发展最好，其经济增长指数、经济进步指数和经济转型指数都明显高于其他5个地区；那曲地区的经济进步指数为3.99，是西藏这7个地市里面最低的，并且与其他6个地市的差距较大；山南地区的经济增长指数较低，但产业转型指数排名第三；昌都地区的经济增长指数较高，但经济转型指数较低。

表3-26　2000年西藏自治区经典经济现代化水平评价

地市	经济增长			经济进步			经济转型			经典经济现代化指数 MI_{ce}
	指数		经济增长指数 EI_G	指数		经济进步指数 EI_A	指数		经济转型指数 EI_T	
	增长绩效	增长潜力		进步标志	进步绩效		就业转型	产业转型		
拉萨市	16.21	12.26	14.24	—	15.78	15.78	55.1	100	77.55	26
昌都地区	4.5	9.37	6.94	—	4.52	4.52	36.5	25.92	31.21	10
山南地区	4.99	4.64	4.82	—	4.33	4.33	37.08	50.82	43.95	10
日喀则地区	5.64	7.79	6.72	—	4.50	4.50	39.47	33.56	36.52	10
那曲地区	4.25	6.37	5.31	—	3.99	3.99	35.3	32.51	33.9	9
阿里地区	7.06	10.88	8.97	—	5.32	5.32	37.43	26.93	32.18	12
林芝市	12.18	9.88	11.03	—	11.39	11.39	38.65	65.50	52.08	19

资料来源：《西藏统计年鉴2001》，中国统计出版社，2001年，表2-10、3-5、

4－1。

说明：计算2000年西藏经典经济现代化水平时，用第一产业总产值代替农业增加值，第二产业总产值代替制造业增加值，第一产业就业人员代替农业劳动力。

（二）2007年西藏各地区经典经济现代化水平的区内比较

2007年西藏所有地区都已开始了经典经济现代化的进程，其中拉萨市已经进入了经典经济现代化的发展期，经典经济现代化水平比2000年有所提高。经典经济现代化指数最高的地区是拉萨市，其次是林芝市、阿里地区、山南地区、那曲地区、昌都地区和日喀则地区。阿里地区发展迅速，其经典经济现代化指数从2000年的倒数第一名跃居2007年的第三名。西藏地区经典经济现代化的差距开始拉开，拉萨市和林芝市的经典经济现代化水平远远领先（两者的经典经济现代化指数分别为49和41），阿里地区的经典经济现代化水平居中，其他四个地区的经典经济现代化水平则落后于西藏地区的平均水平（西藏地区平均经济现代化指数为30）。从经济增长指数来看，2007年西藏地区经济增长指数最高的是拉萨市，其次是林芝地区、阿里地区、日喀则地区、那曲地区、昌都地区和山南地区。就增长潜力指数而言，最高的是林芝地区，其次分别是阿里地区、拉萨市、日喀则地区、昌都地区、那曲地区和山南地区；增长绩效指数最高的是拉萨市，其次是林芝地区、阿里地区、日喀则地区、那曲地区、昌都地区和山南地区。日喀则地区的经济增长指数、经济增长绩效指数以及经济增长潜力指数都是居中的。2007年西藏经济进步最快的地区是拉萨市，其次是林芝地区、阿里地区等，日喀则地区的经济进步指数是最低的。从经济转型来看，2007年经济转型指数最高的是拉萨市，其次是山南地区、林芝地区、阿里地区、那曲地区、日喀则地区和昌都地区。2007年西藏有3个地市，即拉萨市、山南地区和林芝地区已经完成经典经济现代化阶段的产业转型，但就业转型还比较滞后。

表 3－27　2007 年西藏经典经济现代化水平评价

地市	经济增长			经济进步			经济转型			经典经济现代化指数 MI_{ce}
	指数		经济增长指数 EI_G	指数		经济进步指数 EI_A	指数		经济转型指数 EI_T	
	增长绩效	增长潜力		进步标志	进步绩效		就业转型	产业转型		
拉萨市	47.35	16.61	31.98	–	44.53	44.53	65.64	100	82.82	49
昌都市	13.37	13	13.18	–	15.90	15.90	37.25	52.48	44.86	21
山南市	18.14	6.77	12.46	–	18.81	18.81	50.71	100	75.35	26
日喀则市	15.63	14.63	15.13	–	11.93	11.93	45.34	54.39	49.86	21
那曲市	16.21	11.83	14.02	–	14.57	14.57	39.81	72.14	55.98	23
阿里地区	29.03	18.76	23.89	–	20.97	20.97	43.07	70.82	56.94	31
林芝市	37.07	20.56	28.82	–	33.31	33.31	42.13	100	71.06	41

资料来源：《西藏统计年鉴 2008》，中国统计出版社，2009 年，表 2－10、3－5、4－4。

说明：（1）计算 2007 年西藏经典经济现代化水平时，用第一产业总产值代替农业增加值，第二产业总产值代替制造业增加值；（2）由于《西藏统计年鉴 2008》未统计西藏各地区工业劳动力、服务业劳动力的数据，以及知识化、信息化、绿色化和全球化的数据，有效指标不足 60%，因此没有评价 2007 年西藏各地区第二次经济现代化水平和综合经济现代化水平。

（三）2012 年西藏各地区经典经济现代化水平的区内比较

2012 年，拉萨市的经济增长绩效显著，达到 94.01，地区之间差异明显；经济增长潜力方面，除拉萨市外，其余 6 个地市的经济增长潜力均偏低。2012 年，西藏各地区的工业化水平普遍低于 2002 年发达国家的平均水平，工业化水平的地区差异较大，其中拉萨市的工业化水平最高，那曲市的最低。2012 年，西藏有 3 个地市的产业转型已经达到 2002 年发达国家的水平，即拉萨市、山南地区和林芝地区，而昌都地区的产业转型最慢。

表 3－28　2012 年西藏自治区经典经济现代化水平评价

地市	经济增长			经济进步			经济转型		
	指数		经济增长指数 EI_G	指数		经济进步指数 EI_A	指数		经济转型指数 EI_T
	增长绩效	增长潜力		进步标志	进步绩效		就业转型	产业转型	
拉萨市	94.01	51.04	72.53	76.61	—	76.61	—	100	100
昌都地区	27.65	28.61	28.13	5.16	—	5.16	—	48.54	48.54
山南地区	44.96	26.81	35.89	28.94	—	28.94	—	100	100
日喀则地区	33.18	32.26	32.72	8.75	—	8.75	—	52.39	52.39
那曲地区	28.54	28.53	28.53	1.09	—	1.09	—	60.53	60.53
阿里地区	54.35	39.52	46.94	5.62	—	5.62	—	67.81	67.81
林芝地区	75.08	43.75	59.41	21.08	—	21.08	—	100	100

资料来源：《西藏统计年鉴 2013》，中国统计出版社，2013 年，表 2－10、8－11、9－11、9－12、17－1、17－2；《西藏统计年鉴 2020》，中国统计出版社，2013 年，表 3－3。

说明：(1) 评价 2012 年西藏经典经济现代化水平时，用农业总产值代替农业增加值，工业总产值代替制造业增加值；(2) 由于没找到 2012 年按地区分的西藏三次产业从业人员数经济进步绩效指数，加之就业转型指数缺乏按地区、按产业分的劳动力数据无法计算，指数值缺少了 1/3，因此没有计算 2012 年经典经济现代化指数；(3) 由于指标不足 60%，因此没有评价 2012 年西藏的第二次经济现代化水平和综合经济现代化水平。

(四) 2019 年西藏各地区经典经济现代化水平的区内比较

2019 年，西藏拉萨市、阿里地区和林芝市的经济增长绩效已经达到发达国家 2002 年的水平，其中拉萨市经济增长速度最快，经济增长指数已经略超过发达国家 2002 年经典经济现代化的水平。2019 年，拉萨市的工业发展水平略超过发达国家 2002 年经典经济现代化的水平，但其余地区发展水平总体还偏低。2019 年，拉萨市、山南市、林芝市农业转型已经超过 2002 年发达国家的水平，阿里地区已经接近这一水平，其余地区农业转型水平与工业化水平相比也较好。

表 3－29　2019 年西藏经典经济现代化水平评价

地市	经济增长			经济进步			经济转型		
	指数		经济增长指数 EI_G	指数		经济进步指数 EI_A	指数		经济转型指数 EI_T
	增长绩效	增长潜力		进步标志	进步绩效		就业转型	产业转型	
拉萨市	100	100	100	100	—	100	—	100	100
昌都市	57.45	37.99	47.72	25.33	—	25.33	—	69.01	69.01
山南市	93.15	45.24	69.2	61.52	—	61.52	—	100	100
日喀则市	66.3	57.59	61.95	23.69	—	23.69	—	71.26	71.26
那曲市	57.23	40.74	48.98	12.1	—	12.1	—	79.81	79.81
阿里地区	100	65.02	82.51	11.44	—	11.44	—	96.47	96.47
林芝市	100	62.24	81.12	34.22	—	34.22	—	100	100

资料来源：《西藏统计年鉴 2020》，中国统计出版社，2020 年，表 2－10、3－3、8－7、17－1、17－2。

说明：(1) 评价 2019 年西藏经典经济现代化水平时，用农业总产值代替农业增加值，工业总产值代替制造业增加值；(2) 由于没找到 2019 年按地区分的西藏三次产业从业人员数，加之经济进步指数和就业转型指数缺乏按地区、按产业分的劳动力数据无法计算，指数值缺少了 1/3，因此没有计算 2019 年西藏经典经济现代化指数；(3) 由于指标不足 60%，因此没有评价 2019 年西藏的第二次经济现代化水平和综合经济现代化水平。

二、西藏各地市第二次经济现代化水平评价

2000 年，西藏第二次经济现代化指数最高的是林芝市，其次是拉萨市、阿里地区、那曲地区、山南地区、昌都地区和日喀则地区。那曲地区和阿里地区的经济增长绩效指数较低（分别为 1.17 和 1.94），但这两个地区的经济增长潜力指数都较高（分别为 21.67 和 23.6），还有较大的经济增长潜力；经济进步指数除拉萨市和林芝市稍高外，其他地区都较低，且相差不大；西藏各地区的产业转型指数明显高于各地区相应的就业转型指数。

表 3-30 2000 年西藏第二次经济现代化水平评价

地市	经济增长			经济进步			经济转型			第二次经济现代化指数 MI_{se}
	指数		经济增长指数 EI_G	指数		经济进步指数 EI_A	指数		经济转型指数 EI_T	
	增长绩效	增长潜力		进步标志	进步绩效		就业转型	产业转型		
拉萨市	4.46	8.98	6.72	—	5.09	5.09	45.5	78.55	62.03	13
昌都地区	1.24	6.16	3.7	—	1.46	1.46	36.1	40.99	38.54	6
山南地区	1.37	8.33	4.85	—	1.40	1.40	36.55	57.02	46.78	7
日喀则地区	1.55	2.57	2.06	—	1.45	1.45	38.01	55.13	46.57	5
那曲地区	1.17	21.67	11.42	—	1.29	1.29	35.97	45.32	40.64	8
阿里地区	1.94	23.60	12.77	—	1.72	1.72	38.11	41.71	39.91	10
林芝地区	3.35	34.83	19.09	—	3.67	3.67	38.44	58.58	48.51	15

资料来源：《西藏统计年鉴 2001》，中国统计出版社，2001 年，表 2-10、3-5、4-1。

说明：评价 2000 年西藏第二次经济现代化水平时，第一产业总产值代替第一产业增加值，第二产业总产值代替工业增加值，第二产业从业人员代替工业劳动力。

三、西藏各地区综合经济现代化水平的区内横向比较

2000 年，林芝市的经济增长指数最高，其次分别是阿里地区、那曲地区、拉萨市、山南地区、昌都地区和日喀则地区，各地区之间经济增长指数存在一定的差距；2000 年经济转型指数最高的是阿里地区，其次分别是昌都地区、那曲地区、日喀则地区、林芝地区、山南地区和拉萨市，西藏各地之间的经济转型指数差距不大。从经济增长方面来看，2000 年人均 GNP 指数和服务业生产率指数最高的是拉萨市，其次是林芝地区；西藏各地区的农业生产率指数相差不大；工业生产率指数最高的是林芝地区（34.83），其次分别是阿里地区（23.6）、那曲地区（21.67），另外 4 个地区的工业生产率指数还不到 9。从经济转型方面来看，2000 年西藏各地区农业劳动力比重指数最高的是拉萨市（7.35），各地区之间差距不大；农业增加值比重指数最高的是拉萨市，其次是林芝地区，各地区之间差距明显；除拉萨市外，西藏各地区的服务业劳动力比重指数均达到了

100；昌都地区和阿里地区的服务业增加值比重指数也已经达到了100。

表3－31　2000年西藏综合经济现代化水平评价

地市	经济增长					经济进步				经济转型
	指数				经济增长指数 EI_G	指数				经济转型指数 EI_T
	人均GNP	农业生产率	工业生产率	服务业生产率		农业劳动力比重	农业增加值比重	服务业劳动力比重	服务业增加值比重	
拉萨市	4.42	3.09	8.98	2.82	4.83	7.35	13.91	98.74	54.56	43.64
昌都地区	1.23	2.36	6.16	1.23	2.74	4.87	3.46	100	100	52.08
山南地区	1.36	1.17	8.33	0.86	2.93	4.94	6.78	100	75.17	46.72
日喀则地区	1.54	1.96	2.57	0.96	1.76	5.26	4.47	100	77.73	46.87
那曲地区	1.16	1.6	21.67	0.98	6.35	4.71	4.33	100	94.56	50.9
阿里地区	1.92	2.74	23.60	1.5	7.44	4.99	3.59	100	100	52.15
林芝地区	3.32	2.49	34.83	2.3	10.73	5.15	8.73	100	73.17	46.76

资料来源：《西藏统计年鉴2001》，中国统计出版社，2001年，表2－10、3－5、4－1。

说明：(1) 评价2000年西藏综合经济现代化水平时，用人均GDP代替人均GNP，第一产业总产值代替农业增加值，第二产业总产值代替工业增加值，第三产业总产值代替服务业增加值，第一产业从业人员代替农业劳动力，第二次从业人员代替工业劳动力，第三产业从业人员代替服务业劳动力；(2) 由于2000年西藏各地区知识化、信息化、绿色化和全球化的数据未找到，所以只计算了经济增长指数和经济转型指数；(3) 由于计算综合经济现代化水平所需的三个指数缺了一个经济进步指数，所以没有评价2000年西藏综合经济现代化水平。

第五节　小　结

2004年，中国科学院创立了国别经济现代化评价方法。根据他们的评价结果，在2002年参评的108个国家中，中国的经典经济现代化排在第64名，处于发展时期，第二次经济现代化和综合经济现代化的排名分别为68和69，与世界平均水平相差较大。2002年，中国台湾和澳门的经典经济现代化水平已经达到工业化国家在1960年时的水平，中国香港的经典经济现代化水平也接近该水平，但中国大部分地区还处于经典经济现代化的起步期。其中，西藏经典经济现代化、第二次经济现代化及综合经济现代化在全国的排名分别为第30、第5和第9。根据这一测算，1990年以来西藏经济现代化的速度明显加快，如果按照1990—2002年的年均增长速度计算，则西藏实现经典经济现代化需要38年的时间，即西藏将于2040年实现工业化。借鉴这一方法，我们分别以1980、2012和2019年为时间节点测算西藏现代化水平，结果如表3－32所示。

表3－32　1980—2019年西藏经济现代化的增长率

指数类型	1980	2012	2019	年均增长率（%）			
				1980—2000	1990—2000	2000—2007	2012—2019
经典经济现代化指数	8	39	83	1.61	4.62	13.69	8.75
第二次经济现代化指数	9	44	65	4.57	2.03	－7.24	4.43
综合经济现代化指数	3	29	70	7.61	2.66	－10.46	10.29

资料来源：根据本章计算内容测算汇总。

从时间序列上来看，1980—2019年，西藏的经济现代化水平发展迅速，其中，经典经济现代化指数从1980年的8增加到2019年的83，第二次经济现代化指数从9增至65，综合经济现代化指数从3增至70，但在不同的年份年均增幅不同（见表3－32）。从表3－32可知，1980—2000年西藏第二次经济现代化指数增幅最快，2000—2007年经典经济现代化指数增幅最快，2012—2019年综合经济现代化指数增幅最快。从西藏经济化水平评价的结果可以看出，西藏经济的增长绩效明显，但增长潜力未能发挥出来，第二产业尤其是工业已经成为西藏实现经典经济现代化、第二次经济现代化和综合经济现代化的制约因素。

从西藏内部各区域来看，拉萨市区位最具优势，各项经济现代化指标都较好，西藏区内各地市之间经济现代化发展不平衡、水平差异明显。经过改革开放40多年的发展，西藏经济社会取得了长足的发展。但西藏经济发展的粗放型、初级性特性依然明显，总体产业层次低、规模小，对内对外开放程度偏低，进出口对经济现代化的拉动作用有限。西藏各地区需要加大力度提高农业生产率和工业化水平。

第四章

西藏经济现代化的规律性特征考察

西藏的经济现代化，如果从1951年的和平解放算起，到2021年已有70年的历史；如果从1959年的民主改革算起，到2021年已有62年的历史。西藏经济现代化与我国经历的“站起来”到“富起来”再到“强起来”的历史轨迹，形成一一对应，并且有了自身的演化规律。研究西藏经济现代化最重要的是总结历史规律，这对于我们科学认识西藏经济现代化具有重要的价值，对于未来推进西藏经济现代化也有着重要的意义。西藏经济现代化的历史规律总是从不同侧面向人们展示。从历史断面来看，西藏经济现代化已经取得了了不起的成就；从连续的历史过程来看，西藏经济现代化走过曲折的道路；与我国其他地区尤其是沿海发达地区相比，西藏经济现代化尚处于中初期阶段。因此，总结和研讨西藏经济现代化的规律需要从不同的角度去考察。

第一节　从经济现代化的动力角度考察

从一般意义上讲，经济现代化首先是社会内部的变化，外部因素是通过内部因素发挥作用的。西藏的经济现代化也不例外。所谓内部因素，是将西藏作为中国一个省级行政区，暂时将其看成一个封闭的系统。表面上看，西藏经济现代化似乎是从西藏之外的资源输入，甚至是一项制度，但探究其深层原因，则可以看到西藏经济现代化的内在动力因素，即西藏经济从传统走向现代化①、从欠发达走向发展最终走向发达的进程中经济增长机制的形成。本节主要从这三方面对西藏经济现代化的动力机制和历史经验进行总结。

一、资本形成：西藏经济现代化的第一推动力

经济增长是经济现代化的核心，经济增长的动力或因素在西方经济学理论中主要分为三类：资本、劳动力以及技术进步，也有学者将其进一步细化为五类：资本、劳动、技术进步、企业家精神和制度。据相关研究，在西藏，具有生产率性质的增长因素如企业家精神、技术、制度等，与西藏经济增长的相关性还较弱。西藏的经济增长主要依赖于资本，特别是中央政府的财政补助。此外，人口增长所带来的劳动力增加也是其经济增长的重要动力之一。

在新古典经济学中，经济增长主要与储蓄率、人口增长率和技术进步有关，在储蓄率、人口增长率和技术条件处于同一水平时，两个拥有同样生产函数的国家的收入水平将最终趋于一致。储蓄通过投资作用于经济增长，较高的储蓄率导致信贷资金总量增加，进而投资会随之增加，较高的投资率在投资乘数的作用下促进经济增长，提高收入水平。

众所周知，哈罗德－多马（Harrod-Domar）模型虽然是用来论述发达国家的经济增长，但它同样适用于发展中国家和地区。事实上，对于经济欠发达地区来讲，其收入水平低，资本也就稀缺。因此，从传统经济模式中走出来，实现经济的加速增长，就必须加快资本形成。纳克斯（Ragnar Nurkse）对“资本形成”的全面定义是：社会不把它的全部现行生产活动，用之于满足当前消费的需要和愿望，而是将其一部分用之于生产资本

---

① 罗斯托的经济成长阶段论按照科学技术、工业发展水平、产业结构和主导部门的演变特征，将一个地区、国家，甚至全世界的经济发展历史分为6个“经济成长阶段”，即传统社会阶段、为起飞创造前提阶段、起飞阶段、向成熟推进阶段、高额群众消费阶段和追求生活质量阶段。参见［美］W. W. 罗斯托著，郭熙保译：《经济成长的阶段》，中国社会科学出版社，2001 年。

品：工具和仪器、机器和交通设施、工厂和设备——各式各样可以用来大大增加生产效能的真实资本（Real Capital）。而且，资本形成过程的实质，是将社会现有的部分资源抽调出来增加资本品存量，以便使将来可消费产品的扩张成为可能。①

狭义的“资本形成”主要指的是“物质资本”（Material Capital），即实物形态的机器、工具设备、厂房、建筑物、交通工具与设施等长期耐用的生产资料，包括固定资产和生产所必需的存货。它表明的是现有的生产能力和未来的生产潜力。物质资本形成是投资过程的结果，它来源于生产量超过当前消费量的“剩余”即储蓄，这种生产“剩余”或储蓄，通过投资和生产，转化为耐用资本。资本形成最初来源于生产剩余即储蓄，再由储蓄转化为投资，最后才转变成机器设备、厂房、交通工具、基础设施等物质资本。② 在一个开放的经济中，一国的总储蓄包括国内储蓄和国外储蓄两大部分。根据储蓄的不同经济主体，国内储蓄包括个人储蓄、企业储蓄和政府储蓄；国外储蓄则包括外国官方和私人储蓄。

西藏的经济增长主要是由投资推动的，1951—2021 年在西藏投入的资金达到 1.67 万亿元。西藏的投资主要来源于中央财政拨款投资，以该投资增量引致的经济增长一般成为“外生”经济增长。事实上，通过以下对西藏财政收入及支出的分析可以看出，西藏作为附属经济体的增长主要是靠中央政府转移支付的外力来实现的。图 4 - 1 报告了 1993—2017 年资本形成总额增长情况。从中可以看出，近 10 年中，西藏资本形成总额增长非常快。

西藏资本形成得益于中央在西藏安排的一系列重大建设项目。新中国成立后不久，国家便在财力极其困难的情况下，集中大量人力、物力修建川藏、青藏公路。1985 年西藏自治区成立 20 周年，中央安排了 43 项重点工程建设项目；1995 年西藏自治区成立 30 周年，中央政府又送出 62 项重点项目的“大礼包”。进入 21 世纪，中央政府对西藏规划的投资额不断

---

① ［美］讷克斯（Ragnar Nurkse）著，谨斋译：《不发达国家的资本形成问题》，商务印书馆，1966 年。

② 根据国民收入计算，储蓄（S）是一国在一定时期（如一年）内国民收入（Y）中扣除消费（C）后的剩余，是放弃现期消费的结果。即：S = Y - C。

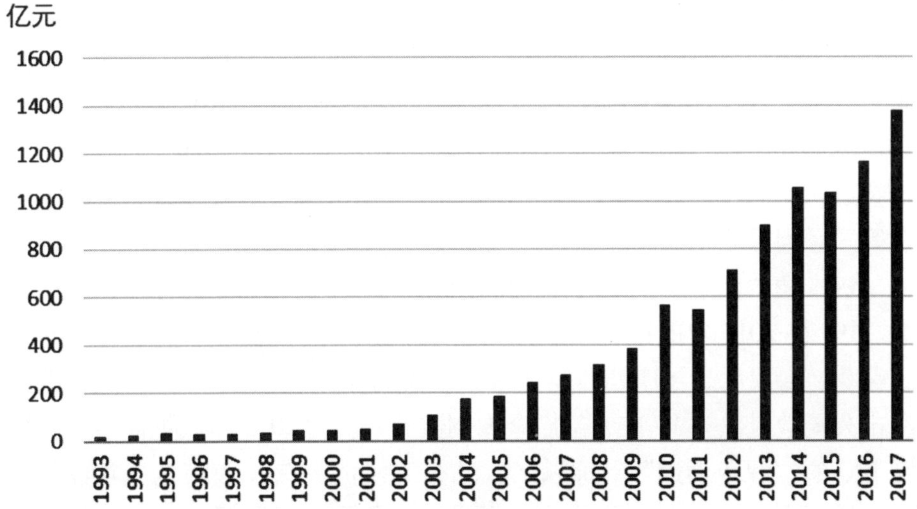

图 4－1　1993—2017 年西藏资本形成总额增长

资料来源：1998—2018 年《中国统计年鉴》，中国统计出版社；《新中国五十年统计资料汇编（1949—1998）》，中国统计出版社，1999 年，表 C26－6。

说明：在现有的统计资料中，1993 年以前和 2017 年以后均无“资本形成总额”统计指标。

增加。2001 年召开的中央第四次西藏工作座谈会确定了国家直接投资的建设项目 117 个，总投资约 431 亿元。考虑到西藏的特殊情况，西藏的重点建设项目资金主要由国家来承担，不要求地方投入配套资金。国家投资和中央财政扶持，主要用于农牧业、基础建设、科技教育、基层政权相关设施建设，以及生态环境保护和建设，着重解决制约西藏发展的“瓶颈”和突出困难。2010 年召开的中央第五次西藏工作座谈会确定“十二五”期间重点支持西藏 226 个重点项目建设，规划项目总投资达 3305 亿元，其中“十二五”期间计划完成投资 1931 亿元，包括安排中央政府投资 1384 亿元。国家投资和中央财政主要用于扶持民生工程、基础设施、特色产业发展、生态环境等重要领域的建设项目。2015 年召开的中央第六次西藏工作座谈会确定“十三五”期间，中央安排西藏的重点项目 197 个，投入资金 2674 亿元，中央政府为西藏安排的重点项目主要集中在保障和改善民生、基础设施建设、生态环境保护、基层政权和社会管理能力建设，以及特色优势产业发展五大领域。

除了中央政府投资，全国支援西藏也有力推动了西藏资本的形成。截至2020年，对口援藏投入资金已达527亿元，尤其是2016年以来，各对口援藏部委、省市和企业加大对口支援力度，累计签约援藏项目247个、资金近350亿元，实施了产业、智力、科技、企业、就业以及医疗教育人才等一系列援藏工作。

资本像“活水”一样不断涌向西藏，为西藏经济现代化注入新的活力。1999—2015年的这16年间，在严格的发行审核制度下，西藏只有奇正藏药、海思科、灵康药业等3家企业发行上市。截至2015年底，西藏上市公司数量仅有11家，位居全国倒数第一。自2015年底证监会支持西藏IPO的“绿色通道”开通以来，已有7家企业在A股市场成功发行上市。2015年底以来，西藏共有9家企业发行上市。同时，上市公司融资站上新台阶。9家公司首发募集资金68亿元；6家上市公司再融资76亿元；3家上市公司发行可转债融资25亿元。截至2020年9月底，西藏共有A股上市公司20家、H股上市公司1家，A股上市公司总市值为2119.27亿元，是西藏2019年地区生产总值的1.25倍。此外，还有新三板挂牌公司21家，拟上市公司12家，上市后备企业21家。①

此外，国家金融政策创新和金融机构的金融产品创新也为西藏资本形成创造了良好条件。② 此不详述。

二、人力资本形成：西藏经济现代化的关键性因素

“资本形成”一词有时包括“物质资本”，也包括“人力资本”（Human Capital），即在技能、教育及健康等方面的投资，这是一种非常重要的投资形式，是一个广义的“资本形成”。这反映在上文纳克斯关于“资本形成”的定义之中。但一般习惯上将二者分开论述，通常所说的“资本形成”只是指“物质资本”，关于“人力资本”则另行标明。因为这两者的形成方式具有重大差异，主要包括：（1）用于教育的支出；（2）用

① 《西藏上市公司数量快速增长》，《中国证券报》2020年10月23日。

② 顾大局：《西藏金融行业改革开放30多年来的历史变迁——基于西藏商业银行信贷资源配置问题的探析》，《财经界》2017年第8期。

于卫生保健的支出；（3）用于劳动力国内流动的支出；（4）用于移民入境的支出。其中最重要的是教育支出，教育支出形成教育资本。通过教育可以提高劳动力的质量、劳动者的工作能力和技术水平，从而提高劳动生产率。其增长，特别是教育支出的增长是经济增长的源泉之一。

专栏 4-1　全国第六次、第七次人口普查揭示的西藏人口增长情况

西藏全区常住人口为 3002166 人，同 2000 年第五次全国人口普查相比，十年时间共增加了 38.58 万人，年平均增长率为 1.39%。年均增长速度比全国平均水平高出 0.82 个百分点。

西藏全区常住人口为 364.81 万人，与 2010 年西藏自治区第六次全国人口普查数据的 300.22 万人相比，增加 64.59 万人，增长 21.52%，年平均增长率为 1.97%。比 2000 年到 2010 年的年平均增长率 1.39%，提高了 0.58 个百分点。

数据表明，西藏人口几十年来保持持续增长态势。①

西藏由于地处青藏高原，地广人稀，地理条件有限。西藏人力资本的形成有两个重要方面：第一，西藏人口增长是其人力资本形成的基础。在和平解放前，西藏人口长期处于下降的趋势，到民主改革后才恢复增长，1964—1982 年是西藏人口大发展时期，到 1982 年以后，人口增长率逐渐下降，但是人口一直保持增长，西藏的自然增长率从 1990 年开始一直高于全国平均水平，不断增长的人口可以为西藏提供不断增长的劳动力储备，在投资不断增加的情况下，不断增长的人口也成为西藏经济增长的一大动力。同时，不断增加的人口也不断拉动西藏的需求，1995 年西藏全区的人均消费为 1202 元，其中农牧民人均消费水平为 762 元，城镇居民的人均消费水平为 3981 元；2017 年西藏人均消费水平为 10320 元，其中农牧民的人均消费为 6691 元，城镇居民的人均消费为 21088 元。所谓提高内需，实际上是从需求侧促进西藏的经济增长。但是，作为生态脆弱的

---

① 资料来源：全国第五次口普查办公室：《西藏自治区 2000 年第五次全国人口普查公报》，2001 年 3 月 29 日；全国第六次口普查办公室：《西藏自治区 2010 年第六次全国人口普查公报》，2011 年 5 月 3 日；全国第七次人口普查办公室：《西藏自治区第七次全国人口普查公报》，2021 年 5 月 20 日。

地区，人口的增长也会对西藏的可持续发展带来一定压力。

专栏4-2　全国第七次人口普查揭示的西藏人口类型

从年龄构成上看，0—14岁人口为89.49万人，占24.53%；15—59岁人口为244.22万人，占66.95%，青壮年劳动力仍然占绝大比重，仍处于人口红利期，劳动力资源较为丰富；60岁及以上人口为31.10万人，占8.52%，与全国比较的情况来看，在31个省市当中西藏是唯一占比低于10%的省区，远低于全国平均水平。①

第二，在人口增长的基础上，人力资本形成渠道打通。这包括人力资本投资的4个渠道。教育支出的增长以及在此基础上形成的教育规模扩大和质量提升。为改变西藏教育落后面貌，1951—2020年，国家累计投入教育经费2239.65亿元，推动西藏建立起涵盖学前教育、基础教育、职业教育、高等教育、继续教育、特殊教育的现代教育体系，并开展了学前至高中阶段15年的免费教育政策和“三包”政策，众多农牧区学生和城镇困难户学生的命运得到改变。新增劳动力人均受教育年限的提高，同样离不开国家对西藏特殊的教育政策。除免费教育政策外，西藏筹措设立了教育资助措施40项，建立了从学前教育到高等教育阶段的学生资助体系，资助范围实现各学段全覆盖、公办民办全覆盖、家庭经济困难学生全覆盖。2020年，西藏有各级各类学校3195所，其中普通高等学校7所，中职学校12所，中学143所，小学827所。学前教育三年毛入园率达87%，小学净入学率达99.93%，初中、高中、高等教育毛入学率分别达106.99%、90.2%、56.14%，县域义务教育实现基本均衡发展，义务教育巩固率达95.03%。全国第七次人口普查（2020年）的数据显示，自第六次全国人口普查（2010年）以来，每10万人中具有大学（指大专及以上）文化程度者由2010年的0.55万人上升为1.10万人，增长1倍；具有高中（含中专）文化程度者由0.44万人上升到0.71万人，增长61.57%。西藏受教育程度明显提升，人口素质显著提高。

① 资料来源：全国第七次人口普查办公室《西藏自治区第七次全国人口普查公报》，2021年5月20日。

用于卫生保健的支出以及在此基础上形成的健康保健改善。西藏地处青藏高原腹地，平均海拔超过4000米，自然环境恶劣，高寒缺氧，现代医疗事业发展起步相对较晚。“十三五”末西藏的卫生技术人员数量比“十二五”末增长48.2%；三级甲等医院增加到11家，每千人床位数从4.5张增至4.9张；400多种较大疾病在西藏就能得到治疗。西藏的医疗卫生事业进步离不开中央和全国各族人民的支持和帮助。中央第六次西藏工作座谈会召开后，医疗人才“组团式”援藏工作启动。截至2020年，共有841名医疗人才进藏。除包虫病外，大骨节病、先天性心脏病、白内障等曾经困扰西藏群众的地方病也得到有效控制。1951年，西藏人均预期寿命仅35.5岁。2020年，西藏人均预期寿命已达71.1岁，比和平解放初期翻了一番，比第六次人口普查时的68.17岁增加了1.93岁；孕产妇死亡率、婴儿死亡率分别下降至0.5‰和8‰，较“十二五”末分别下降50%，均为历史最低值。

随着西藏经济社会发展速度的不断加快，西藏人口流动活跃。西藏人口的流动表现出两个趋势，即区内流动和区外流动。对外开放水平的不断提高，极大地吸引了外来人口进藏投资、经商。根据普查资料显示，区外流入人口数为40.71万人，比2010年增加24.17万人，增长146.11%，年均增长9.42%。从西藏流出的人口主要有两方面，一是向成都等内地教育医疗条件较好的地区流入，包括就学、就医、养老等原因，在成都等地购买住房；二是西藏籍的大学毕业生在内地就业，后一种情况的人数在逐年增加。至于从西藏流入内地的人数，无法获取具体数据。区内流动是流动人口一半以上向西藏各市（地）主城区流动，中心城市集聚度不断加大。另外，从人口城乡结构上看，西藏常住人口的城镇化率大幅提高。10年间城镇常住人口增加了62.29万人，常住人口城镇化率提高了13.06%，比上一个10年的增幅又上升了9.69%。普查资料显示，居住地与户籍所在地不一致的现象已相当普遍，2020年人户分离人口达到103.11万人，约占总人口的28.26%，比2010年增加76.91万人，增长293.55%，年均增长率为14.68%。这一现象反映了西藏人口流动这一本质，同时，人口流动促进了人力资本改善。

三、科技进步：西藏经济现代化的新动能

经济发展是由资本和劳动力推动的，除此之外，技术进步也是重要因素。美国经济学家索洛认为，在经济增长中，有一部分仅凭资本和劳动是无法解释的；索洛将之归结为科技进步的作用。这也就是有名的“索洛余值”。并且，后来人们发现，科技进步在其中的贡献越来越大。“索洛余值”实际上是一个难以观察的“黑箱”，除开科技因素以外，还包括一系列制度革新因素，甚至包括企业家及其企业家精神的形成。西藏经济现代化过程也体现“索洛余值”是解释西藏经济增长的一个重要变量。

科技进步作为西藏经济现代化的推动力显得越来越重要。“十三五”以来，西藏通过优化科技创新环境、强化科技创新发展战略布局、加大科技投入、培育人才队伍等举措，使得越来越多契合高原需求的科技成果走进千家万户。如前所述，“十三五”时期，西藏实施国家和自治区各类科技计划项目近千项，落实安排国家、西藏自治区科技计划项目资金16.3亿元，其中，农牧业财政科技投入占全部财政科技投入的比重超过60%。“十三五”时期，科技创新对西藏经济社会发展的支撑作用显著增强，西藏科技进步对经济增长贡献率达到45.6%，对农牧业发展贡献率达到55%，分别较“十二五”末增长5.6个、10个百分点。

市场经济在西藏的发展催生了西藏企业家及企业家精神的形成。截至2020年底，民营经济市场主体达到34.6万户。除了这些民营企业外，西藏还有国有企业或者国有控股企业，国有企业是在和平解放进程中诞生的。1951年9月，昌都解放委员会邮电局、银行、贸易公司成立，1952年6月，西藏工委以随军贸易为基础，在拉萨成立第一家国营企业——西藏贸易总公司，从此开启了西藏国有企业和国有经济从无到有、从小到大的发展历程。2020年，国有和国有控股企业稳定在大约300户。无论是民营企业还是国有企业，都是活跃在西藏的市场经济主体，与西藏千家万户相连，与区内外、国内外的市场相连。这些企业及企业家精神的形成，是西藏经济现代化最重要的推动力，也是西藏高质量发展的新动能。

当然，与中国其他地区相比，新动能在西藏的成长仍然显得非常不足。这是今后西藏现代化中必须重视的问题。

第二节　从西藏经济现代化的外部条件角度考察

从现代化的动力分析，西藏经济现代化也有其外部条件。特别需要注意的是，这里的内部和外部具有相对意义，我们将西藏看成是中国一个省级行政区，凡是来自西藏自治区之外的资源甚至一些影响都看成外部条件。

一、西藏的经济现代化与经济全球化密不可分

现代化起源于15、16世纪的欧洲，然后向世界其他地区扩散，进而成为一个世界性现象。非西方社会面对现代化的扩散，要么主动接受现代化的思想而走上现代化的道路，要么被动接受而被迫作出反应。当然，在非西方社会内部也孕育着现代化因素，自身也在技术进步推动下实现发展。无论是西方还是东方，无论是中国内地还是边疆民族地区，都要面对全球化。2017年1月17日，习近平在瑞士达沃斯国际会议中心出席“世界经济论坛2017年年会”开幕式时指出：

> 历史地看，经济全球化是社会生产力发展的客观要求和科技进步的必然结果，不是哪些人、哪些国家人为造出来的。经济全球化为世界经济增长提供了强劲动力，促进了商品和资本流动、科技和文明进步、各国人民交往。
>
> ……
>
> 人类历史告诉我们，有问题不可怕，可怕的是不敢直面问题，找不到解决问题的思路。面对经济全球化带来的机遇和挑战，正确的选择是，充分利用一切机遇，合作应对一切挑战，引导好经济全球化走向。①

现代化是一个趋同的过程，而造成趋同的过程正是全球化。“历史潮

① 习近平：《共担时代责任，共促全球发展》，《求是》2020年第24期。

流浩浩荡荡，顺之则昌，逆之则亡”①，一是说现代化是趋势，二是说现代化是来自世界的潮流。从起点来看，西藏的经济形态与祖国内地、世界其他地区之间存在某种差异；从终点来看，西藏的经济形态与祖国内地、世界其他地区之间的差异最终将会消失。而从起点到终点，实际上就是“化”的过程（汉语“化”，意即彻头彻尾），并展示出一种趋同的态势。当然，我们说“趋同”，并非“相同”，因为“相同”意味着要“全盘西化”，各地有自己的特点，经济现代化要走自己的道路，胡锦涛提出的“中国特色、西藏特点”的发展路子说明了这一点。② 我们说“趋同”是西藏与内地在经济发展方面已经体现更多的共同性，未来也要朝着增进共同性的道路前进。这是西藏经济现代化与祖国内地现代化之间的内在联系。而且，从西藏经济与其他地区之间的关系来看，起点上的西藏经济虽然与内地有联系，但其“孤岛经济”的特征比较明显。正是这一特征，当西藏和平解放之后内地大量援助西藏经济发展，援建的经济项目与原有的经济之间缺乏联系，才呈现出西藏经济的“非典型二元”特征。③ 终点上的西藏经济肯定与内地甚至世界经济完全融为一体。因此，从起点到终点，西藏的经济与祖国内地之间的联系会越来越多，现代思想、制度和生产生活方式渗透到经济社会的各个方面。

总之，西藏的经济现代化与经济全球化不可分，也是西藏经济现代化与祖国内地现代化彼此连接的一个必要条件。

二、西藏经济现代化与国家现代化的连接

（一）西藏经济现代化事关整个中国现代化大局

从理论上讲，现代化是一个复杂的过程，不能将现代化过程简单地归纳为某一个领域或者某一个范围。从范围的角度来看，中国的现代化就不能仅仅是中国某一个地域的现代化。从领域的角度来讲，中国的现代化是

---

① 1916年9月，孙中山到海宁盐官观看钱江大潮，回上海后写下了名言“世界潮流，浩浩荡荡，顺之则昌，逆之则亡”。

② 贺新元：《逐步探索具有中国特色、西藏特点的发展路子》，《中国社会科学报》2015年5月15日。

③ 孙勇主编：《西藏：非典型二元结构下的发展改革——新视角讨论与报告》，中国藏学出版社，2000年。

全领域的现代化。

新中国成立以来，历代国家领导人对中国现代化均作出规划。1964年首次提出“四个现代化”，即“在不太长的历史时期内，把我国建设成为一个具有现代农业、现代工业、现代国防和现代科学技术的社会主义强国”。1997年提出“到21世纪中叶建国一百年时，基本实现现代化”。2020年再次提出“到二〇三五年基本实现社会主义现代化，到本世纪中叶把我国建成富强民主文明和谐美丽的社会主义现代化强国”。在迈向社会主义现代化的新征程中，中央提出要着力解决“老少边穷”地区的现代化问题。

西藏作为一个典型的边疆民族地区，虽然已经完成消灭绝对贫困的战略性任务，但西藏经济社会发展仍然面临一系列重大现实问题。这些问题的解决是国家现代化建设中必须面对并加以解决的问题。1994年，江泽民在中央第三次西藏工作座谈会上指出：“西藏的稳定，涉及国家的稳定；西藏的发展，涉及国家的发展；西藏的安全，涉及国家的安全。”① 因此，西藏经济的现代化不再是局部的问题，而是一个事关整个中国现代化的大问题。

总之，西藏的现代化离不开祖国的现代化，祖国的现代化也不能没有西藏的现代化。没有西藏的现代化，祖国的现代化就不完整、不全面。和平解放使西藏再次回到祖国大家庭，从此开始，西藏经济的现代化是中国现代化发展不可分割的组成部分，也成为全国各族人民实现共同繁荣和中华民族实现伟大复兴的必然要求。

（二）西藏经济现代化离不开祖国的支持

从现代化的阶序来讲，西藏地区不仅与世界上发达国家和地区相比处于后进阶段，而且与祖国内地相比也处于后进阶段。这是一个客观事实。对于处于后进阶段的国家和地区，总是要接受来自发达国家和地区的影响，整个中国是处于现代化的后进阶段，必然要接受来自世界其他国家和地区，尤其是发达国家的影响。同样，处于后进阶段的西藏，总是要接受来自祖国内地的影响和帮助。这也是客观现实。

整个中国经济现代化的开启是在1840年以后西方殖民主义入侵下被

① 江泽民：《江泽民文选》第一卷，人民出版社，2006年，第390页。

迫进行的，因此，中国的早期现代化过程被中国人民视为一段屈辱的历史。新中国成立以来，中国的现代化进入加快推进时期，到2020年为止，中国的现代化已经是“百里半途”了。而作为中国不可分割的一部分的西藏，其经济现代化起步比内地晚。帝国主义入侵西藏并没有开启西藏经济的现代化，而是更加巩固原有的封建农奴制经济和“政教合一”的政治制度。1959年以后的民主改革才使西藏真正开启现代化的道路。

西藏经济现代化并非一帆风顺。一是没有赶上20世纪50年代社会主义建设热潮。那时的西藏按照《十七条协议》保持旧西藏的社会经济和政治制度不变，虽然中央也支持西藏加快基础设施建设和改善民生，但总体上讲仍然处于经济现代化的前夜。直到平定武装叛乱和进行民主改革之后，西藏才在中央的安排和全国支援下，真正走上现代化之路。二是相比于20世纪70年代末80年代初内地改革开放热潮“慢了半拍”。那时的西藏对于全国推行改革开放反应迟缓，直到1980年中央召开第一次西藏工作座谈会之后才慢慢跟上内地改革开放的步伐。三是没有赶上20世纪80年代末90年代初期的建设热潮。20世纪80年代中后期拉萨发生了骚乱事件，打乱西藏的经济建设。这几次曲折使得本身就走在中国现代化后列的西藏，失去了较好的发展机遇。因此，西藏经济的现代化仅从自身的实力和条件出发，难以在短期内实现。

然而，西藏的现代化又是刻不容缓的。邓小平1987年在《立足民族平等，加快西藏发展》一文中指出，“中央决定，其他省市要分工负责帮助西藏搞一些建设项目，而且要作为一项长期的任务”，为的是西藏要“在中国四个现代化建设中走进前列”。① 自然条件艰苦、底子薄弱的西藏要开展现代化建设困难重重。党中央给予西藏特殊的关爱，不遗余力地支持西藏的现代化建设：建立了西藏工作座谈会机制和其他统筹协调机制，及时解决西藏现代化中出现的问题；中央不断提高对西藏的财政转移支付，保障西藏各方面事业得到快速发展；中央安排内地省市、中央企业和中央机关对口支援西藏，加快西藏发展；中央对西藏经济社会发展实施优惠扶持政策，减轻西藏负担，激发和调动各方面积极性。改革开放以来，

① 邓小平：《立足民族平等，加快西藏发展》（1987年6月29日），中央文献研究室等编：《西藏工作文献选编（一九四九—二〇〇五年）》，中央文献出版社，2005年，第399—400页。

随着国家综合国力和经济实力的不断增强，不仅中央有了更充足的财力支持西藏，继续加大对西藏的投资和优惠政策支持，加大转移支付力度；而且全国各地区对口援藏和产业转移力度也在不断加大，保持了重大建设项目的投资规模，带动了西藏基础设施建设和特色经济更快更好地发展。特别是1994年中央第三次西藏工作座谈会，从战略全局的高度明确了“一个中心，两件大事，三个确定”① 的新时期西藏工作指导方针，作出了“分片负责、对口支援、定期轮换”对口支援西藏的重要决策，形成了中央关心、全国支援西藏发展的“全国援藏”态势。

事实说明，没有祖国的独立和富强，就没有西藏社会的新生和发展。西藏的现代化发展只有融入祖国现代化进程之中，并得到全国人民的支持和帮助，才能牢牢把握历史机遇，实现快速发展。祖国现代化建设的蓬勃发展，是西藏实现现代化的坚强后盾；中央政府的正确领导和大力扶植，全国各族人民的无私支援和西藏各族人民的共同奋斗，是西藏现代化事业快速健康发展的有力保证和必备条件。

三、西藏经济现代化的保障条件

（一）战略保障：中央政府大政方针的正确指引

自20世纪80年代开始，中央政府始终把西藏经济社会发展放在重要位置，先后召开了七次西藏工作座谈会，针对西藏经济建设和社会发展中的突出问题作出一系列重大决策，实施了一系列特殊优惠政策，对加快西藏发展、保持社会稳定起到了巨大作用。2001年，李瑞环在中央第四次西藏工作座谈会上明确指出，“中央为一个地区先后四次召开专门会议并动员全国予以支援，西藏是唯一的。”② 中央针对西藏工作的大政方针主要是通过中央西藏工作座谈会制定的。中央制定的大政方针保障了西藏经济现代化始终沿着正确方向前进。

---

① “一个中心，两件大事，三个确定”指的是以经济建设为中心，紧紧抓住发展经济和稳定局势两件大事，确保西藏经济的加快发展，确保社会的全面进步和长治久安，确保人民生活水平的不断提高。见江泽民：《西藏工作要抓好稳定和发展两件大事》，《江泽民文选》第一卷，人民出版社，2006年。

② 李瑞环：《集中精力发展经济，改善生活》（2001年6月25日），中央文献研究室等编：《西藏工作文献选编（一九四九—二〇〇五年）》，中央文献出版社，2005年，第576页。

20 世纪 80 年代两次西藏工作座谈会开启了西藏的改革开放，同时为西藏的现代化建设确定了基本方向。1980 年召开中央第一次西藏工作座谈会，提出西藏的发展目标是恢复经济，尽快使西藏兴旺发达、繁荣富裕起来。实行各种优惠政策，如减免农业税、最大限度下放生产经营权等一系列发展经济、治穷致富、休养生息的政策来发展农牧业，同时集中全国有限的人力、物力、财力来支援西藏发展交通、电力等基础设施。1984 年召开中央第二次西藏工作座谈会，提出西藏的发展目标是进一步放宽政策，让西藏人民尽快富裕起来，重点在农牧区。实行以家庭经营为主，以市场调节为主的生产经营政策；逐步从封闭式经济转变为开放式经济；在家庭经营责任制上实行“两个长期不变”的政策，即土地归户使用、自主经营长期不变和牲畜归户、私有私养、自主经营长期不变。同时由九省市援建了西藏发展迫切需要的 43 项工程。

1989 年中央政治局常委会专题研究西藏稳定和发展工作，是西藏工作的一个“转折点”。1994 年召开中央第三次西藏工作座谈会，提出了“一个中心、三个确保”的发展目标；根据西藏具体情况，给予一系列优惠政策和扶持措施，并在财政税收、金融、投融资、外贸等 8 个方面给予西藏新的优惠政策；确定为西藏安排 62 个建设项目；确定了“分片负责、对口支援、定期轮换”的对口援藏方式。通过这次会议，全国援藏形成了以干部为纽带，以项目为龙头，以资金为依托的稳定对口援藏机制。2001 年召开中央第四次西藏工作座谈会，提出西藏未来的发展目标是“一个中心、两个促进”，进一步加大对西藏的建设资金投入和实行优惠政策力度，确定了国家直接投资的建设项目 117 个。同时，对口支援广度、深度进一步拓宽，对口支援西藏工作在原有的基础上再延续 10 年，将西藏尚未建立对口支援关系的 29 个县，以不同的方式全部纳入对口支援范围。这次会议之后，西藏的 72 个县和双湖特别区都全部纳入对口支援的范围。2005 年“中央 12 号文件”对西藏发展和稳定工作进行全面部署。2010 年召开的中央第五次西藏工作座谈会提出走中国特色、西藏特点的发展路子，确保西藏经济社会实现跨越式发展，确保生态环境良好，确保西藏各族人民物质和精神生活水平不断提高，确保国家安全和西藏长治久安。

党的十八大以来，中央对西藏工作更加重视。2015 年召开的中央第六次西藏工作座谈会，强调了党的十八大以后中央提出的西藏工作重要原则，即“依法治藏、富民兴藏、长期建藏、凝聚人心、夯实基础”，指出西藏工作的着眼点和着力点必须放到维护祖国统一、加强民族团结上来，坚持党的治藏方略，把实现社会局势的持续稳定、长期稳定、全面稳定作为硬任务，各方面工作统筹谋划、综合发力，牢牢掌握反分裂斗争主动权。会议强调，同全国其他地区一样，西藏和四省涉藏州县已经进入全面建成小康社会决定性阶段。要牢牢把握改善民生、凝聚人心这个出发点和落脚点，大力推动西藏和四省涉藏州县经济社会发展。2020 年召开的中央第七次西藏工作座谈会提出，必须全面贯彻新时代党的治藏方略，坚持统筹推进“五位一体”总体布局、协调推进“四个全面”战略布局，坚持稳中求进工作总基调，铸牢中华民族共同体意识，提升发展质量，保障和改善民生，推进生态文明建设，加强党的组织和政权建设，确保国家安全和长治久安，确保人民生活水平不断提高，确保生态环境良好，确保边防巩固和边境安全，努力建设团结富裕文明和谐美丽的社会主义现代化新西藏。

（二）社会保障：安定和谐稳定的社会环境

实践证明，稳定对西藏经济现代化发展作用很大。只有稳定才能发展，只有发展才能实现长期的稳定。两者互为条件、缺一不可。1959 年西藏上层反动集团武装叛乱、“文化大革命”、1987—1989 年拉萨骚乱、2008 年拉萨“3・14”事件，影响了西藏经济现代化的进程。“文革”期间各级领导机构处于瘫痪状态，在西藏办社步骤上，一些地方采取“一哄而起、一步登天、一起进来”的过急办法，改造比较粗糙，没有解决好群众的思想认识问题和社队干部的组织准备工作，这些导致了经济建设脱离西藏的实际，使国民经济发展总体出现了农业增长缓慢、工业盲目发展、手工业产值急剧下降、地方财政收入为负等问题。①

在外国势力的怂恿和支持下，叛逃国外的达赖集团于 1987 年 9 月至 1989 年 3 月策划、煽动、组织了多起骚乱事件，给西藏人民的生命财产安全造成巨大损失，破坏了安定团结的政治局面，阻挠了经济建设的顺利

---

① 参见多杰才旦、江村罗布主编：《西藏经济简史》，西藏人民出版社，1995 年。

进行。在19世纪80年代中后期，受社会不稳定因素的影响，西藏的经济基本处于停滞状态，1986年地区生产总值呈负增长，1987—1989年间地区生产总值仅以较低速度增长。1989年10月，在江泽民同志的主持下，中央政治局召开西藏工作专题会议，形成了《中央政治局常委讨论西藏工作会议纪要》，确立了新时期西藏工作的指导方针，第一次明确提出了西藏工作要紧紧抓住稳定局势和发展经济两件大事，进一步明确了西藏工作方向，西藏的改革、发展、稳定步入了正确的轨道。之后西藏的社会局势趋于稳定，在长达18年的安定和谐的社会环境中，西藏的经济现代化得到快速发展。

2008年3月14日，西藏发生了骇人听闻的打砸抢烧事件，给当地人民群众生命财产造成重大损失，使当地的社会秩序受到重大破坏，18名无辜群众被烧死或砍死，造成直接财产损失超过3亿元。有足够证据证明，这次事件是一起由境内外“藏独”分裂势力有组织、有预谋、精心策划和煽动的严重破坏社会秩序的事件，是我们同达赖集团长期尖锐斗争的集中反映，其险恶用心是企图破坏国内安定和谐的社会政治局面。“3·14”事件对西藏的经济社会发展也造成了很大影响。下面以拉萨两次较大的骚乱对西藏旅游业的影响为例加以说明。

第一次是1987—1989年的拉萨骚乱。1987—1990年接待入境旅游人次分别为127554人次、103255人次、29833人次和23954人次，旅游收入分别为5600万元、6229万元、3726万元和684万元。与1987年相比，1988、1989、1990年接待入境旅游人次分别减少24299人次、97721人次和103600人次，1989、1990年旅游收入分别减少1874元和4916万元。1991年，接待入境旅游人数为117169人次，旅游收入为5059万元，比较接近1987年的水平；1992年超过1987年的水平，接待入境旅游人数达到161164人次，旅游收入达到7257万元（见图4－2）。

第二次是2008年拉萨“3·14”事件。2007年西藏接待入境旅游人次为4029438人次，而2008年只有2246447人次，减少了44.3%；旅游业收入由485160万元减少至225865万元，减少了53.4%。到2009年西藏社会恢复稳定后，旅游业才恢复原有的增长态势，接待国内外游客556万人次，比2007年增长38%，比2008年增长147.6%。实现旅游总收入

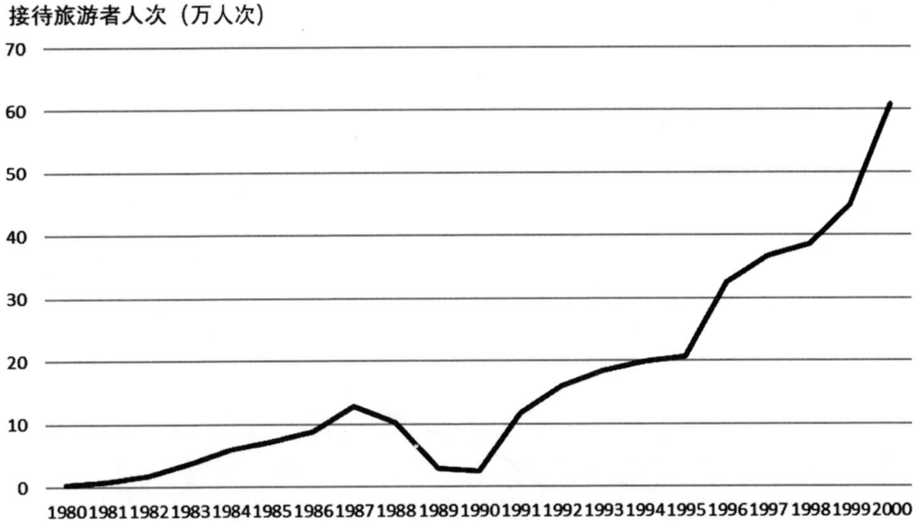

图 4 - 2　1980—2000 年进藏旅游人数变化趋势

资料来源：《西藏统计年鉴 2001》，中国统计出版社，2002 年，表 14 - 5。

达到 52.4 亿元，比 2007 年增长 8% 左右，比 2008 年增长 132%（见图 4 - 3）。

因此，要保障西藏的经济不断增长，实现经济现代化顺利推进，必须保证西藏社会的和谐与安定。早在 1994 年，江泽民就在中央第三次西藏工作座谈会上指出："西藏的稳定，是保障各项事业持续发展和人民生活水平逐步提高的前提。没有稳定，一切都谈不上。"① 2015 年，习近平在中央第六次西藏工作座谈会上指出："西藏工作的着眼点和着力点必须放到维护祖国统一、加强民族团结上来，把实现社会局势的持续稳定、长期稳定、全面稳定作为硬任务，各方面工作统筹谋划、综合发力，牢牢掌握反分裂斗争主动权。"②

① 江泽民：《围绕发展和稳定两件大事，开创西藏工作新局面》（1994 年 7 月 20 日），中央文献研究室等编：《西藏工作文献选编（一九四九—二〇〇五年）》，中央文献出版社，2005 年，第 459 页。

② 转引自社论文章：《以习近平同志为总书记的党中央维护稳定政策理论在西藏的成功实践》，《西藏日报》2015 年 10 月 9 日。

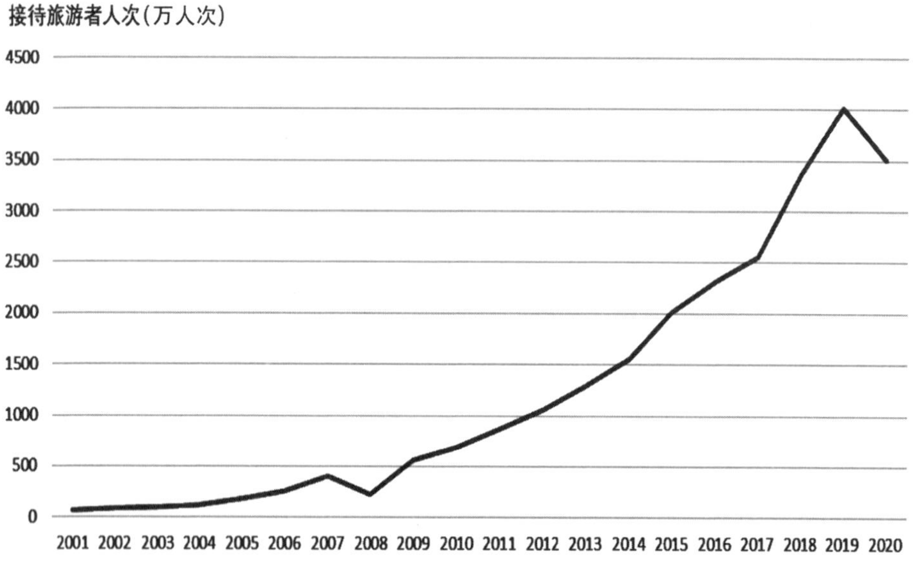

图 4－3　2000—2020 年进藏旅游人数变化趋势

资料来源:《西藏统计年鉴 2021》,中国统计出版社,2022 年,表 13－3。

第三节　从西藏经济现代化的推动方式考察

西藏的发展,除了依靠自我发展能力的提高,主要依靠中央和其他省区市的援助。和平解放 70 多年来,解放西藏地方生产力,提高西藏人民生活水平,使西藏发展与全国同步进入全面小康、实现现代化成为全国人民的共同奋斗目标。根据发展形势,制定因地制宜的发展战略,不断完善"全国援藏"的援藏主体、投入机制、制度保障,从而形成了国家直接投资西藏建设项目、中央政府实行财政补贴、多主体进行对口支援的全方位支援西藏现代化建设的格局。孙勇将西藏经济现代化的模式称为"总体供给模式",即西藏经济现代化所需要的资源由中央和内地实现总体供给。[①] 这种经济现代化的推进模式与我国其他地区现代化推进模式有显著

① 孙勇主编:《西藏:非典型二元结构下的发展改革——新视角讨论与报告》,中国藏学出版社,1991 年,第 31 页。

的区别。

一、中央支持：西藏经济现代化的主导性力量

西藏在我国是一个特殊的地区，不仅集“少边穷”于一身，还拥有众多的“政治焦点”。西藏的稳定、开放、开发和发展，不只是对西藏具有经济意义和社会意义，对全国也具有重要的政治意义和国防意义。鉴于西藏经济社会发展低于全国乃至低于其他少数民族地区的实际情况，自1951年西藏和平解放以来，中央一直对西藏经济社会发展加大扶持力度，先后召开七次西藏工作座谈会，针对西藏经济社会发展特点，实行比其他省区市更为优惠的财政、税收等政策。中央的支持成为西藏经济社会正常运转与发展的主要力量，并且可以预见，在未来的很长时期内，西藏的发展仍然离不开中央的支持。

1951年5月23日，《十七条协议》的签订标志着西藏进入一个崭新的历史时期。该协议为中央治藏勾勒出了初步的财政政策框架，其中“依据西藏的实际情况，逐步发展西藏的农牧工商业，改善人民生活”的规定，确立了治藏财经工作基本目标；“军政委员会、军区司令部及入藏解放军所需经费，由中央人民政府供给”，这一原则事实上确立了以后治藏行政经费和社会经济建设支出的基本模式。1951年西藏地方人民财政建立之后，中央逐步通过财政管理法规、预算管理制度，将“以中央财政全额拨款方式，逐步发展西藏的农工商业，提高人民生活水平”这一治藏方略长期固定下来，成为中央的基本财政政策。

（一）财政补贴政策的演化

自第一个五年计划开始，我国长期实行“划分收支、分级管理、分类分成”的财政体制管理模式。国家根据西藏地广人稀、自然条件严酷及各民族生活习俗差异显著的特点，以及行政管理和各项生产生活特殊费用开支较大的实际，自20世纪50年代开始对西藏实行“财政补助”政策，发放生产补助费、卫生补助费、社会救济费以及无息贷款等补助专款。这对于稳定和平解放之初西藏社会的经济、恢复促进生产，起到了极为重要的推动作用。20世纪60年代，随着民族地区经济的逐步恢复，开始实行“财政适当照顾、必要补助”的政策，即民族自治地方上年支出

决算数（不包括基建拨款和流动资金），另加5%的机动金。民族自治地方财政预算的预备费高于一般地区，西藏自治区按支出总额的5%（一般省为3%），同时国家预算每年安排一笔少数民族补助费，作为民族地区特殊性开支专款；民族自治地方的上年结余资金和当年预算执行过程中超收分成收入，都留归民族自治地方安排使用。这一照顾政策极大地缓解了民族地区的财政困难问题。

20世纪80年代，为适应改革开放的需要，西藏财政体制改变了沿用多年的统一计划管理体制模式，开始实行“划分税种、核定收支、分级包干”的财政管理体制。具体方法为：以1979年西藏财政收支预算执行数为基数，确定定额补助数额，以后定额补助每年递增10%。这一政策一直持续到1988年。年均定额补助增加到4.96亿元，各种专项拨款0.9亿元，基本建设投资2.62亿元。根据中央对西藏财政补贴递增的办法，西藏自治区对其所辖地市、县财政实行相同的政策，对地市的财政拨款递增率从1984年的7%调整为1985年以后的8%。1988年中央政府对少数民族地区的补助取消了每年递增10%的补助办法，改按1987年核定的补助基数实行固定补助。采取此政策后，西藏是唯一享受中央定额补助并保持较快增长的民族地区①。1989年国家考虑到西藏的特殊情况，决定给予适当照顾，定额补助保持适度增长。1989年中央核定对西藏固有补助的数额为8.98亿元②。1993年，对西藏定额补助又给予特殊照顾，增加定额补助4.5亿元，分三年兑现③。1994年根据全国价格改革和工资改革的情况，中央财政对西藏的财政补助为28.2亿元。此外，还设立了专门用于发展经济、文化、卫生事业的“支援不发达地区发展基金”，用于发展边境地区生产建设和文教、卫生事业的“边境事业补助费”，用于修建边防公路、电讯以及某些基础设施建设的“边疆建设专项补助投资”等专项补助基金。这一时期所实行的财政分级包干体制，使西藏的财政自主程度大大提高，但因物价上涨、机构改革等因素影响，补助款项大量被抵

---

① 沈开运：《西藏经济的过去、现实及展望》，《西藏研究》2001年第3期。多杰才旦、江村罗布主编：《西藏经济简史》，中国藏学出版社，1995年。

② 吴健礼著：《西藏经济概述》，中国藏学出版社，1995年。

③ 卢秀敏：《中央财政补贴政策与西藏发展》，《西北民族学院学报》（哲学社会科学版）2002年第4期。

消，加之国家经济、价格等政策还未完全理顺，西藏原材料等初级产品以低成本的调拨价格支援国家，以高成本的市场价格大量买进日用工业品，从而造成西藏资金的双向外流，致使西藏财政问题日趋恶化①。

1994 年，我国全面实行分税制财政管理体制，同年，西藏也开始试行分税制。中央第三次西藏工作座谈会在确立中央对西藏实行分税制财政管理体制的同时，提出对西藏实行更加特殊的优惠政策，税收实行“税制一致，适当变通，从轻从简，征税退还”的政策②。并制定特殊的财税、金融、投资等八方面的优惠政策，在此后的中央第四、第五、第六、第七次西藏工作座谈会中保留并完善，扩宽在西藏实施财政优惠政策的领域。由于中央的优惠政策和不断递增的财政援助，西藏的经济发展终于在改革开放中迈出了新的步伐。进入 90 年代以后，出现了良好的态势，一是企业的财政贡献终于由负数转变为正数，二是税收来源增多，税收金额放大③。

从 1997 年开始，中央对西藏实行特殊的转移支付政策。转移支付的多少主要受以下几个方面的制约：第一，自然条件因素；第二，区位分布与行政建制因素，主要包括土地面积、人口、行政机构数量等，这些是构成地方政府转移支付多少的基本因素；第三，经济发展水平因素；第四，地方社会发展因素，主要包括文化、教育、科技、卫生等方面。这些支出在地方财政支出中比重较大，体现地方财政的主要服务职能；第五，民族、宗教等社会因素，民族地区在上述几个方面与其他地区相比，有明显的不同，具有相当的特殊性，从而产生诸多特殊的政府转移支付。转移支付政策进一步完善了中央对西藏的财政体制，从而为建立西藏自治区对地市、县、区转移支付制度提供了体制依据和资金来源。同年，西藏自治区财政厅结合实际情况，研制下发了《西藏自治区对各县（市、区）实施财政转移支付暂行办法》，正式建立了西藏自治区财政转移支付制度④。

---

① 温军：《中国少数民族经济政策稳定性评估（1949—2002）（上）》，《开发研究》2004 年第 3 期。

② 安玉琴：《西藏财税管理体制存在的问题及对策》，《税务研究》2005 年第 1 期。

③ 余振、郭正林：《中央财政补贴与西藏发展》，《中国藏学》1998 年第 1 期。

④ 西藏自治区财政厅科研室课题组：《西藏自治区建立对地（县）转移支付的基本情况和做法》，《经济研究参考》2002 年第 16 期。

从2000年开始，国家实施了西部大开发战略，中央给予包括西藏在内的西部省市特殊的优惠政策。2000年实施了富民兴边行动。2001年，中央召开第四次西藏工作座谈会，确定实行“核定基数、定额递增、专项扶持”的财政补贴政策，即除关税和进口消费税、增值税外，2020年西藏征收的其他各项税收全部留给西藏，中央财政适当增加对西藏的定额补助并逐年递增，继续执行全国统一的转移支付、少数民族地区转移支付、专项转移支付办法。中央出台的重大调价措施对西藏造成的涨价影响继续由国家财政给予补助。① 2005年全面实施扶持人口较少民族政策，增加中央对西藏的财政补助。2010年起，中央对民族地区转移支付政策进行了改革。在总额确定上，根据上年转移支付实际额度确定每年转移支付的金额基础，再结合前三年全国国内增值税的平均增长率来确定；在分配方式上，转移支付总额首先扣除民族自治县的分配数额，剩余部分的70%按因素法、30%按前三年增值税收入情况分配给民族省份和民族自治州，照此分配数额若少于上一年度，按上年度数额分配。② 同时，来自全国的援助，不断破除西藏经济社会发展的瓶颈，使西藏的经济实现跨越式发展，由此西藏的税源不断增加。地方企业的增加使主要由税收收入构成的西藏地方财政收入不断增加。

2016年开始，国家实施中央与地方财政事权和支出责任划分改革，后续多项改革举措陆续出台。央地财政关系在进一步规范之中，这项改革对于像西藏这样的边疆民族地区是有利的，因为中央对西藏的财政转移支付力度更大。

（二）西藏财政与中央财政补助的关系

中央对西藏的财政补助关系与其他少数民族地区相比，具有以下特点：

第一，中央财政补助占地方财政总收入的比重最高。如图4－4显示，1980—2020年，大部分年份中央对西藏的财政补助占西藏地方财政收入的90%左右，部分年份甚至超过100%，2020年占比80.98%。

一般公共预算收入，既包括地方收入，也包括中央补助收入，还包括

① 安玉琴：《西藏财税管理体制存在的问题及对策》，《税务研究》2005年第1期。

② 楼继伟著：《中国政府间财政关系再思考》，中国财政经济出版社，2013年，第101页。

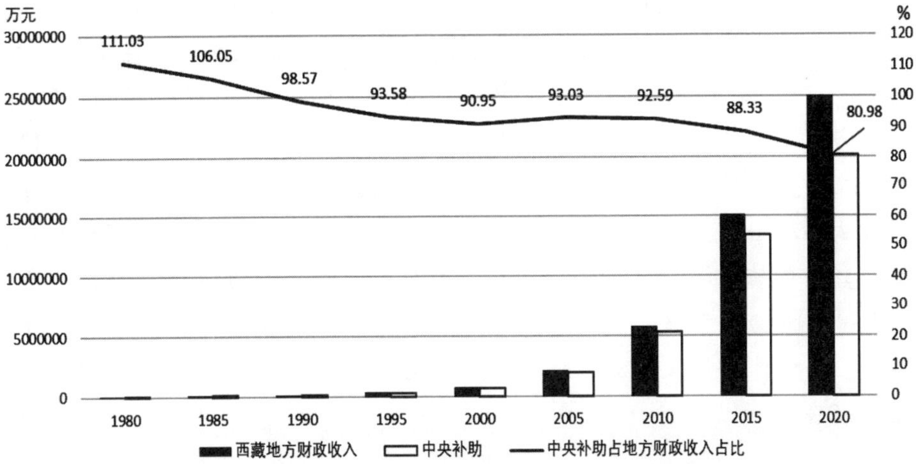

图 4－4　1980—2020 年西藏财政收入与中央补助比例变化趋势

资料来源：《西藏统计年鉴 2001》，中国统计出版社，2002 年，表 6－11；《西藏统计年鉴 2021》，中国统计出版社，2022 年，表 5－1、5－5。

一般债务收入、动用预算稳定调节基金、其他调入资金以及上年结转等项目。例如，2020 年一般公共预算收入总量 2496.7 亿元，为年初预算数的 141.5%。其中，地方收入 221.9 亿元，为年初预算的 118.4%，比上年决算数下降 3.7%，剔除一次性缴库因素，增长 5.5%，主要是受经济下行压力和落实减税降费政策影响，收入增速下降；中央补助收入 2021.77 亿元，一般债务收入 121 亿元，动用预算稳定调节基金 144.8 亿元，其他调入资金 9.3 亿元，上年结转 98.5 亿元。① 因此，中央补助收入是其中一个来源，对西藏来讲是最大的收入来源。

第二，西藏财政自给率最低。财政自给率是地方财政收入与地方财政支出的比率，它反映了地方财政自我收支的平衡能力。一般公共预算支出，既包括一般公共预算支出，也包括安排预算稳定调节基金、上解支出、一般债务还本支出等项目。如果出现结余，就在下年度继续安排支出。例如，2020 年西藏全区一般公共预算支出总量 2396.2 亿元，为年初预算数的 135.8%。其中，一般公共预算支出 2180.5 亿元，比上年决算数

① 《关于西藏自治区 2019 年预算执行情况和 2020 年预算草案的报告》，2021 年 8 月 1 日浏览，参见 http：//www.xizang.gov.cn/zwgk/zdxxlygk/czyjsgk/202001/t20200126_131048.html.

增长10.7%；安排预算稳定调节基金207亿元，上解支出0.3亿元，一般债务还本支出8.4亿元。收支总量相抵，结转资金100.5亿元在下年度继续安排支出。[①] 自给率低，则财政收支缺口大，对中央财政补助依赖性强，自我平衡能力差，反之则收支缺口小，对中央财政补助依赖弱，自我发展能力强。2017年，西藏财政自给率为11.05%，新疆为31.63%，内蒙古为37.60%，广西为32.90%，宁夏为30.42%，青海为16.09%。2020年，民族地区财政自给率均有所提高，但西藏财政自给率为15.7%，仍然是全国最低水平，其次是青海、新疆、宁夏、云南、贵州、广西和内蒙古，分别是23.9%、35.7%、39.67%、39.9%、46.1%、50.1%和53.0%。

表4-1 民族地区财政收入和支出人均水平比较

省区	(1)中央财政转移支付额度(亿元)	(2)一般公共预算收入(亿元)	(3)=(1)/(2)	(4)一般公共预算支出(亿元)	(5)=(1)/(4)
西藏	2021.77	2554.5	79.1%	2398.5	15.7%
新疆	3559.15	1477.2	240.94%	5539.1	35.7%
内蒙古	2448.85	2059.7*	119.0%*	6155.42	53.0%
广西	3473.76	6934.22	50.1%	6934.22	50.1%
宁夏	984.72	419.4	235.5%	1483.0	39.67%
青海	1471.85	298	494.0%	1933.3	23.9%
云南	4191.16	2116.7	298.0%	6974	39.9%
贵州	3198.16	3082.2	103.8%	5723.27	46.1%

资料来源：财政数据是各省区人代会期间，各行政区整体与省区本级2020年预算执行情况和2021年预算草案的审查结果报告。

第三，西藏人均财政收入较低，人均财政支出额最高。在这里，我们选择五大民族自治区和3个享受民族政策的省云南、青海和贵州作为比较

① 《关于西藏自治区2019年预算执行情况和2020年预算草案的报告》，2021年8月1日浏览，参见 http：//www.xizang.gov.cn/zwgk/zdxxlygk/czyjsgk/202001/t20200126_131048.html.

对象。从人均财政收入来看，西藏是 7 万元，遥遥领先；5000 元左右的有云南、青海、新疆、宁夏；接近 1 万元左右的有贵州；超过 1 万元是广西；接近 3 万元的是内蒙古。从人均财政支出来看，西藏仍然是 6.57 万元；超过 3 万元的仅青海，为 3.26 万元；超过 2 万元的有内蒙古、新疆和宁夏，分别是 2.56 万元、2.14 万元和 2.06 万元；而广西、云南、贵州分别是 1.38 万元、1.48 万元和 1.48 万元。

表 4－2　民族地区财政收入和支出人均水平比较

省区	常住人口（万人）	一般公共预算收入（亿元）	人均一般公共预算收入（万元）	一般公共预算支出（亿元）	人均一般公共预算支出（万元）
西藏	364.8	2554.5	7.00	2398.5	6.57
新疆	2585.23	1477.2	0.57	5539.1	2.14
内蒙古	2404.92	6934.22	2.88	6155.42	2.56
广西	5012.68	6934.22	1.38	6934.22	1.38
宁夏	720.27	419.4	0.58	1483.0	2.06
青海	592.40	298	0.50	1933.3	3.26
云南	4720.93	2116.7	0.49	6974	1.48
贵州	3856.21	3082.2	0.80	5723.27	1.48

资料来源：财政数据是各省区人代会期间，各行政区整体与省区本级 2020 年预算执行情况和 2021 年预算草案的审查结果报告，常住人口数为全国第七次人口普查数据。

这一点也可以从人均转移支付水平观察到。西藏得到的人均转移支付是最多的，达到 5.54 万元。青海位居第二位，为 2.48 万元，为西藏的 44.8%。其余都是在 2 万元以下的，而超过 1 万元的仅有新疆、宁夏、内蒙古、甘肃、黑龙江、海南和吉林，分别是 1.38 万元、1.37 万元、1.20 万元、1.18 万元、1.18 万元、1.11 万元和 1.07 万元（见表 4－3）。

表 4－3　2020 年中国各地财政人均转移支付排名

序号		财政转移支付（亿元）	常住人口（万人）	人均转移支付（万元）
1	西藏	2022	364.81	5.54
2	青海	1472	592.3957	2.48
3	新疆	3559	2585.2345	1.38
4	宁夏	985	720.2654	1.37
5	内蒙古	2892	2404.9155	1.20
6	甘肃	2951	2501.9831	1.18
7	黑龙江	3750	3185.0088	1.18
8	海南	1121	1008.1232	1.11
9	吉林	2585	2407.3453	1.07
10	云南	4191	4720.9277	0.89
11	贵州	3198	3856.2148	0.83
12	辽宁（不含大连）	2618	3318.7124	0.79
13	陕西	2952	3952.8999	0.75
14	湖北	4186	5775.2557	0.72
15	四川	5768	8367.4866	0.69
16	广西	3474	5012.6804	0.69
17	重庆	2184	3205.4159	0.68
18	江西	3026	4518.8635	0.67
19	北京	1361	2189.3095	0.62
20	湖南	4135	6644.4864	0.62
21	山西	2177	3491.5616	0.62
22	安徽	3638	6102.7171	0.60
23	河北	4107	7461.0235	0.55
24	河南	5060	9936.5519	0.51
25	天津	656	1386.6009	0.47
26	福建（不含厦门）	1388	3121.2146	0.44

续表

序号		财政转移支付（亿元）	常住人口（万人）	人均转移支付（万元）
27	上海	1051	2487.0895	0.42
28	山东（不含青岛）	2887	9145.5731	0.32
29	厦门	132	516.397	0.26
30	大连	230	940.4283	0.24
31	江苏	2046	8474.8016	0.24
32	青岛	230	1007.1722	0.23
33	深圳	359	1756.0061	0.20
34	浙江（不含宁波）	959	5516.3305	0.17
35	广东（不含深圳）	1629	10845.2449	0.15
36	宁波	136	940.4283	0.14

资料来源：转移支付数据来源于财政部中央对地方转移支付管理平台：http://www.mof.gov.cn/zhuantihuigu/cczqzyzfglbf/，人口数来自第七次全国人口普查公报。

说明：财政部对单独核算的大连、厦门、青岛、宁波、深圳4个市其财政转移支付额度。

前两个指标从不同侧面反映了一个事实，即西藏地方财政收入微不足道，而支出需求相对庞大，收支缺口大，社会经济运行几乎完全依靠中央财政补助。人均财政支出额则反映了中央对西藏的特殊照顾。但从西藏区域广大、地广人稀、公共服务设施成本相对较高、投入效益较差等特点来看，这种特殊照顾是应该的，因为财政支出不仅考虑人口因素，还应考虑地域面积因素等。中央应继续加大对西藏财政长期支持力度。①

二、对口支援：西藏经济现代化的重要推动力量

1951年西藏和平解放后，西藏在社会制度上实现了跨越，但其经济基础极为薄弱，经济发展状况与全国差距极大。为了缩小地区差距，西藏

---

① 卢秀敏：《十一届三中全会以来党的民族经济政策与西藏经济发展》，西南师范大学硕士学位论文，2002年7月。

地方政府只有依靠中央及其他省区市地方政府的援助才能实现经济社会发展多重目标。改革开放前，由于其他省区市自身经济实力较为有限，全国援藏以中央政府为主体，援藏省区为辅。改革开放后，鉴于西藏快速发展的需要，每年中央财政补助数量巨大，如果超量增加，由于西藏地方政府消化能力所限，必然影响财政资金投资效果；同时东部沿海省市经济实力不断增强，1981 年中央政府确定了对口支援的方针，经过四次中央西藏工作座谈会不断完善，全国援藏形成中央政府、中央各部委、援藏省区市及国有大型企业的多元格局。全国对西藏的援助，由单纯的资金和物资提供转化为综合援藏，综合援藏不仅提高了投资效率，也大大促进了西藏地区的改革开放力度。

对口支援是指从第一次中央西藏工作座谈会（1980 年）以来逐步形成的以中央各部委和 15 个对口支援省区市为主，包括其他省市的对口支援西藏体系。对口支援西藏是中央“全国支援西藏”“先富帮后富、发达省市要支援少数民族地区发展”指导思想的具体实践。对口支援政策的实质是中央有计划地安排东部发达省市的经济文化导入西藏，向西藏倾斜、扩散。

对口支援在西藏按其行为模式大致分为四个阶段：第一阶段是 1984—1994 年，中央和全国各省市区两次集中大规模为西藏建设“43 项”工程、“62 项”工程；第二阶段是 1994—2001 年，15 个对口支援省市、中央 40 多个部委长期、稳定、全方位地对口支援西藏七地市及区直单位；第三个阶段是 2001—2010 年，2001 年 6 月第四次中央西藏工作座谈会后，全国各省市区对口项目建设与 23 个对口支援省市、中央 40 多个部委的援藏工作共同进行，进一步加大了援藏力度。至此，西藏的七地市共 74 个县以不同方式全部纳入对口支援范围。这一“分片负责、对口支援、定期轮换”办法的实施，使援藏工作走向了一个新时期。第四个阶段是 2010 年以后，在这一阶段对口援藏制度得以规范化，特别是省市对口支援投入方面设立了严格的资金指标。2010 年 1 月，第五次中央西藏工作座谈会召开，这次会议明确了建立援藏资金稳定增长的机制，要求省市对口援藏的年度援藏投资实物工作量，在现行的体制下，按该省市上一年度地方财政一般预算收入的1‰安排①，这一决定明确了省市对口援藏的资金指标。除了确定省市对口援藏的投入指标，同时还将对口援藏工作延长到2020年，保证了对口援藏工作的长期性和持续性，这次会议的召开是对口援藏发展的一个里程碑。2014年对口援藏工作20周年电视电话会议将昌都作为对口援藏的工作重点，即将福建调整到昌都，广东、北京、江苏三省援藏投资金额的25%转移给昌都，用于对口援藏项目建设；同时，6家中央企业分别增加一个昌都的对口援藏任务。经过26年的制度完善，对口援藏把选派干部进藏（三年一换）同资金投资、项目建设结合起来，实现了从单一物质支援向多元化、全方位支援的转变。

值得注意的是，实行这一政策有以下目的：第一，通过援藏干部的监控，提高支援资金的使用质量。援藏干部深入西藏市县工作，寻求投资重点和突破口，然后进行项目立项，注入资金，最后建成项目。项目从立项至建成，一直都要援藏干部参与，在其领导和监督下进行。第二，通过援藏干部的言传身教，在工作接触中潜移默化地转变西藏干部的思想观念、工作作风，提高西藏干部的能力素质。第三，通过援藏干部的内引外联、牵线搭桥的作用，沟通和协调对口支援省区市与西藏地方政府的关系。对口支援省区市给各地市（县）注入资金、注入新的思想观念和工作作风，有力地促进了地方发展，同时密切了西藏同东部发达省区市的关系，进一步强化了西藏人民对民族大家庭的认同。

在省市对口援藏资金指标得到确定后，由于西藏各地市对应着各自的援藏省市，而各对口援藏省市的一般预算收入有差异，各受援地所收到的财政转移资金必然出现差异。在各地不同的经济发展条件下，各受援地的经济发展差距出现扩大趋势。因此在2014年中央召开对口援藏20周年电视电话会议后，对省市对口援藏资金的使用与分配进行了调整。对对口支援的结对关系实行“大稳定、小调整”，将根据受援地的发展情况对支援方进行适当调整，以促进西藏各个地区共同发展。将对口支援林芝地区的福建省调整到昌都地区，并且将对口支援林芝地区的广东省以及对口支援拉萨的江苏省和北京市的援藏资金的25%调整到昌都地区，从2016年1

① 马新明主编：《丰碑——北京对口援藏二十年实践与探索》，北京联合出版社，2014年，第35页。

月开始实施。

此外，针对前期中央补助过多投入城镇以及西藏非典型二元经济结构的特点，中央开始调整对口援藏资金的城乡投入比例，在对口援藏20周年电视电话会议上强调了对口支援西藏工作必须把改善民生作为根本出发点和落脚点，必须始终坚持援藏资金和项目向基层倾斜、向农牧民倾斜，规定对口援藏资金中至少有80%必须投入改善民生工程，投入基层和农牧民。

据统计，1994—2020年，26年间全国共有17个省市、17家中央企业和70个中央机关部委，先后选派7批近9600名援藏干部进藏工作，投入资金达500多亿元。[①] 此外，其他社会各界也对西藏的经济现代化以各种方式予以支持。对口援藏对于受援地区来讲，获得的转移支付是不需要向支援方提供回报或者承担偿还义务的。有学者将其归为横向转移支付，但并未得到学界的广泛认可。因此，对西藏受援地区来讲，是额外增加的发展资源。这是推动西藏经济现代化的重要力量，也是国家对西藏经济社会发展所作出的一项特殊性制度安排。

第四节　从经济现代化的过程考察

西藏经济现代化的开启和持续推进主要是西藏之外的力量。这种独特的现代化推进方式造成的结果是现代性经济嵌入西藏社会之中，与西藏原有的经济活动之间出现断裂或者不搭界。因此，在西藏经济现代化的初期，必然表现出外来的现代经济形式与西藏原有的经济形式之间的二元对立，此时的现代经济可以说处于势单力薄的状态。这时，称为“非典型二元经济”。当外来力量持续进入西藏，西藏的现代经济形式越来越强大，同时，原有传统经济形式也随着外部环境的改变而出现某种变化，而且这些变化越来越明显。这样，在它们之间出现某种结合，并出现过渡形式，这时便出现次生二元经济形式。这种形式进一步发展，便过渡到典型的二元经济，城乡之间劳动力形成流动，农村剩余劳动力向城市现代化部

① 据新华社西藏分社提供的数据，这些数据时间截止到2021年。

门流动。这种流动持续发生，最终走向一元的全面现代化。这在西藏是将来时。

一、西藏现代经济的嵌入：非典型二元经济

最早揭示西藏经济现代化过程特点的是孙勇主编的《西藏：非典型二元结构下的发展改革——新视角讨论与报告》一书。该书成稿于 20 世纪 80 年代末 90 年代初。那时的西藏，与 2021 年宣布西藏全面建成小康社会的情景，有着相当大的差异。因此，从那一个时段考察西藏经济社会发展，得出的结论可能与现在有一定的区别。

西藏和平解放之后，根据《十七条协议》中第十条规定："依据西藏的实际情况，逐步发展西藏的农牧工商业，改善人民生活。"进藏部队和干部竭尽全力帮助西藏发展经济，改善民生。虽然如此，但是，真正在西藏实施大规模经济建设的是民主改革之后。民主改革过程中，一方面废除旧的社会经济制度，另一方面帮助建立人民政权，同时，帮助西藏发展经济。到 1965 年西藏自治区成立，并担负执行中央的大政方针、领导西藏各族人民建设西藏的任务。从西藏自治区成立的第二年即 1966 年开始，全国进入十年"文革"，西藏也不例外。即使在"文革"期间，来自内地对于西藏建设的支援仍然是络绎不绝，这一点尽管为人们所称道，但在西藏投资建设的项目有一定的盲目性，不少建设项目照搬内地做法，没有充分考虑到当地的资源和条件，以及生产成本和市场需求。1980 年中央第一次西藏工作座谈会之后，西藏进入改革开放的新时代，中央对西藏经济发展出台多项具有实质意义的优惠措施。1984 年中央第二次西藏工作座谈会之后，在西藏实施了"43 项工程"以加快经济发展，同时国家主动引进国际项目，实施一江两河综合开发项目就是其中一个典型。① 这些建设项目尤其是工业项目，是由外部嵌入西藏社会内部的。因此，从当时西藏工业发展来看，工业与西藏当地的农牧业并没有建立起必要的联系。

民主改革将旧西藏进行了彻底的改造。从社会政治制度来看，废除了"政教合一"的封建农奴制度，逐步建立起中国共产党领导的人民政权，西藏各族人民实现了当家作主的权利。从社会经济制度来看，废除了封建

① 狄方耀、何宗英著：《西藏百年经济史》，厦门大学出版社，2020 年，第 290—295 页。

土地所有制，将土地等生产资料分配给广大农牧民，农牧民成为生产资料的所有者，以后通过社会主义改造，逐步建立起生产资料的公有制。在这些基本制度的基础上，先后建立起与内地一体化的政治、经济、社会和文化制度。这些制度与旧西藏的政治、经济、社会和文化制度有非常大的差异。虽然如此，但在西藏的传统社会中，宗教对政治、经济、社会和文化有着十分深远的影响。在这种背景下，虽然废除了旧有的政治、经济、社会和文化制度，但其影响不可能在一夜之间消失殆尽。再加上西藏独特的自然环境，从内地嵌入西藏的政治、经济、社会和文化制度，相对于西藏旧有的社会来讲，就像现代经济相对于西藏旧有的经济形式一样，是“空悬”的。

从这两个方面来看，西藏现代化虽然开启了，但其社会经济却面临相当特殊的机制，而这一机制就是孙勇等所要阐释的“非典型二元结构”。二元经济结构理论是用来描述发展中国家经济社会特点的。在经济发展的初期，发展中国家的经济由两个部门——城市中以制造业为中心的弱小的现代化部门和农村中以农业、手工业为主的强大的传统部门组成，由于这些传统部门中的劳动力过剩，并处于非常低的劳动生产率状态，而城市的现代化部门劳动生产率相对传统部门高出很多，并有充裕的就业机会，这样一来，剩余劳动力便从传统部门向现代化部门转移，直到剩余的劳动力被现代化部门吸收完毕，二元经济结构消失。对西藏来讲，虽然形成了二元经济社会结构，但与这种典型的二元经济结构有很大区别。不仅是经济结构上出现的现代化部门无法与西藏传统的农牧业、手工业部门建立起联系，而且在社会结构上，“通过设立各级职权机构，基本上确立了新的社会机制的主导地位，但原有社会机制并未退出社会政治生活。”① 因此，西藏现代化开启之后，其经济社会形态呈现出与一般社会不一样的特点，处于非典型状态，故将其称为“非典型二元结构”。

双重非典型二元结构是对开启现代化之后一个相当长时段特征的理论描述，有助于我们较为准确地把握西藏经济现代化的历史进程，也有助于在西藏推进各项改革和发展措施。

---

① 孙勇主编：《西藏非典型二元结构下的发展改革——新视角讨论与报告》，中国藏学出版社，2000 年，第 33 页。

二、从非典型二元经济结构向典型二元经济结构转变

西藏社会是不断向前发展的，尤其是从 1994 年中央第三次西藏工作座谈会之后，尽管经历了 2008 年拉萨“3・14 事件”的短暂冲击后在较短时间内得到恢复，西藏经济社会得到了长足发展。促成西藏双重非典型二元结构的形成，是西藏城乡之间在经济发展上的“绝缘性”。而打破这种“绝缘性”的主要因素则是西藏从非典型二元经济结构向典型二元经济结构转变的关键。

形成这种“绝缘性”的主要因素是中央在西藏和平解放以来的直接投资，而打破这种“绝缘性”的主要因素也是中央在西藏的投资以及其他方面的努力。从中央对西藏发展、改革和稳定所采取的政策措施来看，自 1994 年以来，中央对西藏实施了高强度的转移支付政策，如前所述，人均得到转移支付量在 2020 年超过 7 万元，相对于其他省区市，这是绝无仅有的。这些转移支付支持了西藏各方面事业的发展。同时，中央动员全国 17 个省市、17 个中央企业和几乎所有的中央机关对口支援西藏，不仅派出援藏干部和专业技术人员，而且提供大量援藏资金和物资以及产品销售，从而大大加快了西藏经济社会发展。不仅如此，中央针对西藏出台了许多优惠扶持政策，以支持西藏的发展、改革与稳定。难能可贵的是，中央反复强调，农牧民在西藏总人口中所占比例超过 80%，提高农牧民的参与度，将惠及农牧民的投资、民生和其他各项事业发展作为全部工作的重点，将解决农牧民最紧迫的民生问题作为工作倾斜的方向。中央的这些大政方针虽然没有明确表达要破除“非典型二元结构”，但从实际效果来看，西藏社会“非典型二元结构”逐步走向解体，主要表现为以下几个方面：

表4-4　2000—2021年西藏城镇化发展水平比较

单位：人

	指标	2000年第五次全国人口普查	2010年第六次全国人口普查	2021年第七次全国人口普查
全区	常住人口	2616329	3002165	3648100
	户籍人口	2492095	2893906	-
	城镇人口（常住）	508326	680589	1303443
	城镇化率	19.43%	22.67%	35.73%
拉萨	常住人口	2616329	3002165	867891
	户籍人口	2492095	2893906	-
	城镇人口（常住）	508326	680589	605511
	城镇化率	19.43%	22.67%	69.77%
日喀则	常住人口	634962	703292	798153
	户籍人口	640820	721154	-
	城镇人口（常住）	85950	123734	184323
	城镇化率	13.54%	17.59%	23.09%
昌都	常住人口	586152	657505	760966
	户籍人口	580125	659480	-
	城镇人口（常住）	53034	85263	133017
	城镇化率	9.05%	12.97%	17.48%
那曲	常住人口	366710	462381	123281
	户籍人口	359348	457918	-
	城镇人口（常住）	25661	75284	53839
	城镇化率	7%	16.28%	43.67%
山南	常住人口	318106	328990	354035
	户籍人口	315937	327994	-
	城镇人口（常住）	99062	71957	113048
	城镇化率	31.14%	21.87%	31.93%

续表

	指标	2000 年第五次全国人口普查	2010 年第六次全国人口普查	2021 年第七次全国人口普查
林芝	常住人口	158647	195109	238936
	户籍人口	140398	165255	-
	城镇人口（常住）	39400	61483	97675
	城镇化率	24.84%	31.51%	40.88%
阿里	常住人口	77253	95465	123281
	户籍人口	73455	89741	-
	城镇人口（常住）	14687	21910	53839
	城镇化率	19.01%	22.95%	43.67

资料来源：全国第六次人口普查办公室：《西藏自治区 2010 年第六次全国人口普查公报》，2011 年 5 月 3 日；全国第七次人口普查办公室：《西藏自治区第七次全国人口普查公报》，2021 年 5 月 20 日。

第一，从西藏城乡人口结构来看，西藏“非典型二元结构”正在逐渐消失，这首先反映在城镇化率提高较快这一事实上。2000 年，第五次全国人口普查时为 19.43%，到 2010 年第六次人口普查时为 22.67%，提高较慢。2021 年第七次全国人口普查时上升为 35.73%（见表 4－4）。有人可能会说，西藏城镇化率提高是与西藏之外的人口移入有关，这一说法需要仔细分析。随着西藏的改革开放，汉族迁移到西藏比较常见。但是，从藏族与汉族等人口增长情况来看，与 2010 年第六次全国人口普查相比，汉族人口增加 19.8 万人，其他少数民族人口增加 2.6 万人，而藏族人口增加 42.15 万人，显然是后者远远高于前两者，城镇化率的提升主要是藏族和其他少数民族进入城镇的结果。其次，西藏居住地与户籍分离的情况也说明这一点。普查资料显示，居住地与户籍所在地不一致的现象已相当普遍，2020 年人户分离人口达到 103.11 万人，约占总人口的 28.26%，比 2010 年增加 76.91 万人，增长 293.55%，年均增长率为 14.68%。因此，随着西藏经济社会发展的不断加快，西藏人口流动依然活跃，人口的集聚效应进一步显现。再次，西藏各族居民向内地迁移的数量也较大，

2020年尚无统计数据公布，一些专家在成都、西安、北京等地调查，均显示来自西藏和四省涉藏州县的居民数量越来越多。这些说明伴随着经济社会发展，人口在空间上的流动越来越多、越来越频繁，原先的“非典型二元结构”在逐步消失。

第二，从西藏经济结构上来看，如前所述，自民主改革特别是改革开放以来，西藏的产业结构发生“跳跃性”改变。首先，40多年的产业结构调整中，西藏第一产业和第二产业变动较大，第一产业占比不断缩小，第二产业比例不断扩大，而第三产业占比扩大至50%后，趋于稳定状态（见图4－5）。产值占比结构由“一三二”演变为“三一二”，最终转变为“三二一”。具体来看，第二产业产值占地区生产总值比例一直偏低，2013—2020年第二产业的比重增加不到10个百分点，其占比在西部省市位居最后一位，也是全国最后一名。对第二产业进一步剖析可以发现，在第二产业中，建筑业占有绝对主导地位，工业占二成，建筑业占八成。建筑业发展是由不少本地建筑企业甚至是农牧民建筑队发展起来的。其次，西藏的第三产业产值占地区生产总值比重与第二产业相比过高，近10年都超过了第一产业和第二产业占比的总和，而第三产业中公共服务业、交通运输业、邮电通信业、传统贸易业等传统行业占比过高，对本地劳动力的吸纳能力较强。因此，可以说，西藏独特的产业结构对“非典型二元结构”的消除起到了重要作用。

陈朴试图使用次级非典型二元结构从理论上描述上述变化过程，这种非典型二元结构在不断演进，其结构出现了新的变化。由两大经济部门，即传统部门与现代部门分化出了次级非典型二元经济结构，即在传统部门和现代部门内部又分别嵌入一个外来现代部门，而它们之间存在某种“绝缘性”，次级非典型二元经济结构的出现包含了强化和消除非典型二元经济结构这一矛盾，一方面推动延伸强化了非典型二元经济结构，而且在强化过程中产生了新的要素；另一方面通过政府行为或市场行为等方式来引导非典型二元经济结构消除。强化和消除并存的现象，在西藏体现为各地市县区通过引进现代技术部门和效用高的生产方式，来改变非典型二元经济结构，产生有利影响。①

① 陈朴：《试论西藏次级非典型二元结构》，《华西边疆评论》2019年第1期。

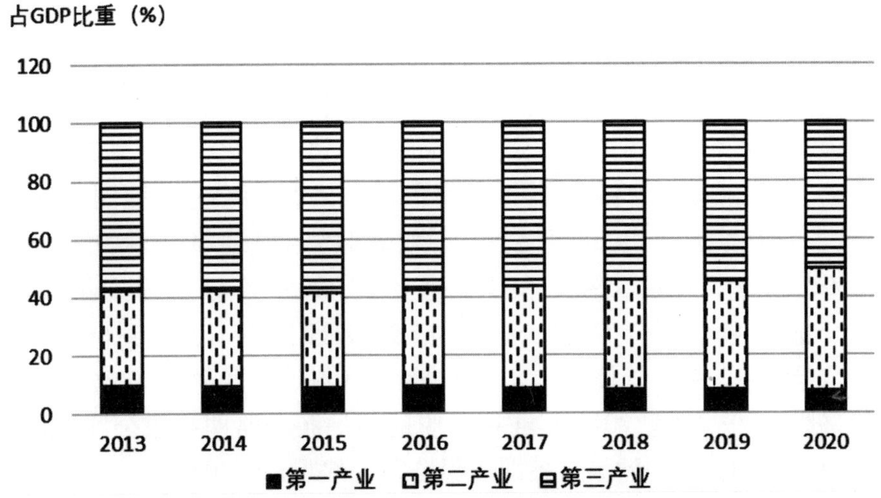

图 4－5　2013—2020 年西藏三次产业的比重变化

资料来源：2021 年西藏国民经济与社会发展统计公报。

陈朴的观察比较仔细，有一定的道理。但是，如果从西藏三次产业之间的联系（无论从宏观还是微观）来看，都可以看到其密切程度在不断提升。因为以旅游为支柱的第三产业的发展成为整个西藏经济发展的特点，而旅游业最容易将三次产业、城市与乡村联动起来。而且农牧民在其中的参与度也容易得到提升。因此，西藏经济结构已经从非典型的二元结构过渡到典型的二元结构。陈朴本人注意到，这种非典型二元结构在不断演进，到 2003 年出现了由于三次产业结构调整而带来的变化。特别是近几年，西藏经济结构转型尤为迅速。因此，有学者认为西藏处于非典型的二元结构与典型二元经济结构之间的一种结构，即较为典型的二元结构。①

三、未来向一元经济迈进：传统经济的消失

无论怎样，西藏经济现代化的必然结果是传统经济的消失，现代经济彻底取代传统经济。这一趋势具有必然性，同时也有一定的基础，最为根本的是西藏经济社会发展已经实现从非典型向典型二元结构过渡，或者即

① 卢明文：《西藏经济实现跨越式发展》，《今日中国》2015 年 9 月 21 日。

使在非典型二元结构中又衍生出一个次级非典型二元经济结构，为西藏走向一元经济提供条件和基础。

城乡经济“绝缘性”主要是过去基础设施极端差造成的。然而，当前西藏交通等基础设施的大幅度改善为西藏经济现代化奠定了基础。在公路方面，2000 年底，西藏公路通车里程仅有 2.25 万公里，而到 2020 年底，这一数字变为 11.88 万公里，乡镇、建制村通畅率达 93.7% 和 75.9%，西藏所有县（区）和 476 个乡镇、2050 个建制村通了客车。2015 年前，西藏只有一条 38 公里长的高等级公路，现在则达到 688 公里。拉萨至日喀则、那曲等地在建高等级公路通车以后，西藏高等级公路通车里程将达 1100 公里。2013 年通往墨脱的第一条公路即扎墨公路建成通车，2021 年通往墨脱的第二条即派墨公路全线贯通。2020 年进藏公路基本实现全线黑色化。在铁路方面，川藏铁路拉林段已建成通车，林芝至雅安段已经动工。在航空方面，截至 2020 年，西藏机场从 1 个发展为 5 个，航线从 1 条发展到 130 条，通航城市从 2 个发展到 61 个，进出港航班从每周 1 架次增加到日均 150 多架次，民航旅客吞吐量从 2000 年的 53 万人次增至 2020 年的 515 万余人次。

同时，电力和通信基础设施实现跨越式发展，加快农牧民与外界的沟通和联系。在电网设施方面，西藏进入主电网覆盖全区 7 地市、74 县（区）的统一电网时代。在能源方面，电力装机容量达到 401.85 万千瓦，比 2015 年增加 152 万千瓦，西藏能源保障能力显著加强。在通信方面，西藏全部 685 个乡镇实现了 100% 通光纤和 4G 通信全覆盖。西藏农牧区所有行政村都有移动信号，光纤宽带通达率为 99%，现代通信网络体系让西藏驶入“信息快速路”。

在上述基础设施改善的基础上，西藏经济社会发展已经积累了不少条件。这里举 3 个例子加以说明。

案例一：西藏历史性地消灭了绝对贫困

作为全国唯一的省级集中连片特困地区，2019 年 12 月，西藏宣布 74 个县（区）全部脱贫摘帽，建档立卡贫困人口全部退出，绝对贫困彻底

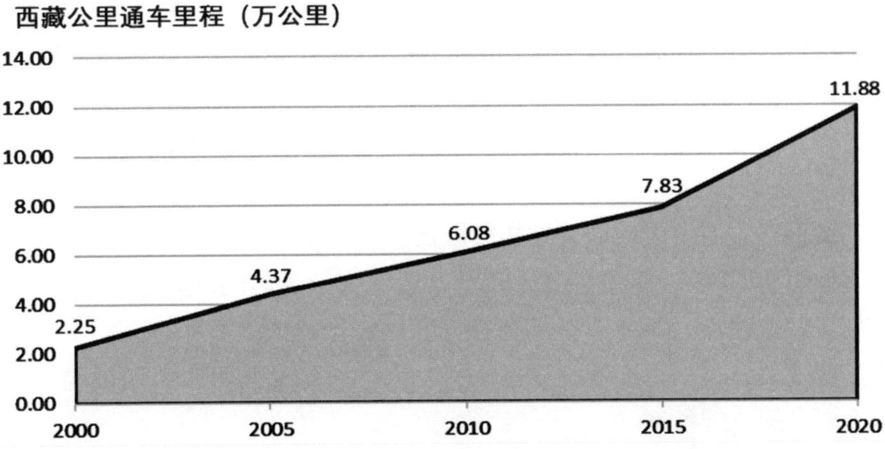

图4－6　2000—2020年西藏公里通车里程增长情况

资料来源：2020年西藏自治区国民经济与社会发展统计公报。

消除。经第三方评估，西藏脱贫攻坚群众满意度达99.5%以上。[①] 绝对贫困的消除使西藏各族人民从贫困中走出来。在西藏脱贫攻坚中，政府着力发展产业以形成脱贫的长效机制，2016年以来，累计投资367.41亿元、实施扶贫产业项目2630余个，培育产业化龙头企业140余家、农牧民专业合作组织1万余家，带动23.8万贫困人口脱贫，受益农牧民群众超过70万人。2019年，农牧业科技进步贡献率达到51%、科普率达到90%。[②]

案例二：西藏与全国一道进入乡村振兴建设轨道

“十三五”期间，西藏以青稞、牦牛、藏猪、藏羊、奶业、蔬菜、饲草七大产业为重点的“7＋N”产业发展格局已经形成，以10个高原特色生物产业基地为主的国家重要高原特色农产品基地已经建立。“十四五”期间，西藏将以青稞、牦牛、藏羊、藏香猪、藏鸡、蔬菜、果茶等为重点，巩固拓展产业脱贫成果同乡村产业振兴有效衔接，进行优势产业提升

① 张琼文：《六十年消灭贫困　新时代换了人间——西藏历史性消除绝对贫困》，中国日报网2020年8月17日。参见https://baijiahao.baidu.com/s?id=1675254730128636211&wfr=spider&for=pc。

② 张琼文：《六十年消灭贫困　新时代换了人间——西藏历史性消除绝对贫困》，中国日报网2020年8月17日。参见https://baijiahao.baidu.com/s?id=1675254730128636211&wfr=spider&for=pc。

工程，集聚资金、技术、人才、装备、金融等资源，培育一批农业产业强镇、现代农业产业园、优势特色产业集群，促进一二三产业融合发展。乡村振兴在西藏的实施将进一步促进西藏“非典型二元结构”向“典型二元结构”转变，进而促进西藏“典型二元结构”向一元结构转变。

案例三：高海拔地区异地扶贫搬迁

截至2020年，西藏在海拔较低、适宜生产生活的地区建成了964个易地扶贫搬迁点，26.6万人自愿搬迁。西藏产业扶贫资金的5%用于安置点产业发展，确保每个搬迁户至少“一户一人”就业，实现了稳得住、有就业，逐步能致富。

总之，西藏将与全国一道按照设定的国家发展目标，走向现代化，传统经济逐渐消失。西藏现代化的目标是：到2035年，和全国一道基本实现社会主义现代化；到2049年，和全国一道全面实现社会主义现代化。

五、结论

西藏经济现代化的开启和持续推进主要是西藏之外的力量。这种独特的现代化推进方式造成的结果是现代性经济嵌入西藏社会中，与西藏原有的经济活动之间出现断裂或者不搭界。因此，在西藏经济现代化的初期，必然表现出外来的现代经济形式与西藏原有的经济形式之间的二元对立，此时的现代经济可以说处于势单力薄的状态。这时，称为“非典型二元经济”。当外来力量持续进入西藏，西藏的现代经济形式越来越强大，同时，原有传统经济形式的外部环境发生改变，也出现某种变化，而且这些变化越来越强。这样，在它们之间出现某种结合，并出现过渡形式，这时便出现次生二元经济形式。这种形式进一步发展，便过渡到典型的二元经济，城乡之间劳动力形成流动，农村剩余劳动力向城市现代部门流动。这种流动持续发生，最终走向一元的全面现代化。这在西藏是将来时。

我们应该看到，造成西藏出现“非典型二元经济”现象无非两个原因，一是西藏现代化的启动力量来自西藏外部，孙勇等学者将其概括为“总体供给模式”，二是西藏乡村经济与城镇现代部门之间的“绝缘性”。如果以发展变化的眼光看待的话，西藏的“总体供给模式”不仅没有改变，而且在一次又一次强化。汪洋代表中央在庆祝西藏和平解放70周年的讲话中指出，中央对西藏的投资“不会减少，只会增加”，可以预见未来的西藏，这种“总体供给模式”仍然会被强化。而城乡之间的绝缘性在逐步消失。当然，绝缘性的消失在不同地区之间具有一定的差异。接近拉萨、日喀则等的地区，消失得比较快，也比较充分，而在比较偏远的牧区，这种“绝缘性”也在消失，但速度比较慢，也不充分。造成“绝缘性”消失的主要原因是西藏在改革之后市场化的发展。中国社会科学院在2000年左右对西藏市场化发展情况做过调查研究，认为市场化也在西藏快速推进，即使在原有的国有部门和行政管理部门，也或多或少地引入市场机制去配置资源，以提高资源使用效率。① 而在此外，一是非公有制部门的快速发展，成为西藏社会主义市场经济的重要组成部分，造成了一种市场化的资源配置格局，为解体“绝缘性”作出了重要贡献；二是政府对于西藏农牧区的剩余劳动力给予培训和就业扶持，让更多农牧民加入经济发展的过程；三是在西藏，无论是国家工程建设项目，还是援藏项目，都更多地给予本地居民参与的机会，而且，在内地劳动力紧缺的背景下，西藏本地居民获得更多参与发展的机会。总之，无论是市场化的力量还是政府方面，都在解体这个造成“非典型二元经济”结构的“绝缘性”。

因此，在新的经济机制和政策作用下，西藏经济社会结构已经发生变化。如果再以“非典型二元经济”的眼光看待当下的经济社会特征，估计要大失所望。

专栏4－3　西藏自治区2035年现代化建设目标描述

展望二〇三五年，西藏和全国一道基本实现社会主义现代化，展现出美好的发展前景。现代经济体系基本建立，优势产业竞争力明显增强，科技创新能力不断提升，“地球第三极”品牌具有全球影响力，集约高效、经济适用、智能绿色、安全可靠的现代化基础设施体系初步建成，基本实现新型工业化、信息化、城镇化、农业现代化；城乡区域发展差距显著缩小，城乡居民人均可支配收入达到全国平均水平；社会事业全面进步，基本公共服务均等化基本实现，各族群众共同富裕迈出坚实步伐；中华民族

---

① 王洛林、朱玲主编：《市场化与基层公共服务：西藏案例研究》，民族出版社，2005年。

共同体意识全面铸牢，中华文化始终是各民族的情感纽带、心灵归属，西藏文化是中华文化不可分割的一部分的思想深深扎根在群众心中；生态环境质量保持全国领先水平，重要的国家生态安全屏障日益巩固，所有市县达到国家生态文明建设示范市县标准，美丽西藏全面建成，成为全国乃至国际生态文明高地，率先实现碳达峰和碳中和；国家安全屏障筑牢，确保边防巩固和边境安全；人民平等参与、平等发展权利得到充分保障，法治政府、法治社会基本建成；各方面制度更加完善，治理体系和治理能力现代化基本实现，藏传佛教中国化取得新进展，社会文明程度达到新的高度，社会大局实现长治久安。①

第五节 小 结

西藏的经济现代化经历了 70 年的时间。在这么长时间的现代化实践中，西藏经济现代化是有一定规律可循的。本章从多个层面考察西藏经济现代化的历史规律性特征。

从经济现代化的动力角度考察，经济现代化首先是社会内部的变化，外部因素是通过内部因素而发挥作用的。西藏的经济现代化也不例外。资本形成是西藏经济现代化的第一推动力，人力资本形成是西藏经济现代化的关键性因素，科技进步是西藏经济现代化的新动能。

从西藏经济现代化的外部条件考察，西藏的经济现代化与经济全球化不可分，同时，西藏经济现代化与国家现代化紧密相连，因为西藏经济现代化事关整个中国现代化，西藏的经济现代化离不开国家的支持。而从西藏经济现代化的保障条件看，中央政府大政方针的正确指引是西藏经济现代化的战略保障。稳定对西藏经济现代化发展至关重要，只有稳定才能发展，只有发展才能实现长期的稳定。两者互为条件、缺一不可。

从西藏经济现代化的推动方式考察，中央支持是西藏经济现代化的主

---

① 资料来源：《中共西藏自治区委员会关于制定国民经济和社会发展“十四五”规划和二〇三五年远景目标的建议》，http：//mw. xizang. gov. cn/xwzx/xzxw/202101/t20210114_ 187190. html。发表时间：2021 -01 -14，访问时间：2022 -05 -03。

导性力量，对口支援是西藏经济现代化的重要推动力量，孙勇等学者将西藏经济现代化的模式称为“总体供给模式”，即西藏经济现代化所需要的资源由中央和内地实现总体供给。这种经济现代化的推进模式与中国其他地区现代化推进模式具有显著的区别。

从经济现代化的过程考察，西藏经济现代化的开启和持续推进主要是西藏之外的力量。这种独特的现代化推进方式造成的结果是现代性经济嵌入西藏社会之中，与西藏原有的经济活动之间出现断裂或者不搭界，当外来力量持续进入西藏，西藏的现代经济形式越来越强大，同时，原有传统经济形式因外部环境发生改变而出现某种变化，而且这些变化越来越明显。这样，在它们之间出现某种结合，并出现过渡形式，进一步发展便过渡到典型的二元经济，城乡之间劳动力形成流动，农村剩余劳动力向城市现代化部门流动。这种流动持续发生，最终走向一元，实现全面的现代化。

当然，考察西藏经济现代化的视角远不止于此，还有其他很多视角。当前，进入中国特色社会主义建设新时代，西藏经济现代化将加速推进，将要完成其战略任务。国家的现代化建设为西藏经济现代化提供十分有利的条件，毫无疑问，在西藏经济现代化进程中，要完成这一战略任务将面临巨大的挑战。下一章将讨论这些问题。

第五章

西藏经济现代化的战略任务及其实现的机遇与挑战

西藏的现代化是中华民族伟大复兴的重要组成部分。中华民族伟大复兴战略全局与世界百年未有之大变局同步交织、相互激荡，为西藏现代化带来了重大机遇和严峻挑战。党的十五大首次提出了“两个一百年”奋斗目标，经过中央的强调和安排后，“两个一百年”奋斗目标愈加清晰，成为中华民族伟大复兴之路的奋斗目标。党的十九大对我国的“两个一百年”奋斗目标内涵进行了完善，提出“从二〇二〇年到本世纪中叶可以分两个阶段来安排……第一个阶段，从二〇二〇年到二〇三五年，在全面建成小康社会的基础上，再奋斗十五年，基本实现社会主义现代化……第二个阶段，从二〇三五年到本世纪中叶，在基本实现现代化的基础上，再奋斗十五年，把我国建成富强民主文明和谐美丽的社会主义现代化强国”①。“从十九大到二十大，是‘两个一百年’奋斗目标的历史交汇期”②。2021 年站到了“两个一百年”交汇点上，这一年，我国宣布消除绝对贫困和全面建成小康社会，步入“第一个一百年”奋斗目标阶段。经过和平解放 70 年的艰苦奋斗，西藏也与全国一道全面建成小康社会，

---

① 习近平：《习近平谈治国理政》，外文出版社，2020 年，第 22—23 页。

② 习近平：《习近平谈治国理政》，外文出版社，2020 年，第 22 页。

圆满完成“第一个一百年”奋斗目标。西藏已步入“第二个一百年”奋斗目标阶段，将奋力谱写西藏走向基本现代化和全面现代化的壮丽篇章。本章以2035年实现西藏基本现代化和2049年实现西藏全面现代化为时间节点对西藏的经济发展目标进行定量测算①，探讨西藏经济发展的阶段性任务以及面临的挑战。

第一节　西藏经济现代化的阶段性任务

一、西藏与全国的差距

由于历史、自然地理等原因，西藏地区经济社会发展的一系列指标，除了以工业排放和环境污染指数构成的区域环境水平名列全国第一外，区域经济发展水平、区域社会发展水平和区域社会进步动力，以及支撑西藏发展的教育能力、科技能力、管理能力等指标，都还处于全国31个省市自治区的最后一名。西藏与全国的差距主要表现在三个方面，即经济发展差距（人均地区生产总值发展、城乡收入、城乡公共服务发展差距）、人类发展差距（生活水平、生活质量差距）和社会发展差距（教育、信息、技术、医疗卫生、交通运输、体制、观念差距）。总体来看，西藏与全国的经济社会发展差距不断拉大趋势明显。

（一）经济发展差距

1951—2021年，西藏发生了翻天覆地的变化，建立起了现代产业体系，经济建设的70年取得伟大成就。就全国来讲，2020年，国内生产总值是1952年国内生产总值679.1亿元的1496倍。而西藏地区生产总值由1951年的1.29亿元增至2020年的1902.74亿元，按可比价计算增长了321.5倍，后者明显低于前者。具体分析如下：

第一，从西藏国内生产总值总量来看，虽然有了绝对数的快速增长，

① 习近平在《关于〈中共中央关于制定国民经济和社会发展第十四个五年规划和二〇三五年远景目标的建议〉的说明》中指出，“综合考虑各方面因素，建议稿对‘十四五’和到2035年经济发展目标采取了以定性表述为主、蕴含定量的方式。编制规划《纲要》时可以在认真测算基础上提出相应的量化目标。”《人民日报》2020年11月4日第1版。

但其占全国比重一直较低（见图5－1），基本不超过0.2%。从绝对数看，西藏地区生产总值从1951年的1.29亿元增长到1980年的8.67亿元、2007年的342.19亿元，然后在2020年增长到1902.47亿元。但从相对数看，除1981年外，西藏地区生产总值占全国国内生产总值的比重没有超出过0.2%，相当于内地一般县域经济的比重，与其地域和资源的占比很不相称；从变化趋势看，在1995年之前，该比值不断下降，由1980的0.18%降到1995年的0.095%；在经历了1995年的低谷后，该比值呈现稳定增长的趋势，2020年为0.19%，说明西藏经济在经历较长时期的高速持续增长后，规模总量得以相应的增长；从变化幅度看，1980、1985、2002、2016年西藏地区生产总值占比有了相对大的增长，而这四年分别是四次西藏工作会议召开后的第二年，是全国援藏力度加大所产生的直接效应。

自20世纪90年代以来，在国家大规模投资拉动下，西藏地区经济发展明显加速（见图5－2）。1993年以来，西藏国内生产总值增长速度连续25年高于全国，最高年份1995年高于全国6.9个百分点。从生产总值

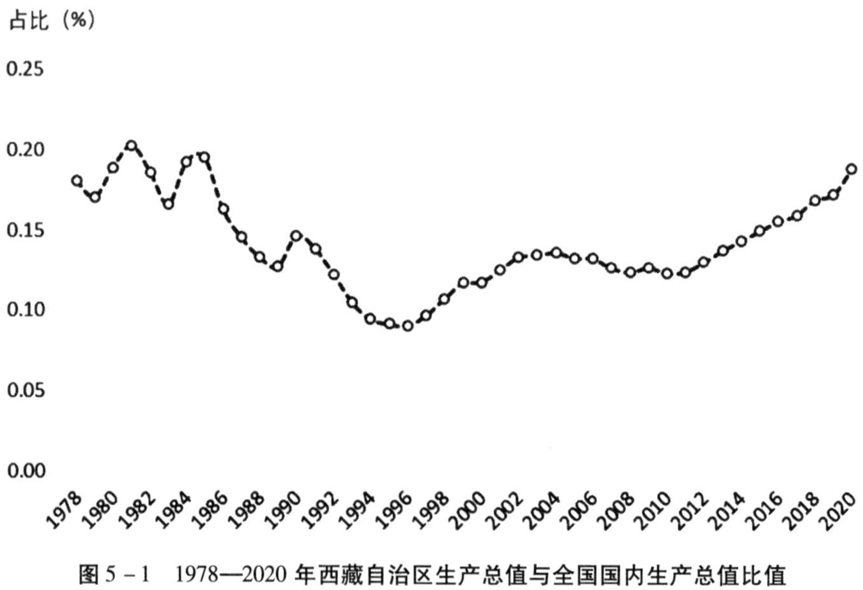

图5－1　1978—2020年西藏自治区生产总值与全国国内生产总值比值

资料来源：《中国统计年鉴2021》，中国统计出版社，2022年，表3－1；《西藏统计年鉴2021》，中国统计出版社，2022年，表2－6。

增长速度看，西藏地区生产总值增长速度加快，经济发展表现出良好的态势。但由于西藏基础薄弱，所以从地区生产总值总量及人均地区生产总值看，西藏实力仍然较弱，与全国存在较大差距。

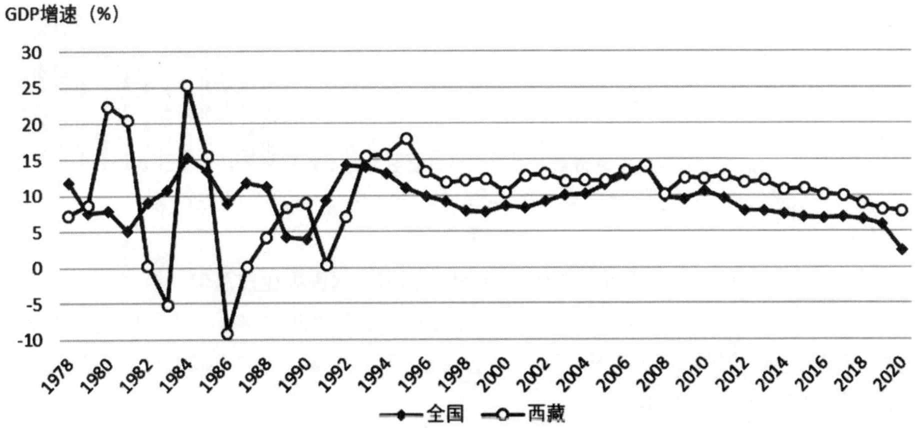

图 5－2　1978—2020 年西藏与全国国内生产总值增长率

资料来源：《中国统计年鉴 2021》，中国统计出版社，2022 年，表 3－1；《西藏统计年鉴 2021》，中国统计出版社，2022 年，表 2－6。

第二，从人均国内生产总值差距来看，绝对差距上，西藏经济发展经历了从高于到低于全国平均水平的过程，并且呈差距日益扩大的趋势；相对差距上，西藏经济发展与全国差距先扩大后逐渐缩小（见图 5－3）。1986 年以前西藏人均地区生产总值高于全国平均水平，但 1986 年以后，西藏人均地区生产总值一直低于全国人均国内生产总值，且差距不断扩大，1986 年西藏人均地区生产总值低于全国平均水平 131 元，占全国人均国内生产总值的 13.46%；到 1996 年西藏人均地区生产总值与全国的差距扩大为 3210 元，占全国人均国内生产总值的 54.42%。此后相对差距有所缩小，2004 年西藏人均地区生产总值与全国的差距为 4453 元，占全国人均国内生产总值的 35.66%；2004 年以后，相对差距有所扩大，但从 2011 年开始至今呈缩小趋势，2017 年西藏人均地区生产总值与全国的差距为 19934 元，占全国人均国内生产总值的 33.67%，2020 年为 5.22 万元，占全国人均的 27.70%，差距仍然很明显。

如下图 5－4，在相对长的时间里，西藏的储蓄水平都处于一个较低

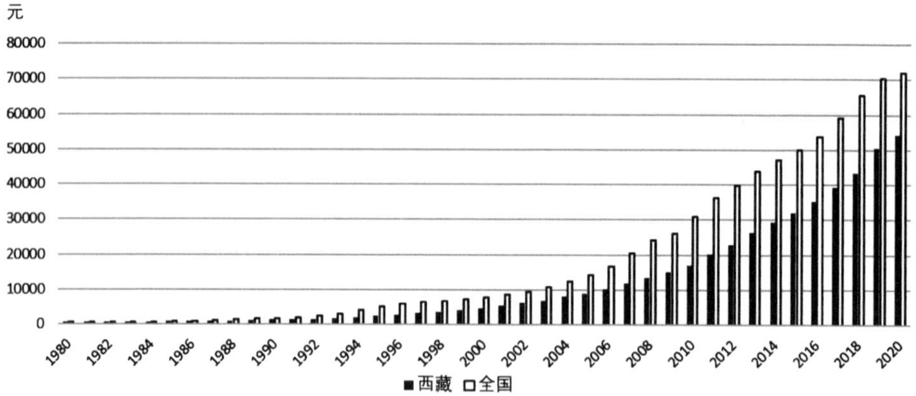

图 5－3　1980—2020 年西藏与全国人均国内生产总值

资料来源：《中国统计年鉴 2021》，中国统计出版社，2022 年，表 3－1；《西藏统计年鉴 2001》，中国统计出版社，2002 年，表 2－6；《西藏统计年鉴 2021》，中国统计出版社，2022 年，表 2－6。

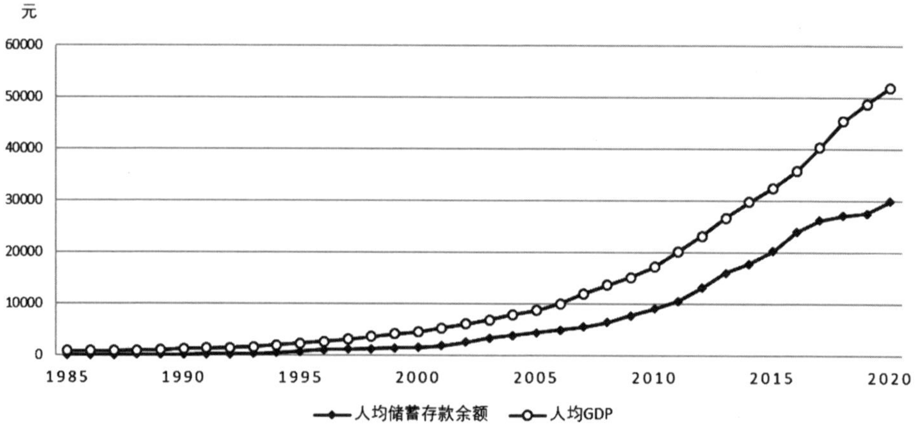

图 5－4　1985—2020 年西藏自治区人均储蓄余额和人均地区生产总值

资料来源：《西藏统计年鉴 2021》，中国统计出版社，2022 年，表 2－5。

的水平，到 2000 年左右才开始逐步增加。2017 年，西藏的人均储蓄存款余额仅为 26351 元，而全国人均储蓄存款余额约为 4 万元（见图 5－4）。2020 年，内地 31 个省市人均存款余额的中位数是 5.9 万元，北京市居民人均存款余额最多，西藏人均存款不足 3 万元，北京是西藏的 6.9 倍。西藏的经济增长带来了其储蓄的增加，但是储蓄不能很好地转化为投资，无法满足西藏的投资需求，从而对经济增长的作用有限，说明西藏自身缺乏“内生”的增长动力。

（二）社会发展差距

从人口总量上看，西藏共有364.81万人。从人口在全国的占比来说，从2010年的0.22%上升到2020年的0.26%。横向对比全国其他省份数据，可明显看出相同时期西藏人口自然增长率高于全国整体人口自然增长率。而从纵向来看，西藏人口从和平解放初期的115万上升到2020年的364.81万（见表5－1），过去70年间，西藏人口自然增长率为16.6‰，而以1990—2019年这一时段来算，西藏人口自然增长率均在10.0‰，死亡率是逐年下降的。这表明西藏的人口数量在近20年间比前50年增长更快，也显示了西藏社会发展所取得的成就。

表5－1　1990—2019年西藏自治区的出生率、死亡率和自然增长率

单位:‰

年份	出生率	死亡率	自然增长率	年份	出生率	死亡率	自然增长率
1990	26.00	8.90	17.10	2007	16.40	5.10	11.30
1995	24.90	8.80	16.10	2008	15.50	5.20	10.30
1996	24.70	8.50	16.20	2009	15.30	5.10	10.20
1997	23.90	7.90	16.00	2010	15.23	5.30	9.93
1998	23.70	7.80	15.90	2011	15.39	5.13	10.26
1999	23.20	7.40	15.80	2012	15.48	5.21	10.27
2000	19.50	6.60	12.90	2013	15.77	5.39	10.38
2001	18.60	6.50	12.10	2014	15.76	5.21	10.55
2002	18.80	6.10	12.70	2015	15.75	5.10	10.65
2003	17.40	6.30	11.10	2016	15.79	5.11	10.68
2004	17.40	6.20	11.20	2017	16.00	4.95	11.05
2005	17.90	7.20	10.80	2018	15.22	4.58	10.64
2006	17.40	5.70	11.70	2019	14.60	4.46	10.14

资料来源：《西藏统计年鉴2020》，中国统计出版社，2021年，表3－2。

人类发展指数（HDI）是由联合国开发计划署（UNDP）在《1990年人文发展报告》中提出的，用以衡量联合国各成员国经济社会发展水平的指标，是对传统的GNP指标挑战的结果。① 自1990年以来，UNDP每年都要发布各国和各国内部各地区的人类发展指数，目的在于指导发展中国家制定各自的发展战略。有人指出，“人类发展指数”是一个类似人均国民生产总值的指标，它表明了一个地区的发展程度。虽然中国比较关心的依然是人均国民生产总值，但是人类发展指数已经受到了越来越多的关注。从2016—2017年中国国内各地区的人类发展指数（见表5-2）中可以看出，如果按照世界水平衡量，西藏、云南、贵州三省区属于世界中等水平，说明已经取得巨大成就，而且伴随着地方经济的高增长，西藏居民尤其是西藏藏族居民的人口增长，人均地区生产总值、预期寿命、受教育程度等重要人类发展指数也发生了革命性的变化。但是，它们在国内不仅低于平均水平，而且属于最低水平的地区，中国国内地区之间的不平衡表现得比较明显。

表5-2　2016—2017年中国分地区人类发展指数

	人类发展指数*	预期寿命指数**	教育指数**	人均实际收入指数**	相似的国家或地区*
极高人类发展指数					
香港	0.933	0.985	0.670	0.950	瑞典
澳门	0.909	0.968	0.737	1.000	日本
北京	0.887	0.952	0.921	0.806	捷克
台湾	0.874	0.920	0.807	0.923	爱沙尼亚
上海	0.863	0.952	0.807	0.803	波兰
天津	0.845	0.932	0.791	0.814	葡萄牙

① 人类发展指数是对人类发展成就的总体衡量尺度，是测量一个国家或地区在人类发展三个基本方面的平均成就：(1)健康长寿的生活，用出生时预期寿命表示。(2)知识，用成人识字率以及小学、中学和大学综合毛入学率表示。(3)体面的生活水平，用人均国民生产总值表示。如果某国或地区的人类发展指数高于0.80，则是高人类发展水平；指数在0.50—0.79之间是中等人类发展水平；低于0.50则是低人类发展水平。联合国人类发展报告从1990年起，每年选择一个主题予以发布。

续表 1

	人类发展指数*	预期寿命指数**	教育指数**	人均实际收入指数**	相似的国家或地区*
江苏	0. 807	0. 896	0. 730	0. 778	马来西亚
浙江	0. 805	0. 913	0. 732	0. 761	马来西亚
辽宁	0. 803	0. 892	0. 764	0. 745	马来西亚
高人类发展指数					
广东	0. 792	0. 894	0. 694	0. 741	塞尔维亚
山东	0. 781	0. 893	0. 693	0. 735	古巴
吉林	0. 777	0. 889	0. 721	0. 708	黎巴嫩
内蒙古	0. 774	0. 861	0. 689	0. 758	哥斯达黎加
福建	0. 765	0. 882	0. 666	0. 741	斯里兰卡
黑龙江	0. 763	0. 886	0. 723	0. 672	巴西
湖北	0. 674	0. 686	0. 706	0. 669	格鲁吉亚
陕西	0. 764	0. 865	0. 700	0. 698	阿塞拜疆
重庆	0. 759	0. 881	0. 676	0. 701	马其顿
大陆平均	0. 754	0. 868	0. 709	0. 697	格鲁吉亚
山西	0. 747	0. 869	0. 704	0. 656	阿尔及利亚
海南	0. 750	0. 891	0. 671	0. 671	阿尔及利亚
湖南	0. 746	0. 866	0. 679	0. 676	秘鲁
河北	0. 744	0. 870	0. 677	0. 675	秘鲁
河南	0. 738	0. 864	0. 671	0. 664	斐济
宁夏	0. 735	0. 845	0. 668	0. 682	斐济
江西	0. 737	0. 860	0. 681	0. 655	泰国
安徽	0. 732	0. 871	0. 656	0. 654	哥伦比亚
四川	0. 730	0. 866	0. 656	0. 657	哥伦比亚
新疆	0. 718	0. 828	0. 660	0. 677	牙买加
广西	0. 723	0. 872	0. 641	0. 641	苏里南

续表 2

	人类发展指数*	预期寿命指数**	教育指数**	人均实际收入指数**	相似的国家或地区*
青海	0.701	0.791	0.627	0.674	摩尔多瓦
甘肃	0.700	0.826	0.642	0.616	埃及
中人类发展指数					
贵州	0.685	0.809	0.613	0.616	乌兹别克斯坦
云南	0.681	0.784	0.613	0.620	菲律宾
西藏	0.630	0.762	0.451	0.630	不丹

资料来源：佚名：《剖析中国各省的人类发展指数：比人均地区生产总值更加全面的社会经济指标》，参见 https://baijiahao.baidu.com/s?id=1660044411624890503。2021年7月22日浏览。

说明：*是2017年的数据，**是2016年的数据。人均实际收入指数即购买力平价指数。

二、西藏经济现代化的两大战略任务

和平解放之后，西藏现代化一直追求“开天辟地”的意义，将自身特别是事关西藏现代化全局的领域实现跨越式发展作为现代化的主要目标。十九大指出，中国特色社会主义建设已进入新时代，社会主要矛盾表现为人民日益增长的美好生活需要和不平衡不充分的发展之间的矛盾。西藏社会主要矛盾转化与全国大体一致。① 与全国其他地区不同的是，西藏还存在着各族人民同以达赖集团为代表的分裂势力之间的特殊矛盾。因此，西藏现代化过程中长期同时存在着两对矛盾。要解决两对矛盾，必须围绕“发展”和“稳定”，一方面要推动生产力和生产关系的协调发展，从而解放和发展生产力，把改善民生、凝聚人心作为经济社会发展的出发点和落脚点，最终实现共同富裕；另一方面要把维护祖国统一、加强民族团结作为西藏工作的着眼点。

当今世界正经历百年未有之大变局，虽然实现中华民族伟大复兴的趋

① 杨明洪：《试论新时代背景下民族地区社会主要矛盾转化特征与政策取向》，《中国民族报》2018年12月10日。

势不可逆转，但国家发展在面临前所未有的机遇的同时，也面临严峻挑战。这些情势都不可避免给西藏现代化的新征程带来深刻的影响。党的十九大报告明确指出“要实现‘两个一百年’奋斗目标，实现中华民族伟大复兴的中国梦，不断提高人民生活水平，必须坚定不移把发展作为党执政兴国的第一要务，坚持解放和发展生产力，坚持社会主义市场经济改革方向，推动经济持续健康发展”①。经济发展不仅是推动全国社会主义现代化建设最为核心的基础，也是推动西藏社会主义现代化最为核心的基础。考虑到经济发展在西藏社会主义现代化建设中居于核心地位，西藏与全国一道在2035年实现基本现代化，在2049年实现全面现代化，在经济发展方面需要完成以下两大战略任务：

第一，建立现代经济体系，缩小与全国经济增长水平的差距。党的十九届五中全会对我国2035年基本实现社会主义现代化远景目标提出了“经济总量和城乡居民人均收入将再迈上新的大台阶”，以及“人均国内生产总值达到中等收入国家水平”的要求。根据十九届五中全会精神，中共西藏自治区委员会提出了“现代经济体系基本建立，优势产业竞争力明显增强”及“城乡区域发展差距显著缩小，城乡居民人均可支配收入达到全国平均水平”的2035年远景目标。西藏要与全国一道实现“第二个一百年”奋斗目标，经济增长必须以不断缩小与全国平均水平的差距，并争取能达到全国平均水平为目标。2020年西藏人均地区生产总值在全国31个省（市、自治区）排22位，西藏要实现人均地区生产总值达到全国平均水平仍有很长的路要走。

第二，减少低收入群体，城乡居民人均可支配收入达到全国平均水平。西藏是全国“三区三州”深度贫困地区中唯一的省级集中连片特困地区，是脱贫攻坚之初全国贫困发生率、贫困程度、扶贫成本最高和脱贫难度最大的区域。虽然在2020年西藏与全国一道实现了全面建成小康社会的目标，全区62.8万建档立卡贫困人口已全部脱贫，但西藏低收入群体规模较大，特别是在农牧区。西藏的城镇化率仅32%，远低于全国平均水平63.89%，西藏城乡居民人均可支配收入与全国平均水平的差距远大于城镇居民人均可支配收入与全国平均水平的差距，因此，加快推进西

① 习近平：《习近平谈治国理政》，外文出版社，2020年，第23页。

藏经济社会发展，最重要的是巩固脱贫成果，① 持续缩小低收入群体规模，最终实现共同富裕。

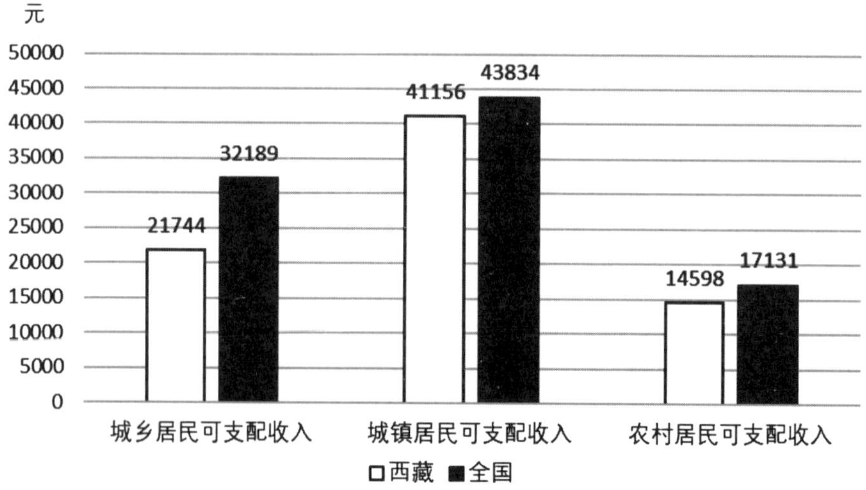

图 5－5　2020 年西藏与全国人均收入对比

资料来源：《中国统计年鉴 2021》，中国统计出版社，2022 年，表 6－1、6－6、6－11；《西藏统计年鉴 2021》，中国统计出版社，2022 年，表 7－2。

上述两个方面归结到一点，就是在实现“第二个一百年”奋斗目标中，需要坚持以经济建设为中心，依靠西藏各族人民的艰苦奋斗，在中央关怀和全国支援下，必须使西藏经济增长率保持在一个合理水平。这是本书提出测算第二个百年奋斗目标中的经济增长阶段性任务的重要意义。

第二节　第二个百年奋斗目标中的经济增长阶段性任务

测算第二个百年奋斗目标中的经济增长阶段性任务，需要有合理的前提设定和测定方法的选择以及相应的参照基准。

① 张裔炯：《全面贯彻新时代党的治藏方略》，《人民日报》2020 年 9 月 28 日。

一、西藏经济增长的阶段任务测算前提和方法

对于中国现代化的规划，中央通常在经济增长方面有明确的计划目标，尤其是党的十二大、十三大、十五大、十七大以及十八大都与时俱进地提出了当时我国远景目标的量化指标。如党的十三大确定的“三步走”发展战略，第三步就是“到 21 世纪中叶人均国民生产总值达到中等发达国家水平，人民生活比较富裕，基本实现现代化”；党的十七大提出“实现人均国内生产总值到二〇二〇年比二〇〇〇年翻两番”；党的十八大定下 2020 年“实现国内生产总值和城乡居民人均收入比二〇一〇年翻一番”。尽管如此，中央对“两个一百年”目标并没有量化的指标，[①] 更没有经济增长的具体量化指标。从学术研究的角度，刘伟等认为，党的十九大提出了“2035 年中国要基本实现现代化”，从经济增长的视角看，要实现此目标，则需要实现“2035 年人均实际国民生产总值水平较 2020 年翻一番”的经济增长目标；要实现在本世纪中叶达到发达国家平均水平的目标，那么，到 2050 年人均实际国民生产总值较 2020 年就需要翻两番[②]。我们认为，“2035 年人均实际国内生产总值水平较 2020 年翻一番，达到中等发达国家水平；到 2050 年人均实际国内生产总值较 2020 年翻两番，达到发达国家平均水平”，既可以作为全国“第二个一百年”新征程经济增长的阶段性目标，也可以作为西藏步入“第二个一百年”新征程经济增长的阶段性目标。基于这一前提，我们对西藏现代化经济增长的阶段任务进行测算和分析。

至于测算方法而言，这里我们借鉴刘伟等的测算方法。基于过去 40 年西藏的经济发展情况，设定通货膨胀率为 2%，[③] 计算不同参照系下西藏经济增长的阶段性目标。同时，由于西藏处于国家纵横比较网络之中，

---

① 党的十九大报告对 2035 年基本实现社会主义现代化和 2049 年全面实现社会主义现代化均作出定性描述。参见习近平：《习近平谈治国理政》，外文出版社，2020 年，第 22—23 页。

② 刘伟、陈彦斌：《2020—2035 年中国经济增长与基本实现社会主义现代化》，《中国人民大学学报》2020 年第 4 期。

③ 根据 1980—2020 年西藏经济发展情况，对全国与西藏地区生产总值指数和地区生产总值平均指数进行比较，西藏的通货膨胀与全国大体相当，故采用 2% 的通货膨胀率作为本书测算的基本假设。

在其现代化过程中，有多种指标可以衡量西藏现代化进程中的经济增长目标。因为西藏属于民族自治区、民族地区、西部地区，其经济发展具有这“三区”的普遍性特征，也是多重政策叠加区域，所以，西藏在缩小与全国经济增长平均水平差距的过程中可能呈现不同水平的增长速率，西藏的经济增长阶段性任务是一个弹性的区间。因此，本书除以西藏自身作为基准以外，还以民族自治区、民族地区、西部地区的平均水平作为参照系，对西藏经济增长的阶段性任务进行测算，形成西藏现代化的经济增长阶段性任务的弹性区间。

二、西藏经济增长的阶段任务测算及其结果

（一）以西藏本身作为基准

西藏在 2035 年基本实现现代化和在 2049 年全面实现社会主义现代化，在经济增长上要求其到 2035 年人均实际地区生产总值较 2020 年翻一番，到 2049 年人均实际地区生产总值较 2020 年翻两番。[①] 2020 年西藏的地区生产总值为 1902.74 亿元、人均地区生产总值为 5.22 万元，要实现在 2035 年人均实际地区生产总值水平翻一番，2049 年人均实际地区生产总值翻两番，在通货膨胀率为 2% 的基本假设下，西藏 2035 年的人均地区生产总值应达到 14.05 万元，年均实际地区生产总值增速应达到 5.22%；到 2049 年西藏的人均地区生产总值应达到 37.08 万元，年均实际地区生产总值增速应达到 5.15%。

值得注意的是，以西藏本身作为测算的基础本身也是一种最为基础的方法。这种方法的原理是不考虑西藏在相关区域的位置，仅从自身出发来考虑问题的。这种做法的优点是一切从自身实际出发，按照自身的实际可能实现现代化目标；缺点是以自身作为参照系显得封闭保守，尤其是西藏在全国以及其他相关参照系中的相对位置不能不加以考虑，如此则可以实现西藏的现代化与全国以及相关区域的比较。现代化概念本身就是一个比

① 结合“第二个一百年”周期为 1949—2049 年与刘伟提出的“2035 年人均实际国民生产总值水平较 2020 年翻一番”的经济增长目标，要实现在本世纪中叶达到发达国家平均水平的目标，那么，到 2050 年人均实际国民生产总值较 2020 年就需要翻两番，本书认为“到 2050 年人均实际国民生产总值较 2020 年就需要翻两番”不包括 2050 年。

较的概念，更为重要的是，西藏作为唯一曾经被划为“深度贫困地区”的省级区域，如果在现代化新征程中无法赶上全国平均水平，甚至无法赶上西部地区、民族地区和五大民族自治区的水平，那么，西藏的现代化很难说是十分成功的。因此，本书接下来将分别测算以民族自治区、民族地区、西部地区和全国平均水平为基准的西藏现代化阶段经济增长任务。

（二）以省级民族区域自治地方为基准

实行民族区域自治制度是中国解决民族问题的基本制度，是统一与自治、民族因素和区域因素相结合的制度。作为民族区域自治区，在国家统一领导下，西藏与新疆、宁夏、内蒙古、广西五大自治区享有国家赋予民族自治区的民族立法权、变通执行权、财政经济自主权、文化语言文字自主权等方面的自治权。民族区域自治是在结合民族因素与区域因素基础上实现区域自治，对坚持和完善党的民族政策有着十分重要的地位。因此，从省级行政区划的角度来看，西藏与新疆、宁夏、内蒙古、广西属于同一个类群。以此作为参照系测算西藏现代化阶段经济增长任务具有一定的意义。

表 5－3　2020 年五大民族区域自治区的地区生产总值及人均地区生产总值

自治区	地区生产总值（亿元）	常住人口（万人）	人均地区生产总值（万元）
西藏	1902. 74	364. 81	5. 22
宁夏	3920. 55	720. 27	5. 44
新疆	13797. 58	2585. 23	5. 34
广西	22156. 69	5012. 68	4. 42
内蒙古	17359. 8	2404. 92	7. 22
民族自治区合计	59137. 36	11087. 91	5. 33

资料来源：国家统计局；《第七次全国人口普查公报（第三号）》，2021 年 5 月 11 日。

说明：常住人口采用的是第七次全国人口普查报告数据，统计口径为 2020 年 11 月 1 日零时的常住人口（下同）。

2020 年我国民族自治区地区生产总值总额为 59137. 36 亿元，2020 年常住人口为 11087. 91 万人，人均地区生产总值为 5. 33 万元，西藏在各民族自治区中人均地区生产总值排第四，低于民族自治区平均水平。以五大民族自治区的平均地区生产总值为基础，以我国2035年达到人均实际地区生产总值翻一番、2049年达到人均实际地区生产总值翻两番的任务为标准，在通货膨胀率为2%的基本假设下，2035年五大自治区的人均地区生产总值应达到14.36万元；以西藏当前的人均地区生产总值为基础，要在2035年达到五大自治区的人均地区生产总值的水平，其实际地区生产总值年均增速应达到5.39%；到2049年五大民族自治区的人均地区生产总值应达到37.89万元，则西藏年均实际地区生产总值增速应达到5.23%。

（三）以民族地区为基准

现有官方文件和学术文献中将少数民族聚居区称为“民族地区”，它包括五个民族自治区以及三个少数民族分布较多的省，分别为西藏、新疆、广西、内蒙古、宁夏以及青海、贵州、云南①。西藏与其他同是民族地区的省区都属于资源富集区，民族地区的森林、草原等自然资源占全国的大半，水利、天然气、煤炭等能源资源占全国的近三分之一，而矿产资源如铬矿、铅矿、锌矿等基础储量都超过全国的一半。此外，民族地区还有丰富的旅游资源，旅游业是民族地区的支柱产业之一。民族地区主要聚集在“胡焕庸线”以西，地广人稀，与东部沿海地区相比，都属于在人口密度较低条件下发展社会主义现代化。此外，民族地区多分布在我国的西部边疆地区，陆地边境线85%在少数民族地区，是“一带一路”的要冲之地。因此，上述八省区通常是作为一个独特的单元对待。在2020年，从人均地区生产总值来看，民族地区八省区最高的内蒙古为7.22万元，最低的广西为4.42万元，人均地区生产总值平均5.21万元，而全国的平均水平为7.24万元，民族地区的人均地区生产总值都低于全国平均水平，属于我国发展相对缓慢的地区。因此，以民族地区平均地区生产总值为基准测算2035年西藏经济增长阶段性任务是合理且必要的。

---

① 1991年，国家新闻出版署、财政部发布的《关于调整少数民族省（区）图书发行折扣的若干规定》第2条指出，少数民族省区是指内蒙古自治区、新疆维吾尔自治区、西藏自治区、宁夏回族自治区、广西壮族自治区和国家规定视同少数民族自治区的青海、云南、贵州省。

表 5-4　2020 年我国民族地区的地区生产总值及人均地区生产总值

省区	地区生产总值（亿元）	常住人口（万人）	人均地区生产总值（万元）
贵州	17826.56	3856.21	4.62
云南	24521.9	4720.93	5.19
西藏	1902.74	364.81	5.22
青海	3005.92	592.40	5.07
宁夏	3920.55	720.27	5.44
新疆	13797.58	2585.23	5.34
广西	22156.69	5012.68	4.42
内蒙古	17359.8	2404.92	7.22
民族地区合计	104491.74	20257.45	5.16

资料来源：国家统计局；《第七次全国人口普查公报（第三号）》，2021 年 5 月 11 日。

2020 年我国民族地区地区生产总值总额为 104491.74 亿元，2020 年常住人口为 20257.45 万人，人均地区生产总值为 5.16 万元，西藏在民族地区八省区中人均地区生产总值排第四，高于民族地区平均水平。以民族地区的平均人均地区生产总值为基础，以我国 2035 年达到人均实际地区生产总值翻一番、2049 年达到人均实际地区生产总值翻两番的任务为标准，在通货膨胀率为 2% 的基本假设下，2035 年民族地区的人均地区生产总值应达到 13.88 万元。以西藏当前的人均地区生产总值为基础，要在 2035 年达到民族地区的人均地区生产总值的水平，那么其实际地区生产总值年均增速应达到 5.13%；到 2049 年民族地区的人均地区生产总值应达到 36.64 万元，则其年均实际地区生产总值增速应达到 5.11%。

（四）以西部地区为基准

根据经济发展水平，从 1986 年起我国区域划分为中东西部，西部属于三个区域中发展最为落后的地区。1999 年，中央提出实施西部大开发战略，将相关政策在地理空间作出明确的界定，不仅包括西部 12 省，还将处于东部地区的延边朝鲜族自治州和处于中部地区的湘西土家族苗族自治州和恩施土家族苗族自治州纳入政策支持范围。经过两轮西部大开发战略的实施，包括西藏在内的西部地区社会经济得到快速发展，中国区域发展的均衡性和协调性得到强化，但西部地区与中东部地区的发展差距明显存在，继续实施西部大开发战略实在必行。2020 年国务院颁布了《关于新时代推进西部大开发形成新格局的指导意见》标志着第三轮西部大开发战略实施正式拉开帷幕。

作为我国的生态安全屏障和国家安全屏障，西藏在西部地区具有非常重要的战略地位，西部地区要实现社会主义现代化，完成西部大开发的战略任务，离不开西藏的发展。西藏的发展关乎中国西部大开发战略的成功与否。无论是过去还是未来，西藏都要与西部其他省市一起在西部大开发战略实施中推动西部地区高质量发展，实现中央对西部地区的总体要求，因此，有必要以西部地区平均水平作为基准测算西藏经济增长的阶段性任务。

表 5－5　2020 年西部地区的地区生产总值及人均地区生产总值

省、自治区、直辖市和自治州	地区生产总值（亿元）	常住人口（万人）	人均地区生产总值（万元）
重庆	25002.79	3205.42	7.80
四川	48598.80	8367.49	5.81
贵州	17826.56	3856.21	4.62
云南	24521.90	4720.93	5.19
西藏	1902.74	364.81	5.22
陕西	26181.86	3952.90	6.62
甘肃	9016.70	2501.98	3.60
青海	3005.92	592.40	5.07
宁夏	3920.55	720.27	5.44
新疆	13797.58	2585.23	5.34
广西	22156.69	5012.68	4.42
内蒙古	17359.8	2404.92	7.22
恩施土家族苗族自治州	1117.7	344.51	3.24
湘西土家族苗族自治州	725.11	248.81	2.91

续表

省、自治区、直辖市和自治州	地区生产总值（亿元）	常住人口（万人）	人均地区生产总值（万元）
延边朝鲜族自治州	726.86	194.17	3.74
西部地区合计	215861.56	39072.72	5.52

资料来源：国家统计局；《第七次全国人口普查公报（第三号）》，2021年5月11日。

2020年我国西部地区地区生产总值总额为215861.56亿元，2020年常住人口为39072.72万人，人均地区生产总值为5.52万元，西藏在西部15省、自治区（直辖市）、自治州中人均地区生产总值排第七，低于西部地区平均水平。以西部地区的平均人均地区生产总值为基础，以2035年达到人均实际地区生产总值翻一番、2049年达到人均实际地区生产总值翻两番的任务为标准，在通货膨胀率为2%的基本假设下，2035年西部地区的人均地区生产总值应达到14.87万元。以西藏当前的人均地区生产总值为基础，要在2035年达到西部地区的人均地区生产总值的水平，那么其年均实际地区生产总值增速应达到5.65%；到2049年西部地区的人均地区生产总值应达到39.24万元，则西藏年均实际地区生产总值增速应达到5.36%。

（五）以全国平均水平为基准

如上文所述，1987年邓小平提出要使西藏“在中国四个现代化建设中走进前列”的伟大目标，此后，西藏开始了努力争取和全国一道实现社会主义现代化的征程。2020年国务院颁布的《关于新时代推进西部大开发形成新格局的指导意见》明确指出，到2035年“西部地区基本实现社会主义现代化，基本公共服务、基础设施通达程度、人民生活水平与东部地区大体相当”。这里所谓“大体相当”，实际上是将东部地区作为基准，包括西藏在内的西部地区在“基本公共服务、基础设施通达程度、人民生活水平”方面应实现的预期目标，并将此预期目标作为判断“西部地区基本实现社会主义现代化”的实现与否。而2020—2035年是关键时期，如果在2035年西藏经济发展能实现增长至全国的平均水平，那么，这将大大提高西藏在2049年与全国一道全面实现社会主义现代化的概率，为西藏与全国一起实现“第二个一百年”奋斗目标奠定坚实基础。因此，有必要以全国平均水平作为基准，测算西藏经济增长的阶段性任务。

2020 年我国国内生产总值总额为 1015986 亿元，人均国内生产总值为 7.24 万元，西藏在全国 34 个省中人均地区生产总值排第 22 位。以我国人均国内生产总值为基础，以我国 2035 年达到人均实际国内生产总值翻一番、2049 年达到人均实际国内生产总值翻两番的任务为标准，在通货膨胀率为 2% 的基本假设下，2035 年的人均国内生产总值应达到 19.37 万元。以西藏当前的人均地区生产总值为基础，要在 2035 年达到全国人均国内生产总值的平均水平，那么 2021—2035 年人均地区生产总值的年均实际增速应达到 7.67%；到 2049 年全国人均国民生产总值应达到 51.12 万元，则 2021—2049 年西藏的年均实际地区生产总值增速应达到 6.36%。

三、西藏经济增长阶段任务的弹性区间

图 5-6 为汇总上述各种参照系测算的结果。从中可以看出，无论在 2021—2035 年的中期目标任务下，还是在 2021—2049 年的长期目标任务下，以民族地区平均水平为参照系所测算的年均增长速度是最低的，分别为 5.13%、5.11%；而以全国平均水平为基准所测算的年均增长速度是最高的，分别为 7.67%、6.36%。这两者的差值分别为 2.54%、1.25%。而以民族自治区、西藏自身和中国西部地区为基准所测算的年均增长速度差异不显著，在 2021—2035 年的中期目标任务下分别为 5.39%、5.22% 和 5.65%，在 2021—2049 年的长期目标任务下分别为 5.23%、5.15% 和 5.36%。

因此，西藏经济增长阶段任务存在弹性区间，既能够显示这种阶段性经济增长任务的优势，又便于出台相应的举措去实现它。它的优势是可以从不同的基准点来观察和考核西藏现代化在经济增长方面的动态，既有实践上的灵活性，又有现实的可操作性。这种区间化的弹性指标体系有助于在实践中出台具体的措施，促进西藏经济按照预期的目标进行。只要按照最低的经济增长率指标把握，我们就可以名正言顺地宣布西藏现代化在经济增长方面实现了预期目标。而按照最高的经济增长率指标把握，我们就

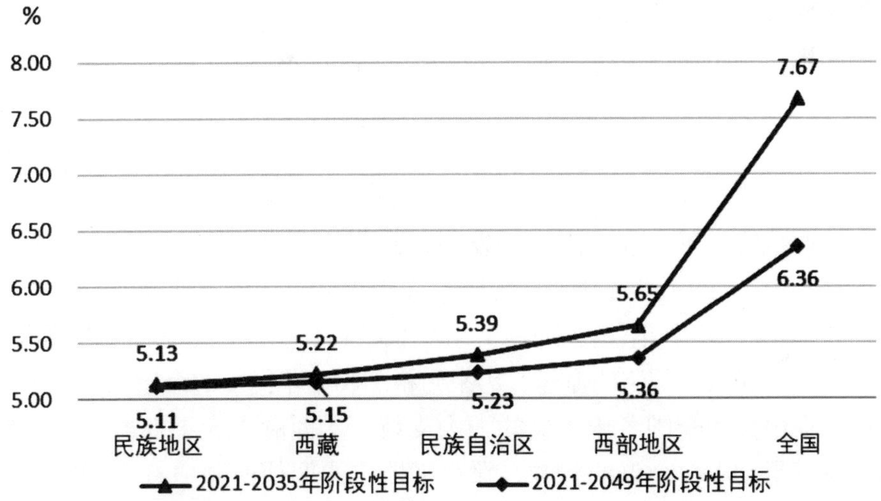

图 5－6　西藏自治区 2021—2035 年和 2021—2049 年经济增长的阶段性目标

资料来源：对测算结果汇总。

宣布西藏跟上了全国的步伐，实现了西藏现代化在经济增长方面的预期目标。

第三节　西藏经济现代化推进的有利条件

推动西藏经济现代化有内部条件和外部条件，内部条件如从年龄结构看，2020 年西藏全区常住人口中，0—14 岁人口为 89.49 万人，占 24.53%；15—59 岁人口为 244.22 万人，占 66.95%；60 岁及以上人口为 31.10 万人，占 8.52%。青壮年劳动力占绝大比重，说明 2020 年西藏仍处于人口红利期，劳动力资源丰富。此外，在西藏现代化建设中长期形成的“老西藏精神”“两路精神”等，也是西藏经济现代化的内在条件。这里主要讨论其外部条件。

一、西藏经济现代化：上升为国家战略

从毛泽东、邓小平、江泽民到胡锦涛，历代领导人一直牵挂着西藏的经济现代化发展。邓小平提出了检验西藏工作标准的著名论断：“在西藏

衡量民族政策的标准关键是看怎样对西藏人民有利，怎样才能使西藏很快发展起来，在中国四个现代化建设中走进前列。”① 以江泽民为核心的中共第三代领导集体继承和发扬了第一、二代领导集体关心、重视西藏工作的传统。1994 年，江泽民在中央第三次西藏工作座谈会上指出，“西藏的工作在国家的全部工作中居于重要的战略地位，西藏的稳定，涉及国家的稳定；西藏的发展，涉及国家的发展；西藏的安全，涉及国家的安全”，并强调指出，“绝不能让西藏从祖国分裂出去，也绝不能让西藏长期处于落后状态”。② 2001 年，在中央第四次西藏工作座谈会上，江泽民强调：西藏的发展和藏族同胞的命运，历来与祖国和中华民族的命运紧紧联系在一起。在中央和全国各族人民的大力支持下，西藏广大干部群众共同努力，认真贯彻本次会议的精神，邓小平提出的要使西藏“在中国四个现代化建设中走进前列”的伟大目标，一定能够实现。胡锦涛一直十分重视和关心援藏工作，对做好对口支援西藏工作作过一系列重要指示，他强调指出：“援藏项目应突出改善农牧民生产生活条件，改善农牧民生活这个重点。”

党的十八大以来，党中央提出一系列新理念新思想新战略，以应对当前中国面临的各种挑战以及出现的新情况、新问题，“治边稳藏”是关于西藏工作新的战略思想。2013 年，习近平总书记在参加十二届全国人大一次会议西藏代表团审议时对西藏工作作出了重要指示，提出了“治国必治边，治边先稳藏”的重要论述。在 2015 年 8 月召开的中央第六次西藏工作座谈会上，习近平再次重申“必须坚持治国必治边、治边先稳藏”的战略思想。“治边稳藏”战略思想已经成为新一届党中央领导集体治国理政思想的重要组成部分。2019 年 6 月 17 日在拉萨举行“2019 中国西藏发展论坛”时，习近平同志在第一时间发来贺信，贺信中指出“在中央政府和全国人民大力支持下，西藏人民团结奋斗，把贫穷落后的旧西藏建设成了经济文化繁荣、社会全面进步、生态环境良好、人民生活幸福的新西藏”，同时“希望西藏抓住发展机遇，建设美丽幸福西藏，繁荣优秀传

① 邓小平：《立足民族平等，加快西藏发展》（1987 年 6 月 29 日），中央文献研究室等编：《西藏工作文献选编》，中央文献出版社，2005 年，第 397—398 页。

② 今日中国杂志社编：《西藏：新的援建项目》，新星出版社，2002 年，第 95 页。

统文化，保护高原生态环境，实施更加积极的开放政策，广泛开展对外交流合作，描绘新时代西藏发展新画卷。”这充分体现了习近平同志对西藏未来发展的重视。2020 年习近平在中央第七次西藏工作座谈会上提出了西藏高质量发展的战略目标。2021 年 7 月，习近平考察西藏时指出，“当前，全面建设社会主义现代化国家的新征程已经开启，西藏发展也站在了新的历史起点上，只要跟中国共产党走、坚定走中国特色社会主义道路，同心协力，加强民族团结，我们就一定能够如期实现第二个百年奋斗目标，实现中华民族伟大复兴的中国梦。”①

二、新时期中央对西藏的政策支持

（一）对口援藏政策的丰富和完善

对口援藏源于西藏自治区和平解放开始的中央帮扶西藏，1979 年提出“中央帮扶西藏，全国支援西藏”的口号，1984 年提出对口援藏，1994 年中央第三次西藏工作座谈会正式制度化，最初的全国援藏政策也演变为以省市、中央机关部委和央企为主体的对口援藏制度。作为一项正式的制度安排经过 20 多年的实施，对口援藏制度得到了不断完善与丰富，援助更加全方位且贴近西藏经济社会发展的需要，而且在“长期建藏”的工作思路下，对口援藏具有长期性，因此这对于西藏的经济发展、实现经济现代化来说是一个有利条件和重要机会。

中央于 1994 年召开的第三次中央西藏工作座谈会确立了以经济建设为中心，紧紧抓住发展经济和稳定局势两件大事，确保西藏经济加快发展，确保社会的全面进步和长治久安，确保人民生活水平不断提高这一新时期西藏工作的指导方针。同时会议确定了“分片负责，对口援藏，定期轮换”的对口援藏工作方式，全国 15 个省市对口支援西藏 7 个地市，由当时的 40 多个中央机关对口支援西藏自治区政府的直属机关，部分央企也与西藏各市县结成点对点的支援关系，同时会议还强调要从资金、人才、技术、物资等方面做好援藏工作。对口援藏正式制度化后，确定的对西藏的支援内容和范围较以前有一定扩大，将人才、技术作为援藏重点。

---

① 《习近平在西藏考察时强调全面贯彻新时代党的治藏方略　谱写雪域高原长治久安和高质量发展新篇章》，《党建》2021 年第 8 期。

2001年中央第四次西藏工作座谈会，一方面在原定10年的基础上将对口援藏期限再延长10年，另一方面是对口援藏在西藏实现全覆盖，同时增加了对口援藏的省市和央企。深化和提高了对口援藏工作的深度、广度和力度，形成了人才援藏、干部援藏、经济援藏、技术援藏有效结合的综合对口援藏机制。

中央于2010年召开的第五次西藏工作座谈会确定了对口援藏资金投入的具体指标，推动了对口援藏的进一步规范化。2014年召开的对口援藏20周年电视电话会议则是一个标志，这次会议全面总结了对口援藏20年的成功经验和教训，并在此基础上提出了对口援藏的目标是形成全方位、多层次、宽领域的对口支援西藏工作格局：坚持“依法治藏、长期建藏、争取人心、夯实基础”的重要工作原则；充分认识和把握对口支援西藏工作的长期性、群众性、科学性；构建以经济援藏、教育援藏、就业援藏、科技援藏、干部人才援藏为重点的援藏体系。在2014年制定的援藏工作格局下，对口援藏制度不断扩宽援藏领域，将援藏重点转向民生领域以及农牧民相关的领域，把改善民生作为根本出发点和落脚点，援藏资金和项目向基层倾斜、向农牧民倾斜。将80%作为省市对口援藏资金投入于改善民生工程的下限。同时不断进行制度创新，对口援藏主体之间进行合作，开展“组团式”医疗和教育援藏，同时实行就业援藏，加大产业援藏力度，进行招商引资，引入社会资本，着力激发西藏经济发展的内生动力，推动西藏经济发展。

对口援藏是一项中央对于西藏常态化的政策支持，现阶段的对口援藏政策不仅仅是单纯地对西藏进行项目资金的支援，而是综合性地围绕西藏经济社会全面发展的支援。在总结此前几十年对口援藏工作的经验和教训后，结合西藏本地发展情况，对口援藏各主体进行了制度创新。

一是注重人才培养，进行“组团式”教育援藏。现代经济增长的重要来源是城市经济发展中的人力资本、创新和企业家精神①，人才的培养是对人力资本的积累，因此教育对于一个地区的经济发展具有至关重要的作用。西藏自治区作为我国重要的边疆民族地区，现代教育起点低，教育

---

① 陆铭：《城市、区域和国家发展——空间政治经济学的现在与未来》，《经济学（季刊）》2017年第4期。

自我发展能力相对缺乏。“和平解放”后，国家对西藏教育采取了大量的支持政策，由此西藏现代教育事业实现了飞跃式的发展。但对西藏正式的教育援藏始于 2002 年教育部召开的第一次全国教育援藏工作会议，从当年开始，先后从全国教育系统选派 6 批援藏干部、教师 5400 多人次进藏工作。2003 年 11 月 24 日，国务院办公厅转发教育部、中央编办、发展改革委、财政部、人事部《关于进一步做好教育援藏工作的意见》，提出要“充分发挥教育援藏工作在促进西藏社会稳定、经济发展，增强民族团结，维护国家统一中的重要作用”。据统计，“十二五”期间，各级援助部门落实援助教育资金 12.74 亿元，援助校舍 48.57 万平方米，赠送图书资料 49 万册，援建实验室 50 个，培训教师和管理干部 8300 人次，由此西藏教育得到较快发展。

尽管如此，与内地相比，西藏教育仍然处于落后状态，缺乏本地培养人才的能力，一些学生为了享受优质的教育资源，选择背井离乡几千里到内地西藏班就读。但是内地西藏班一方面不能从根本上提升西藏本地教育条件和培养人才的能力，另一方面数量不足以培养西藏所需的足够人才。随着西藏经济社会的发展，对高层次人才的需求日益增加，以往“分散式”的教育人才援藏模式不足以从根本上扭转西藏教育的落后局面。在此背景下，2015 年 12 月 21 日，教育部、国家发展改革委、财政部、人力资源社会保障部联合发布《关于印发〈“组团式”教育人才援藏工作实施方案〉的通知》，“组团式”教育人才援藏工作正式拉开帷幕，由 17 个省市各对口支援 1 所中学，共有 20 所学校纳入其中。

“组团式”教育人才援藏机制创新援助方式，通过探索“联校模式”、组织“组团式教育援藏沙龙”、建立“组团式”教育援藏教学交流平台、启动“百校手拉手”活动、实施各类青年人才工程、建设“智慧校园”及推动受援学校制度创新等方式，极大地提升了学校的人才培养能力，受援学校的教育教学体系得到完善，教育教学方式得以改善，如补齐了数理化学科教育教学短板。此外，西藏自治区对受援学校给予专项财政支持 13 亿元，同时支援省市和受援地政府也给予财政资金支持，受援学校得到了财力支持，办学条件得以改善，学校的教育教学质量大幅提升，当地群众的认可度也由此提高。“组团式”教育援藏还带动了西藏教育的均衡发展，例如，上海市“组团式”教育人才援藏携手全市10所兄弟学校，成立了“日喀则市义务教育优质均衡发展合作联盟”，着重与拉孜县中学共建，拉孜县中学2017年中考平均分在全市进步了2个名次；着重帮扶仲巴县中学，通过接受12名仲巴县中学学生到上海对口援助的学校就读三年，上海市也派遣10名教师到仲巴支教一年等措施，使仲巴县在2017年中考中第一次有学生总分达到600以上，考上重点高中的学生有6名（2016年为3名）。在拉萨教育城的拉萨那曲第一中学、拉萨那曲第二中学、拉萨阿里中学、拉萨江苏中学、拉萨北京中学组成“五校联盟”，开展校际合作活动，校际合作促进了本地教育均衡发展。

二是引入社会资本，激发西藏市场活力。和平解放以来，西藏的经济社会很大部分源于中央对西藏的总体供给模式①，而推动西藏经济发展的投资绝大部分也来源于中央的纵向转移支付和对口援藏中支援方的横向转移支付的财政资金。在这种总体供给模式下，西藏的经济发展依赖于国家的财政支持，导致市场经济制度的建立和发展落后于内地发达省市，在政府财政资金兜底的情况下，市场缺乏竞争与活力。此前以项目资金为重点的对口援藏的资金也是来源于政府的财政支持，缺乏市场活力。在现阶段，为了激发西藏发展的内生动力与市场活力，促进西藏市场经济的发展和完善，对口援藏在产业援藏的基础上通过招商引资等方式引入了社会投资，打破此前对口援藏项目完全由政府财政资金“包圆”的局面，有利于变“输血”为“造血”，提高受援地的自我发展能力。

以广州对口支援林芝的重点项目鲁朗国际旅游小镇为例，这个项目开始于2012年，2015年计划总投资超过25亿元，其中由广东省通过援藏资金投入财政资金7.9亿元，同时实行招商引资，引进保利集团、恒大集团、珠江投资集团以及中国旅游投资集团等企业入驻林芝，并且共计投入17亿元资金对鲁朗进行开发，修建了3个五星级大酒店。鲁朗国际旅游小镇项目在整合当地旅游资源的基础上，完善了当地的基础设施建设，除了学校、医院、镇政府以及银行等基础设施外，还修建了商业街，并以非常优惠的价格出租给当地农牧民做生意，以提高当地农牧民的自我发展能

① 孙勇主编：《西藏当代经济社会发展中的制度供给研究》，中国社会科学出版社，2015年，第238页。

力。2020 年鲁朗国际旅游小镇的投资已经达到 40 亿元，是对口援藏的标志性项目，带动了林芝旅游业的发展。2012 年鲁朗镇接待游客 7 万人次，2018 年接待人数增至 23. 65 万人次。此外还有北京市根据拉萨市自然条件以及物质文化条件，先期引入蔬菜大棚种植发展农业，引入优良牛羊品种，大力发展畜牧业，同时在 2013 年开始探索高原现代农业发展新路径，打造健康净土产业，2014 年投入 5000 万，实现产值 28. 4 亿元。

三是促进交流，增加西藏与内地的经济互动。改革开放以来，不同区域之间的经济互动是我国经济增长的重要因素。区域之间经济互动主要分为两种类型，一是知识溢出，二是技术扩散。而经济互动的知识溢出效应主要来源于劳动力和一般资本的流动，技术扩散效应则主要来源于研发所形成的前沿技术，实证结果表明中国区域间经济互动主要来自知识溢出。对口援藏与中央直接对西藏的转移支付最大的不同就在于：对口援藏伴随着内地各省市与西藏直接的交流、交往，以及由此带来的资本、劳动力等生产要素的流动。相较于中央对西藏的纵向转移支付给予的财政补助而言，对口援藏的资金量并不大，但是其对西藏经济社会发展，实现经济现代化具有不可替代的作用。现阶段对口援藏不仅是对西藏提供资金支援，而且是形成全方位、多层次、宽领域的对口支援范围，构建以经济援藏、教育援藏、就业援藏、科技援藏、干部人才援藏为重点的援藏体系。全方位的对口援藏不仅促进了内地与西藏资本的流动，同时也极大地促进了内地与西藏人才的直接交流和流动。现阶段这种生产要素的流动是偏向于西藏的，流入大于流出。因此对口援藏所带来的资本和人才流动产生的知识溢出，是现阶段西藏经济发展的重要来源，是西藏实现经济现代化的重要机遇。

此外依托于对口援藏这一制度平台所带来的内地省市与西藏文化的交流、交往不断增加，可以促进内地与西藏的多元融合和社会稳定，为西藏的经济发展提供有利的社会环境。由于处于“世界屋脊”青藏高原之上，交通不便，且西藏在和平解放之前处于政教合一的封建农奴制社会下，由官家、贵族和寺庙上层僧侣统治了百年之久，因此形成了一个较内地来说封闭的社会环境，而在这种封闭状态下分裂势力未能得到完全消除，不利于西藏的社会稳定。因此通过对口援藏平台可以促进西藏和内地交往、交流、交融，进一步打破这种封闭状态，保障西藏社会的稳定发展，进一步确保我国边疆的安全和稳定。

（二）各项民族优惠政策的提出和落实

作为我国少数民族边疆地区，西藏除了享受中央专门给予的优惠政策外，还有中央针对少数民族地区和偏远边疆地区经济社会发展的各项政策支持，这也是西藏经济现代化的有利条件之一。这些政策支持包括：富民兴边行动、民族特色优势产业振兴、扶持人口较少民族发展等等。

富民兴边行动。1999 年为了振兴边境、富裕边民，国家民委联合国家发展改革委、财政部等部门倡议发起了名为“富民兴边”行动的边境建设工程。以期通过强化政府组织领导，广泛动员全社会参与，加大对边境地区的投入和对广大边民的帮扶，使边境地区尽快发展起来，边民尽早富裕起来。当前富民兴边行动覆盖了包括内蒙古、辽宁、吉林、黑龙江、广西、云南、西藏、甘肃、新疆等 9 个省区的 140 个陆地边境县（市、区、旗）和新疆生产建设兵团的 58 个边境团场，其中包括西藏的 15 个边境县。中央财政专门设立“兴边富民行动专项资金”，用于边境地区的发展。2000—2010 年，专项资金为 18.8 亿元，“十二五”期间（2011—2015）达 117.27 亿元，“十三五”期间财政资金投入在原有基础上保持持续增长①。在兴边富民行动中，西藏边境县的基础设施建设得以完成，边境群众生产生活得以改善，新的经济增长点得以培育，形成特色经济。同时富民兴边行动还加强了民族文化设施建设，少数民族优秀传统文化得到保护，实施草场围栏、绿化荒山等生态环境工程建设，使西藏各个边境县得以快速发展，以助力推动西藏全面实现经济现代化。

振兴民族特色优势产业。民族地区有矿业、食品农产品业、民族贸易业、传统手工业、民族医药产业以及清真食品产业等六大优势民族产业。国家在相关发展规划中对这些产业给予高度关注，并实施了优惠扶持政策。仅藏医药而言，2012 年全国就有超过 40 家藏药生产企业，其中，还有多家上市公司生产藏药。在藏医药产业的发展带动下，藏医药建立了完整的医疗、教学、科研体系，截至 2014 年，全国已有藏医院超过 40 所，藏医学院 2 所。而藏药采集地区，当地群众可以通过采药卖药增加收入，

---

① 《我国兴边富民行动不断加大专项投入》，参见 http：//www.gov.cn/xinwen/2017-09/19/content_5226171.htm。发表时间：2017-09-19，访问时间：2019-07-22。

提高生活水平，发展藏医药产业不但有助于藏医药文化的传承，而且也促进了藏族地区经济的发展。

扶持人口较少民族发展政策。“人口较少民族”指的是少数民族中人口少于一定人数的民族，其共同特点是：人口较少，最少的只有几千人，大多地处边境地区和偏远地区，大多数聚居在以乡、行政村为单位的农村社区。国家针对这些民族发展实施专项计划。2020 年，国家已经实施了第三轮扶持政策，在 2016 年发布了《“十三五”促进民族地区和人口较少民族发展规划》，从基础设施、产业发展、民族文化保护，较少民族人才培养等方面支持人口较少民族的发展。在扶持人口较少民族发展政策下，西藏的门巴族和珞巴族集聚地区得到了很大发展。

（三）国家乡村振兴战略的实施

西藏是全国唯一省级集中连片特困地区，贫困程度深、人居环境差，因病、因灾、因债致贫现象较为普遍，扶贫任务十分艰巨。但到 2017 年底，西藏贫困人口数量在五年内由 2013 年的 86 万下降到 33 万，贫困人口减少了 53 万人，贫困发生率由 32. 33% 下降到 12. 4%，到 2019 年全区 62. 8 万贫困人口已全部脱贫，扶贫效果显著。一方面得益于西藏经济快速发展，另一方面得益于中央扶贫力度的增强。在 2013 年 11 月，习近平到湖南湘西考察时首次作出“实事求是、因地制宜、分类指导、精准扶贫”的重要指示。基于习近平“精准扶贫”思想的新一轮扶贫工作由此展开。2015 年 10 月 26—29 日在北京召开的党的十八届五中全会，从实现全面建成小康社会奋斗目标出发，明确到 2020 年我国现行标准下农村贫困人口实现脱贫，贫困县全部摘帽，解决区域性整体贫困。2015 年 11 月 27 日，中央召开扶贫开发工作会议，部署新时期的扶贫开发工作，扶贫力度不断增加，得益于此，西藏 2019 年实现全面脱贫。

此外，习近平同志 2017 年 10 月 18 日在党的十九大报告中提出了乡村振兴战略，同时报告指出，“三农”问题是关系国计民生的根本性问题，必须始终把解决好“三农”问题作为全党工作的重中之重，实施乡村振兴战略。① 2018 年 1 月 2 日，国务院公布了 2018 年中央一号文件，

---

① 《习近平强调，贯彻新发展理念，建设现代化经济体系》，参见 http：//www. xinhuanet. com//politics/2017 - 10/18/c_1121820551. htm。发表时间：2017 - 10 - 18，访问时间：2019 - 07 - 22。

即《中共中央国务院关于实施乡村振兴战略的意见》。乡村振兴战略成为新时期中国经济发展和农村工作的重点。而作为农牧民人口占70%的西藏，乡村振兴战略的实施有利于激发农牧区经济发展的动力和潜力，助力西藏实现经济现代化。

三、建设“一带一路”倡议实施

2013年习近平主席提出了“一带一路”愿景，依靠中国与有关国家既有的双多边机制，借助既有的、行之有效的区域合作平台，建立共赢的对外合作关系，进一步推动中国的对外开放。“一带一路”是一个国家级顶层合作倡议，西藏地处中国西南边陲，是藏（羌）彝民族走廊的重要组成部分，是古代西北陆路丝绸之路和南方海上丝绸之路的重要地理节点，也是南向通道建设的重要区域，在“一带一路”建设中占据独特位置。因此作为中国面向南亚的重要门户，西藏可以积极参与“一带一路”倡议，抓住这一重大历史机遇，加大对外开放，推动经济发展，实现经济现代化。

（一）推动西藏对外贸易发展，激发西藏发展内生动力

作为“一带一路”倡议中丝绸之路经济带构成省份之一，西藏是中国向南亚地区开放发展的重要枢纽通道和最前沿的“桥头堡”，是对外贸易的重要口岸。2015年8月，中央第六次西藏工作座谈会明确西藏工作的基本原则是“依法治藏、富民兴藏、长期建藏、凝聚人心、夯实基础”，提出大力发展西藏特色农牧业及其加工业，建设好重要的世界旅游目的地，搞活商贸流通业，把西藏打造成为我国面向南亚开放的重要通道。来自中央层面的政策指导，极大地推动了西藏对外贸易的发展（见下图5－7）。除2008年受“3·14”事件的影响有所下降外，2001年以来西藏对外贸易体量总体呈上升趋势，2012—2013年达到顶峰，而2014、2015年受不可控因素影响对外贸易额大幅下降①，2016—2021年都处于对外贸易恢复阶段。2020年西藏吉隆、亚东、普兰等系列口岸和边境城市，与80个国家和地区开展了双边贸易。其中尼泊尔、法国、美国和香港为最主要的贸易伙伴，具备对外贸易发展的有利条件，因此借助“一

① 2014年由于自治区调控政策和中尼公路塌方，2015年尼泊尔大地震导致口岸受灾严重。

带一路”倡议的对外合作平台可以进一步激发西藏对外贸易发展的潜力，以对外贸易促进西藏的经济发展。

此外，近年来，随着全球经济的发展与转型，人们的消费升级和体验增长都出现了新业态和新变化，因此西藏的高原绿色产业、文化旅游产业、清洁能源产业、农牧特色产业、藏医药产业都将成为西藏经济发展新的突破点。这些依托高原资源和自然生态而生产的高原产业，如高原绿色农牧产品、藏医药、文化旅游产品等，具有很强的出口潜力，在国际市场具有较大的需求，因此依托“一带一路”倡议平台，引进先进生产技术、管理理念，解决生产和流通环节存在的相关技术问题，促进西藏高原绿色产业的发展，扩大对外贸易，可以激发西藏内生发展动力。

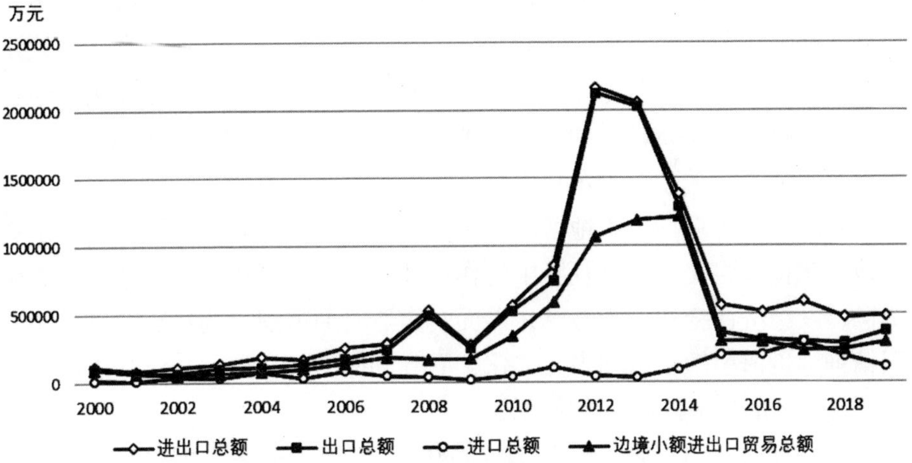

图 5－7　2001—2019 年西藏自治区进出口贸易

资料来源：《西藏统计年鉴 2020》，中国统计出版社，2021 年，表 13－1。

（二）促进西藏的对外交流和对外开放

西藏自治区党委原副书记、主席齐扎拉曾对西藏向南亚开放作了这样的论述：西藏拥有 4000 多公里边境线，连接着尼泊尔、不丹、印度、缅甸等数个“一带一路”上的沿线国家，是“一带一路”倡议中的重要一环，把西藏建设成为我国面向南亚地区开放的重要通道和前沿枢纽，因此，“这就要求我们发展和周边国家的往来，不仅是设施上、贸易上，还有政策上、文化上的民间交流，总之是一种全方位、多方面的交往。”①虽然西藏是中国面向南亚的对外门户，但是西藏相较于内地来说对外开放程度较低。因此融入“一带一路”倡议，可实施更加积极的对外开放政策，增加与周边国家的经济文化交流，提高西藏的对外开放程度，形成多层级的对外开放空间格局。此外，通过“一带一路”倡议的平台，可积极拓展西藏对外投资开放领域，完善西藏本地营商环境，推动市场经济的完善，吸引国内外资本进藏投资兴业。

此外，作为青藏高原丝路文明的中介者，借助丝路文明交流互鉴，西藏可以进一步解放思想，激活丝路精神，实施更加积极的开放政策，让西藏在开放中获得更好发展。中国提出的“一带一路”“人类命运共同体”倡议，追求的是复活曾经闪烁在丝绸之路上的文明交流互鉴精神，使不同国家、地区和各个经济体、文明体之间获得更多更好的发展机会。西藏是南方丝绸之路上的重要地区，将中华文明、印度文明、东南亚文明、中亚文明连接起来，在新时代的丝路文明交流互鉴中，西藏将承担重要角色。作为丝路文明传承创新的示范引领者，西藏以其先进的社会制度、较为发达的经济，引领喜马拉雅地区的发展，其影响辐射到南亚地区。而为了更好地发挥在丝路文明交流互鉴中的作用，西藏应以文化和自然遗产为文明记忆，以经济社会建设为载体，以面向南亚的通道建设为重点，以丝路文明精神为价值引领，推动多元文化之间互动交流。

（三）完善西藏基础设施建设

互联互通是“一带一路”倡议的核心，“一带一路”倡议旨在以对外开放为导向，通过加强交通、能源和网络等基础设施的互联互通建设，促进经济要素有序自由流动、资源高效配置和市场深度融合，开展更大范围、更高水平、更深层次的区域合作，打造开放、包容、均衡、普惠的区域经济合作架构，以此来解决经济增长和平衡问题。因此推动“一带一路”沿线地区基础设施建设是“一带一路”倡议的重要内容。融入“一带一路”倡议，应进一步完善西藏的基础设施建设，进一步突破制约西藏经济社会发展的瓶颈。当前可将西藏与内地其他区域紧密相连，促进西

① 《“一带一路”赋予西藏更加重要的战略地位》，参见 http：//www. chinan-ews. com/gn/2017/05－12/8221860. shtml。发表时间：2017－05－15，访问时间：2019－07－22。

藏基础设施互联互通、实现开放开发的重点工程——川藏铁路正在修建。中尼铁路日喀则至吉隆段正在建设，首列粤藏中南亚班列已经开通运营，开辟了广东—西藏—尼泊尔公铁联运新通道。“一带一路”倡议还推动了西藏贸易口岸的基础设施建设，包括吉隆、樟木、普兰、陈塘、日屋、亚东6个口岸，有利于扩大西藏与周边地区的边贸合作，发展跨境贸易、小额贸易、边民互市贸易。通过基础设施的建设，西藏可以与其他区域建立深层次、高水平、大范围的区域合作，以促进西藏经济的发展。

第四节　西藏经济现代化的挑战性因素

一、迈向“第二个一百年”奋斗目标的增长障碍

从西藏过去经济发展的历程来看，1965 年西藏的地区生产总值只有 3.27 亿元，到 2014 年是 920.8 亿元，是 1965 年的 281 倍，连续 20 年保持两位数增长，年均增速高达 12.4%。而 2015—2020 年，尽管全国经济增长出现了下行趋势，但西藏的年均增速仍然高达 9.0%，号称全国“三甲”。也就是说，如果没有意外的话，西藏未来的年均增速高于以任何基准所测算的年均增速。值得注意的是，近年来西藏与全国保持一致的趋势，即经济增长速度明显开始放缓，尤其是受到新冠疫情常态化的影响，未来的经济增长可能出现下行趋势。但是，只要保持年均增速高于 7.1% 的水平，西藏仍然能实现达到全国平均水平的增长，基本现代化和全面现代化都能够在经济增长方面得到实现。退一步讲，也可以实现以西藏自身为基准的现代化在经济增长上的目标。然而，根据中央第七次西藏工作座谈会的研判，西藏新时期面临着“五期叠加”的严峻形势①，西藏要实现

① “五期叠加”：是指反分裂斗争进入应对重大风险的关键期，不同性质矛盾相互交织，斗争将更加尖锐、复杂、激烈；社会大局进入实现长治久安的推进期，反对分裂、维护国家安全特别是政治安全任务更加艰巨；经济社会进入高质量发展的转型期，发展不平衡不充分的问题更加突出；生态保护进入生态文明建设的深化期，巩固重要的国家生态安全屏障、建设国家生态文明高地的任务更加繁重；边境建设进入富民强边的攻坚期，补齐边境建设短板、加强国防能力建设、深化反蚕食斗争已刻不容缓。参见《中共中央关于制定国民经济和社会发展第十四个五年规划和二〇三五年远景目标的建议》，《西藏日报》2020 年 10 月 30 日。

社会主义现代化经济发展的阶段性任务，还面临着严峻的挑战和障碍。

一是经济发展面临增长动能转换的空窗期，经济增长动力不足。

资本是经济增长的“第一推动力”。西藏和平解放 70 年来，国家累计在西藏投入 1.63 万亿元①，其中，1994—2020 年，对口援藏省市、中央国家机关及中央企业分 9 批共支援西藏经济社会建设项目 6330 个，总投资 527 亿元，并选派 9682 名优秀干部援藏。② 西藏的经济增长主要是由投资推动的，西藏的投资主要来源于中央财政拨款投资，以该投资增量引致的经济增长一般称为“外生”经济增长。事实上，通过对西藏财政收入及支出的分析可以看出，西藏作为附属经济体的增长主要是靠中央政府转移支付的外力来实现的。从资本形成来看，西藏资本形成增速较快，图 5－8 报告了 1993—2017 年西藏资本形成总额增长情况。从中可以看出，从 2003 年开始，到 2017 年这 15 年间，西藏资本形成总额增长非常快。这显示，西藏经济增长主要靠资本支持。而资本对经济增长的贡献已然开始减弱。事实上，2020 年，科技进步对西藏经济增长贡献率达到 45.6%③。而就全国来讲，2020 年科技进步对经济增长贡献率达到 60.0%④，两者的差距较为明显。

这些情况都说明，西藏现有增长路径难以实现赶超型的经济增长目标。下面举例加以说明，2001 年 9 月，贯彻中央第四次西藏工作座谈会精神，西藏自治区第六次党代会制定西藏未来的预期目标，是“到 2010 年，力争人均国内生产总值达到全国中等水平，为使西藏与全国一道进入现代化打好基础”⑤。2006 年 10 月，贯彻中央 2005 年 12 号文件，西藏自治区第七次党代会制定西藏未来的预期目标，是“力争到 2010 年西藏人

---

① 《西藏和平解放 70 年来，发生了哪些变化?》，参见 https：//m.thepaper.cn/baijiahao_12802304。发表时间：2021－05－22，访问时间：2021－07－01。

② 国务院新闻办公室：《西藏和平解放与繁荣发展》白皮书，2021 年 5 月 21 日，新华社授权公布。

③ 新华社：《这五年，科技进步对西藏经济增长贡献率达 45.6%》，参见 http：//www.gov.cn/xinwen/2021－01/29/content_5583518.htm。发表时间：2021－01－16，访问时间：2021－07－01。

④ 光明网：《科技部：2020 年科技进步贡献率预计超过 60%，实现预期目标》，参见 https：//m.gmw.cn/baijia/2021－02/26/34646622.html。发表时间：2021－02－26，访问时间：2021－07－01。

⑤ 《中国共产党西藏自治区第六次代表大会，郭金龙代表中共西藏自治区第五届委员会向大会作报告》，参见 http：//www.chinatibetnews.com/zhuanti/xzn9p/ljddh/201611/t20161110_1536573.html。发表时间：2016－11－10，访问时间：2021－07－01。

均生产总值与农牧民人均纯收入进入全国中等行列”①。可是，到2010年，西藏自治区人均地区生产总值为15294元，仅为全国人均国内生产总值29524元的52%；农牧民人均纯收入为4139元，仅为全国农民人均纯收入5919元的70%。没有实现预期目标，这反映出对追赶全国平均水平的困难认识不足，同时也反映既有的增长路径不能够完成既定任务。又如，2011年11月西藏自治区第八次党代会制定西藏未来的预期目标是，“今后五年，要保持经济跨越式发展势头，地区生产总值年均增长12%以上，地方财政一般预算收入年均增长15%以上，城镇居民人均可支配收入年均增长7.5%以上，农牧民人均纯收入年均增长13%以上，与全国平均水平的差距显著缩小。”② 明显没有将西藏地区生产总值与全国增长率挂钩，只是笼统地提出西藏“与全国平均水平的差距显著缩小”。这与中央第五次西藏工作座谈会对西藏经济增长没有硬性要求是一致的。在2015年8月召开的中央第六次西藏工作座谈会上，习近平同志指出，“西藏经济总量不大，不可能要求西藏在经济发展上对全国做出超出其能力的贡献。西藏工作在党和工作大局中的特殊性主要体现西藏民族团结，社会稳定对国家统一和安全具有重大意义。”③

伴随着我国整体经济发展下行趋势，西藏的经济发展也面临很大挑战，从增长趋势来看，西藏的人均地区生产总值增速属于整体下行通道。从过去10年来看，西藏人均地区生产总值增长率呈现平缓下降趋势（见图5－8）。2010年人均地区生产总值增速为13.5%，尽管在2011年和2018年出现两次高峰，分别达到17.91%和15.81%，但总体呈下降趋势，即使没有新冠疫情影响的2019年，人均地区生产总值增速为7.53%，2020年受新冠疫情影响，人均地区生产总值增速为7.04%。当前西藏缺乏区域创新驱动与新动能培育能力，2011—2018年西藏全社会研究与发

---

① 《张庆黎在中共西藏自治区第七次代表大会上的报告》，参见http：//www. chinatibetnews. com/zhuanti/201610/t20161031_ 1512856. html。发表时间：2016－10－30，访问时间：2021－07－01。

② 《陈全国在中国共产党西藏自治区第八次代表大会上的报告》，参见http：//district. ce. cn/newarea/roll/201204/18/t20120418_ 23253086. shtml。发表时间：2012－04－18，访问时间：2021－07－01。

③ 转引自朱晓明：《中国共产党何以能和平解放西藏、建设治理西藏》，《当代中国史研究》2021年第4期。

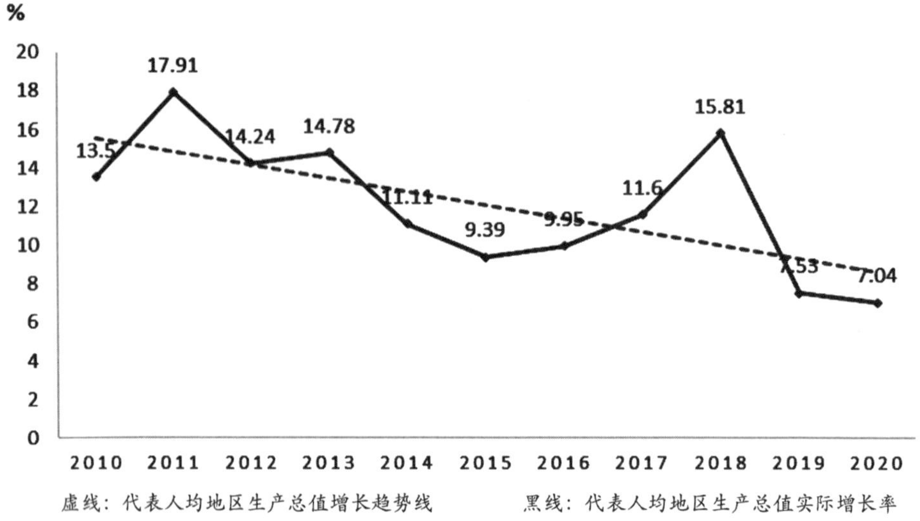

图 5 - 8　2010—2020 年西藏自治区人均地区生产总值增速趋势

资料来源：《西藏统计年鉴 2021》，中国统计出版社，2022 年，表 2 - 6。

展（R&D）内部经费支出占地区生产总值的平均比率仅为 0.023%，远远低于国家平均水平。从全要素增长率贡献来看，2011—2018 年西藏全要素增长率所体现的增长质量，整体滞后于全国平均水平，且在总体上低于其他民族地区平均水平。① 这一现象反映在西藏全社会固定资产投资上，就是全社会固定资产投资年度增速出现下降趋势。根据图 5 - 9，2013 年全社会固定资产投资增速接近 30%，到 2020 年则降为 5.4%，而 2019 年为负数，即 - 2.1%；尽管从 2015 年开始有所上升，到 2017 年达到 23.9%，紧接着降到 10% 以下。

因此，迈向第二个百年奋斗目标的增长障碍主要体现在按照现有增长路径难以实现既定目标，而新的增长动能尚未培育起来。

二是经济增长聚集效应不明显，巩固脱贫成果与乡村振兴衔接缺乏有效机制。

民族地区不具有明显的吸引产业和人口聚集的效应②，缺乏具有辐射

① 李超、杨慧：《高质量发展背景下的西藏全要素生产率研究》，《西藏研究》2021 年第 1 期。

② 黄泰岩、詹筱媛：《民族地区同步实现现代化的战略思考》，《中央民族大学学报》（哲学社会科学版）2021 年第 3 期。

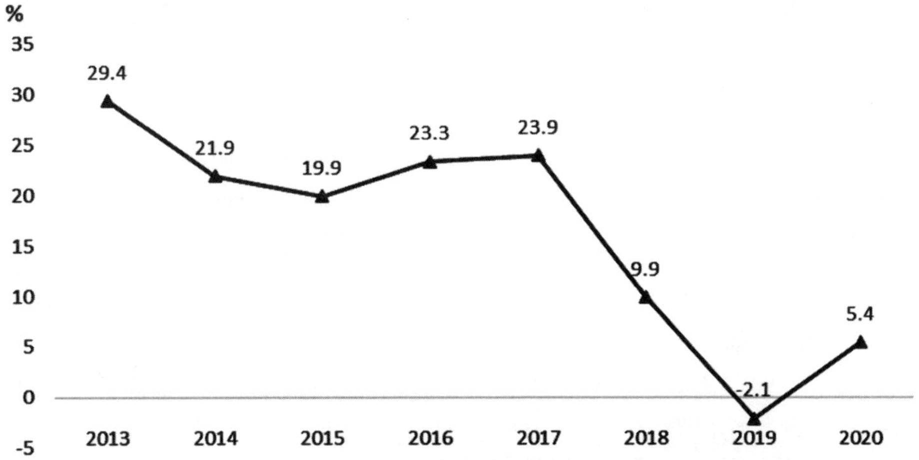

图 5－9　2013—2020 年西藏自治区全社会固定资产投资增长速度

资料来源：《2020 年西藏自治区国民经济和社会发展统计公报》，2021 年 4 月。

效应的经济中心。除西藏与贵州外，我国其他地区均已进入城镇化的快速发展时期。2020 年西藏的城镇化率仅 32%，远低于全国平均水平 63.89%，有大量的人口分布在地广人稀的农牧区。按照城镇化发展的 S 形曲线，西藏虽然已跨过城镇化发展的初期，但是城镇的辐射力仍还较弱，缺乏具有辐射效应的经济中心，城市文明的普及速度还比较慢。人口聚集效应以及产业聚集效应的缺乏将会对西藏推动中心城市的形成产生很大阻力，根据 2020 年 338 个城市地区生产总值排名，西藏 7 个地市都未进入前 200 名①，这对于西藏未来建设经济核心增长极、促进经济增长是一个挑战，也是西藏现代化发展需要消除的障碍。

与城镇化相关的问题使巩固脱贫成果与乡村振兴的衔接缺乏有效机制。2019 年西藏实现全面脱贫，基本消除绝对贫困，全域实现整体脱贫。作为城镇化率仅 32% 的西藏，62 万贫困人口全部脱贫，但受自然环境的影响大，地广人稀，加上西藏经济社会发展总体上层次低、总量小，走上高质量发展还受各种主客观条件制约，必须将巩固脱贫成果与乡村振兴进行有效衔接，从根本上解决城乡发展不平衡、农牧区发展不充分等突出问

① 《2020 年全国 338 个城市地区生产总值最全排名！你的家乡排在第几?》，参见 https://www.sohu.com/a/451018548_120927771。发表时间：2021－02－16，访问时间：2021－07－01。

题，才能推动西藏实现高质量发展。但是当前西藏巩固脱贫成果与乡村振兴的衔接仍缺乏有效机制，一方面，西藏农牧区各产业之间难以横向发展形成产业集群、纵向发展形成产业链，专业化程度不高，三次产业之间的产业辐射带动作用不足，缺乏规模效应，也尚未形成品牌效应，严重制约着农牧区产业发展；另一方面，当前农牧区的基础设施尚不完善，农牧区文盲率、半文盲率高，人才严重缺乏，部门协调不足等，都制约着农牧区产业发展，导致易地扶贫搬迁后还面临着诸多民生难题，巩固脱贫成果与乡村振兴之间缺乏有效衔接。

总之，西藏迈向第二个百年奋斗目标的增长面临较多的障碍。与中央对西藏实现高质量发展的要求有较大差距。

二、来自资源、环境的约束作用在加大

西藏占全国国土总面积的 12.50%、青藏高原总面积的 49.14%，集中了全球海拔3000 米以上高原面积的 1/7，形成了世界上独具特色的高原自然生态环境，具有世界上最丰富多彩的垂直带谱，是世界生物多样性最具特色的区域，对北半球乃至全球气候变化具有重要影响，长江、印度洋、恒河、湄公河、伊洛瓦底江等中国、南亚及东南亚的国际性河流均发源于此。然而，因其地处高寒、多风干旱、物质迁移迅速、外力侵蚀强烈的生态脆弱区，自然环境承载能力极为有限，资源利用更新恢复缓慢，生态环境一旦遭受破坏则难以恢复，且经济承载容量一旦超过当地耕地、森林、草原等生命维持系统能够负荷的限度，便开始直接或间接消耗资源本身，导致草场退化、森林锐减、河流干涸、耕地沙化、水土流失加剧，严重威胁着未来的生存与发展，从而不得不面对来自自然和人类的双重压力。

来自自然界的环境压力，已使生态环境极为脆弱；来自人类经济活动的非理性活动压力，又使生态环境岌岌可危。青藏高原以年均 4—6 毫米的速度抬升，强烈的降升不仅使岩体裸露、石块崩裂、土壤浅薄、地下水位下降、冰川退缩、雪线上升、河流断流、湖泊干涸，而且还形成大量砾石沙地、流动沙丘和多种地震灾害，更形成高寒干旱特征显著的高原气候，使干旱、雪灾、低温、冻害、风蚀、泥石流等自然灾害频繁发生。而

2020年西藏是百业待兴：大农业的基础不牢，有待进一步发展；工业化程度不高，资源利用率低，制造业及资源采掘业外延扩张势在必行；交通运输业滞后，有待进一步完善；旅游业方兴未艾，将会以更快的速度发展。也就是说，西藏的经济发展不可避免会有一个产业扩张期，产业扩张无疑会影响环境变迁。西藏大规模开发无疑会影响到生态环境，而其生态环境又十分脆弱，而且影响广泛，西藏可持续发展面临着比中国任何一个地区都更为复杂、严峻的环境压力。西藏的可持续发展、丰富资源的开发、生态环境的保护治理，不仅影响着其自身及相邻省区未来的生存与发展，而且将更深远地影响着中国、南亚、东南亚人民的生存与发展。①

恶劣的自然环境造成了西藏发展的社会成本约束。西藏地广人稀，市场狭小，发展的代价较之其他地区要大得多。投资巨大，而收益回报低，这对投资和资本形成的抑制作用十分明显。自我发展能力不足，国家投资有限，区外资金不愿进入，这是西藏发展的最大约束。自然环境所造成的投资环境的先天性障碍，西藏短期内是难以克服的。②

三、非经济因素的制约作用长期存在

西藏自1959年民主改革以来就实行了与全国大体一致的经济和社会制度，实现了社会阶段的大跨越。但是，经历几十年的发展，以及在中央政府和全国各地人民的大力支持下，"镶嵌"到西藏的经济与社会制度，应当比较完善并在社会经济生活中发挥重要作用。然而，令人遗憾的是，西藏经济形成的不是一种自我生存、自我发展的"扩散—工业化"模式，而是一种"扩散—供给"模式③，即内地社会经济制度"扩散"到了西藏，中央动用了大量的物力、财力来推动西藏的现代化，最后却发展成为一种"依赖型"经济，而没有实现与内地经济更好地融合。导致这种状况的原因是多种多样并且非常复杂的，除了经济因素之外，包括社会意识

---

① 潘久艳：《治藏诉求与"全国援藏"的目标逻辑》，《西南民族大学学报》（人文社科版）2008年第4期。

② 《西藏资源禀赋结构与跨越式发展战略分析》。http：//www.eduzhai.net/lunwen/72/138/lunwen_178448.html。发表时间：2015－03－20，访问时间：2021－07－01。

③ 北京大学社会学人类学研究所、中国藏学研究中心合编：《西藏社会发展研究》，中国藏学出版社，1997年，第53—59页。

形态在内的上层建筑等非经济因素对西藏经济发展模式的形成和经济制度的变迁也起着非常重要的作用，尤其是长期在西藏意识形态领域占主导地位的藏传佛教等宗教文化以及由其导致的一系列的价值观、伦理观、道德观等非经济因素，强烈地影响着社会生活的各个方面。可以预见的是，非经济因素对西藏经济现代化的制约作用将长期存在。总体供给模式下的西藏社会经济的一系列运行机制，其中以非经济因素支配经济活动的宏观效应问题，实际上已构成不明显的社会经济二元结构。①

（一）藏传佛教世界观、人生观的影响

在西藏，宗教信仰直接影响了人们的世界观。宗教的核心思想是神权观念，认为世界是由神灵创造，只有神是第一性的，其余的创造物包括人只能是第二性的。佛教还主张只有佛是真实的、永恒的，其余皆为虚幻。人的生活离不开“苦”字，所以人的生活目的是认清“苦”的根由，通过敬仰佛祖菩萨等获得最终的解脱。就对宗教的信仰来看，历史上的藏族几乎全民信教，并且在今天宗教对藏族群众也有较大的影响力。这无疑影响了人们对科学的世界观及各种新事物、新思维的敏锐的反应，产生迟钝、麻痹的心理，缺乏用自己的头脑去独立判断、独立思考。由此决定了佛教徒的经济行为只是谋生而非谋利，是为了满足其生命运动的最低消费水平，因而大多也只从事维持生命运动的基本产业，如种植业和养殖业。

在人生观上，受宗教的影响，注重于来世幸福，轻淡于现世的物质生活。按照藏传佛教的思想，现世人的生活源于前世的行为，即所谓的因果效应说，人的行为在“六道”中轮回不已，乃是由于人受欲望的支配所造成的种种行为方式的结果（即“业果”），所以为了来世能获得解脱或在轮回中获得更高的阶段（六道中的“三善趣”），现世受苦受难都是应当的、必然的。这种思想把阶级压迫、剥削都给予合理化，似乎农奴主、贵族之所以成为农奴主、贵族，乃是他们前世行善的结果，而农奴受苦受穷则源于前世的恶行，是命运的安排。无疑，佛教的思想麻痹了人们的心灵，使人们安于现状，不求进取，看轻现实生活。这种看淡现世的观念至今在一部分信徒中依然根深蒂固，其结果是使人失去了个性，并沉陷于愚

① 孙勇主编：《西藏：非典型二元结构下的发展改革——新视角讨论与报告》，中国藏学出版社，2000 年。

昧之中。这就必然导致佛教徒在产业的经营上，追求稳定和维持现状，不追求生产方式的改进和产业的产出增多，更不会追求生产要素的合理配置。

在计划经济体制下，社会资源由政府部门下指令分配到各部门、各行业和农牧民手中，生产指标也是通过指令下达，产品由国家及政府统一购销，人们不必为市场、销售操心。如此单向划一的行政管理方式，使西藏内部的横向联系和与区域外的横向联系皆被切断，微观经济主体只能循环在一个封闭圈内，传统思想中轻商贱商的观念得以墨守。后果是西藏经济非正常发展，第一产业处于徘徊状态，多年来并无实质性进展；第二产业也无多大起色，工业企业规模小，工业部门生产效率低，生产能力长期无显著变化；第三产业畸形发展，为数众多的行政人员的消费和支出占据了服务业比例的大多数，其他的社会化服务体系始终处在一种低层次发展水平上。

（二）藏传佛教价值观的影响：财富积累的异化

宗教对人的价值观也造成深远的影响，所产生的价值观依然在一定程度上影响着部分信教群众。这种价值观给藏族信众指出了一条通往精神家园和理想世界之路。令他们心目中有一个“来世”和“佛国”的终极价值预设，他们每想、每干一件事情，都从对自己的来世是否有利、于自己成佛是否有益的立场出发，他们对于自己最终要归属的精神家园倾注了全部心血，把物欲享乐、急功近利的世俗事务抛到了九霄云外。在传统价值取向的驱使下，人们重来世，轻现世；重供奉，轻纷争。

受传统价值观的影响，西藏的储蓄率低，难以维持经济发展与资源开发的需要。各经济主体不努力追求区域内部再生产的积累与投入，不改进封闭、落后的生产方式，反而造成低收入、低产出也可以获得一定社会收益的假象，这就在一定程度上强化了落后与低效益、低效率。在农牧区，由于农牧业的民族生产特征，主要以自然馈赠的简单的生态平衡型经济为主，所以造成无须投入大量物资也可满足生产需求的假象，从而导致低积累率。在乡村集体企业的创办资金中，国家机关投入的资金较大，社区集体的积累资金较少，但国家却不能以投资者的身份改变企业的集体所有制性质。在这种产权关系下，由于行政权力双重参与，现有的乡村集体大都带有国营企业的痕迹。一方面，国家几乎包揽了企业创办资金的收入，生产流动资金的补偿、人员培训费用以及骨干乡村企业的产品销售，企业不承担任何经营风险，形成了强烈的“等靠要”思想，经营目标转向追求工资收入的最大化，很少考虑资产的更新和依靠自身力量扩大再生产。因此，尽管农牧区劳动力资源丰富，但参加就业的人数并不多，劳动者的工资收入刚性增加。① 虽然这些情况在近年来有了很大的改观，但没有彻底消除。

（三）“藏独”势力和其他干扰长期存在

长期以来，国际敌对势力及达赖集团以涉藏问题为工具，多次制造“藏独”事端，企图达到分裂祖国、破坏民族团结的目的。

所谓涉藏问题国际化有各方面的因素，除一些西方国家的官方势力外，还有西藏社会的非官方势力，其主要根源在于西方人对西藏的神话。十四世达赖喇嘛在国际社会上的积极活动也是使涉藏问题国际化的主要原因。同时，流亡藏人一直把西藏“独立”作为旗帜，长期的教育使海外出生的第二代、第三代藏族人从小就把“独立”视为天经地义和不可改变的目标。受过良好教育和接受了西方民族思想的年轻一代流亡藏人熟悉西方社会，态度激烈，主动使用恐怖主义手段解决涉藏问题的人不在少数。除此之外，我们还应该看到全球化背景下新的民族主义高涨对涉藏问题的影响。

因此，当前涉藏问题已经不再仅仅是人们传统所认为的政府之间的政治游戏问题，更不是单纯的“宗教信仰”甚至“人权”问题，也不仅仅是美国政府在中美关系中的一个政治筹码，美国政府出于政治、经济、军事等方面任何需要随时都可以提出来加以利用的政治武器，而是涉及西方世界民众精神及理想的问题，涉及当前国际上最为关注的民族主义兴起、暴力冲突等问题。因此，涉藏问题将长期存在。

同时，“西藏是一个具有很大特殊性的边疆民族地区”②。中国与印度接壤的国境线长达1450公里，全部在西藏境内。而藏族的主要聚居地青藏高原以平均3000米以上的高海拔从中国西南方向俯视着中国内陆各地，

① 肖怀远主编：《西藏农牧区改革与发展》，中国藏学出版社，1994年，第1页。

② 黄毅作、郑长德总主编：《西藏经济发展70年研究》，中国经济出版社，2019年，第310页。

是中国西南边防的天然屏障，西藏的国防战略意义从近代开始就显得异常重要。作为中国的后大门，西藏近代以来一直被西方列强窥视，寻求进入的可能。与西藏近邻的南亚国家印度，经过独立后60多年的艰苦努力，在经济、政治、科技和军事等领域取得了重大进展。“高科技大战使印度逐渐成为世界军事大国，还有力地增强了印度的综合国力和国际上的竞争力，从而大大提高了印度的国家地位。”① 而在印度从20世纪90年代初开始推行的以实现其“大国战略”目标的“东向政策”中，制衡中国的区域影响力是其重要考量②，可以预见印度的发展将对中国的发展产生重要影响，尤其是在军事上对中国的边防安全构成威胁。

四、人的素质制约作用长期存在

当今世界经济发展的趋势表明，现代经济的增长对自然资源等物资资源的依赖正在下降，而对人力资源的依赖却在不断上升。经济现代化的关键是人的现代化，而人的现代化取决于人的素质的提高。西藏人口资源的现状是：人口素质有待进一步提高，人力资本短缺，特别是高层次、专业化的世界一流的人力资本更是短缺，同时人力资源分布不均衡。

在当今社会，教育是人们获得知识、学习技能的一个重要途径。以下仅从教育视角分析西藏居民市场竞争能力不强的原因。马克思、恩格斯的劳动价值论认为，劳动是价值的唯一源泉。在同样的劳动时间内，复杂劳动比简单劳动能创造出更多的价值，能创造出加倍的简单劳动创造的价值，“比较复杂的劳动只是自乘的或不如说多倍的简单劳动。因此，少量的复杂劳动等于多量的简单劳动。”③ 而劳动者的劳动复杂程度往往与他的教育训练程度密切相关。20世纪60年代，“人力资本理论”的创立者舒尔茨（T. w. schultz）专门讨论了教育投资是人力资本的重要源泉，并指出教育投资可以提高劳动力的工作能力、技术水平和劳动熟练程度，进而提高劳动生产率；教育通过提高劳动力获得收入的能力，可以减少收入分配的不平衡状态。诺贝尔经济学奖获得者阿马蒂亚·森认为，社会在教

---

① 文富德、李涛主编：《印度高科技发展战略研究》，巴蜀书社，2011年，第492页。

② 余芳琼著：《当代印度的东南亚政策研究》，中央民族大学出版社，2015年，第38页。

③ 《马克思恩格斯全集》第23卷，人民出版社，1972年，第58页。

育等方面的安排，不仅对个人生活，例如享受更好生活的实质自由、避免可防治的疾病和过早死亡，而且对个人更有效地参与经济和政治活动，都是至关重要的①。

根据第七次人口普查资料显示，西藏全区 15—64 岁的人口数为 211.76 万人，占总人口数的 70.53%，青壮年劳动力仍然占绝大比重，说明 2020 年西藏仍处于人口红利期，劳动力资源丰富。近年来，经过多方面的努力，西藏的人力资源质量有了很大的提高，其中，2020 年学龄儿童的入学率达到了 99.5%。但是，如下表 5－6 所示，与其他省市或全国平均水平相比，西藏的人力资源存量还比较低。每 10 万人中接受大学教育程度的人数为 11019 人，比之于第六次人口普查的 5507 人增加了 5512 人，但远远低于全国平均水平 15467 人，为最低水平。每 10 万人中接受高中教育程度的人数为 7051 人，比之于第六次人口普查的 4364 人增加了 1300 多人，但仅为全国平均水平的一半。每 10 万人中接受小学教育程度的人数与全国保持一致，呈下降的趋势，但是，西藏每 10 万人中接受初中教育程度的人数保持上升趋势，而全国所有省区均保持下降趋势。从接受教育年限来讲，西藏也是全国最低水平，仅 6.75 年，比全国平均水平（9.91 年）低 3.16 年，也比新疆低 3.36 年。文盲率指标在西藏全国第七次人口普查中没有公布，第六次全国人口普查时是 32.29%，当时全国平均水平为 4.08%，即使过去 10 年每年下降一个百分点，也应该超过 20%。这与西藏现代教育起步的基础有密切关系，民主改革前为 95%，当前西藏文盲率超高与这个历史基础密切相关，虽然民主改革以来有 60 多年的历史，取得了极大的进步，但文盲问题不可能一夜之间消除。这也说明西藏人的素质制约明显存在。

① ［印度］阿马蒂亚·森著，任赜译：《以自由看待发展》，中国人民大学出版社，2002 年，第 2—15 页。

表5－6　2020年西藏自治区与全国其他部分省区的教育水平对照表

	西藏	新疆	云南	广东	吉林	黑龙江	全国
大学（人）*	11019（5507）	16536（10635）	11601（5778）	15699（8214）	16738（9890）	14793（9115）	15467（8930）
高中（人）*	7051（4364）	13208（11582）	10338（8376）	18224（17072）	17080（16866）	15525（15026）	15088（14032）
初中（人）*	15757（12850）	31559（36096）	29241（27480）	35484（42913）	38234（42069）	42793（45010）	34507（38788）
小学（人）*	32108（36589）	28405（30075）	35667（43388）	20676（22956）	22318（24059）	21863（24042）	24767（26779）
教育年限（年）	6.75	10.11	8.82	10.38	10.17	9.93	9.91
文盲率（%）	－（32.29）	2.66 －	4.65（6.03）	－（2.41）	1.3（1.92）	－	2.67（4.08）

资料来源：根据全国和各省区第七次人口普查公报整理。

说明：*每10万人中接受教育程度；括号中是第六次人口普查数据；文盲率是指人口中15岁及以上不识字人口所占比重。

西藏人力资源分布不均。地域分布不平衡，地区差异大，城乡差异大。由于自然环境的差异，西藏总人口中有80%的人口分布在雅鲁藏布江流域及藏东三江流域。从地区分布来看，拉萨、昌都、山南、日喀则地区人口较多，人口密度高于全国平均水平，而那曲、阿里和林芝地区人口密度远低于全国平均水平。同时，因受自然条件、文化背景等因素的影响，西藏人口在分布上还存在严重的城乡差异，根据全国第七次人口普查数据：西藏城镇人口是130.34万人，占35.73%；农村人口234.47万人，占总人口的64.27%，同时城市集中了多数质量较高的人力资源，而农牧区人才匮乏，文盲、半文盲占多数。

产业和部门分布不均。由于受地理、历史和自然环境等因素的制约，西藏社会经济发展比较慢。如表5－6所示，在2010年以前，在从业人员中，50%以上的人力资源都集中在农牧区从事第一产业，而二、三产业的人才缺乏，人力资源数量较少。在2010年以后，随着西藏旅游业充分发展，第三产业吸纳劳动力比例逐年上升，到 2017 年，西藏从事第三产业的劳动力占比最大，为 44.9%；第一产业次之，为 37.4%；第二产业仅为 17.3%，产业部门分布极端不平衡虽然有所改善，但是第二产业人力资源占比仍然较低，产业和部门分布不均问题仍然没有得到解决。

表 5－7　2000—2018 年西藏自治区从业人口分布表

单位：万人、%

年份	第一产业		第二产业		第三产业	
	人数	比重	人数	比重	人数	比重
2000	90.98	73.3	7.35	5.9	25.85	20.8
2001	89.65	71.0	8.16	6.5	22.5	28.5
2002	89.63	68.8	8.11	6.2	32.46	25.0
2003	85.14	64.1	12.36	9.3	35.31	26.6
2004	86.00	62.6	13.17	9.6	38.15	27.8
2005	86.39	60.1	13.60	9.5	43.61	30.4
2006	87.32	58.9	14.28	9.6	46.60	31.4
2007	88.63	56.0	17.07	10.8	52.45	33.2
2008	89.41	54.6	17.09	10.5	57.0	34.7
2009	92.17	54.5	18.18	10.8	58.72	34.7
2010	92.96	53.6	18.85	10.9	61.58	35.5
2011	93.41	50.3	22.57	12.2	69.57	37.5
2012	93.6	46.3	27.1	13.4	81.36	40.3
2013	92.82	45.1	28.92	14.1	83.8	40.8
2014	93.38	43.7	31.44	14.7	88.86	41.6
2015	96.76	41.2	31.09	13.3	106.88	45.5
2016	95.96	37.7	41.77	16.4	116.63	45.9
2017	99.11	37.4	47.07	17.7	119.18	44.9
2018	95.03	36.5	51.32	19.7	113.94	43.8

资料来源：《西藏统计年鉴 2020》，中国统计出版社，2021 年，表 3－4。

与全国其他省区市相比，西藏人口文化教育程度低乃是有目共睹的。西藏和平解放之前，只有处于统治阶层的少数贵族子弟及农奴主才能接受教育，占西藏人口绝大部分的奴隶和农民均为文盲或半文盲。和平解放后，占人口94.1%的藏民族和其他少数民族教育面临着严重的质量问题，致使西藏人力资本薄弱。改革开放以来，西藏的教育在量的方面有了较大发展。但由于农牧区居住分散、气候严寒、交通不便，学校的规模普遍较小，加之社会历史的原因，西藏的各级学校普遍存在着生源的文化基础知识相对较差、师资力量相对落后、教育设备相对滞后的问题，造成教育投资的效益不高，质量不尽人意，无法迅速提高西藏的人力资本存量，进而无法在新经济的环境下实现通过人力资本投资，从根本上提高居民的文化素质，实施以人力资源开发为主导的区域发展战略。同时对改变西藏“非典型”二元经济结构亦造成很大障碍。

在市场全球化、区域经济一体化进程不断加快的情况下，西藏2020年的劳动力素质整体偏低，严重影响了西藏居民在市场经济中的市场竞争能力。市场机制对试图或者正在参与各种市场活动的自然人来说，也具有“排斥”作用。市场机制对自然人的“排斥”突出体现在“失业”问题上。同时，由于历史的原因、经济的落后、竞争意识的淡薄及宗教活动的影响，人们对文化科学的追求在整体上相对内地是落后的。西藏劳动力资源中缺乏拥有众多文化素质较高、有各种技能，以及善于经营、勤于劳作、心灵手巧的劳动者群体。近年来，随着改革开放的深入，市场经济的不断完善，这种劳动力资源的人文素养的差异严重阻碍了西藏经济的理性发展。从总体上来看，西藏总体劳动力素质普遍不高，并集中表现在市场经济中就业能力较弱，难以有效参与市场竞争。

综上，在经济发展的起飞阶段，由于自然、历史、社会等因素，西藏的经济发展还不具备足够的竞争力，市场机制还会对西藏及其市场竞争力弱的居民产生排斥作用。这种排斥是“强调效率”“追求利益最大化”的市场机制运行的必然结果，是一种“市场排斥”现象。为了促进经济欠发达的西藏地区随着我国经济的发展而发展，国家需要提供必要的资金等生产要素的支持与援助。

第五节　小　结

现代化是人类发展的一般趋势，对于西藏而言，既存在着如何加快促进其融入国家现代化的发展进程问题，又存在着如何尽快促使其形成具有本民族特色的区域性现代化发展问题。但是，无论哪一个层面的现代化都是一个长期的历史发展过程，均是分阶段渐进式地推进，依据是西藏现代化追赶优先次序排列顺序“社会发展差距、人类发展差距、经济发展差距”这一基本规律。为此，今后相当长的一段时期内西藏现代化追赶的一个首要任务，就是优先加快社会发展，这不仅为从根本上消除发展不平衡提供了基本的解决途径，而且还为消除西藏业已存在的巨大不平衡性提供了四个重要启示。这些启示告诉我们，新的现代化追赶已不再是单一经济目标的追赶，而是包括经济、教育、医疗、卫生、环境、文化以及社会福利、制度建设在内的多重目标的追赶，是一个更加关注人的发展需要的追赶。

推动西藏经济现代化也存在经济现代化的内部条件，青壮年劳动力仍然占绝大比重，说明 2020 年西藏仍处于人口红利期，劳动力资源丰富。此外，在西藏现代化建设中长期形成的“老西藏精神”“两路精神”等，也是西藏经济现代化的内在条件。更为重要的是，西藏还有相当有利的外部条件。西藏经济现代化被上升为国家战略，党和国家领导人非常重视西藏现代化的进程。进入新时期，中央对西藏的政策支持成体系化，包括对口援藏政策的丰富和完善，各项民族优惠政策的提出和落实，国家乡村振兴战略和建设“一带一路”倡议的实施。同时，西藏经济现代化推进中仍然面临很多挑战，包括西藏与全国的差距趋势明显，来自资源、环境的约束作用在加大，非经济因素的制约作用长期存在和人的素质制约作用长期存在等。而非经济因素是藏传佛教世界观、人生观、价值观的影响，财富积累的异化，“藏独”势力和其他的干扰长期存在。

当代中国少数民族的社会发展历史，实际上就是一部实现社会跨越式发展的现代史。西藏正反映了这样的历史，但是，这一社会跨越式发展极不平衡，发展的限制因素较多，这主要反映在三个“社会障碍”方面，即民族进行经济交流、文化交流时面临着更多的语言文字、风俗习惯、宗教习俗等文化差异；受教育机会少，人口文化素质普遍较低；交通信息闭塞，基础设施落后，社会发育程度低。这些是造成民族地区人类贫困、产业结构单一、经济发展相对落后，开放型经济发展起步晚、利用外资能力低、对外开放相对落后，计划经济体制影响深刻、新旧体制转换速度缓慢、改革进程相对落后的重要原因。①

在这种背景下，选择恰当的政策推进西藏经济现代化成为当务之急。下一章，我们将重点分析推进西藏经济现代化的政策选择问题。

① 中国科学院国情分析研究小组：《民族与发展——加快我国中西部民族地区社会经济发展研究》，辽宁人民出版社，2000 年。

第六章

促进西藏经济现代化的路径选择

促进西藏经济现代化是一项系统工程，需要从多方面入手。总体上讲，西藏经济现代化涉及西藏的产业发展、区域发展、财政金融、人才资源、社会保障和市场主体培育等多方面。事实上，长期以来，党和国家也从这些方面“多管齐下”，合力推进西藏经济现代化进程。现有政策仍然存在不能适应西藏经济现代化的问题，需要进一步完善。本章拟从完善政策的角度探讨促进西藏经济现代化的路径。

第一节　产业发展

一、西藏产业发展面临的问题

对某些产业及其业态的保护、扶植、鼓励和调整，以促进这些产业的迅速发展与业态转换，实现与其他产业之间的协调发展，从而促进经济持续、稳定、协调发展，成为国家产业政策的核心。苏联西伯利亚的开发和巴西北部及中西部地区的开发都曾有过失败的记录，其重要原因之一是没有合理设计产业政策的内容。如果政策不能保证建立起与地方经济优势密切关联的产业结构，从而带动地区经济发展，再优惠的政策也不能改变落后地区的面貌，经济现代化会受到阻碍。

自民主改革特别是改革开放以来，西藏经济社会实现跨越式发展。与此同时，经济的跨越式发展也带动了西藏的产业结构发生“跳跃性”改变，产值占比结构由“一三二”演变为“三一二”，最终转变为“三二一”，从而跨越了“二一三”和“二三一”两个阶段。如下图6－1所示，近30年在产业结构调整中，西藏第一产业和第二产业变动较大，第一产业占比不断缩小，第二产业占比不断扩大，而第三产业占比扩大至50%后趋于稳定状态。2020年三次产业结构比为：7.9：42.0：50.1。从三大产业的占比构成来看，西藏产业结构是在不断优化过程中趋于合理。

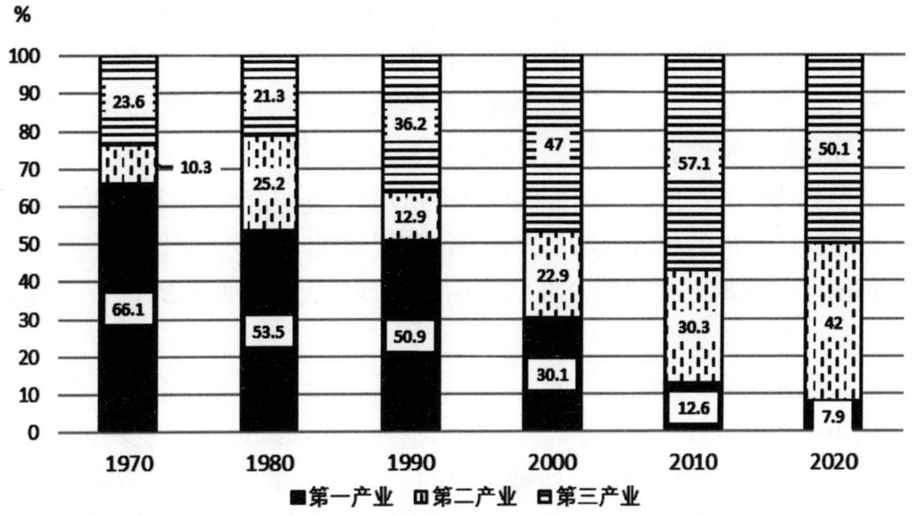

图6－1 1970—2020年西藏自治区三次产业构成比例变化

资料来源：《西藏统计年鉴2021》，中国统计出版社，2022年，表2－7。

但是，这种合理仅是各产业生产规模比例关系上协调的表现，各产业内部经济效应的区别，导致产业产值合理化规模比例背后仍存在着许多问题。首先，这种“跳跃式”的产业结构调整路径自然跨过了第二产业充分发展的关键阶段，从而导致第二产业产值占地区生产总值比例一直偏低。到2020年西藏第二产业产值占地区生产总值的42%，居西部省市最后一位。而对第二产业进行进一步剖析发现，在第二产业中，建筑业占有绝对主导地位，工业化发展水平较低，工业产业规模较低，现代化工业体系没有得到有效建立。2020 年建筑业占第二产业产值的 81.82%，工业只有不到 20%，属于弱势产业。因此，第二产业的产值增长主要源于西藏长期以来大规模的基础设施建设对建筑业发展的推动。与其他省市相比，西藏第二产业内部存在结构失衡。其次，西藏的第三产业产值占地区生产总值比重与第二产业相比过高，近几年都超过了第一产业和第二产业占比总和。第三产业内部结构也存在产业层次偏低、结构不合理的问题。金融业、保险业、文化创意产业、房地产业、科研开发产业发展较慢，所占比重过低。第三产业中公共服务业、交通运输业、邮电通信业、传统贸易业等传统行业占比过高。在这些产业中消费性行业多于生产性行业，且有些产业增长依赖于中央的财政投入和内地省市的支援，缺乏内生发展动力。因此，导致第三产业占地区生产总值比重与其实际对经济高质量发展起到的作用存在差距，而第一产业占地区生产总值比例与全国相比仍偏大。第一产业内部优势产业所占比例过低，增长速度较慢。虽然已经有了现代化产业结构的框架，但是从内部结构和经济增长的内在动力来看，西藏总体供给模式下形成的粗放型增长方式并没有得到根本性改变。因此需要制定合理的产业政策推进三大产业内部结构合理化，基于西藏的自然资源禀赋，充分开发优势产业。

总之，“一产弱、二产散、三产层次低”，产业结构不合理、关联性差、组织化程度低、规模小、竞争能力弱等，是西藏自治区党委和政府对西藏产业发展现状的研判。西藏提出的“一产上水平、二产抓重点、三产大发展”和“提升一产、壮大二产、做强三产”的产业发展思路具有很强的针对性。西藏产业结构的调整要根据科学的发展水平、需求状况的变化及资源条件等因素，遵循产业结构发展的演变规律，使西藏产业结构符合生产力统一布局的要求，建立适应市场经济要求、富有特色的产业结构格局，以推进西藏经济社会的跨越式发展。

西藏的产业优势主要是资源密集型的开采业、旅游业、民族藏医药业以及劳动密集型农牧产品加工业，而且规模小，产量、产值低，难以形成竞争力，面临很大困难。其中，主要原因是基础较差、交通闭塞、市场发育不全、开放程度较低以及劳动生产率低等。如果产业长期得不到发展，产品不能占据一定市场，没有竞争力的话，其比较优势也必将丧失，最终只能越来越贫困，给西藏新型经济现代化带来不利影响。西藏要在全面建设小康社会中把自身的优势发挥出来，首先必须要解决自身的问题，理顺产业发展的关系，把自己的优势产业做强做大。以农业为重点，加快第三产业发展，加大对民族手工业、藏药业等特色产业的扶持力度。

二、第一产业发展

第一产业发展思路主要是对农牧业进行产业结构调整，应以现代化为目标，以市场为导向，提高质量，改善结构，建设特色农牧业，实现产业化，形成良性循环的发展路子。

第一，大力加强农牧业基础设施和公共设施投资，改善农牧业生产条件。农业在西藏经济中占有十分重要的地位，根据全国第七次人口普查数据，居住在乡村的人口为234.47万人，占64.27%，农牧业是西藏农村经济的支柱产业。2017年西藏农村居民恩格尔系数约为49%，西藏农牧民已经全面消除绝对贫困，全面建成小康社会，但是与全国相比，仍有很大改善空间。因此，必须加大对农牧业的投入，特别是基础设施投入，加大农业综合开发力度，改善农牧业生产条件，对那些农牧业生产具有比较优势的地区，要重点支持；加大扶持力度，把条件特别恶劣地区的农牧民搬迁到条件好的地区；除国家的重点公路、铁路建设工程外，西藏要重点加大对农村道路、电网、水利、能源等基础设施建设的投资；加大对城镇和旅游区环保设施建设的投入，特别要加强对重大建设与开发项目的生态环境影响评价；加大小城镇建设力度，把有限的人口集中起来，形成规模优势。同时，要提高资金的使用效率，杜绝脱离实际的“形象工程”建设。

第二，因地制宜，发挥区域优势，走特色经济发展之路。面对竞争日益激烈的市场，对农业结构进行调整，一定要把能否增加农牧民收入作为衡量结构调整能否成功及是否有生命力的标准。西藏在粮食和农产品基本满足自身，提高综合生产能力的基础上，依托本地资源，以市场为导向，因地制宜，宜牧则牧，宜粮则粮，宜草则草，通过优化布局和区域分工，发展特色经济，尽快形成区域竞争优势，以促进农牧区经济的快速发展。农业科学技术落后是造成西藏农牧业落后的一个重要原因。

第三，实施科教兴农战略，提高农业综合开发能力。西藏在农牧业综合开发方面，应大力实施科教兴农战略，始终把科技摆在第一生产力的位置，通过提高农牧产品的科技含量，改善农牧产品的内在品质，来满足内外不同层次的消费需求。加大对十大“青稞生产基地”“畜牧改良工程”和“一江两河”农业综合开发的支持力度，注重品种品质的技术研究，搞好质量型品种的培育和开发，并积极引进和推广种养业优良品种，争取在新品种选育上有重大突破。加强农牧业产品的采收、包装、储藏、保鲜、运输、加工、销售等各个技术环节的研究、开发和运用。在这方面西藏“绿色食品”工程是大有可为的，使农牧产品在产后继续保持优良品质来提高其附加值。继续加强科技与市场相结合的步伐，进一步搞好“一江两河”流域农业综合开发科技示范园区的建设，鼓励科研院所与农业综合开发项目的联合，走科贸工农一体化道路。大力发展名优特新产品，增创国内外具有竞争优势的名牌产品、品牌产品，积极采取各种有效措施，创造性地开拓农牧业技术市场，促进农牧业科技成果尽快转化为生产力。

第四，提高农牧业产业化水平，强化农牧产品深度加工，致力提高农产品附加值。截至 2017 年，西藏自治区全区农牧业总产值与农畜产品加工值之比仅为1：0.18，远远低于全国1：2.2 的水平。农牧业产业化发展水平低、创新能力弱、产业链条短、辐射带动作用不强等问题制约了西藏农牧业的发展。西藏农牧产品转化能力弱，造成农牧产品资源极大浪费，如青稞具有制作优质糌粑、优质啤酒等绿色食品能力，具有广阔的发展前景；牦牛肉也能生产出若干种绿色保健食品，但由于科技含量低以及管理落后等原因，一直打不开区外市场。因此，加大对农牧产品的深加工和精细加工，妥善安置农村剩余劳动力，不断提高加工产品的质量和档次，实现转化增值来促进县乡财政经济的发展，这对增加农牧民收入具有十分重要的作用。

第五，优化供给结构，推动农业规模化生产，从市场需求出发，合理规划农牧业产业化布局。以市场供求为导向，从市场整体需求及各地资源禀赋出发，调整粮经饲结构，优化农牧业产业化布局；进一步推广大棚种植，减少露地生产的蔬菜生产方式，提高技术含量，形成规模化生产以获得规模效益。同时通过大棚种植等技术手段，提高区内瓜果蔬菜粮食等的自给率，特别是淡季自给率。进一步推动畜牧业、草业发展，提高饲草总量。引入先进的畜牧业生产组织及经营管理方式，降低养殖成本，提高畜产品供给质量，缩小西藏规模化经营管理及畜牧业发展水平与全国平均水平的差距。优化农牧业生产要素配置，提高农牧业的全要素生产率，提高农牧业发展内生动力。

第六，健全市场体系，完善农业信息系统，规范农牧区专业合作组织，为农牧业发展提供高效优质服务。为农牧民及时准确地收集有关国内外农牧产品生产、供求、价格变动趋势等方面的市场信息，以克服农牧产品生产方面存在的盲目性。积极培育市场中介组织、运销大户、专业运输组织和农牧民经纪人队伍，培养和大力发展连锁经营、配送中心等市场营销方式，努力开拓农牧产品的市场空间。

三、第二产业发展

西藏是全国最落后的地区之一，主要就是落后在第二产业上，工业总量低，建筑业比重过高。要实现西藏经济现代化，必须要依靠信息化带动，走新型工业化之路。

第一，改善投资环境，树立市场经济理念，拓展筹资渠道，增强自我发展能力，塑造西藏对外的形象。加强交通、能源、环保、教育、水利等基础设施和生态环境建设，不断改善投资硬环境，克服交通瓶颈制约的困难，努力消除封闭意识、小生产意识和平均主义观念，强化忧患意识、机遇意识和竞争意识，改变求稳怕乱、不思进取、无所作为的精神状态，倡导敢闯敢干、敢为人先、开拓进取的精神，克服“等靠要”的传统思想，增强自我积累和自我发展的能力。西藏资金短缺是制约工业发展的一个关键因素。要一方面积极争取中央财政支持和对口援藏省（市）的无私援助，促进西藏经济的发展；另一方面要积极争取民间私人资本的投入，集聚民间闲散资金来支持西藏工业发展。同时政府可以采取贴息、参股的手段，引导信贷资金和社会资金的投向，积极争取各种援藏基金、国际金融组织、外国政府的中长期贷款和无偿援助，增加西藏工业经济中的外资总量。

第二，走信息化和工业化相互融合和相互促进的新型工业化道路，是西藏经济现代化发展的必然要求。一是从技术上改造西藏传统工业。西藏现有的工业企业整体素质普遍偏低，设备陈旧、技术落后。2020 年，西藏的 1200 多家企业中，除少部分企业拥有 2020 年国内外较先进设备外，其他绝大部分企业的设备与技术都严重老化、陈旧，远远不能适应新时代的要求。信息技术渗透性强，信息产业的产品和服务对改造传统工业的作用很大，有利于实现工厂自动化，实现企业从设计、制造、销售到管理的全方位优化，提高传统工业的性能、效能和竞争能力。

二是对西藏传统工业进行管理创新。管理制度是否合理，管理方式是否先进，这在很大程度上决定一个经济组织的效益高低。西藏企业发展落后的重要原因之一就是管理不善。计算机网络改变了信息传递的方式和渠道，使得企业内部各环节的信息传递、交流可以直接进行，使企业的管理层和机构明显减少，但管理效率却明显提高。信息化可有效提高西藏企业的库存管理和生产管理的效率，促进企业生产经营的方式革新和合理化，使企业的人流、物资流、资金流及信息流顺畅运转，从整体上提高企业的要素效率。

三是促使西藏地区产业结构升级。信息技术一方面使传统产业得到大面积的改造和优化；另一方面又可带动大批新兴产业，形成新的集约型经济增长点。信息技术的推广和应用，必将为经济增长方式由粗放型向集约型转变提供重要的保证。而且，信息化的发展，将为生产、生活社会化的实现提供便利手段，这都将推动服务业的发展，使服务业在国民经济中的地位越来越突出。发达国家和地区经济结构高级化的实践表明，信息产业在发展过程中逐渐发挥主导作用，并通过向其他产业渗透，对整个经济可起到催化剂和倍增器的作用。

四是促使西藏走可持续发展之路。由于自然、历史和发展模式等原因，西藏在发展经济过程中，生态环境日益恶化，而且治理和建设的难度很大。根据第一次全国水利普查成果，全区土壤侵蚀面积为 42.2 万平方千米，占全区总面积的 34.4%。其中，冻融侵蚀面积 32.3 万平方千米、水力侵蚀面积 6.2 万平方千米、风力侵蚀面积 3.7 万平方千米。2020 年西藏经济发展速度加快，以城市为中心的环境和以资源开发区域为主的生态开始遭受不同程度的污染和破坏。没有稳固的资源基础和良好的生态环境，经济发展是难以保持迅猛前进势头的。必须转变过去那种靠高消耗、高投入、高污染、高消费来推动和刺激经济高速增长的发展模式，鼓励依靠科技进步和提高劳动者素质来促进经济增长的新模式。新型工业化道路将有利于提升西藏地区资源开发利用的集约化程度，提高资源的利用效率，有利于西藏地区的可持续发展。

第三，发挥比较优势，加快工业结构调整步伐，拓展出口市场。根据西藏工业经济的相对优势，应重点培育和壮大旅游业、民族医药、民族手工产品、矿产资源开发、建筑材料以及高原绿色食品深加工等产业，并把改造传统产业同发展新技术产业有机结合起来，重点支持民族医药、矿产资源开发、环境保护等产业的发展，培育一批在未来具有高增长潜力和优势的产业领域，实现工业所有制结构、企业结构和产品结构的优化组合，以提高西藏工业企业的综合素质。国际竞争是经济实力的竞争，决定经济实力的是科技力量，科技力量取决于人才，人才的优劣在于知识和素质。因此，西藏在自主开发能力有限的情况下，应考虑选择具有市场潜力且有利于在未来竞争中取得优势的技术，消化吸收后进行创新后续开发，以拥有自己的技术和知识产权。西藏要加强对进出口商标申请和保护力度，一旦商品标注上西藏品牌就可以有无限的吸引力，只要产品质量过硬就能迅速拓展市场。同时要加强有关技术标准方面的信息收集、研究工作，在商品的科技含量、质量、价格、品种、包装等方面苦下功夫，不断开发研制新产品，积极申请 ISO9001 系列及 ISO14001 系列的认证，并积极争取取得进口国的认证，按国际标准和发达国家的先进标准组织生产经营活动，借助“一带一路”倡议带来的巨大机遇，努力开拓国内外市场。

培植民族医药业和手工业这两大西藏优势产业，为西藏的经济发展再立新功。民族制药业和民族手工业已成为西藏的两大优势产业。改革开放以来，涌现了西藏藏药、奇正藏药、甘露藏药等一批优秀藏药企业，珍珠八十丸、奇正消痛贴、冬虫夏草等已成为世界级的藏药精品，为西藏赢得了美好声誉。同样，西藏的手工地毯、卡垫、藏被、腰刀、金银首饰为全国各族人民及国外友好人士所喜爱。民族手工业的发展，一方面解决了当地劳动力的就业问题，是典型的劳动密集型产品，给人民群众带来了可观的收入。另一方面，手工业产品的大量产出，挣回了外汇，为西藏产品在国际上打开一定市场打下了基础。加快推进西藏新型工业化进程，充分发挥资源比较优势，有限发展具有资源优势的能源产业，形成重点突出、结构合理的第二产业发展新格局，促进资源优势向经济优势转变，推动工业发展规模扩大，水平提高、质量上升、提高工业在第二产业中的比重，使第二产业主导产业向工业转变，与建筑业协同发展。

四、第三产业发展

当今世界各个国家和地区的产业结构各具特色，经济越发达，人民生活越富裕，第三产业就越兴旺。就西藏而言，第三产业的发展虽然在三次产业结构中位于第一的位置，但仍具有很大的发展空间。加快第三产业发展，对于深化改革，扩大开放，扩大就业，改善人民生活，调整产业结构，推进经济跨越式发展，实现全面建设小康社会都具有重大的战略意义。

第一，提高服务业在产业结构中的比重，扩大开放力度，实现制度创新，为西藏产业发展创造新的契机。西藏应主动适应区内外经济发展对服务业的要求，积极拓展服务业品种，提高服务业在产业结构中所占的比重，增加就业机会，不断开辟新的财源。扩大开放力度，努力实现制度创新。通过吸引人才、引进资本和技术、鼓励外资、私人投资等方式促进本地优势产业的发展。制度的灵活性以及制度创新对西藏来说，具有十分重要的作用。一个良好的制度，一方面要具有灵活性，能照顾社会各阶层、各利益集团的利益；另一方面又具有广泛的包容性，这一点对西藏产业的发展是别的东西代替不了的。同时在吸引资金、人才、技术方面由于西藏经济发展水平不高，资本回报率较低，对资本的吸引力比内地要差，但在政府管理效率和企业管理效率方面要为它们营造更宽松的环境和进行更好的制度设计和安排，创造良好的投资环境，只有这样才能真正发挥出比较优势，为西藏产业创造新的契机。

第二，疏通服务业融资渠道，多方筹措资金，优化内部结构，不断提高服务质量。服务业的发展，不仅能促进国民经济发展，而且是决定一个地区能否参与市场竞争、跻身国内外市场的重要基础。因此，一些国家采取多种政策，鼓励和支持本国服务业的发展。多年来，西藏的服务业受到交通瓶颈制约和市场准入的限制，政府管理较多，市场发育程度较低，导致一些行业过于依赖政府投资，造成融资渠道单一甚至不畅，资金严重匮乏，制约了服务业的发展。因此，西藏应该强化政府扶持力度，建立服务业担保基金，积极开展直接融资，进行商业银行业务的创新和拓展，为服务业的大力发展提供有力的支持。同时，对信息、金融保险、商贸流通、会计、咨询、法律服务等行业，不断提高整体水平；对交通服务、市政服务、农村服务等薄弱行业要大力发展；对连锁经营、物流配送、多式联运、电子商务等服务方式要有所突破；对物业管理、社区服务、餐饮、文化娱乐、教育培训、体育健身、卫生保健等行业要提高服务质量。

第三，大力发展旅游业，将旅游与文化相结合，打造西藏特色的旅游品牌。旅游业在西藏有着特殊的地位，对它进行规划、改造，把旅游产业做大做强，提升创造财富的能力，做出自己的民族特色。一方面充分发挥得天独厚的自然景观，把“世界屋脊”“地球第三极”观光旅游作为一个品牌，使之成为西藏新的经济增长点，加强旅游基础设施建设、网点规划、宣传力度并提升管理和服务水平；另一方面发挥独一无二的人文景观的优势，加强文物保护力度，弘扬藏传佛教文化对其他文化包容吸纳的精神，吸引全国乃至全世界前来观光旅游、探险。继续把旅游产业作为西藏的一个支柱产业，加大资金投入力度，促进市场发育，加大旅游人才培养培训，提高服务水平。培养优秀人才，倡导创新创业，将旅游与当地文化结合，打造西藏特色文化旅游品牌。

第四，提升服务科技水平，扩大服务贸易，缓解就业压力，增强服务业的竞争实力。一个地区经济实力的强弱，直接关系到一个地区在国际国内服务贸易中的地位。西藏由于经济发展水平滞后，在服务贸易结构上存在许多明显劣势，主要依靠旅游、交通、通信和餐饮、文化娱乐等服务业。而发达地区的银行、保险业、通信服务、数据处理、技术服务、咨询和广告等资本密集和知识技术密集型的服务行业，在服务贸易中占据明显优势。2020 年，这些行业与现代科技和物资生产结合最紧密，国际服务化水平最强，是服务业市场上最具广阔发展前景的行业。因此，西藏应大力发展资本密集型和知识、技术密集型的服务业，不断提升服务业的科技水平，增强竞争力，摆脱在服务贸易中落后的局面。一方面西藏要发展外向型经济，不断强化生产性服务在区内外贸易中的主体地位，不仅要保障商品生产过程中的服务，而且要注重商品在区内外市场进行交换的服务，为实施走出去战略创造条件；另一方面西藏要在西部大开发、对口援藏、东西部对口协作以及其他国家区域发展政策中积极寻求区域合作，创造就业机会，通过拓展服务贸易来缓解就业压力。同时，为了适应市场需要，要大力培养擅长现代管理手段、方法、经营和管理、国际国内法规、外语等方面的人才，并不失时机地出台吸引人才、留住人才、使用人才、发展人才的政策，确保满足西藏现代化服务业发展的需要。

总之，要充分利用对口援藏的契机，在智力援藏、产业援藏、教育援藏等全方位援藏体系下，积极实施科教兴藏战略，开放与开发推进战略和支柱产业带动战略，促进产业结构的进一步调整和提高。一方面为资源开发战略提供人才和技术支持，并引导资源开发以科技为先导，提高资源开发的经济效益和管理水平；另一方面要把开放和开发结合起来。

第二节　区域发展

一、概述

西藏地域辽阔，但各个地市资源禀赋不同，因此在西藏发展过程中，各地市经济发展水平逐渐产生了差异。以 2020 年为例，从地区生产总值的绝对占比来说，位于西藏中心的拉萨居于首位，为 678. 16 亿元，最低的为处于西藏西北部的阿里地区，仅为 68. 60 亿元。从人均地区生产总值来看，最高是林芝，最低是昌都，前者是后者的两倍多，全区平均为 5. 22 万元，超过平均水平的为林芝、拉萨、山南和阿里，低于平均水平的为昌都、那曲和日喀则。从农牧民的人均可支配收入来看，最高为林芝，最低为昌都。从城镇居民人均可支配收入来看，最高为拉萨，最低为昌都。由此可见，各地区之间的经济发展存在较为明显的区域不平衡。而在西藏早期发展中，比较注重经济的增长，对区域均衡发展缺乏关注。当前西藏的经济增长速度已经有所放缓，西藏经济发展进入新的阶段，从追求增长速度转变为追求增长质量。这就要求西藏结合自身资源禀赋优化区域空间布局结构，提高资源配置效率，促进区域经济协调发展。

表6-1　2020年西藏自治区各行政区收入水平比较

地区	地区生产总值（亿元）	人均地区生产总值（万元）	农村居民人均可支配收入（元）	城镇居民人均可支配收入（元）
西藏自治区	1902.74	5.22	14598	41156
拉萨市	678.16	7.18	18268	43640
林芝市	191.34	8.01	18791	36480
山南市	215.4	6.07	15874	38100
日喀则市	322.78	4.04	13080	39992
那曲市	171.41	3.40	3651	41635
昌都市	252.89	3.32	13041	36002
阿里地区	70.67	5.56	13765	43962

资料来源：《西藏统计年鉴2021》，中国统计出版社，2022年，表7-22、7-26；人口数据来自全国第七次人口普查，2021年5月20日。*为2019年的数据。

西藏的区域政策和区域规划始于20世纪90年代初“一江两河”中部流域的综合开发。1991年国务院批复了西藏自治区报送的《关于“一江两河”中部流域综合开发若干问题的请示》。西藏开始有针对性地对部分基础条件较好的地区进行重点开发，建立经济增长点，通过以点带面、利用经济中心的辐射效应，带动西藏其他地区的经济发展。1996年，西藏自治区提出重新对西藏区域经济发展格局进行划分，将西藏划分为东、南、西、北四大经济区域，以川藏公路、新藏公路和青藏铁路、中尼公路作为开发轴线，实施据点式开发，达到“重点发展中部，放开搞活西部，联合开发东部，藏北牧矿致富”的目标，此后基本保持此区域发展格局。2016年发布的《西藏自治区“十三五”时期国民经济和社会发展规划纲要》中将由“一江三河”流域构成的藏中南地区作为发展重点，提出“增强藏中南引领带动作用，促进藏东、藏北、藏西协调发展，强化主体功能约束力，促进基础设施互联互通，加快培育经济增长极、增长点、增长带，构建核心引领、区域联动、极点支撑的区域经济发展格局”。随着西藏经济逐步融入全国的经济之中，西藏区域发展政策在制定的过程中也应考虑与周边省市的区域合作以及国家的总体区域战略，确定以拉萨为经济中心、藏中南为发展重点的区域战略的同时，应关注昌都、阿里以及那曲市的发展，建立适合当地的产业结构。同时应借助川藏铁路、青藏铁路等基础设施互联互通，增加与周边省市的经济互动，建立区域合作，让西藏更好地融入全国经济体系当中，推动西藏的现代化进程。

二、将藏中南地区纳入国家重点开发战略

拉萨、日喀则、山南、林芝构成的藏中南地区，位于喜马拉雅山和冈底斯山—念青唐古拉山之间的谷地，即西藏“一江三河”地区（雅鲁藏布江、年楚河、拉萨河、尼洋河），藏中南地区具有良好的区位条件，重点开发能提升西藏自我发展能力。虽然《西藏自治区“十三五”时期国民经济和社会发展规划纲要》中将藏中南地区作为发展重点，但是力度仍然不够，应将藏中南地区纳入国家重点开发战略，进一步促进西藏的经济发展，帮助西藏实现现代化。①

（一）将藏中南地区纳入国家重点开发战略的有利条件

藏中南地区区位重要，是“西藏之芯”。山南是藏文化的发源地。拉萨历来作为西藏政治文化中心，对整个藏地发挥着重大作用，日喀则在历史上是后藏的政治、宗教、文化中心，也是历代班禅的驻锡地，而林芝号称西藏的“江南”，在西藏的社会发展中也具有重要的地位。同时，藏中南地区也是多元文化交汇之地。除藏民族外，还有世居此地的珞巴族、门巴族以及其他民族。藏中南地区还有漫长的边境线，分布在藏中南地区的边境县有17个，其中日喀则9个，山南4个，林芝4个，是国家和自治区“兴边富民行动”的重点区，起到“富民、兴边、强国、睦邻”的重要作用。

藏中南地区人口相对稠密，有经济发展的市场条件。相对于西藏其他区域，藏中南地区土地相对肥沃，农牧业基础优良，现代工业也较西藏其

---

① 本节参见杨明洪、李国政、杨峰：《关于将藏中南地区大开发大开放纳入国家重点开发战略的建议》，《西藏研究》2013年第4期。

他地区发达，人口在西藏最为稠密，相对集中。和平解放特别是 20 世纪 90 年代以来，藏中南地区的人口密度不断上升，人口分布总体呈不断集中态势，以拉萨市和日喀则市最为典型，其集聚能力不断加强。人口密集的特征使这一区域劳动力分工与合作得到很大程度的实现，促进了社会生产力的发展，同时市场容量也得以不断扩张，生产和消费的需求都得到较大提升，促进了社会经济的发展。

藏中南地区是西藏最重要的经济增长极，对整个西藏的带动作用显著。以 2020 年西藏自治区各地区来看，藏中南地区的地区生产总值占到全区的 74.0%。从财政收入上看，藏中南地区尤其是拉萨市的财政收入明显要高出其他地区 3 倍左右。同时，藏中南地区的边境贸易较为发达。吉隆、樟木、亚东、普兰 4 个口岸成为西藏对外贸易的主要渠道，而这几个重要口岸几乎都集中在藏中南尤其是日喀则市。通贸兴边，以边带面，边境贸易的快速发展带动了西藏全区自产产品的出口。在绝对数量不断增加的同时，外贸商品的结构在不断优化，带动了西藏特色优势产品如拉萨啤酒、青稞、冬虫夏草、羊毛等的发展与壮大。总之，藏中南地区对周边地区起到重要的辐射作用。

藏中南地区有开发的资源条件和环境支撑条件，大开发、大开放有支撑。一是特色资源优势明显，为大开发创造了有利条件。藏中南地区特色产业大体可分为六大类，即旅游业、藏医药业、高原特色生物产业和绿色食品业、农畜产品加工业和民族手工业、采矿业以及建筑建材业。拉萨市以旅游业、高新技术产业、信息产业、轻纺工业、绿色食品饮品、矿产业等为主；日喀则市以旅游业、商贸物流业、特色农牧业、建材业、盐湖资源产业和铜矿等产业为主；山南市以旅游业、特色农业、建材工业、能源工业以及食品加工业为主；林芝市以旅游业、能源产业以及特色生物产业为主。各地的产业都是以当地的特色资源为基础发展而来的。例如，“一江三河”地区存在大型成矿带，分别是雅鲁藏布江铬铁矿成矿带、阿底斯东段铜矿带、冈底斯东段铅锌多金属成矿带、藏南金锑多金属成矿带，这有望成为中国矿产资源的重要后备基地，该区域成为“西部十大矿产资源集中区”。

藏东南地区具有高原风光的自然景观、藏传佛教及传统民族文化的人文景观，这构成了西藏地区旅游资源的主体，为藏中南地区发展特色旅游产业提供了前提。拉萨有驰名中外的布达拉宫以及三大寺——哲蚌寺、色拉寺和甘丹寺；日喀则有珠峰景区以及扎什伦布寺等；山南有羊卓雍错和桑耶寺等旅游资源；林芝有大量的原始森林，还有著名的雅鲁藏布江大峡谷。藏中南地区有西藏最强的环境支撑条件，为大开发提供了良好的条件。藏中南地区是西藏的主要经济、社会活动地区，气候环境相对于其他地区较好，政府也格外重视生态建设。例如，拉萨及周边地区造林绿化工程、雅鲁藏布江防护林体系建设工程、芒康长江防护林体系建设试点示范工程、日喀则林业治沙示范工程等重点项目的实施，在很大程度上改善了所在区域的自然生态环境。“一江三河”流域的雅鲁藏布江防护林体系建设工程实施后，形成了从上游的日喀则到泽当几百公里的人工林带，成为西藏一道新的亮丽景观，对雅鲁藏布江的水土保持起到了积极的作用。

藏中南地区有较好的开发基础，为进一步开发打下了坚实的基础。一是“一江两河”开发建设为藏中南地区重点开发作了前期准备。1991 年，西藏自治区“一江两河”综合开发建设工程列入国家“八五”计划和十年规划重点建设项目，包括拉萨、山南、日喀则 3 个市的 18 个县，面积 6. 57 万平方公里。通过建立大批农牧业基础项目，极大地改善了西藏农牧业的生产条件和农牧民的生活水平，取得了明显的社会、经济和环境协调发展的综合效益，“一江两河”综合流域逐步成为西藏的商品粮、畜产蔬菜副食品、轻纺手工业、科技示范推广“四大基地”。二是中央关怀和全国援藏格局下的六次建设高潮，为藏中南地区重点开发打下了基础。从西藏奠基工业的大规模兴建，到“43 项工程”建设、“62 项工程”建设、“117 项工程”建设，“180 项工程”建设以及“255 项工程”建设的主战场设立在拉萨、日喀则、山南、林芝等几个地区，为进一步建设藏中南重点开发区打下了一定的基础。三是长期开发使得藏中南地区的交通运输业相对发达，为进一步重点开发提供了条件。青藏公路和川藏公路交汇于拉萨，西藏的现代交通运输业开始发展。拉萨贡嘎机场和日喀则和平机场，可起降各类大中型客机，航线可以抵达国内主要大城市。青藏铁路的建成通车，不仅强化了西藏沿线城市的经济联系，也进一步加强了西藏尤其是藏中南地区与周边省份乃至全国的联系。

近年来，为充分发挥拉萨在西藏地区经济发展中的龙头引领、积聚和辐射效应，自治区对原有的区域经济布局进行积极调整，强调要以拉萨、山南、日喀则、林芝、那曲等市为重点，形成以拉萨为中心的 3 小时经济圈，进一步加强自治区内尤其是藏中南地区的经济联系。日喀则、林芝也担负着区域性交通枢纽的地位。随着铁路的规划建设，亚东口岸开放，道路等基础设施进一步优化，旅游、贸易、交通等功能的强化，人口的增长以及经济社会快速发展，日喀则市的城市性质面临进一步提升和完善。林芝则由于紧邻川藏线，是拉萨与成都之间的必经之路，交通便利，起着承东启西的作用。

长期发展使得藏中南地区的教育相对发达，为进一步重点开发提供了人力资源。相比内地而言，西藏自治区的教育资源显得极为匮乏，但藏中南地区的教育资源在整个西藏地区来讲占主要地位。据相关资料统计，2019 年西藏全区普通中学 98 所，其中拉萨市、日喀则市、山南市以及林芝市共计 66 所，占全区的 67. 34%，专任教师的比重占 66. 60%；2019 年西藏全区普通小学共计 842 所，其中拉萨、日喀则市、山南市以及林芝市共计 507 所，所占比重为 60. 21%，专任教师的比重占 61. 83%。另外，西藏自治区为数不多的高等学校也主要集中在拉萨、林芝等地。可见，无论从学校数量还是师资规模上说，藏中南地区的教育资源都起到了主导性作用。

新疆等边疆少数民族地区重点区域开发，为藏中南提供了有益的启示。2010 年中央第一次新疆工作座谈会后，新疆喀什被中央批准为经济特区，2011 年 9 月 30 日，国务院出台了《国务院关于支持喀什霍尔果斯经济开发区建设的若干意见》，国家将采取提供财政补助和税收优惠等十大措施，加大对喀什、霍尔果斯经济开发区的政策扶持力度。在国家特殊政策的支持下这些地区发展很快，体制机制探索的力度很大。借鉴新疆喀什、霍尔果斯经济开发区建设的启示，重点开发西藏藏中南地区也有望达到一定目标。该地区是西藏自治区中具有一定经济基础、资源环境承载能力较强、发展潜力较大、集聚人口和经济条件较好的区域。支持该开发区发展，能够充分发挥拉萨、日喀则、山南、林芝的特殊区位、生态、资源和文化优势，壮大地区经济规模，加快优势资源开发，促进产业集聚发展，将其打造成西藏特色产业发展的战略高地，成为西藏交通、商贸、金融、旅游中心和中国西南重要门户，建设成国家西部地区具有重要影响的经济中心，促进国家区域协调发展的重要支撑点，在推进西部大开发和服务全国大局中发挥更大作用。

（二）推动藏中南地区纳入国家重点开发战略的政策要点

启动藏中南地区大开发大开放列入政府的议事日程。从藏中南地区的实际出发，应尽快将藏中南地区纳入国家重点开发战略提上议事日程，采取特殊措施，促进藏中南地区实现大发展大繁荣，增强西藏自我发展能力，努力实现推进跨越式发展和长治久安。加快制定藏中南重点开发区发展规划。根据《国务院关于印发全国主体功能区规划的通知》和《西藏自治区“十四五”时期国民经济和社会发展规划纲要》的要求，明确藏中南重点开发区的发展目标和产业布局。加快制定开发区农牧业生产、能源、水利、交通、生态环境保护等方面的规划制定，强化组织领导，加强协调沟通，出台各项政策措施的具体实施细则，推动藏中南重点开发区实现跨越式发展，促进西藏自治区长治久安。

明确藏中南重点开发区的发展方向。从资源条件、产业基础和国家战略需要出发，统筹规划，科学布局，培育壮大特色优势产业，不断增强自我发展能力。大力发展第一产业，推进西藏现代农牧业快速发展，保障重点粮食作物的生产安全和特色农牧产品加工业的生产需要。有重点地发展第二产业，着力增强西藏现代工业的自我发展能力，以政策为先导，以资源为基础，以市场为导向，优先发展优势资源产业，大力发展高原特色农畜产品加工业、高原生物和绿色食品业，重点发展能源产业，加快推进藏药产业化和生产现代化，积极推动传统民族手工业的升级改造。全面推进第三产业，调整服务业生产结构，完善服务业经营体系，加大服务业政策支持力度，推进服务业综合改革试点，营造有利于服务业又好又快发展的社会环境。推进生态环境保护工程，着重抓好生态建设、生态经济、生态补偿、节能减排等关键环节。提高应对环境变化能力，大力引进和开发适应气候变化的技术措施，多措并举促进新能源、再生能源和节能技术的开发。

制定藏中南重点开发区的特殊政策。实施特殊的财政政策，适当提高中央政府补助或贴息比例，加大政府投资用于农牧业生产、生态环境保护方面的比例；加大开发区的交通、能源、水利、环保以及公共服务设施的建设投资，加大开发区农林畜产品生产加工、藏药、旅游、文化等特色产业投资力度。采取鼓励和引导民间投资的特殊政策，通过金融、税收、价格等方式积极引导民间资本投向符合开发区发展目标的项目。在编制土地规划指标上给予开发区适当倾斜，可根据开发区发展需要单列开发区用地计划指标。对符合条件属于重点鼓励发展的企业，给予税收、运输、用电等方面的优惠政策。以积极的人口迁入政策提高人口集聚和吸纳能力，加强开发区基本公共服务能力，鼓励内地优秀人才参与开发区的各项建设。优先启动藏中南重点开发区生态保护修复工程，建立健全切实保护生态环境的奖惩机制。

三、面向南亚开放大通道建设

西藏在建设“面向南亚开放大通道”方面将会有新的作为。从西藏现有的基础来看，截至 2020 年底，西藏公路通车里程达到 11. 88 万公里，比上年增长了 14. 3%，全区所有县在 2018 年底就已经实现全通公路；在航空运输方面，截至 2020 年底，已建成通航机场 5 个，在建机场 3 个，规划中机场 1 个，开通国内国际航线 130 条，初步形成了以拉萨贡嘎机场为干线，以昌都邦达、林芝米林、阿里昆莎、日喀则机场为支线的航空网络。在通信方面，2020 年西藏移动电话普及率为 91. 62 部/百人，固定宽带家庭普及率达 85. 29 部/百户，行政村光纤宽带覆盖率达 99%；青藏、川藏电网实现联网，藏中电网告别拉闸限电的历史。从外部条件来看，西藏在国内所有省区市中处于特殊的地位、享有特殊的政策。当然，西藏应当立足已有的基础并创造新优势，充分利用好，将其转变为“面向南亚开放大通道”的实际行动。

构建“多形态”经济发展是其重点任务。“大通道”并不仅仅是物理形态的交通线路，还是经济形态的带状通道，否则，通过西藏面向南亚开放的战略价值就会贬损。西藏发挥其外联南亚诸国，内接内地各省区，既要让内地的产品和服务向南亚输送，又要从南亚输入内地省市需要的产品和服务，双向流通对双方有利，也是交流的根本目的。“转口经济”是西藏经济发展的“新形态”。这一“新形态”带动西藏现代的物流业、商业、服务业发展。同时，“通道经济”是另外一种形式的“新经济”。沿着国道 318、219 和 109，依托青藏铁路、拉日铁路、拉林铁路，发展“通道经济”，整合旅游线路（包括“朝圣”线路、生态旅游线路、文化旅游线路），将其影响扩散到广大腹地。拉萨是西藏的政治、经济、文化和交通中心，汇集人流、物流、信息流。日喀则是西藏第二大城市，是通向尼泊尔、印度的“门户”，现有的兰州—南亚、广州—拉萨—南亚的国际集装箱班列均经日喀则，再转运至尼泊尔和印度等南亚国家。公铁联运国际货运列车和粤藏中南亚班列开通，为西藏与南亚地区开展国际中转、配送、采购、转口贸易和出口加工等业务奠定了物流基础。那曲是青藏铁路和青藏公路进入西藏腹地的“门户”，也是重要的物流中心。林芝号称“西藏江南”，旅游发展潜力很大，是川藏公路的必经之地，在建的川藏铁路也要经过林芝，林芝经济发展水平在西藏最高，将是带动西藏发展的“火车头”。沿边沿路物流也将会得到发展。此外，“会展经济”也是“新经济”形式。青藏高原特色农产品和生态文化旅游深受内地和外国旅游者的喜爱，而众多的会展集交流、商贸、旅游等活动于一体。可以预见，未来的“会展经济”将成为西藏的一个新亮点。

经济合作是重点方向。具体而言，一是培育和推进“喜马拉雅经济合作带”建设将进入实质性推动阶段。现实来看，喜马拉雅是一个绵延 2400 多公里、平均海拔 7000 米的山脉，宽度一般在 200—350 公里，通过建设中尼印经济走廊，打通从中国的西藏经由尼泊尔通达印度的经济与商贸通道。考虑到历史和现实条件，建议优先考虑在“拉萨—日喀则”铁路的基础上，向西通过吉隆向尼泊尔延伸，进而与印度铁路实现对接，使之成为中国西藏、尼泊尔和印度的交通要道和人流、物流、信息流沟通的桥梁。二是吉隆跨境经济合作区，中尼吉隆跨境经济合作区就是按照大口岸的思路，在吉隆口岸建设生产加工区、贸易区，形成较大的口岸体系。重点建设吉隆口岸的意图，就是要通过我们的努力，报请国务院批准，建设中尼吉隆跨境经济合作区。三是冈仁波齐国际旅游合作区。中央第六次西藏工作座谈会明确支持建设冈底斯国际旅游合作区。冈底斯国际旅游合作区的一个很大优势体现在香客朝圣。可以通过合作区的建设改造完善基础设施，从而提升接待能力，通过合作区的建设打通体制机制上的障碍，建立中国、印度、尼泊尔三方定期会晤机制，共同推动旅游区的建设。四是边疆贸易。西藏有 21 个边境县、104 个边境乡，边境线上有对外通道 312 条，其中常年性通道 44 条，季节性通道 268 条；分布在中尼边境 184 条，中印边境 85 条，中不边境 18 条，中印边境锡金段 8 条，中缅边境 5 条，与克什米尔地区边境 12 条。共有传统性和习惯性的边境贸易市场 27 个。亚东县帕里市场和仲巴县里孜市场是互市贸易点中边民互市贸易比较活跃、年互市交易规模较大的边民互市贸易点。

正在和平崛起的中国，正在展现大国风范，与世界各国发展正常的外交关系，实现互助共赢，为"面向南亚开放大通道"建设创造了条件。总之，"面向南亚开放大通道"是有希望的，但前进道路却是漫长的，需要付出更多努力。①

四、统筹藏川滇青交界地区发展

西藏、四川和云南三省区结合部是涉藏地区另外一个重要结合部区域，这里的地形特征与川甘青结合部区域有明显的区别，后者是广阔的草原，是三江的源头区域，而前者处于青藏高原的东南边缘，是地理上的横断山区，山高沟深，具有美丽的自然风光。早在 21 世纪初就有学者注意到滇川藏结合部区域经济社会发展的特殊性问题，并完成了"滇川藏结合部区域经济协作与发展问题研究"课题。该课题认为，滇川藏结合部区域要突破现行行政体制的分割，从区域资源分布的共同性、经济结构的相似性、发展阶段的同一性、发展目标与利益的一致性出发，实行区域经济协作与发展战略，但没有引起太大的反响。不过，川滇藏结合部的丰富旅游资源成为推动结合部协调发展的强大动力。从 2002 年开始，以"香格里拉"为品牌，四川、云南、西藏就开始了旅游合作。伴随着 2007 年《香格里拉生态旅游区总体规划》的出炉，"中国香格里拉生态旅游区"正式被列为国家重点旅游开发区域，也成为川滇藏结合部区域协调发展的"抓手"。近年来，川滇藏结合部旅游协调发展得到广泛重视。在 2015 年的"两会"上，有全国政协委员提出提案，建议川、滇、藏三省区在国

---

① 杨明洪：《面向南亚开放大通道的理论与实践》，《开发研究》2020 年第 1 期。

家战略层面建设“大香格里拉文化生态旅游融合发展试验区”，该区类似海南国际旅游岛，通过联动发展，带动区域经济发展。

2015 年，习近平对川藏、青藏公路通车 60 周年作出重要批示，对于川藏战略大通道建设，加强西藏和内地的联系有重要的指示信号。而在西藏和四省涉藏州县地图上，仅有四川涉藏州县与所有的其他涉藏州县相邻，因此四川涉藏州县成为统筹西藏和四省涉藏州县的关键。《四川省国民经济与社会发展十三五规划》中明确提出实施交通大会战，推动川甘青、川滇藏结合部互联互通，体现统筹西藏和四省涉藏州县协调发展的理念，也体现统筹解决交界地区突出问题的思路。

成都历来就是西藏的“门户”，川藏线成为治藏的“生命线”，川藏大通道对于促进民族之间“三交”、巩固国防和边疆安全、维护涉藏地区稳定、加快涉藏地区经济社会发展、实现与全国同步全面建成小康社会具有重要的现实意义和深远的历史意义。川藏大通道是一项综合性交通建设工程，包括川藏高速公路、川藏铁路和有关支线机场建设。2014 年，四川、西藏两省区政协联合对川藏战略大通道建设进行调研，并提交全国政协。全国政协将这个提案作为重点课题，2015 年 7 月，全国政协在四川、西藏进行调研，形成一份调研报告，提交中央决策参考，得到中央领导的重要批示。2020 年，川藏大通道建设已有实质性行动。四川、西藏两省区的“十三五”规划将川藏铁路建设作为交通建设的重点工程。川藏铁路起于成都市，经雅安、甘孜、昌都、林芝等地，最终抵达拉萨市。全线运营长度约 1900 公里，建筑长度约 1800 公里。国道 317、318 是四川通向西藏的传统公路交通通道，从 2010 年开始对其进行改造，总长 3900 公里的川藏高速公路建设也正在连通。同时，除已有四川的康定、稻城两个机场和西藏的昌都、林芝两个机场以及青海果洛玛沁机场，国家批准新建设一批支线机场，如甘孜格萨尔机场于 2019 年 9 月建成通航。

2018 年 7 月，李克强同志在西藏林芝考察川藏铁路建设，2020 年 7 月，习近平同志在林芝考察川藏铁路建设，显示了中央对推进川藏铁路建设的高度重视。

第三节　财政金融政策

西藏要实现跨越式发展，我们不仅要考虑有多少优势资源可以合理开发利用，更要考虑怎样开发得快，运用多少先进技术手段并形成规模效益；不仅要考虑上级能给多少投资，自己能筹集多少资金，更要考虑通过多元化的投融资渠道能吸引多少资金；不仅要考虑投资对经济的拉动作用，更要考虑形成多少经济增长点、增长极。依托当前中央对西藏的政策支持，充分利用各种财政转移资金，优化财政政策和金融政策，向现代公共财政以及现代金融体系方向转变是必然路径。

一、财政政策

西藏要实现新型经济现代化，还面临着城乡发展矛盾、地区发展矛盾、产业结构不协调与层次低的矛盾，不同利益群体之间的矛盾以及不同所有制经济成分不协调的矛盾等。而要化解这些矛盾，维护社会稳定，除了通过市场的作用以外，还需要政府制定相应政策进行引导，特别是财政政策。当前西藏的财政政策要适应新时期西藏发展的要求，以实现科学发展、高质量发展为长期目标，建立与完善覆盖农牧区的现代公共财政框架。以满足广大人民群众的需要、维护广大人民群众的利益作为一切工作的出发点，从财政收入和财政支出两大方面进行优化。

（一）财政收入政策

第一，合理划分中央与地方事权。由于2020年分税制对事权的划分不够明确且交叉较多，同时存在中央政府由于财力不足，将本应由自己负责的事务下放给地方的问题。对西藏而言，事权具有特殊性。一是全区的经济基础、经济总量、经济发展规模和水平在短期内无法与内地省份相比，要实施追赶上其他省市的发展，需要公共财政长期且大力的支持；二是西藏地处高原，地广人稀，气候恶劣，相当一部分地区的农牧民抵御自然灾害能力差，常常发生的各类灾害对当地群众造成了财产损失和生命威胁；三是由于特殊的地理位置及政治地位，西藏特殊的事权引发的地方财政支出与其他省份有着明显的差异，维护统一和保持社会稳定形成的支出成本高于其他地方；四是西藏地广人稀，且农牧区人口占比较大，因此基础设施建设难度较大，巩固脱贫成果任务较重，公共财政在提供基本公共服务以及扶贫方面的投入很大。同时为了改善边境地区人民生活生产条件，促进边境地区经济发展，保持社会稳定，加强民族团结，巩固边境的基层政权，这方面的支出逐年增加，边境县对资金的需求越来越大。因此应对中央与西藏地方事权进行合理划分和准确界定，减轻西藏地方财政压力，促进西藏经济的发展。

第二，建立财政转移支付资金统筹机制。当前中央对于西藏的转移支付包括了一般性转移支付、专项转移支付以及特殊转移支付补助。一般性转移支付主要用于平衡西藏地方预算满足地方履行政府职能的基本支出需要。这部分转移支付主要根据西藏财政收支差额给予补助，不规定专门用途，由西藏地方政府统筹使用。专项转移支付主要是按国家产业政策要求，用于对西藏地区的交通能源、通信、邮电、教育、科研设施以及大型农田水利建设和农业开发等方面。特殊转移支付补贴包括“兴边富民”行动财政补贴、少数民族发展基金、少数民族地区就业专项转移支付等各种政策性转移支付。而除了中央的纵向财政转移支付以外，各个对口援藏省市每年对西藏还有横向的财政转移支付。面对各类财政转移支付，西藏应建立一个财政资金统筹机制，提高资金使用效率，充分利用中央对西藏的财政支持，促进西藏经济高质量发展。

第三，强化收入筹集能力及积极培植税源。逐步建立健全地方税体系，抓好税收征管。根据国家新一轮税制改革的总体思路，进一步展开调研，提出调整和完善资源税、增值税、城市维护建设税、个人所得税，开征城市房产税等的政策建议。依法治税，依率计征，加强税收征管，清缴欠税，坚决打击偷、骗税行为，同时加强对驻区外企业的税收征管，防止税收收入流失，切实保护纳税人的合法权益，促进区域经济良性发展。抓好政府非税收入征管，逐步将预算外资金纳入预算内管理，进一步创新政府非税收入征管模式，规范政府非税收入征管程序。

（二）财政支出政策

第一，优化公共支出结构。首先要坚持财政支出向“三农”倾斜。在建设社会主义新农村的大环境下，充分认识农牧业的基础地位，增加对农牧民的财政补贴，切实帮助农牧民解决生产生活困难。保障支农资金投入，才能加强和巩固农牧业在西藏经济中的基础地位。一是继续加大对农牧业基础设施建设的投入；二是重点支持农牧区特色产业发展，促进优势资源的转化，扶持龙头企业和拳头产品，促进农牧民增收；三是继续加大农牧民科技知识和劳动技能培训投入，促进农牧区富余劳动力转移；四是大力支持扶贫和农业综合开发，加快区内脱贫致富和小康社会建设进程；五是安排专项资金支持农村造林、天然林保护、自然保护区建设等各项工作，加强生态环境保护，实现可持续发展。其次要逐步提高社会保障支出所占的比例。西藏的财政支出中这方面所占的比例一直比较低，在保证基本经济建设资金的情况下，应逐步提高这方面的比例，积极推进建立和完善社会保障体系，更好建设社会主义和谐西藏。

第二，提高公共支出效率。建立完善的部门内部控制体系。通过规范行政事业单位的收支管理制度，规范财务运作程序，加强内部控制力度，完善内部控制体系；建立健全财政部门的监督体系。主要是通过预算编审、经费审核等加强事前监督，通过追踪问效、例行检查等加强事中监督，通过项目验收、投资评审等加强事后监督；建立财政信息统计数据的监督、审核体系。建立财政部门与组织人事、编办、商业银行、统计等相关部门的合作、沟通与协调机制，保证数据的真实性；建立社会监督体系。建立适当的公众监督、媒体监督和社会监督机制；探索建立科学的绩效预算评价体系和财政支出效益考核指标体系，完善项目支出管理方法和手段。

二、金融政策

（一）重构西藏资金投融资结构

发达国家和经济发达地区的经济快速发展，都是资本大量流入的结果。市场在筹集资金、转换机制、配置资源以及分散风险等方面有着重要作用。但从 2020 年的情况来看，西藏资本市场投融资渠道较少，结构单一，很难适应西藏经济发展的资金需求。由于资本市场欠发达，绝大部分企业融资只有银行贷款一种途径，致使企业负债率过高。从 2020 年全国及西藏资本市场发展的情况来看，存在着明显的差距。旅游、能源、矿藏等资源优势并未转化为经济优势。面对这样的情况，西藏应加快推进投融资体制的改革，在搞好间接融资的同时，大力发展证券业、保险业和各类基金组织，建立多元化的投融资格局。

第一，有选择地培育优势企业。地理及经济条件决定了西藏地区的经济发展不可能走平衡发展的道路。资源利用开发型是唯一的出路，如矿业综合开采、藏药、旅游服务业等，对这些行业的企业实行优惠倾斜政策，培养西藏地区经济发展的"增长极"，通过这些优势企业的"极化效应"和"扩散效应"，带动整个西藏经济的发展。可以选择几家具有相对优势的企业进行培育，在整合现有企业的基础上发展综合集团型企业，增加西藏上市公司数量。对优势企业的培育可以通过金融政策与货币政策的组合配套，一方面对民族优势企业以及优势产业加大税收优惠力度，另一方面增加企业融资渠道，扎实推进供给侧改革，减少企业融资成本，同时鼓励非公有制企业的发展，增强市场经济活力。

第二，加快直接融资步伐。从 2020 年西藏地区的融资格局来看，直接融资比重明显过小。2020 年西藏社会融资规模增量为 491 亿元，直接融资仅为 174. 8 亿元，直接融资占比过小。而企业缺乏内在动力机制和外在压力机制的一个重要原因是始终难以摆脱对国家财政以及对银行间接融资的依赖性，导致企业资金使用方面的低效率，而由于区内优势企业凤毛麟角，难以形成规模，各金融机构放款审慎，集中度高，风险较大。相对而言，在直接融资中始终存在正式的债权或股权约束，外部压力对融资企业产生的激励机制促使企业在资金使用上更为有效。

第三，加快培育债券市场。在通过证券市场融通资金的同时，国家应支持西藏地区丰富债券融资渠道，为重点项目建设募集资本。一是考虑发行专门的"西藏开发建设国债"，筹集的资金由中央政府以资本方式投入西藏地区重点项目建设。在项目投产产生效益后，逐步采取资本运作方式，将这部分国有股权向社会公众及其他机构转让，收回的资金可再投入到新的产业项目建设之中，由此形成国债资金运用的良性循环，促进西藏地区产业持续发展。二是鼓励企业通过发行债券筹集资金。当前西藏企业的直接融资比例较低。对于无法上市的企业来说，债券融资可以解决企业固定资产投资所需的资金；对于已上市公司来说，也可以避免其由于大量地增发新股而导致股权稀释所带来的经营上的不自主。考虑到西藏的特殊性，可以采用政府或政府设立的专门性的基金担保来保证债券的发行。

（二）积极推进金融产品创新

随着对外开放程度的提高，中国的银行业特别是西部地区的银行将面临外资银行业的激烈竞争，如何进行金融创新将是西部地区银行的一项艰巨任务。对西藏国有商业银行而言，结合西藏实际，适时推出金融创新工具，促进地方经济发展已成为首要的任务。

第一，积极进行存款创新，稳定资金来源。西藏各国有商业银行要根据客户的需求和动机适时推出新的存款商品。从总量上来看，近几年西藏金融机构本外币存款增速有所放缓，波动明显。2020 年各项存款余额为 5418.09 亿元，同比增长 8.9%。从存款余额构成比例来说，2021 年居民余额较上年增加 1080.8 亿元，增加了 12.6%，占存款余额的 19.95%①。机关团体存款占比较大，居民存款占比较小，导致存款余额没有稳定的资金来源。而当前金融产品种类过于单一，无法满足客户多样化的金融需求。因此应积极进行存款种类创新，稳定资金来源。如根据客户储蓄的某一特定目的，推出特种储蓄存款，如教育储蓄、养老金储蓄、住房储蓄、旅游储蓄、通知存款、协定存款等；同时应设计多样化的理财产品，满足不同风险偏好的客户资产配置的需求，如各类长短期基金、定投等。同时在互联网金融发达的情况下，应创新"互联网+"金融产品和服务，加强相关风险的防范，大力发展手机银行和网上银行业务。

第二，稳步推进信贷创新，合理调整资产结构。各金融机构要大力支持企业的技术改造与创新，加大对企业技改贴息贷款的力度；继续稳步增加小额信贷、小微企业贷款、个体工商户和小微企业主经营性贷款规模，做好金融扶贫和支持民营企业发展工作。针对全区综合消费信贷品种单一、业务简单的实际，扩大消费信贷市场。结合当前西藏房地产市场快速发展的情况，增加以住房及住房装修为重点的消费贷款规模，对不同的消费群体的住房贷款可采取批发贷款、零售贷款、按揭贷款等方式；加强与汽车销售商、保险公司的合作，积极向客户推出多类型的汽车消费贷款和

① 中国人民银行拉萨中心支行货币政策分析小组：《西藏自治区金融运行报告（2021）》，载中国人民银行货币政策分析小组：《中国区域金融运行报告》，中国金融出版社，2021 年，第 549—564 页。

争取个人汽车保险；尝试开办大宗耐用消费品贷款、旅游消费贷款等新的消费信贷品种。针对消费信贷业务单笔金额小、量大的特点，增加金融服务机构，深入到农牧区，消除服务的最后一公里。从客户结构上，以中高收入阶层为重点，逐步开发中等收入阶层的市场。

第三，积极拓展中间业务，增加中间业务收入在总收入中的比重。国内外实践经验表明，中间业务收入占比的高低直观地反映了商业银行发育的优良程度，即服务水平的优劣和盈利水平的高低，体现了银行的竞争实力。因此，辖区内各国有商业银行要紧紧抓住国家实施西部大开发、推动跨区域发展的机遇，积极开发新业务，完善金融服务，促进自身业务的发展。一是要转变观念，切实改变银行就是经营存、贷款业务的传统观念，正确认识中间业务在银行经营中的地位，要把中间业务当作与资产、负债业务并驾齐驱的“主业”来抓。二是在巩固现有中间业务的同时，根据全区经济发展的需要，适时增加新型中间业务。在开办商业汇票承兑的同时，积极稳妥地办理票据贴现业务，丰富票据贴现种类，完善结算功能；利用自身的资金、信息、技术优势，为客户提供投资咨询、财务顾问、项目融资、市场信息、人员培训等全方位的金融服务，适时推出适合西藏实际的个人投资理财业务、保函业务。三是利用先进技术，加快业务创新步伐。迄今为止，西藏商业银行金融电子化程度相当低。在信息技术高度发达的今天，全区商业银行要积极利用先进的通讯和网络技术，提高各类金融机构业务办理以及流程管理的信息化程度，融入全国金融市场。提高资本流动效率，节约中间业务办理成本；同时提高服务质量，以客户需求为导向，进行业务创新，开发新的金融产品，建立以客户需求为中心的创新体系。

（三）突出农牧信贷支持重点，支持农牧区经济跨越式发展

西藏金融各级分支机构要坚持为“三农”服务的方向，树立“以农为本、为农服务”的经营理念，加大对农牧业和农牧区的信贷投入，促进农牧区经济的发展。

第一，积极培植农牧区新的经济增长点，增强农牧区经济发展活力。突出对农牧业产业化经营龙头企业的信贷支持。农业银行是农牧业产业化经营龙头企业贷款的发放主体，辖区内农业银行各级机构要加强与有关部

门的合作，认真做好农牧业产业经营化龙头企业的推荐和认定工作，培育和扶持一批骨干企业和“公司+农户”“基地+农户”的龙头企业。按照信贷原则，优先安排龙头企业用于基地建设和技术改造项目的贷款及农畜产品出口所需的流动资金贷款；西藏金融系统要积极支持省级、地（市）级、县级龙头企业的发展；对属于扶贫开发的龙头企业项目，要利用扶贫贴息贷款予以支持，并执行扶贫贷款优惠利率。

大力支持农牧区经济结构战略性调整。按照“有利于结构调整、有利于发展特色经济、有利于增加农牧民收入”的原则，积极支持种植业结构调整、农牧业内部结构调整、产业结构调整和城乡二元结构调整。在稳粮的前提下，积极支持种植业和畜牧业结构调整，支持扩大经济作物和饲草饲料作物种植面积，推进种植业“粮、经、饲”三元结构的形成；积极支持乡镇企业、劳务输出等多种经营的发展，支持农牧民广辟增收渠道和向非农产业转移；支持农牧业科技进步与创新，对动植物品种更新和改良、农牧业技术的组装配套项目资金需求。银行各级机构要积极主动介入，提供信贷资金予以支持。

加大对农牧业综合开发支持力度。积极支持藏中农牧业经济区、藏北草原牧业经济区、藏西生态农牧业经济区、藏东南农林经济区的开发建设，突出区域特色；加大对能源、交通等基础设施建设和农田水利基本建设的支持力度，把搞好农田草场水利基本建设、农业生态环境和防抗灾设施建设、农村能源、交通、基础设施建设和农牧区小型基础设施作为重点支持对象，予以支持。

围绕发展高产优质高效农牧业，积极支持科技兴农兴牧，支持实施动植物良种工程、农牧业技术的组装配套、青年农民科技培训工程，优先安排良种繁育、农田科技推广、农畜产品深度开发的资金需求；对推广优良品种、农牧结合的配套技术、节水灌溉和旱作农业技术、农畜及林副产品精加工及综合利用技术要积极给予信贷支持。

第二，增加农牧区金融服务网点，解决农牧区金融服务供需矛盾。截至 2020 年 12 月，西藏银行业金融机构共 635 个营业网点，与 2019 年相比减少了 88 个，只有农行西藏分行以及邮政储蓄银行四川分行在县域及以下地区设立营业网点，其他机构主要把营业网点布局于城市。金融产品供给集中于城镇地区，导致农牧区供给不足。且西藏的金融需求呈现散而广的特点，因此供需存在很大缺口，需要增加农牧区金融服务网点。第一，可以通过政府鼓励其他金融机构将服务网点向下延伸，发挥企业的社会责任感。同时给予进入农牧区的金融机构政策支持。第二，针对农牧区金融服务的“少而散”的特点，可以通过进入机构合作开发农牧区业务空白区、共建服务网点来解决。第三，金融机构还可以尝试金融服务外包降低农牧区开展业务的成本。农牧区产业单一，人员结构单一，金融业务都相对简单和固定。因此可以采取金融服务外包业务，通过信息技术手段为农牧民提供金融服务。

第三，切实做好信贷脱贫攻坚衔接乡村振兴工作，支持农牧民治穷致富。辖区内各级人民银行和商业银行各分支机构一定要从经济社会发展全局的高度，把支持农牧区经济发展，帮助农牧民群众增加收入作为头等大事，用足用好巩固脱贫成果及乡村振兴信贷政策。对符合贷款条件的农牧民，积极收集信息，发放贷款予以支持，贷款到户、到人；加大金融特殊优惠政策的宣传，对低收入群众进行金融知识培训，提高他们运用金融工具的能力。金融乡村振兴项目应该结合当地资源禀赋，进行差异化投资。避免项目过于同质化，资金过于集中于某一产业，规避系统性风险的积累。加大信用信息收集力度，建立贫困地区信用信息管理系统，实行动态管理，有利于小额信贷中金融风险的防范。对征信系统进行积极宣传，培养农牧民的信用意识。同时对于恶意违反征信管理的行为要严厉处理，建立一个良好的金融环境。做好产业发展巩固脱贫成果的金融支持，重点支持投资小、见效快、风险小，能使农牧民群众在短期内增加收入的种植业、养殖业、农畜产品加工及劳务输出项目。对以“公司 + 农户”“基地 + 农户”等形式，能够改变贫困地区落后面貌，能带动贫困群众脱贫致富、振兴乡村的高原特色农牧业、订单农牧业、优势行业及交通、能源、生态环境保护、小城镇建设等项目，要积极给予支持。

第四节　人才资源与社会保障

近年来，西藏经济发展取得了可喜的成绩，然而与全国其他省市相比，西藏还是全国最落后的省区之一。如何合理开发、利用人力资源，并使之与西藏经济发展相适应，无疑是西藏变“输血”为“造血”、实现西藏经济高质量发展的关键。

一、人才培养政策

人口现代化是西藏经济现代化的重要组成部分。经济增长有赖于人力资本、物资资本和技术进步，社会福利的提高也有赖于经济发展和人力资本不平衡性的降低。也就是说，人力资本不仅是实现经济持续快速增长的动力源泉，而且还是改善经济增长质量的重要因素，即人口受教育水平越高，对经济增长的贡献也越大。国内外发展经验表明，知识是促进发展最重要、最关键的因素。知识发展差距主要表现在三个方面：一是获取知识的能力，即挖掘和采用世界的知识，强化研究与开发在本国创造的知识；二是吸收知识的能力，包括通过全民基础教育创造终身学习机会，促进高等教育发展；三是交流知识的能力，包括利用新的信息与通信技术获取知识与信息。

进入21世纪以来，各经济体之间的竞争主要是科学技术的竞争和人才的竞争。因为人力资源是所有资源中最宝贵的资源，人是生产力诸要素中最积极、最活跃的因素，所以，谁拥有高度竞争力的人才，谁就能掌握未来国际竞争的主动权，人才在完善社会主义市场经济的进程中将发挥巨大的作用。西藏自治区位于我国的大西南，自然条件制约着经济发展。强化人力资源开发，制定有效的人才培养政策，提高西藏整体的人力资本价值，无疑对西藏的政治稳定、经济的高质量发展具有重大的现实意义。

第一，加强基础教育，提升西藏人力资本价值。全国第七次人口普查显示，西藏常住居民中藏族占86%。因此，藏民族的人力资源状况将直接决定着西藏人力资源的状况。由于地域及历史的原因，西藏的基础教育至今还比较落后，广大中小学的教育质量还远不能满足西藏高质量发展的要求，我们应在深入开办西藏内地班的同时，提高本地学校培养人才的能力。一是扩大中小学基础设施建设投入，完善各地区学校教学的硬件设施及软件设施，特别是农牧区中小学。提高学校教育的信息化程度，保证城镇及农牧区学校教学条件。对于藏族地区学生理科较弱、学习难度大的问题要加以解决，配备必要的教学实验室，提高学生的实际操作能力。二是进一步加强中小学教师业务水平。加大“组团式”教育援藏力度，将“组团式”教育援藏的范围进一步扩大。在内地向西藏输入高水平教师及管理团队的同时，应扩大选派至内地培训、学习的西藏基础教育教师队伍。此外，在内地有计划地选择某些重点院校，较大幅度地开展民族教师学历教育。三是加大双语教学的力度，大力提升民族学生的汉语水平。语言是交流沟通最直接的工具，在保护少数民族语言文化的同时学习好汉语，有利于藏族学生提高获取知识、掌握知识的能力，拓宽学习知识的渠道，使其能够在今后的工作、学习和生活中很好地掌握现代科学技术，提高在人才市场中的竞争力。四是引入内地先进的教育方法和教育理念，采用科学的教育方法，培养高素质、全面发展的人才，从基础教育全面提升西藏人力资本价值。

第二，提高农牧区劳动力人文素质，大力开发现有人力资源。如前所述，因特殊的历史和地理原因，农牧业在西藏经济发展中仍占有十分重要的地位。2018 年第一产业就业人数达到总就业人数的 36.5%，大量的劳动力仍然留在农牧区。农牧区人民朴实、善良，但是由于发展程度落后于城镇，受自然环境限制和较为封闭的社会环境影响所形成的生产生活方式导致他们较为安于现状，没有太多机会接受新知识、新事物。因此要加强文化下乡工作的服务体系建设，在群众中做好用科学、学科学的宣传，让他们进一步解放思想、更新观念，将政府组织学习变为自身学习。同时建立完善的西藏农牧区成人教育体系，挖掘农牧区潜在的人力资源，重点应放在青壮年劳动力身上，可以通过大规模的技能培训、文化素质培训等，提高他们的增收能力以及创新能力，使其真正成为农牧区经济发展的中坚力量。

第三，优化人才援藏制度，提高西藏内生“造血”能力。人才援藏一直是对口援藏一个重要内容，通过对口援藏，内地向西藏输送了大量的优秀人才，其中包括党政干部、技术人员、管理人员、教师、医生等等，这批援藏人才干部为西藏的发展作出了很大贡献。但是在人才干部援藏过程中仍存在一些可以改进的空间。因此，在坚持内地省市对口支援西藏的过程中，要改进援藏制度，提高人才援藏的效率和力度，推动西藏新型现代化建设。一是人才选拔要有针对性，根据受援地单位的需求，按需选拔，才能保证援藏效果。以2017年的“组团式”教育援藏为例，昌都市第二高级中学化学教师本来就富裕，仍然派来7名化学教师，数学老师需求3名，派来11人，而英语老师需求8名，派来仅3名，这样援藏效果必然大打折扣①。因此，教育援藏人才选拔必须优先保障学校理科、薄弱学科的师资需求，补齐受援学校各学科的教学短板，夯实薄弱学科的师资基础，培育壮大优势学科的竞争力。二是合理安排对口援藏时间周期，适当延长技术人才援藏年限，特别是工作有周期性的教育工作者。三是在输入技术人才的同时应在西藏区内各行业选拔优秀人才到内地培训，进行双向交流互动。这种方式可以提供更好的环境和条件给西藏的优秀人才，使其尽快掌握内地先进的科学文化技术和管理理念。只有提高培养人才的能力以及增加高层次人才才能增强西藏区内经济发展的造血功能，促进西藏经济的长远发展。

第四，积极引进区外人才，合理利用西藏现有人力资源。人力资源是经济发展的第一资源。而西藏2020年还处于人才缺乏，本地人才培养能力较差，同时对区外优秀人才吸引力较差的状况，因此在加强基础教育和扫盲教育，建立完善的现代国民教育体系的条件下，要积极引进区外人才，并且合理利用现有人力资源储备，提高人力资源配置效率，更好地促进西藏经济社会的高质量发展。首先，西藏要积极转变观念，充分认识到人力资源在经济发展中的重要作用，树立强烈的人才意识，努力营造良好的用人环境，力争做到人尽其才、才尽其能。其次，积极制定有效可行的人才引进计划，引进急需的有创新潜力的科技人才、拥有核心技术的专门人才和具备创新能力的管理人才，提高本地区的区域创新能力。在引进人才的同时建立人才激励机制，提供良好的工作生活环境以及有利于人才成

---

① 杨明洪：《2017年“组团式”教育援藏调研报告》，四川大学社会发展与西部开发研究院报告，2017年8月30日，第21页。

长的业务培训和提升机会。再次，改革现行的人事计划分配机制，以市场为导向，充分合理地配置现有区内人力资源，使其流通通畅，最大限度地发挥其在经济发展中的优势作用。最后，加强区内企业和科研机构以及高校之间的合作和人才流动，形成有利于培养、引进、稳定、凝聚和使用各类人才的新机制，并在此基础上建立流畅有效的产学研合作机制。

二、劳动就业政策

西藏的就业结构整体滞后于产业结构的变动，就业结构产业分布为“三一二”，而产业结构比重为“三二一”，从产业结构偏离度来看，改革开放以后，第一产业对劳动力一直存在挤出作用，第二产业结构偏离度较大，对劳动力存在吸纳效应。西藏要实现新型经济现代化，合理的产业结构是必不可少的，而产业结构的优化除了技术进步、政策引导以外，就业结构的协调也是推动力之一。因此进入新的经济发展阶段，需要政府对劳动就业政策进行调整，从政策导向上引导西藏劳动力市场的发展和完善。

第一，拓宽就业渠道，扩大就业规模。西藏的劳动力就业渠道单一。以高校毕业生为例，作为西藏本土培养的高层次人才，高校毕业生在就业选择上基本都以公务员、事业单位等为首选。政府机关和事业单位的公开招录成为西藏高校毕业生最主要的就业渠道。2016 年西藏高校毕业生总人数 18280 人，17244 人实现就业，其中公招人数达到 10300 人，占 56.35%。而在 2006—2016 年，西藏高校毕业生就业人数为 118400 人，通过公招就业的比例达 62.57%，在当前政府主导型就业模式下，政府应积极拓展就业渠道，支持鼓励自主创业，加强高校毕业生的就业服务指导工作。建立面向招聘单位和就业人员的就业信息服务平台，为就业人员提供全面的就业信息服务，包括招聘信息、应聘指导、劳动保障信息等。为企业提供人才信息库，提高人才招聘的效率。还应针对就业困难人员做好就业救助工作，同时积极培育发展劳动力就业市场，逐步改变政府主导型就业模式，形成以市场为导向的就业机制，扩大就业规模。

第二，加大培训与宣传，改变就业观念。当前西藏劳动力的就业观念还处于一个较为落后的阶段。受社会环境和历史因素的影响，西藏当地就业观念较为保守，一方面体现在对政府部门、事业单位等就业部门的偏爱，宁愿参加三、四次公务员考试也不愿意到企业就业；另一方面体现在不愿意到区外寻求就业机会，对对口援藏单位提供的就业机会不积极、不主动。因此，政府应做好就业宣传，对于高校学生应在刚入学就开设就业指导和职业生涯规划课程，从学生入学开始宣传，引导高校毕业生树立正确的就业择业观念。同时培养学生的创新创业能力，鼓励支持学生毕业后自主就业。对于其他劳动力，定期开展就业宣讲。深入到农牧区，以村或家庭为单位，采用典型案例进行就业观念的宣传，帮助劳动力改变落后的就业观念。

第三，完善就业公共服务体系，构建健全的职业培训。根据新型现代化的要求，结合社会发展进程，完善就业公共服务体系，加快人力资源市场体系建设。建立就业公共信息服务平台，促进劳动力就业中介市场的信息化、规范化。同时，还应构建一个至少包括岗前培训、在岗培训、再就业培训、农牧区转移劳动力就业培训等方面的、全面的劳动力职业技能培训体系，大力发展西藏的职业培训教育，帮助城镇难就业劳动力、进城农牧民和城镇化过程中需要再就业的劳动力再就业。加快建设职业技能评级体系，尽快与全国其他省市水平接轨，消除职业技能评定对人才流动的制约。

第四，做好就业援助，完善劳动保障体系。严格审核公益性岗位的申请资格，杜绝关系户。做好公益性岗位的信息登记工作，建立公益性岗位动态管理机制，确保就业援助的有效性。对公益性岗位进行开发，进行公益性岗位的在岗人员职业培训，提高公益性岗位在岗人员职业技能，帮助他们实现再就业。除公益性岗位的就业援助措施以外，还应利用好对口援藏中的就业援藏，与对口援藏省市和企业配合，有效利用就业援藏提供的就业机会。为就业援藏做好后勤保障工作，持续关注通过就业援藏获得工作机会的劳动者，共同推进就业援藏工作。通过就业援藏促进西藏与内地其他省市的劳动力流动，促进西藏其他省市的经济互动。还应完善劳动保障体系，做好普法及法律援助工作，保障劳动人民的合法权益，构建良好稳定和谐的劳动关系。

三、社会保障政策

完善的劳动就业与社会保障政策是西藏实现社会公正的重要条件，是西藏新型经济现代化的重要保障。西藏的社会保障制度经历了国家—单位保障阶段、建立和完善现代社会保险制度阶段，2020 年处于探索覆盖全体居民的社会保障制度阶段。针对新的时代背景以及新型经济现代化的要求，西藏的社会保障制度的政策改革导向应该顺应时代的要求，作出相应调整，以更好地服务于西藏经济社会的发展。

第一，深化全覆盖的内涵，切实做到全民覆盖。遵循人人享有基本社会保障的政策目标，对社会保障制度覆盖全体居民的含义一定要明确，在具体的政策制定中贯彻落实。不能仅仅流于表面的制度全覆盖，而是应该落实到全体居民的全覆盖。这就要求在具体的社会保障制度设计时，既要考虑大部分民众的利益，也要切实关心小部分居民的利益。当前西藏已经建立起与全国一致的基本社会保障制度体系，包括最低生活保障、医疗专项救助、教育专项救助、法律援助等在内的社会救助，由养老保险、医疗保险、失业保险、工伤保险、生育保险等构成的社会保险以及住房公积金等其他社会福利。全面覆盖的制度框架已经搭建完毕，但是尚未做到落实到人头的全面覆盖。企业职工保险、工伤保险、失业保险等参保率较低。西藏的非公有制经济市场主体超过 90%，其中一部分私营企业、个体工商户没有给职工购买基本社会保险的意识，居民也缺乏自主购买的意识，导致私营企业和自由就业人员的参保率相对较低，特别是在农牧区以及寺院。因此西藏应该结合区情采取可行措施，如加大对私人企业的宣传、给予购买职工基本社会保险的企业税收优惠。深入基层，包括城镇社区和农牧区村镇，为民众普及社会保险相关政策，鼓励未参保人员参保，提高基本社会保险的参保率。

第二，推进城乡社会保障体系一体化，推动基本公共服务均等化的实现。当前城乡之间存在分割，这种分割也体现在社会保障制度上。西藏农牧区居民相较于城镇居民来说，群体更加广大，农牧区居民占总人口的 64%。因此对于西藏来说，一方面实现城乡公共服务均等化的难度较大，但是另一方面实现城乡公共服务均等化也是必须且迫切的。社会保障体系作为公共服务的重要组成部分，也必须从城乡分割模式向城乡社会保障制度一体化转变。要推进城乡社会保障制度的一体化发展，应从基本社会保障开始，包括城乡医疗保险的统一，城镇居民养老保险和农村居民养老保险整合以及社会救助和社会福利的城乡统一。除了城乡统一以外，还应消除不同性质企业之间基本社会保障的差别管理，如行政事业单位和一般企业之间养老保险制度的差异，以推进基本公共服务的均等化。

第三，构建公共保险和商业保险双重保障的全民保险体系。党的十八届三中全会提出了要建立可持续发展的多层次社会保障体系，实现国民全覆盖，让商业保险成为多层次社会保障体系的重要支柱。社会保障是应对社会风险的一种形式，社会保障也只能在一定程度上帮助居民抵御风险，为居民提供基本的保障。要实现较为全面的风险保障，需要在构建全面的社会保障体系的同时，培养居民主动进行自我保障的意识，开发丰富商业保险种类，形成多层次的社会保险体系。当前商业保险在西藏发展相对滞后，特别是在农牧区。以农村商业保险为例，2014 年 8 月国务院印发《关于加快发展现代保险服务业的若干意见》，提出要大力发展“三农”保险，农村商业保险在此基础上得到快速发展。而根据实地调研发现，当前西藏农牧区以文化程度低的农牧民为主的纯农业收入群体，以及外出打工的群体在发生意外情况时无力负担，没有购买农业商业保险。其中主要原因是西藏农牧民对商业保险的关注度较为低下①。因此针对商业保险在西藏的发展，政府应该给予引导和政策支持。使用政府的宣传力和公信力，对城镇居民以及农牧民进行商业保险的宣传和科普，逐步建立起民众对商业保险的正确认识。此外，政府应积极引入大型保险公司，针对西藏的具体情况，设计开发适销对路的商业保险。除了在城镇设立销售网点以外，也应深入农牧区设立销售网点，便于民众咨询购买。

第五节　对口援藏

对口援藏政策是中央政府为帮助西藏经济快速发展，推动西藏与内地的交往交流交融而出台的区域均衡发展政策。作为西藏经济现代化重要的推动力量，对口援藏应该顺应西藏经济的发展情况，不断总结对口援藏工

① 益西、何燕、房可欣、张萌萌：《少数民族地区农牧民商业保险意识调查分析——基于西藏样本》，《高原农业》2018 年第 5 期。

作经验和教训，结合援藏工作中遇到的问题进行调整和完善，继续助力西藏新型经济现代化的实现。对口援藏政策是中央政府对资源的再分配，以推动民族地区经济发展。国家掌握的财力是有限的，怎么把有限的财力配置到最合适的位置，最大限度地实现援助目的是制定实施政策时必须要解决的问题。就西藏而言，当前对口援藏政策可以从以下几方面进行调整：一是对口援藏方式的调整，探索市场经济条件下有效的对口援藏模式；二是对口援藏资源配置方式的优化，缩小城乡差距，提高受援地的自我发展能力；三是对口援藏模式的调整，发挥对口援藏制度优势，进行精准支援，提高对口援藏政策效果。

一、解决好“政府”与“市场”的关系，探索市场经济条件下有效的对口支援

随着西藏经济现代化进程的推进，西藏的市场经济体制越来越完善，对口援藏制度应该正确处理好政策实施过程中“政府”和“市场”的关系，解决援助政策实施过程中存在的“越位”问题，引入社会资本，将市场经济与政府调控有效结合，坚持市场导向型开发战略。不再利用行政手段直接干预市场主体的微观生产。政府应全面从竞争性领域退出，致力于构建良好的投资环境与经营环境，积极探索市场经济背景下政府可以利用的政策工具。

政府直接投资、干预市场主体生产由来已久。政府习惯事无巨细大包大揽的做法，一方面导致资金使用效益低下，另一方面使援助对象缺乏主动性与积极性，滋长“等靠要”等依赖思想。事实上，越是落后地区，计划经济体制的影响越是根深蒂固，市场经济发展越为缓慢。因为落后地区的自然经济观念和传统计划经济思想交织在一起，形成一种“群体文化氛围”和“集体无意识”的“非市场”观念。这种“非市场观念”是制约西部发展的“观念瓶颈”“非正式制度短缺”，正是这种瓶颈、短缺粘住了西部腾飞的翅膀。① 西藏长期在中央供给模式作用下，政府直接干预经济生产由来已久，计划经济烙印比其他地区更深。地方各级政府仍未

① 邹东涛著：《什么粘住了西部腾飞的翅膀——邹东涛西部开发文集》，中国经济出版社，2001 年，第 3 页。

彻底摆脱计划经济思维，习惯性地把国家扶持政策等同于国家直接投资，而在诸多诱导性政策、制度创新等方面难有作为。

对口援藏是一项政府主导的区域援助政策，作为对口援藏的主体，政府在西藏的经济发展中应明确定位自已的责任和职能，更好地发挥作用。首先，应明确对口援藏的援助资金的重点投向领域，政府投资应避免对市场经济造成干扰。其次，通过对口援藏，引入先进的市场经济理念，通过人才支援和经济支援，帮助西藏完善市场经济体系建设。探索市场经济下更加有效的对口援藏方式，在尽量发挥市场在资源配置中关键作用的同时发挥好政府的调控作用。

第一，明确对口援藏援助资金的重点投向领域。对口援藏在不同时期都有其援助的重点。在对口援藏尚未形成正式制度以前，对口援藏没有明确的支援重点，仅仅明确在物质、技术等人、才、物方面给以积极的支援，其间对口援藏的主要项目基本涉及西藏基建。此后的“43 项工程”和“62 项工程”都是以民生和经济发展相关的基础设施建设为重点领域，把干部援藏、经济援藏作为主要内容。2010 年中央第五次西藏工作座谈会特别强调了对口援藏对西藏发展和稳定的意义，指出了“进一步完善以干部援藏为核心，辅之经济援藏、科技援藏、人才与教育援藏相结合的援藏格局和工作机制”。2014 年 8 月 25 日召开的对口援藏 20 周年电视电话会议被认为是全面总结对口援藏并努力完善对口援藏的重要会议，会议对对口援藏内容进行了深化，“大力实施经济援藏、教育援藏、就业援藏、科技援藏、干部人才援藏，进一步完善全方位、多层次、宽领域的对口支援西藏工作格局”，在援藏内容上增加了“教育援藏”“就业援藏”，并把“经济援藏”放到第一的位置上，把“干部援藏”放在最后，说明对对口援藏的内容和形式的认识发生了较大变化。

由历次中央西藏工作座谈会对对口援藏工作的相关指示可看到，对口援藏的援助重点随着西藏的经济社会发展阶段不同而在不断调整。以北京对口支援拉萨为例，1994—2009 年期间，北京对口支援拉萨的援藏项目资金中投向经济建设相关的比例为 1.80%，投向民生工程相关的为 48.33%，而行政建设相关为 49.9%，占比最高。而在中央第五次西藏工作座谈会后，2010—2014 年期间，北京对口支援拉萨的援藏项目资金投入，民生类资金达到1627671万元，占总援藏资金的近80%，而行政建设类项目仅18844万元，占援藏资金的9%，经济产业相关占比为11.83%，援助资金的重点转向民生相关。2015年中央第六次西藏工作座谈会明确提出了“富民兴藏”的重要工作原则，致力于西藏的经济发展，可以预见西藏经济产业援藏相关的投入将会增长。但是对口援藏主体应该明确在经济发展中作为政府应该承担的角色是什么。正确处理好市场与政府之间的关系，这个政府不仅包括受援地当地政府，也包括支援方主体。因此作为支援方的各个主体应该明确在市场经济中的角色定位，明确对口援藏的重点投向领域应该是以民生为主的相关领域，避免政府直接投资于竞争性领域，干预市场。

第二，完善西藏市场经济体系建设，提高西藏的软实力。在对口援藏中正确处理市场和政府的关系，通过对口援藏引入先进的市场经济理念，完善西藏的市场经济体制建设。西藏经济发展滞后于内地发达省市的原因除了基础设施等硬件条件落后以外，以区域文化、价值观念、制度建设、人口素质为主要构成部分的软实力的落后才是当前西藏经济发展的瓶颈①。而当前中央政府对经济援藏越来越重视，以及“输血式”对口援藏向“造血式”对口援藏的转变，使得对口援藏对西藏市场经济体系建设的要求也越来越高。因此对口援藏应以制度建设作为提高西藏软实力的突破口。一方面在对口援藏中，特别是涉及市场相关的产业援藏领域，正确处理好作为援藏主体的政府和市场之间的关系，让市场在资源配置中起决定性作用，尽可能减少政府对市场的行政干预，而是用财政、货币政策来影响经济活动。另一方面加大对西藏经济体制建设方面的支援力度，通过对口援藏引入先进的市场经济理念、经验和教训，帮助西藏完善市场经济体制的建设。

第三，积极探索市场经济条件下有效的对口援藏模式，提高资源配置效率。历史经验证明，市场经济是人类社会迄今为止所发现的较为有效的资源配置方式，但是由于存在市场失灵，因此需要政府干预，对经济进行宏观调控，但是过度干预会导致资源配置更加无效。随着社会主义市场经

---

① 朱孔来、郭春燕、亓庆亮:《区域软实力指标体系及定量化测度的实证研究》,《管理世界》2012年第11期。

济的完善，市场在资源配置中发挥着越来越重要的作用。2013 年党的十八届三中全会后，中央对市场在社会主义市场经济中所扮演的角色进行了重新定位，市场在资源配置中从起基础性作用转变为起决定性作用。因此政府主导的对口援藏政策也应遵循这一重大改变，在对口援藏过程中坚持市场导向型开发战略，重新界定政府作用和干预内容，积极探索市场经济条件下有效的对口援藏模式，提高资源配置效率。

二、缩小城乡发展差距，提高受援地的自我发展能力

第一，坚持对口援藏资源的“两个倾斜”，缩小城乡发展差距。西藏经济发展一是靠中央财政的投入和扶持，二是西藏本土人民的参与和艰苦奋斗。西藏经济发展成功与否，一个重要指标就是占人口 70% 以上的农牧民是否参与了西藏的经济建设，在多大程度上参与了经济建设，享受了经济现代化带来的好处。没有农牧区、农牧民的现代化，西藏就不能实现现代化；没有农牧民的广泛参与，西藏的经济发展最终得不到具有实质意义的成功。因此在对口援藏政策中，应该遏止西藏城乡差距进一步扩大，这既是实现西藏经济可持续发展的需要，也是维护西藏社会稳定、实现西藏现代化的需要。

对口援藏实施的早期，资源倾向于城市，向基层农村地区投入较少。从援藏资金在城镇与农牧区的投入力度来看“重城市、轻农村”的情况比较普遍。1994—2009 年间，包括各对口援藏省市、中央企业和国家部委在内的对口支援方所投入的援藏资金超过 133 亿元，共实施了援藏项目 4393 个，但用于支援农牧民建设的资金仅为 18 亿元，占 12.77%。这导致西藏广大农牧区相较于城镇地区发展缓慢，西藏城乡之间的发展差距不断扩大。因此 2010 年中央第五次西藏工作座谈会明确把保障和改善民生摆在更加突出位置，提出“以改善民生为出发点和落脚点”，强调要把政策资金更多地向广大农牧区和边远地区倾斜，着重解决广大农牧民和困难群众最急迫的问题。会后制定了对口援藏资金分配“两个倾斜”的资金比例，将“确保 80% 以上的援藏资金用于民生领域、用于基层和农牧区”作为硬指标，使对口援藏的项目和资金“下沉”到基层。

“两个倾斜”的援藏资金投入指标确定后，对于农牧区和民生相关的

资金与项目有较大幅度的增加。据《“十二五”时期对口支援西藏经济社会发展规划汇编（2011—2015）》显示，“十二五”期间对口援藏总资金计划投入141.25亿元，除去不设层级安排（占22%）外，县及县以下的援藏项目资金安排占总投资的61.41%，地级市援藏项目资金安排仅占16.39%。在2014年中央召开的对口援藏20周年电视电话会议上，重申“两个倾斜”，并以80%作为倾斜红线。此后，各省市第七批（2013—2016）剩余资金项目便开始以80%为基准，将援藏资金往农牧区和民生工程倾斜，并取得了一定效果。在第七批对口援藏中，天津将90%的援藏资金向基层、向农牧区倾斜，陕西的倾斜比例为70%，福建的为80%。湖北的为84%，湖南的为85.27%，江苏的为70%。对口援藏援助重点的优化为西藏农牧区发展注入了新活力，推动了农牧区的经济发展，因此对口援藏必须继续坚持“两个倾斜”原则，优化对口援藏的资源配置方式，提高农牧民的生活水平，以此来缩小城乡发展差距。

第二，推进参与式援藏，提高农牧民自我发展能力。在“两个倾斜”原则下，各支援方向农牧区和基层投入资源不断增加，但是经过调研发现，在此过程中对口援藏没有很好地将对口援助项目与当地农牧民就业增收结合起来，存在群众的参与度与积极性都比较低的问题。① 一是农牧民参与援助项目的机会比较少。在对口援藏工作中，不少援藏项目首先是当地政府提出的，但当地政府提出的这些项目，很少有农牧民参与。在项目建设过程中吸纳当地农牧民参与的认识欠缺。援建方受到主观因素和客观因素的影响，对于使用当地农牧民积极性不高。对口援助项目与当地农牧民就业增收结合程度不够，项目的实施阶段并不能很好地给当地的就业和收入带来较大的提高，当地农牧民参与建设的热情不高。二是受援方盲目争取项目、资金、物质等行为比较普遍。我们注意到，受援方普遍存在单纯追求项目数量的倾向，凡是援藏单位无偿提供的物质、资金，不管对当地是否适合，均是“照单全收”，把争取资金物资作为核心任务。对于这些项目是否符合当地农牧民的需要，关心程度比较低，更少关心这些援藏设计、立项、建设工程中是否有当地农牧民参与。三是受援地农牧民缺乏参与援藏过程的现实条件。一方面农牧民的受教育程度普遍偏低，由于语

① 李中锋：《以参与式援藏提升农牧民自我发展能力研究》，《中国藏学》2016年第1期。

言差异，沟通也存在一定问题；另一方面是当地农牧民的社会习惯与工作环境及时间存在不匹配。农牧民的劳作时间、习惯以及强度与项目实施要求有一定差异，导致当地农牧民直接参与项目比例较低。因此对口援藏政策应该进一步推动参与式援藏方式，为农牧民参与援藏项目创造条件，提高农牧区的自我发展能力。为此，需要建立健全吸纳农牧民参与援藏项目建设的实施机制。可以采取以下对策措施：

一是将“农牧民参与率”和“农牧民收入”纳入对口援藏项目绩效考核体系。将“农牧民参与率”和“农牧民收入”纳入对口援藏项目绩效考核体系，分不同类型考核整个工程建设中当地劳动力参与的比例、当地农牧民从中获取的收入量。在立项时写明，验收时考核，凡是没有此项内容的不予立项，没有完成此项目标的不予验收。

二是加大培训农牧民非农就业技能，提升其参与对口援藏工程项目能力。借鉴四川涉藏州县“9+3”免费职业教育的经验，对口援藏的省市充分利用本省市的职业教育资源，对受援地区实施“9+3”免费职业教育，对于“9+3”学生的学杂费和内地生活费、往返交通费全免除，对于“9+3”毕业生，除留在内地工作外，回到户籍所在地，在对口援建工程项目实施中优先使用。对口援藏项目向农牧民培训倾斜。对口援藏应将教育援藏中职业教育援藏纳入重点投入领域。建设职业教育和农牧民培训的机构设施，并将实行对口支援基础教育与职业教育并举。

三是促进农牧民自主创业，鼓励农牧民在更高层面参与到对口援藏项目建设中。将产业援藏与农牧民自主创业相结合，培育当地农牧民自主创业能力和意识。加大对农牧民自主创业的资金支持力度。实行农牧民自主创业的“零门槛”，实行“先发展，后规范，免收费”的政策，支持农牧民的“草根经济”。加大对农牧民自主创业的金融支持力度，可由对口援藏单位将援藏资金划拨一部分组建小额贷款公司，对农牧民自主创业贷款实行低息。支持特色产业发展。在产业选择上应深入农牧区实地调研以及进行详尽市场调研，以市场需求为导向，选择适合当地发展的优势产业进行扶持，既能提高受援地居民对口援藏项目的参与度，也能加快受援地产业发展，提高受援地的自我发展能力，变“输血式”援藏为“造血式”援藏。

三、发挥对口援藏制度优势，进行精准支援

对口援藏制度从萌芽、确立、演化至今作为中央对西藏直接财政补助的补充，与中央对西藏的纵向转移支付一起促进西藏经济社会全方位快速发展，西藏的基础设施建设、科教文卫事业以及产业经济等都得到了跨越式发展。对口援藏制度在不断地发展和完善，虽然与中央对西藏的直接财政补贴相比，对口援藏的资金规模较小。但是与中央的纵向转移支付相比，其形式更加灵活，更具针对性。对口援藏制度是按结对关系进行的，各对口援藏主体负责其对应的支援地区，根据受援地区情况，采取多种形式的支援。对口援藏制度只是对省市对口援藏的资金指标、支援重点进行了规定。而对口援藏的援助内容、方式非常丰富且全面，涵盖教育、医疗、就业、产业、科技等领域，有项目资金援藏、技术人才援藏、干部援藏、就业援藏、产业援藏、智力援藏等多样化的援助方式。因此支援方在对口援藏的具体实施过程中具有较强的灵活性。同时在省市对口援藏制度中的干部援藏建立起了对口援藏省市与受援地之间交流的桥梁，使双方之间的信息交流更加畅通，这有利于双方在制定对口援藏计划时更有针对性。这些制度优势使得对口援藏能够在支援过程中进行精准支援，提高对口支援的资源使用效率。

此外，对口援藏的制度特征使其还具有增强边疆偏远民族地区与内地的交往交流交融，促进国家一体化发展的优势。在对口援藏制度下，支援方会输送本地区的干部人才到受援地，同时受援地也会派遣人才、干部到支援省市交流学习。此外在对口支援的结对关系中，对口支援双方的经济和文化往来有了有效渠道，极大地增加了作为支援方的对口援藏主体和作为受援地的西藏自治区之间的交流沟通。对口援藏可以推动西藏与内地之间的区域互动。在对口援藏过程中致力于保护西藏传统文化的同时将内地不同的文化及新兴的事物带到西藏，努力消除一百多年的封建农奴制以及政教合一的政治制度对西藏的影响。文化的融合可以促进其他民族与藏族之间的感情交流，让西藏人民找到民族认同感，保障作为我国重要边防要塞的西藏的和谐发展，社会和谐才能进一步促进经济发展，从而减少偏远民族地区与内地较发达地区之间的经济发展差距，为公共服务均等化发展

提供条件，由此实现国家一体化发展。因此对口援藏应该明确其制度优势，并在制度优化过程中强化制度优势，提高对口援藏的效果，使对口援藏制度在西藏经济现代化中最大限度地发挥作用，更好地助推西藏新型经济现代化的实现。

第六节　市场主体培育

实践证明，发展市场经济是满足人民群众多样化需求的决定性力量。西藏社会主要矛盾发生转换后，各族人民群众更加关注美好生活，这些需求主要是通过市场来满足。1994 年召开的中央第三次西藏工作座谈会就提出了西藏经济体制改革的任务是建设“总体上与全国框架一致，体制衔接”的社会主义市场经济体制。从西藏实际来看，各项体制改革和机制建设任务非常艰巨。因此，应以加快改革开放、促进市场要素流动为途径，综合运用各种统筹手段，深化改革，释放发展潜能。这就需要支持国有企业或者国有控股企业在西藏组建资源开发集团，优化实施“央企入藏”战略，发展混合所有制经济形式，发展多种形式的合作经济和集体经济，鼓励农牧民参与经济发展全过程。与此同时，更需要不遗余力地支持非公有制经济加快发展，把非公有制经济作为重要市场主体，促进新型农村市场主体发育。

一、国有企业

国有经济是推动西藏经济现代化的最重要力量。随着西藏经济现代化进程的加快，西藏逐渐融入全国市场经济之中，国有经济得到发展和壮大，国有企业成为西藏社会主义市场经济中的主导性力量。

（一）西藏国有经济发展的特点

从发展历程来讲，西藏国有企业发展经历了一个长期的艰辛探索过程。在和平解放进程中，西藏国有经济逐渐萌芽，1951 年 9 月昌都解放委员会邮电局、银行、贸易公司成立，1952 年 6 月西藏工委以随军贸易为基础，在拉萨成立了第一家国营企业——西藏贸易总公司，从此开启了西藏国有企业的发展历程。此后，国家投入巨资为西藏建立了一大批中小型国有企业，初步形成了涵盖邮电、银行、贸易、交通运输、农垦、能源等行业的国有经济体系。到 1965 年自治区成立时，西藏已建立国有经济类型企业 73 家，工业总产值达到 2349 万元。到 1978 年，西藏全区国有经济类型企业达到 150 家，工业总产值达到 1.49 亿元。1980 年中央第一次西藏工作座谈会后，西藏国有企业进入改革和调整阶段，到 1995 年西藏有了第一家上市公司。到 1997 年，全区国有经济类型企业达到 227 家，工业总产值达到 11.7 亿元。进入 21 世纪后，进一步深化国有企业改革，实现了国有企业集约化、规模化发展。到 2012 年，西藏全区国有企业全面完成改制工作，国有企业达到 297 家，总资产 360 亿元，营业收入 80 亿元，利润总额 4.6 亿元，上缴税金 6.9 亿元。到 2019 年，西藏全区国有企业营业收入 200 亿元，利润总额 44 亿元，上缴税金 17 亿元。

从国有企业改革的角度来讲，西藏也经历了较为艰辛的探索。1994 年西藏与全国一道将建设社会主义市场经济体制作为改革的目标，并在次年有了第一家上市公司。进入 21 世纪后，围绕建立社会主义市场经济体制的总目标，按照中央建立现代企业制度的要求，积极促进国有企业转机建制和战略性重组。党的十八大以来，继续推动国有企业改革发展，完善国有企业法人治理结构，从资金、政策等方面给予国有企业特殊重点支持，解决了一系列历史遗留问题。从 2016 年开始，西藏国有企业进行混合所有制经济的改革探索，其目的是建立和完善国有资本有进有退、合理流动的机制，加快推动国有资本向产权链的核心部位集中、向产业链的关键部位集成、向价值链的高端部位集聚。其主要成果是以强强联合、同业整合等方式组建了天路建工、盛源矿业、国际旅游、宇妥藏药、中兴商贸等企业集团。矿业发展股份公司通过非公开方式募集资金 16.3 亿元，为重大项目建设提供了强有力的资金支持。

（二）国有企业发展与壮大思路

国有经济在西藏的发展和壮大本身就是西藏经济现代化最本质的表征，而国有企业作为西藏社会主义市场经济的主导性力量和国民经济支柱，需要在建设完善的社会主义市场经济体制中进一步发挥主导作用，成为一支强有力的市场经济主体。

第一，进一步完善公司法人治理结构。通过企业经营机制的有效转换，使法人治理结构更加健全，出资人（股东会）、董事会、监事会、经理层各负其责、协调运转、有效制衡的格局基本形成，三项制度改革充分激发了企业内部活力，进一步促进企业管理向规范化、专业化、精细化、科学化转变。

第二，发展混合所有制经济。积极有序推进发展混合所有制经济，促进各种所有制经济共同发展。一是推动重组整合，实现资产集合、资本集聚、资金集中、资源集约，大力培育引领带动作用强的龙头企业，全力支撑特色产业大区建设。二是积极推进资源资产化、资产资本化、资本证券化，组建若干国有资产投资控股公司、能源投资公司，加强上市公司培育，充分利用金融和证券市场，推动各种要素以资本的形式进行流动、整合和重构，努力盘活存量、扩大增量，筹集发展资金，获取更高的回报率，实现资本价值最大化。

第三，增强技术创新能力。促进国企通过组建研发团队或与内地大中专院校和科研机构合作等形式，加大技术研发投入，建立了以技术创新为主线，以专业技术人员为支撑，以新产品、新工艺研发为目标，产学研相结合的技术创新体系，增强产品科技含量，提高企业核心竞争能力。

二、民营企业

民营经济是推动西藏经济现代化的重要力量。随着西藏经济现代化进程的推进，西藏逐渐融入全国市场经济之中，非公有制经济得到较大发展，民营企业成为西藏社会主义市场经济中的重要角色。

（一）西藏民营经济发展的特点

从规模上看，西藏非公有制经济占据了市场经济的主要地位，规模上不断扩大，部分企业已成为行业领头者。截至2020年3月底，全区非公有制经济市场主体达到32万户，占全区各类市场主体的96.68%；2019年底非公有制经济市场主体注册资本8909.28亿元，同比增长12.65%。其中私营企业6.38万户，注册资本8303.86亿元，同比分别增长14.69%、11.38%。2020年全区招商引资实际到位资金595.55亿元，民间投资增长31.1%，农户贷款增长11.9%，小微企业贷款余额增长21%，普惠金融领域贷款增长31.8%。其中海思科、奇正药业、达氏集团、藏缘青稞酒业、瑞吉酒店等都是西藏各个行业的领军。早在 2012 年西藏全区有上市企业 10 家，其中非公有制企业控股就达 8 家。此外，非公有制经济发展促进了西藏经济结构的改革，从固定资产投资来看，2000 年西藏非公有制经济仅占总投资的 4% 左右，而 2007 年超过了 35%。在 2010—2020 年期间基本稳定在 20%—30% 区间，打破了国有资产投资垄断的局面，使西藏的投资结构向多元化发展，有利于激发市场经济的活力。

从行业覆盖来看，非公有制经济产业范围分布较广，但是有一定的聚集性。区内的非公有制企业虽然涉及国民经济的各行各业，但是主要聚焦产业还是在建筑业、采矿业和传统第三产业。不同规模的企业所聚焦的产业有所不同。在非公有制企业中，约 90% 的个体工商户从事批零贸易业、餐饮业、娱乐服务业、交通运输业、医药医疗行业。而私营企业主要分布在医药行业、百货贸易业、建筑业、采矿业、房地产业、交通运输业、食饮品加工业、中介行业、物流行业等。金融保险业、咨询业、信息传输业、计算机服务及软件业等行业由于对技术和资金等要求较高，进入壁垒较大，因此非公有制较少涉足。除了行业覆盖广以外，西藏非公有制企业的规模呈不断扩大趋势，非公有制逐步成为西藏税收的主要贡献者。2005 年非公有制经济主体上缴税收 6.9 亿元，占西藏全区税收总额的 43.6%。2010 年非公有制经济企业上缴税收增加至 40.05 亿元，占全区税收总额的 79%，而到 2016 年纳税上亿元的非公企业就有十多家。截至 2017 年底，西藏规模以上非公有制经济企业①超过了 470 家，2020 年非公有制企业超过了 3500 家。

从贡献就业来看，非公有制经济劳动就业吸纳规模不断扩大。2017 年非公有制经济从业人员达到了总劳动力的 90% 左右，城镇私营和个体企业从业人员超过 90 万人，2019 年达到 99 万人，而 2010 年仅为 28.59 万人。非公有制经济以其灵活多样的就业渠道和方式为西藏提供了大量就业岗位，成为解决城镇、农牧区剩余劳动力的主要渠道。随着非公有制经济的发展，其承担的社会责任也不断增加，如扶贫攻坚、解决大学生就业问题、帮助培养人才等。仅 2021 年 4 月一场民营企业招聘月专项行动大

① 根据现行标准，规模以上企业指的是主营业务收入在 2000 万元以上的企业。

型现场招聘会，就有 170 余家民营企业提供了 1269 个高校就业岗位。2017 年以来，西藏全区 560 家非公企业参与精准扶贫行动，结对 551 个建档立卡贫困村，共投入资金 4.25 亿元，带动 3.1 万名贫困人口致富。①

从政府支持民营企业发展的角度看，2020 年，西藏出台了《2020 年优化营商环境工作方案》《关于支持保护市场主体发展的若干政策措施》《中小企业发展专项资金管理办法》《关于进一步推动政策措施落地见效　促进民营经济保生存谋发展的重点举措》《关于构建民营企业诉求快速反应机制的意见》和《关于建立政商交往正负面清单制度的意见》等，进一步完善民营经济发展政策体系。在金融服务方面，西藏积极做好民营经济领域防范金融风险工作，配合人行拉萨中心支行开展"百名行长进百企"活动，与国开行西藏分行召开银企座谈会并签订合作协议，与区、地方金融监管局建立由 6 家区直部门和金融机构参与的"重点民营企业一企一策金融支持工作机制"，与人行拉萨中心支行联合组织 15 家企业和各商业银行进行一对一对接，贷款总金额达 37.75 亿元，向区发改委推荐第一批共 58 家企业"信易贷"需求，与西藏证监局围绕重点民营企业上市问题进行座谈。在科技服务方面，与自治区科技厅签署战略合作协议，建立西藏科技创新型民营企业库，开展 2020 年科技综合服务和创新型、成长型民营中小企业发掘培育工作。在"走出去"服务方面，出台《工商联组织民营企业家随团自行组织出国（境）管理办法（试行）》，建立西藏全区参与"一带一路"建设民营企业数据库，组织企业参加 2020 年澳门国际展览会、第三届中国国际进口博览会。通过这一系列举措，西藏民营经济不断唱响发展"新旋律"。

（二）民营企业培育思路

第一，提高政策含金量，提高企业政策获得感。在新的历史时期，支持鼓励引导非公有制经济发展的政策应该从多向精转变。西藏的非公有制经济发展落后于内地发达省市，那就要吸取发达省市非公有制经济发展过程中的经验。从全国整体来看，改革开放至今，党和政府提出的非公有制经济政策不断调整优化。当前并非缺政策，缺的是有针对性、可行性、系

① 张尚华：《2017 年以来西藏自治区非公有制经济发展综述》，参见 http://www.xzdyjy.gov.cn/folder967/yw/qnyw/2018-06-13/93237.html。发表时间：2018-06-13，访问时间：2019-07-12。

统性的政策。特别是各省市要改变“漫灌式”的政策制定方式，以中央的大政方针作为指导，基于本地实情，针对需要解决的具体问题提出具体政策。建立有效的政策实施机制，政策实施与落实过程中要善于转变角色、换位思考。政策制定和实施部门应与非公有制经济主体建立良好的沟通反馈机制，便于政策落实过程中信息的及时反馈。政策实施简化程序节约成本的同时要具有一定的灵活性，不可僵化，提高经济主体对政策的获得感，切实解决非公有制经济发展过程中的问题，打破西藏非公有制经济发展的瓶颈。

第二，正确认识非公有制经济的重要地位，进一步解放思想，更新观念。要把握住非公有制经济健康发展的方向，首先要正确认识到非公有制经济在中国市场经济中的重要地位，对于要不要发展非公有制经济以及要不要长期坚持发展非公有制经济要有明确的认识。在国家鼓励、支持和引导非公有制经济发展的政策不会转向的认知下，进一步解放思想，拓宽视野，关注企业家尤其是企业家精神。通过激发和保护企业家精神，特别是创新精神，从解决内因入手来推进西藏非公有制经济质量、效率和动力变革。正确认识到人才在非公有制发展中的重要作用。在关注企业家精神的同时，要注重后备力量的培养和引导，特别是以大学生、回乡青年农民、归国留学生为主体的更具创新精神和开放思想的青年创业者的培养。要切实解决他们在城乡创新创业过程中的问题，给予政策支持。

第三，完善市场经济体系建设，营造良好的营商环境。非公有制经济的健康发展以完善的市场经济体系为前提，以良好的营商环境为必要条件。当前应继续推进经济体制的全面深化改革，有步骤地解决西藏供给—扩散发展模式所遗留的问题，不断推进西藏融入全国的经济市场中。进一步完善市场体系，处理好政府和市场的关系，使市场在资源配置中起决定性作用和更好发挥政府的作用。在完善市场经济体系的过程中，构建一个具有健全的公共服务体系、良好的政商关系、高效的政务服务体系，以及完善的政策制定实施机制的良好营商环境。

第四，健全金融市场，拓宽非公有制经济主体融资渠道，有效解决融资难的问题。融资难一直是制约非公有制企业发展的因素之一。西藏金融市场相较于内地其他省市发展程度较低，非公有制企业可以融资的渠道和平台较少，虽然当前政府出台了一些扶持中小企业发展的金融政策，如设立招商引资扶持资金，研究设立自治区融资担保基金。但是这些政策仅能在短期内帮助非公有制经济主体解决融资问题，要促进非公有制经济的持续健康发展，必须从经济体制内部解决融资难的问题。这就需要西藏在给予非公有制经济主体各类政策支持和优惠的同时健全金融市场，建立完善的融资筹资体系，从根本上拓宽非公有制企业的融资渠道。

第五，加强产业引导，发挥非公有制企业的优势，提升市场竞争力。西藏非公有制经济在产业布局上不均衡，中小企业存在同质性，可替代性较强，缺乏核心竞争优势。因此政府应该加强非公有制经济的产业布局引导。基于西藏产业发展情况，坚持“传统产业新兴化、新兴产业规模化、规模产业优质化、优质产业效益化”的发展方向，鼓励支持非公有制经济主体向特色优势产业发展，如特色农牧业、农产品加工业、民族手工业、特色文化产业等，培育非公企业经济的产业亮点和增长点，形成西藏非公有制企业在区内市场以及国内市场的独特竞争力，带领西藏的品牌走向区外，扩展西藏市场发展的空间。同时还应鼓励非公有制企业勇于创新和对外交流，向西藏现阶段发展不足的金融服务业、信息服务业等技术性较强的产业发展，有助于西藏产业结构的优化调整，促进西藏经济的健康发展。

三、新型农村市场主体培育

农牧业是西藏传统经济，不同于中国其他地区，历来都是西藏经济的支柱，是西藏农牧民安身立命之本，在西藏经济现代化过程中，农牧业现代化成为最重要的基础和标志。在西藏推进社会主义市场经济的过程中，无论西藏农牧民走向市场，还是农牧业经济走向市场，都是极其重要的问题。新型农村市场主体的培育是西藏市场主体培育与建设的十分重要领域。

（一）西藏新型农村市场主体发展的特点

从农村市场主体发展的历史线索看，西藏农牧业在自然经济的状态下延续了几千年，虽然农牧区的市场因素也存在，但非常微弱。民主改革之后，农牧民虽然分得了耕地和草场，但短暂之后便进入全国的计划经济体系，市场被排斥。改革开放之后，尤其是农牧区先实现“三个长期不变”政策后，在土地和草场等资产归集体所有的前提下，农牧民有其独立的经济利益和生产经营自主权，逐渐转变为农村市场主体。一旦农牧民转变为市场主体，西藏农牧区的生产经营便由这些农牧民家庭为单位进行分散组织。新型农村市场主体的发展便从此展开。政府对培养新型职业农牧民也投入了努力。“十三五”期间，重点探索了建立“三位一体（教育培训、认定管理、政策扶持）、三类协同（生产经营型、专业技能型、专业服务型）、三级贯通（初、中、高）”的新型职业农牧民培育制度体系，以专业大户、家庭农场主、农牧民合作社负责人、农机手等为主要培育对象，实行全过程跟踪培养，培育更多善生产懂经营的新型职业农牧民。截至2020年，西藏全区已经开展培育试点县（区）46个，培育并认定新型职业农牧民1万余人。同时，立足农牧业产业发展实际和农牧民需求，西藏自治区农牧厅严格开展师资库建设工作，在西藏全区范围内筛选出一批理论水平高、专业技能强，并且懂藏汉双语的专家学者，组成新型职业农牧民培育师资队伍。2020年，已经入库的师资有282名，其中种植业132名、养殖业106名、现代农业20名。

从新型农村市场主体的发展壮大情况来看，农牧民的组织化程度不断提升。合作社成为农牧民组织化提升的最重要载体。经过多年的发展，西藏农牧民专业合作社在数量、质量、服务能力、综合效益等方面得到不断发展和提高，呈现出快速健康发展的态势，对引导广大农牧民转变生产经营方式起到积极作用。据统计，截至2020年，西藏全区总资产在1000万元以上的农牧民专业合作社已有63家，其中种植、养殖类合作社达41家，占总数的65%。2015年，横跨山南和日喀则两个较大行政区的农牧民专业合作社成立，并取得较好效果。西藏农牧民专业合作社由最初以种养业和农畜产品为主，逐步扩展到民族手工艺编织、运输服务、劳务输出、建筑建材等行业，并随着休闲农业和乡村旅游的发展，还涌现出一部分休闲农业和乡村旅游合作社，农牧民专业合作社发展呈现多元化，为一二三产业融合起到积极的助推作用。

专栏6－1　西藏噶尔县噶尔新村的农牧民专业合作社

依靠当地得天独厚的自然条件，从2005年起，噶尔县在此兴建昆莎农牧科技示范园区，经过十余年的发展，累计投入资金6000余万元，发展人工种草12220亩，其中紫花苜蓿9520亩，实施了噶尔新乡灌区工程、索麦灌区工程、饲草饲料基地项目，新增灌溉面积33713亩，改善灌溉面积5521亩。投资500万元，在噶尔新村进行人工种草喷灌技术试点，覆盖面积960余亩，取得了良好成效。投资1100余万元完成昆莎乡奶牛养殖基地改扩建项目，2020年共有奶牛565头。

2011年，噶尔新村依托昆莎农牧科技示范园区，成立了康道农民专业合作社，吸纳219户628名群众参股，将群众的人力、农具、草场、耕地、牲畜等可利用资源纳入合作社统一管理调配，实行集中管理、统一调配、绩效考核、按劳分配。特别是新建了牛奶加工厂，拥有奶牛315头、牦牛50头，经营鲜奶、奶渣、酥油、酸奶等奶制品，仅此项举措就使养殖户每户年均增收8000余元。2015年以来，合作社又先后发展出短期育肥、商店、茶馆、牧家乐、装载机租赁、建设项目承包、油库、砖厂等多个实体经济和项目。2019年，康道农民专业合作社总收入达到199万元，向219户628名群众分红达到127万元，人均2000元以上。2016年以来，合作社带动全村35户107名贫困户脱贫，实现了整村脱贫摘帽。（资料来源：温凯、达珍：《西藏阿里噶尔县昆莎乡康道农民专业合作社脱贫小记：风吹草香牛羊壮》，《西藏日报》2021年3月24日。）

从农村社会化服务体系的发展情况来看，为适应农牧区市场化发展的需要，加快了农村社会化服务体系构建。长期以来，以农技推广机构等公益性服务机构为主体的农业科技社会化服务体系，在推进农业发展、创新驱动乡村振兴中发挥了重要作用。提升供销合作社科技服务能力，鼓励发展“农资+技术服务推广”模式。此外，鼓励企业牵头组织各类产学研联合体研发和承接转化先进、适用、绿色技术，探索并推广“技物结合”“技术托管”等创新服务模式。同时，在充分发挥涉农院校、科研院所、农技推广机构作用的基础上，鼓励和支持农牧业企业、农牧业园区、农牧民合作社等市场主体建立实训基地和农牧民田间学校，逐步构建以公益性涉农培训机构为主体，多种资源和市场主体共同参与的“一主多元”新型职业农牧民教育培训体系。

（二）培育农村市场主体的思路

第一，培养新型农牧民。在西藏，农牧民普遍由于文化知识和劳动技能低，导致就业层次低、稳定性差，季节性、盲目性、随意性很大，尤其是对上有老、下有小的农牧民群众来讲，背井离乡到外地务工创业，往往面临更多困难和阻碍，这就要求我们想方设法创造更多条件，让农牧民在本地发展中就近就便、就地就业，实现增收致富。“爱农业、懂技术、善经营”，这既是新型职业农牧民的基本特征，也是培育新型职业农牧民的方向。按照“三位一体、三类协同、三级贯通”的培育要求，积极推行“分段式、重实训、参与式”培训模式，各培育机构充分结合农牧业生产周期和农时季节分段安排培训课程。对新型职业农牧民，不仅要培育得出，还要能留得住。因此，需要探索产业扶持、科技扶持、农业政策、保险、金融扶持政策等方面与新型职业农牧民培育挂钩。为此，西藏以提高农牧业经营效益为目标，通过政策推动和延伸服务，优化职业农牧民发展环境、提升新型职业农牧民发展能力、增强职业农牧民发展动力，让他们在农牧区留得住、有发展。为此，围绕新型职业农牧民生产发展需求探索建立扶持政策，主要采取优先培训、优先进行物化补贴、优先安排补贴项目等方式进行扶持。

第二，发展农牧民专业合作组织。多措并举促进专业合作社发展。一是对外加强与企业市场对接。引导合作社凭借其特点和优势，对外加强与企业市场对接，通过统一供种、统一销售，有效降低生产成本费用，实行统一产品质量标准、价格，甚至产品包装，实施组织化、规模化、标准化的生产经营模式。二是推动高原特色产业发展。引导合作社注重特色优势产品的生产、加工和销售，注重高价值产品、设施蔬菜、林下资源的开发，确保一大批青稞生产加工、蔬菜种植、乡村旅游、民族手工艺编织等合作社成为当地农牧业生产经营的领头羊。通过市场引导、专业合作社带动，有效促进了“一村一品”专业村产业格局的形成。三是对内加强内部管控。深入贯彻执行《农民专业合作社法》，引导其建立健全组织机构和运行机制。四是通过加大对农牧民专业合作社的指导和服务，积极创建合作社品牌，不断强化农畜产品质量安全，组织实施标准化、无公害生产，进行有效的“三品一标”认证，提高了农畜产品准入条件和市场竞争力。

第三，发展新型农村集体经济。所谓新型农村集体经济，是指在农村地域范围内，以农民为主体，相关利益方通过联合与合作，形成具有明晰的产权关系、清晰的成员边界、合理的治理机制和利益分享机制，实行平等协商、民主管理、利益共享的经济形态。发展新型农村集体经济，是对传统农村集体经济的全面改造升级过程，需要构建起系统性、常态化的政策支持体系。一是加快农村集体产权制度建设。发展壮大新型农村集体经济，前提是产权关系清晰明确，并且资产权益可以流转。进一步深化农村集体产权制度改革，需要明晰产权主体、产权范围，核心在完善农村集体资产股份权能。二是提升农村集体经济组织市场主体能力。赋予农村集体经济组织特别法人资格，为新型农村集体经济组织成为市场主体奠定了法律基础。同时，厘清集体经济组织与基层政府、农村党组织和村民自治组织的关系，推动集体经济组织集体资产运营功能的实现。三是着力培养农村集体经济组织“领头雁”。从实践看，集体经济强不强，“头雁”至关重要。应结合乡村人才振兴工作，加强农村集体经济组织带头人的引进和培养，切实提升带头人能力素质。

第七章

结语：中国式的西藏经济现代化道路

西藏经济现代化，与世界历史和中国历史的整体进程有着内在联系，一方面，如果不是现代性的力量开辟出来的世界历史，就不会有以现代化和马克思主义向中国传播的过程，更不可能是以现代化和马克思主义及其中国化为定向的中国道路，另一方面，中国与世界历史的联系，包括中国在现代化上对世界形成广泛的影响。总结和平解放以来西藏走过的现代化道路发现，西藏的现代化道路既有中国特色，又有西藏特点，且当前已经取得历史性发展成就。总体说来，西藏的现代化走的是一条中国式的现代化道路。又因其地处喜马拉雅地区，面向南亚、中亚，为这些国家和地区尤其是喜马拉雅地区中希望走现代化道路的国家和地区树立了榜样，因而具有广泛的影响力。

第一节　特定时空条件下的西藏经济现代化

西藏的现代化的历史趋势是什么？放在中国整个现代化的视野中，它不能不成为中国走向现代化的组成部分，同时也成为世界现代化的一个组成部分。实现中华民族伟大复兴离不开社会主义现代化。实现社会主义现代化，就是要把我国建设成为富强民主文明和谐美丽的社会主义现代化强国。国家的现代化既要从构成中华人民共和国组成部分的各地区考察，又要从构成国家现代化的各项事业和各个领域去考察。西藏经济现代化是中国现代化中的一个极其重要的组成部分，加快推进西藏经济现代化具有重大的现实意义和深远的历史意义。在这一背景下，研究西藏经济现代化是一项具有重要意义的课题。任何事物总是在特定的时间和空间中存在，因此，有必要从时间和空间的视角去考察西藏经济现代化。

一、站在时间的视角考察西藏现代化

1951 年 5 月，西藏和平解放，驱逐帝国主义势力出西藏，为西藏走向现代化道路奠定了坚实的基础；1959 年 3 月，中央平定西藏武装叛乱，实行民主改革，从此，中国共产党领导西藏各族人民走上现代化之路。改革开放以来，在中央关怀和祖国各地的无私支援下，经过西藏各族人民的艰苦奋斗，西藏先后经历了解决温饱问题、全面建成小康社会的奋斗历程，到 2021 年，西藏历史性地消灭了绝对贫困。

2021 年是一个重要的时间节点。这一年，西藏与全国一道已经实现了第一个百年（1921—2021）奋斗目标。2021 年 7 月 1 日，即中国共产党成立 100 周年之际，中国宣布全面建成小康社会，同时转入奋力实现第二个百年（1949—2049）的奋斗目标，步入建设社会主义现代化国家新征程，实现中华民族伟大复兴。从此，西藏与全国一道步入第二个一百年的奋斗目标。

展望未来，西藏将与全国一道在 2035 年基本实现社会主义现代化，在 2049 年全面实现社会主义现代化，从而完成中华民族“两个一百年”的奋斗目标。

二、站在空间的视角考察西藏现代化

西藏是我国的一个自治区，面积 122 万平方公里，地处“世界屋脊”的青藏高原。它纵贯东亚与南亚、东南亚，横连东亚与中亚，又是大江大河的发源地。喜马拉雅山脉沿着印度次大陆北部边缘延伸接近 2400 公里，被誉为“人类禁区”“世界尽头”，形成一个较为独特的地理单元，即喜马拉雅地区。喜马拉雅地区，在中国境内包括西藏、新疆、云南、青海、甘肃，在境外包括不丹、尼泊尔、巴基斯坦北部山区和印度北部山区，以及存在主权争议的拉达克、克什米尔地区，缅甸、孟加拉国、阿富汗、塔吉克斯坦等国的部分区域。因此，如果站在喜马拉雅山脉主峰即珠穆朗玛峰观看当今现代化的版图，人们会发现，除新疆、青海、云南、甘肃外，中国西藏的现代化相对于喜马拉雅地区其他地区来讲，显得相当突出。

如前文所述，以 2020 年人均地区生产总值为例，西藏为 8024 美元（按照 1 ∶ 6. 5 测算），在西藏内部，从人均 GDP 看，林芝、拉萨二市超过 1 万美元，与全国平均水平持平。而不丹、孟加拉国、印度、缅甸、巴基斯坦、尼泊尔、塔吉克斯坦、阿富汗则分别是 3001 美元、1962 美元、1928 美元、1468 美元、1189 美元、1155 美元、859 美元、517 美元。西藏分别是它们的 2. 67 倍、4. 09 倍、4. 16 倍、4. 08 倍、6. 75 倍、6. 95 倍、9. 34 倍、15. 52 倍。即使在中国境内，西藏也远远高于甘肃（5538 美元），也略高于云南（7985 美元）、青海（7800 美元）、新疆（8246 美元）。

可以这样讲，喜马拉雅地区涉及的国家和地区，都是经济欠发达的国家或者是未开发地区，中国西藏在其中的数据显得相当突出。从趋势来看，有学者（清华大学李希光教授）预测，未来喜马拉雅地区可以朝着一个跨喜马拉雅文明共同体和跨喜马拉雅命运共同体的方向发展，实现这个地区的和平，最重要的是实现共同繁荣和共同富裕。中国西藏的现代化发展将在其中扮演十分重要的角色。

第二节　西藏经济现代化的“历史性”

一、三种态度

所谓“历史性”，实际上指西藏的经济现代化是一种历史命运。马克思认为：“资产阶级，由于一切生产工具的迅速改进，由于交通的极其便利，把一切民族甚至最野蛮的民族都卷入到文明中来了。它的商品的低廉价格，是它用来摧毁一切万里长城、征服野蛮人最顽固的仇外心理的重炮。它迫使一切民族——如果它们不想灭亡的话——采用资产阶级的生产方式；它迫使它们在自己那里推行所谓的文明，即变成资产阶级。一句话，它按照自己的面貌为自己创造一个世界。”① 请注意，马克思在这里使用了一个前提“如果它们不想灭亡的话”来提示世界各民族所遭遇的历史境况或者历史命运。因此，说西藏的现代化具有“历史性”，本意是说西藏的现代化进程是具有历史必然性的，是不以人的意志为转移，不管喜不喜欢，它都会按照历史的逻辑渐次展开。②

对于西藏经济现代化的态度主要有两种：第一种态度，是用抽象的普遍性去看待西藏的现代化。使用抽象的普遍性观察发生在非欧洲的现代化是自现代化从欧洲外溢之后普遍的一种方式。这种方式有两个重要特点，一是内含着支配—服从关系。马克思在《共产党宣言》中写道：“它（指资产阶级——引者注）使农村从属于城市一样，它使未开化和半开化的国家从属于文明的国家，使农民的民族从属于资产阶级的民族，使东方从属于西方。”③ 中国自1840年以来被动卷入现代化，所遭受的是正是这种支配—从属的政治关系。二是由第一点衍生出来的判明现代化的标准变成以欧美为中心的标准。欧美先于世界其他地区完成现代化。对应于西藏开启现代化的时期是欧美的后现代化时期。在后现代化的人看来，现代化造成了人性的异化，他们对原生态的文化和自然有一种特殊的感情。持有这种观点的人对西藏经济现代化采取拒绝态度。不过，这种态度仍然是一种欧洲中心主义的，因为欧美率先完成现代化。以此观点观察西藏的现代化，必然是拒绝西藏走向现代化。在他们看来，西藏走向现代化意味着西藏原有的传统消失。如此一来，对于贪恋西藏旧的社会制度和陈腐信念的人，必然是拒绝西藏走向现代化。这里我们进一步追问西藏原有的传统是什么呢？最为核心的是“政教合一”的封建农奴制度。而抽象的普遍性原则摧毁的不是别的，正是西藏古老的社会制度以及一切陈腐信念。

第二种态度，是用静止孤立的观点看待西藏的现代化。这种态度也是拒绝西藏现代化，把一切现代化都说成是破坏西藏的历史、文化和生态环

① 《马克思恩格斯选集》第1卷，人民出版社，2012年，第404页。

② 吐蕃时期佛教从内地和印度两个方向传入西藏，逐渐与西藏本土宗教发生关系，后来形成藏传佛教，由此改变了西藏的历史命运。值得关注的是，几千年来，西藏始终敞开心扉拥抱外来文明。

③ 《马克思恩格斯文集》第2卷，人民出版社，2009年，第36页。

境以及原有的生活方式。这种态度的实质是否定西藏的历史与世界历史的关联，进而否定西藏的历史与中国历史的关联。这种认识的错误是否定了现代性所开辟出来的世界历史。从世界历史来看，进入近代以来，现代性在其中取得了绝对力量，而这种力量是无远弗届地打破一切地域之间和民族之间的隔离壁垒。正如马克思所指出的那样："资产阶级，由于开拓了世界市场，使一切国家的生产和消费成为世界性的了。使反对派大为惋惜的是，资产阶级挖掉了工业脚下的民族基础……过去那种地方的和民族的自给自足的闭关自守状态，被各民族的各方面的相互往来和各方面的相互依赖所代替了。物质的生产是如此，精神的生产也是如此。"① 持这种观点的人，要么是知识贫乏，要么是旧西藏的既得利益者，他们反对现代化，从根本上讲，现代化破坏的是他们的既得利益，他们不少逃到海外，寄人篱下，即使身居境内，他们一方面口头上反对现代化，另一方面又享受现代化的成果。

第三种态度，是用具体的历史性去看待西藏的现代化。如前所述，和平解放为西藏现代化扫清了道路和奠定了政治前提，1959 年民主改革为现代化奠定了制度基础，1965 年西藏自治区成立则实现与内地一体化的政治经济体系。相对于欧美来讲，西藏现代化开启的时代，正是二战后欧美经济走向繁荣的时代，无论哪一方面，西藏均与欧美世界无法相提并论。相对于我国其他地区，1949 年中华人民共和国成立后，迅速进行了社会全面改造，并实施"一化三改造"，走上了社会主义道路，特别是三个五年计划，使得社会主义建设有相当基础。西藏的领导和学者用"一个没有赶上"描述这样的情况，即西藏没有赶上祖国内地 20 世纪 50—60 年代的经济建设高潮。上述对比说明，如果不将西藏放在这样的历史背景中去审视，则无法理解现代化的必要性和所取得的成就。同时，旧西藏留下来的社会现实是无法进行现代化建设的：一是帝国主义势力没有被驱除出西藏，西藏无法以代价最小的方式回到祖国大家庭，就无法奠定西藏现代化的政治前提；二是封建主义没有被铲除，西藏就无法建立起与内地一体化的政治经济制度，国家对西藏的关怀和各地对西藏的支援就无法付诸行动。因此，用具体的历史性考察西藏现代化，就会理解西藏现代化所需

① 《马克思恩格斯文集》第 2 卷，人民出版社，2009 年，第 35 页。

的各种条件和基础。最为重要的是，西藏的现代化是与西藏各族人民的解放和全面发展联系在一起的。如果西藏现代化得不到顺利推进，西藏各族人民生活就得不到改善。如前所述，在现代化进程中，西藏各族人民的生活水平已经得到相当大的提升，以至于成为喜马拉雅地区的一面旗帜。喜马拉雅地区的其他国家和地区普遍向往西藏地区的高质量生活水平。

现实中，上述三种观点通常是同时存在的，也是相互激荡的。拒绝西藏现代化的人假想西藏避免走现代化之路，成为他们理想的“世外桃源”或者“香巴拉”。从方法论的角度来看，他们有时候将前现代和后现代两个不同时代混淆，这部分人分不清哪些是真正渴求走现代化之路、哪些是追求后现代的生活方式。同时，他们也假定西藏现代化可以避免走社会主义道路，也可以避免领导这场现代化的政治力量不是中国共产党，而是别的什么力量，例如宗教领袖所领导的。而第三种态度则全盘否定前两者的观点，认为抽象、片面、静止地分析西藏现代化是有害的，西藏走向现代化是历史的必然，不以人的意志为转移，西藏的现代化必然要走社会主义道路，必然要由中国共产党领导。

二、西藏现代化的历史方向及其意义

马克思主义从来不否认历史中的普遍性。西藏现代化的历史性实践在当前形成一个转折点，通过这个转折点，一方面展示西藏现代化自身实现了飞跃，另一方面又开始对世界历史展现出新的意义。

第一，对中华民族的意义。西藏是中国的重要组成部分，藏族是中华民族大家庭中的一员。如前所述，西藏现代化开启的时间晚于中国其他地区特别是沿海发达地区。相对说来，西藏成为中国现代化的短板。如果从1840 年算起，中国其他地区被动步入现代化，至今已经有 180 多年的历史。西藏的现代化如果从 1960 年算起，在 60 多年的时间，大体赶上了国家现代化的步伐。虽然此刻西藏的现代化与全国平均水平有差距，但这种差距与 60 年前的差距不可同日而语。因此，西藏现代化所取得的成就对整个中华民族而言是一个伟大胜利。在中华民族大家庭中，原先处于后进阶段的民族实现了跨越式发展。

第二，对世界社会主义的意义。在西藏，藏传佛教对政治、经济、文化乃至于生态环境保护等多方面有着重要的影响。在西藏的民主改革中，“政教合一”的封建农奴制度被废除，但“政教合一”作为一种意识形态不会在一夜之间消失殆尽，或者说作为一个意识形态，“政教合一”至今还在影响着当地不少民众。这种意识形态与马克思主义意识形态有着本质区别。西藏进行的现代化是社会主义现代化，以马克思主义为指导推进西藏现代化必然要遇到传统的意识形态的有力抵抗。世界其他国家和地区在建设社会主义现代化中，一般没有遇到西藏这种特殊的意识形态的干扰。因此，西藏现代化的成功为世界社会主义提供了经验与借鉴。

第三，对人类社会发展的意义。远的不说，就拿西藏所处的喜马拉雅地区来讲，西藏现代化也对这一地区希望实现现代化树立了榜样。喜马拉雅地区最为明显的区域特征有两点，一是地处“世界屋脊”青藏高原，自然、生态、经济、社会、文化等方面均有鲜明的特点，二是藏传佛教在喜马拉雅地区信仰人数较多，并深刻地影响着那里的政治、经济和文化。现代化即进入现代性之中，必然要遇到这样的地理和文化现实问题。而这些地区的民众也有追求现代化的权利，不少也有追求现代化的需要。因此，如何实现现代化成为世界性难题。西藏现代化的成功无疑为喜马拉雅地区的现代化提供了样板。

总之，西藏的现代化不仅需要从自己的特殊性去理解，而且需要从其历史中的普遍性去理解。

第三节　西藏经济现代化与中国共产党关联

西藏的现代化是在西藏这一特定地域展开，也是在既定的历史条件下启动的，因而西藏的现代化受到客观自然条件的制约。西藏经济现代化与中国共产党有着重要的关联。

一、西藏现代化的历史任务

从世界历史发展规律来看，任何一个大规模的现代化进程都必然通过一场或者几场社会革命来为其奠基，如果没有一场彻底的社会革命，则该国的现代化事业就不可能全面地展开并得以真正实现。而这场社会革命的展开方式和实现方式，则取决于各国特定的社会条件和历史境况。① 中国的现代化如此，作为中国之一部分的西藏亦如是。

西藏的现代化进程之所以与马克思主义建立起本质的联系，是因为从世界历史和中国历史的发展规律来看，已经被卷入世界历史的西藏，其现代化的开启从根本上说必须经历一场或者几场彻底的社会革命为之奠定基础。西藏的现代化不可能从西藏原有的历史基础上生长出来。相反，只有打破西藏发展的循环，才有可能推进西藏的现代化。西藏现代化起初有两大绊脚石，一个是帝国主义，另一个是封建主义。不搬走这两块绊脚石，就无法从西藏原有的恶性发展循环中走出来，更无法进入现代化之路。

西藏也和全国各地一样，经历了帝国主义的侵略。② 西藏一步一步地走向半殖民地深渊。历史事实证明，帝国主义侵略西藏，并不是为了推进西藏的现代化，也不是给当地人民群众带来福祉，而是为了其政治经济利益。帝国主义势力与当地上层反动统治者勾结，疯狂地剥削和压迫当地民众，给当地民众带来巨大痛苦，给我国领土和主权的巩固造成危害。这种情形与近代以来全国各地相同或者相似。帝国主义与中华民族之间的矛盾是当时社会的主要矛盾。同时，"政教合一"的封建农奴制是西藏的基本社会形态。③ 在"政教合一"的社会中，宗教上层与世俗统治者联合起来，对当地民众实行残酷的双重剥削和压迫。西藏所遭受的剥削和压迫之严重，既不同于祖国其他地区，更是世界上所罕见的。绝大多数民众信仰藏传佛教，并没有选择信仰或者不信仰宗教的权利。有的学者称这种社会是一种"神权农奴制"。④ 因此，封建主义也是当时西藏的社会主要矛盾。

如果说，反封建主义是西藏现代化的必由之路，那么，为什么还要反对帝国主义呢？这在很多人看来是说不通的。因为近代以来帝国主义成为中国人民的敌人，"帝国主义侵入西藏后，不但不去破坏西藏农奴制度，

---

① 吴晓明：《世界历史与中国道路的百年探索》，《中国社会科学》2021 年第 6 期。

② 孙勇、马菁林、胡春华、安七一著：《西藏经济社会发展简明史稿》，西藏人民出版社，1994 年，第 72—108 页。

③ 孙勇、马菁林、胡春华、安七一著：《西藏经济社会发展简明史稿》，西藏人民出版社，1994 年，第 72—108 页。

④ 周兴维：《神权农奴制的起源和终结——中国传统藏区的一个宗教经济学解读以及在现代藏区发展中引入"宗教经营"的问题》，《西南民族大学学报》（人文社会科学版）2006 年第 6 期。

反而极力维护、保护这种制度，并力求使之逐步殖民化。”① 从1624年开始就有殖民主义者以“传教”“游历”和“考察”为名染指中国西藏，英国将印度纳入其殖民地统治之后，开始侵略中国西藏，先后于1888年和1904年对中国西藏发动两次武装侵略，与腐败的清政府签订一系列不平等条约，并选择实施殖民政策。不仅英国，沙俄也染指侵略中国西藏。相对于西藏“政教合一”的封建农奴制来讲，帝国主义似乎代表的是“现代性”。如果仅仅停留在现代性的空泛概念，就无法理解在西藏反对帝国主义是当时社会的主要矛盾。然而，帝国主义要的不是现代化的西藏，而是可以被任意剥削和压迫的西藏，是其殖民统治下的西藏。在这种情况下，如果不完成反对帝国主义的历史任务，也就无法彻底地完成反对封建主义的历史任务。因此，反对封建主义和反对帝国主义的斗争必然是同一个历史运动，而这样的历史运动本身意味着：如果不能同时消灭这两个敌人，就不能为西藏的现代化开辟道路。从历史发展的趋势来看，二战之后，原先处于殖民主义统治下的殖民地和半殖民地纷纷实现了国家和民族的独立，1949年中华人民共和国的成立也宣告了原先处于半殖民地半封建社会的中国走上独立自主发展道路，实现“站起来了”。西藏是中国的一个重要组成部分，封建主义和帝国主义在西藏必然没有藏身之地。

如此看来，帝国主义和封建主义是西藏现代化进程中的主要矛盾。实践证明，解决西藏社会的这重矛盾，必须是在马克思主义的指导下完成的。中国共产党是用马克思主义武装起来的政党。一旦完成对中国其他地区的解放，即完成中国其他地区反帝反封建的历史任务②之后，必然要承担起团结带领西藏各族人民完成反帝反封建的历史任务。鉴于西藏的特殊性，中国共产党在西藏实施反帝反封建的时候，采取了较为特殊的办法，即分步骤实施。第一步，与西藏地方政府签订了《十七条协议》，即通过和平方式完成西藏解放，将帝国主义势力驱逐出西藏，使西藏重新回到祖国的怀抱。反对帝国主义侵略是中国新民主主义革命的必要内容之一。通过这一步，中国共产党团结带领西藏各族人民完成了反帝的历史任务，但暂时保留了“政教合一”的封建农奴制。第二步，平定达赖集团发动的

① 李维汉：《西藏民族解放的道路》，《中国民族》1981年第6期。

② 毛泽东：《新民主主义论》，人民出版社，1952年。

武装叛乱，实施民主改革。通过这一步，中国共产党团结带领西藏各族人民完成了反封建的历史任务。在民主改革过程中，废除了“政教合一”的封建农奴制，使得广大农奴和奴隶有了人身自由和民主权利。有了自己的土地、农具和牲畜，广大人民群众成为国家和社会的主人。这仍然是新民主主义革命的主要内容。至此，在中国共产党的领导下，西藏才完成反帝反封建的新民主主义革命。

在历史上，西藏各族人民也有追求美好生活的愿望，也曾出现过反帝反封建的实践活动，甚至西藏地方社会上层和中央政府也曾经动过社会改革的念头并在某程度上付诸实践，但最终以失败告终，以至于直到1951年西藏实现和平解放前，西藏社会仍然停留在传统社会，与上千年的社会没有太大的区别。究其根本原因，就是缺乏领导社会全面变革的政治力量。自从中国共产党进入西藏，西藏的现代化建设就有了主心骨。从此，西藏各族人民谋求藏族的自强自立和人民幸福就有了可靠的政治核心，西藏各族人民就从精神上由被动转为主动。也是从此之后，西藏的历史实践不仅展开为一个以现代化为主题的向上运动的历史进程，而且在特定的历史阶段上，使得这一历史进程与马克思主义建立起本质的、必然的联系。中国共产党的成立注定了它与西藏现代化的关联。这种联系要从西藏现代化的前提条件和领导力量来考察。

从中国共产党的组织发展情况来看，西藏基层党组织由1952年的57个增加到2020年的2.19万个，党员从877名发展到41万余名，其中，少数民族党员占81.36%，干部队伍由1791人壮大到20.47万人。他们构成中国共产党在西藏的地方领导力量，加上强大的中央政府，西藏实现现代化的领导力量无疑是强大的。这使得西藏的现代化具有不同于其他国家现代化的政治基础。

从中国共产党团结带领西藏各族人民推动现代化的构成来看，无论是和平解放、民主改革，还是改革开放乃至党的民族政策和宗教在西藏的正确实施，都一步一个脚印地将西藏现代化事业向前推进。中央政府不遗余力地推进西藏的改革开放，先后召开七次中央西藏工作座谈会，不断完善党的治藏方略，增加对西藏的投资和财政支持，安排各地支援西藏建设，对西藏实施许多优惠扶持政策。这使得西藏的现代化能够在较短时期就能见诸成效。进入新时期，西藏的发展面临更加复杂严峻的形势，呈现出“五期叠加”阶段性特征。从西藏70年的发展经验来看，中央的政策支持是西藏经济现代化的主导力量，西藏的投资主要来源于中央直接投资以及转移支付在内的中央财政拨款，2020年西藏财政人均转移支付全国第一，在未来较长的一段时间内中央的政策支持也仍然是西藏经济发展的主要动力。

从西藏经济现代化的演化过程来看，西藏经济从“混沌的一元经济”向“非典型的二元经济”转变，再从“非典型的二元经济”乃至于未来向新的一元经济转变，均与中国共产党在执政有着密切的关系。按照孙勇的分析，“总体供给模式”是中国共产党处理西藏这一特殊地域而创立的推进现代化的模式，而这一模式与西藏“混沌的一元经济”相结合，初期就形成了“非典型的二元经济”，即原先的农牧业经济与城镇业已建立起来的现代经济之间没有内在的联系，二者之间有某种“绝缘性”。这种状态与刘易斯的“二元经济”的典型论述有着区别，故名为“非典型的二元经济”。中国共产党将解决城乡之间的“绝缘性”作为工作的重点，并引入社会主义市场经济，逐渐在发展和改革中消除了“绝缘性”，使得西藏逐渐进入典型的二元经济状态。事实上，随着城乡壁垒的消除，二元经济也开始向着一元经济方向进步。这也是中国共产党执政在西藏所取得的伟大成就。

因此，西藏的现代化必然与中国共产党的一百年探索相联系，必然成为中国共产党长期在西藏执政的依据。

二、西藏现代化内涵的国家赋予

正因为西藏的现代化必然与中国共产党的一百年探索相联系，西藏的现代化内涵才有国家赋予的特征。中国经历了从“站起来”到“富起来”再到“强起来”的历程，而西藏现代化则与这一历史历程紧密地连接在一起。这种国家赋予是有历史阶段性的。

（一）“站起来”阶段

1949年新中国成立标志中国人民“站起来了”。这是毛泽东等老一辈革命家开创的时代。1951年和平解放后，西藏人民“站起来了”。西藏和平解放使西藏重新回到祖国大家庭，为西藏现代化奠定了坚实的政治基础。1964 年召开的第三届全国人民代表大会提出了“四个现代化”的目标，即“在不太长的历史时期，把我国建设成为一个具有现代农业、现代工业、现代国防、现代科学技术的社会主义强国”。[①] 在较长的一段时间“四个现代化”都是我国社会主义现代化的目标。西藏和平解放初期，中央出于坚决执行《十七条协议》的考虑，并没有在西藏铺开推进现代化建设，但从内地调运大量物资和选派大批干部、工程技术人员支援边疆建设和改善民生。1959 年的民主改革为西藏现代化发展扫清了道路，“四个现代化”也成为西藏现代化的目标内涵。1965 年西藏自治区成立，中央在贺电中指出，要“坚决贯彻党的社会主义建设总路线，在已经取得伟大胜利的基础上，努力进行社会主义革命和社会主义建设，进一步发展和巩固各民族的团结，保卫祖国的边疆，建设繁荣幸福的社会主义新西藏”。[②] 在“文革”中，西藏的现代化虽受到某些干扰，但中央从内地调入大批干部和技术人员支援西藏建设，从内地调入大量的物资支持西藏发展，中央安排大量资金用于发展，因而西藏现代化得到持续推进。

（二）“富起来”阶段

改革开放后，认识到物质文明对于人民的重要性，在以经济建设为中心的发展战略下，党中央提出了社会主义现代化建设的“三步走”战略，中国进入了“富起来”阶段。这是邓小平等开创的改革开放时代。在改革开放初期，邓小平首次提出中国式现代化，并首次用“小康之家”建设代替“四个现代化”作为中国式现代化的基本内涵[③]，从而提出了首个中国现代化发展的“三步走”战略，提出从 1981 年起到 20 世纪末，在 20 年时间里，实现全国工农业总产值翻两番，达到“小康水平”的战略目标。中国逐步从贫困走向富裕，“富起来”成为西藏这个时代的最强音

---

① 《国务院总理周恩来在第三届全国人民代表大会第一次会议上的政府工作报告》，《中华人民共和国国务院公报》1964 年第 18 号。

② 《全国人民代表大会常务委员会祝贺西藏自治区成立电报》（1965 年 8 月 30 日），中央文献研究室等编：《西藏工作文献选编（一九四九—二〇〇五年）》，中央文献出版社，2005 年，第 285 页。

③ 1979 年邓小平会见日本首相大平正芳时说：“我们要实现的四个现代化，是中国式的现代化。我们的四个现代化的概念，不是像你们那样的现代化的概念，而是‘小康之家’。到本世纪末，中国的四个现代化技术达到了某种目标，我们的国民生产总值人均水平也是很低的……所以，我们只能说，中国那时也还是一个小康的状态。”参见《邓小平文选》第 2 卷，人民出版社，1994 年，第 237 页。

符。西藏经济现代化也在这一过程中迅猛推进。

20世纪80年代初期两次中央西藏工作座谈会对西藏进入改革开放时期的现代化作出了初步探索。这是第一个关键节点。中央于1980年召开的第一次西藏工作座谈会指出，“当前和今后长时期内，全区的中心任务和奋斗目标是：千方百计地发展国民经济，加强各族干部和人民的团结，提高各族人民的物质生活水平和文化科学水平，建设边疆，巩固边防，有计划有步骤地使西藏兴旺发达、繁荣富裕起来。”① 中央于1984年召开的第二次西藏工作座谈会则强调对西藏特殊性的再认识，以经济发展为重点，加快社会主义建设，在西藏实行符合实际情况的特殊政策，“千方百计地把经济搞上去”，并且，“使一百六十万农牧民较快富裕起来”。② 邓小平同志于1987年6月29日在会见美国前总统卡特时提出的要使西藏“在中国四个现代化建设中走进前列”的伟大目标，强调了西藏实现社会主义现代化在中国社会主义现代化建设中的重要性，为西藏现代化的加速推进规划了蓝图。③ 从此，西藏开始了努力追赶争取和全国一道实现社会主义现代化的进程。

第二个关键节点是中央将西藏现代化定位为“建设团结、富裕、文明的社会主义新西藏”。1990年7月，江泽民考察西藏，并在西藏领导干部大会上作了题为《为建设团结、富裕、文明的社会主义新西藏而奋斗》的讲话。④ 这是首次明确将西藏现代化的内涵定位为“团结、富裕、文明”。中央于1994年7月召开的第三次西藏工作座谈会指出，“从现在起到本世纪末，是西藏经济社会发展的关键时期。要以这次西藏工作座谈会为契机……深化改革，扩大开放，坚持以经济建设为中心，抓好发展和稳定两件大事，确保经济发展，确保西藏社会全面进步和长治久安，确保西

---

① 《西藏工作座谈会纪要》（1980年4月7日），中央文献研究室等编：《西藏工作文献选编（一九四九—二〇〇五年）》，中央文献出版社，2005年，第306页。

② 《西藏工作座谈会纪要》（1984年3月28日），中央文献研究室等编：《西藏工作文献选编（一九四九—二〇〇五年）》，中央文献出版社，2005年，第360页。

③ 《立足民族平等，加快西藏发展》（1987年6月29日），中央文献研究室等编：《西藏工作文献选编（一九四九—二〇〇五年）》，中央文献出版社，2005年，第398页。

④ 江泽民：《为建设团结、富裕、文明的社会主义新西藏而奋斗》（1990年7月24日），中央文献研究室等编：《西藏工作文献选编（一九四九—二〇〇五年）》，中央文献出版社，2005年，第414—428页。

藏各族人民生活水平不断提高。"[①] 这次座谈会进一步充实了西藏"团结、富裕、文明"的现代化内涵。

第三个关键节点是"两个一百年"奋斗目标的提出。1997 年 9 月党的十五大将我国现代化"三步走"的第三步奋斗目标进一步具体化，并首次提出"两个一百年"的奋斗目标，第一个百年（1921—2021）奋斗目标即全面建成小康社会，第二个百年（1949—2049）即"到世纪中叶建国一百年时，基本实现现代化，建成富强民主文明的社会主义国家"[②]。根据"两个一百年"奋斗目标，中央于 2001 年 6 月召开的第四次西藏工作座谈会上指出，进入新世纪，西藏的主要任务为"紧紧抓住实施西部大开发战略和西藏社会局势基本稳定的良好机遇，着眼于西藏的繁荣进步和长治久安，集中力量解决事关西藏发展稳定全局的重大问题，促进西藏经济从加快发展到跨越式发展，促进西藏社会局势从基本稳定到长治久安"[③]。经济的跨越式发展和社会的长治久安成为新时期中央对于西藏发展的新要求。

第四个关键节点是"有中国特色、西藏特点发展路子"的提出。对西藏现代化的内涵和实现路径，2001 年 3 月，胡锦涛在参加第九届全国人大四次会议西藏代表团审议时指出，西藏"要探索加快发展的新路子"[④]，尤其是"要善于运用新的机制、新的办法、新的措施来推动西藏的发展"。[⑤] 2008 年 3 月，胡锦涛在参加十一届全国人大一次会议西藏代表团审议时进一步指出，"西藏情况很特殊，要实现西藏经济又好又快发展，必须把中央的方针政策与西藏实际结合起来，大胆探索，勇于开拓，

---

① 江泽民：《抓住机会，团结奋斗，加快西藏发展》（1994 年 7 月 22 日），中央文献研究室等编：《西藏工作文献选编（一九四九—二〇〇五年）》，中央文献出版社，2005 年，第 458 页。

② 江泽民：《高举邓小平理论伟大旗帜，把建设有中国特色社会主义事业全面推向二十一世纪》（1997 年 9 月 12 日），《江泽民文选》，人民出版社，2006 年，第 4 页。

③ 江泽民：《促进西藏实现跨越式发展和长治久安》（2001 年 6 月 25 日），中央文献研究室等编：《西藏工作文献选编（一九四九—二〇〇五年）》，中央文献出版社，2005 年，第 551 页。

④ 胡锦涛：《振奋精神，扎实工作，进一步把西藏的工作做好》（2001 年 3 月 5 日），中央文献研究室等编：《西藏工作文献选编（一九四九—二〇〇五年）》，中央文献出版社，2005 年，第 543 页。

⑤ 《振奋精神，扎实工作，进一步把西藏的工作做好》（2001 年 3 月 5 日），中央文献研究室等编：《西藏工作文献选编（一九四九—二〇〇五年）》，中央文献出版社，2005 年，第 545 页。

走有中国特色、西藏特点发展路子”①。2007年10月，党的十七大提出建成“富强、民主、文明、和谐”的社会主义现代化国家，并在此基础上形成了经济建设、政治建设、文化建设与社会建设“四位一体”的发展布局，社会主义现代化的内涵得以进一步扩展。中央于2010年1月召开的第五次西藏工作座谈会上指出，要“坚持走有中国特色、西藏特点的发展路子，以经济建设为中心，以民族团结为保障，以改善民生为出发点和落脚点，紧紧抓住发展和稳定两件大事，确保经济社会跨越式发展，确保国家安全和西藏长治久安，确保各族人民物质文化生活水平不断提高，确保生态环境良好，努力建设团结民主富裕文明和谐的社会主义新西藏”②。西藏的社会主义现代化内涵进一步得到丰富。

（三）“强起来”阶段

党的十八大是新中国历史上的一个重要分界点，它标志中国特色社会主义建设进入新时代。这个时代是由以习近平同志为核心的党中央开辟的。西藏保持与全国一致的步伐，其现代化也进入新时代。这一时代是中国从“富起来”走向“强起来”的转变时期。党的十八大提出了包括“经济建设、政治建设、文化建设、社会建设、生态文明建设”的“五位一体”社会主义现代化建设战略布局。党的十九大对“基本实现社会主义现代化”和“全面建成社会主义现代化强国”作了宏观展望和总体描绘，明确了建设富强民主文明和谐美丽社会主义现代化强国的基本内涵。2021年1月，习近平在省部级主要领导干部学习贯彻党的十九届五中全会精神专题研讨班上进一步指出：“我们的任务是全面建设社会主义现代化国家，当然我们建设的现代化必须是具有中国特色、符合中国实际的。”③ 2021年7月1日，习近平在庆祝中国共产党成立100周年大会上的讲话指出，中国“创造了中国式现代化新道路，创造了人类文明新形态”④。习近平在中国共产党与世界政党领导人峰会上的主旨讲话中指出，“中国共产党将团结带领中国人民深入推进中国式现代化，为人类对现代

① 转引自罗布：《“中国特色、西藏特点发展路子”重大战略思想的理论特点及实践意义》，《西藏发展论坛》2008年第6期。

② 《中共中央国务院召开第五次西藏工作座谈会》，《光明日报》2020年1月23日。

③ 习近平：《把握新发展阶段，贯彻新发展理念，构建新发展格局》，《求是》2021年第9期。

④ 《在庆祝中国共产党成立100周年大会上的讲话》，《求是》2021年第14期。

化道路的探索做出新贡献”。①

党的十八大以后西藏现代化的内涵主要是通过中央对西藏的战略定位来显示的。中央对西藏的战略定位为：重要的国家安全和生态安全屏障、战略资源储备基地、中华民族特色文化保护地、面向南亚开放的重要通道和我国同西方敌对势力和境内外敌对势力、分裂势力斗争的前沿。基于此定位，中央于2020年8月召开的第七次西藏工作座谈会强调，要“全面贯彻新时代党的治藏方略，要努力建设团结富裕文明和谐美丽的社会主义现代化新西藏”。与建设富强、民主、文明、和谐、美丽的社会主义现代化强国的大框架略有区别，将建设团结富裕文明和谐美丽的社会主义现代化新西藏作为西藏现代化的内涵，更加突出了“富裕”和“团结”。其中“富裕”是以人民为中心、走共同富裕道路的现代化目标的必要要求，特别是西藏属于“先富带动后富”的后富地区，是国家“富民兴边”战略实施的重要区域，人民生活富裕是西藏现代化的必然要求。而作为反分裂斗争的前沿阵地，西藏是国家安全屏障，以铸牢中华民族共同体意识为“纲”，将维护国家统一和民族团结作为西藏工作的着眼点和着力点，促进各民族在中华民族大家庭中像石榴籽一样紧紧抱在一起，共同维护好国家安全和社会稳定是西藏现代化的必然要求。

党的十八大以来，中央对西藏虽然在地区生产总值方面没有硬性要求，但对解决发展在促进民族团结、维护国家统一和社会稳定方面的作用有明确要求，这就是所有改革发展都要赋予民族团结的意义，都要赋予维护国家统一、反对分裂的意义，都要赋予改善民生、凝聚人心的意义，都要有利于提升民众的获得感、幸福感和安全感。② 由此西藏的现代化在与全国保持大框架一致的同时，也要突出自己的特点。

总之，我们应充分认识社会主义现代化在西藏具体化的共性和差异，不同的历史时期西藏现代化发展的内涵有所不同。因此，需要对西藏现代化内涵的演变进行梳理，结合中国社会主义现代化历史进程以及西藏现代化发展历史过程，对西藏现代化内涵的共性和差异进行全面把握，从而正

---

① 《加强政党合作，共谋人民幸福——在中国共产党与世界政党领导人峰会上的主旨讲话》，《人民日报》2021年7月7日。

② 张裔炯：《全面贯彻新时代党的治藏方略》，《人民日报》2020年9月28日。

确认识西藏现代化的科学内涵和特征。

第四节　中国式的西藏现代化

一、西藏现代化表现出来的主要特点

简单地讲，西藏的现代化被定义为：人口密度稀少的现代化，是以人民为中心、全体人民逐步共同富裕的现代化，是物质文明和精神文明相协调的现代化，是人与自然和谐共生的中国式现代化。中国式的西藏现代化道路是西藏经济现代化成功的“制度密码”。

第一，西藏的现代化是在人口稀疏条件下的现代化。西藏海拔在4000米以上的区域占85.1%，有93.1%的区域海拔在3000米以上，大部分区域的含氧量只有内地的60%，恶劣的自然环境导致西藏大部分区域不适合生存，地广人稀。由此西藏的人口密度和经济密度都远低于内地其他省市，特别是沿海发达地区。全国第七次人口普查数据显示，西藏当前的人口密度为2.97人/平方公里，经济密度为15.49万元/平方公里，而全国的平均人口密度为147.06人/平方公里，约为西藏的50倍，经济密度全国平均值为1058.32万元/平方公里，是西藏的68倍。从世界范围来看，我国属于人口大国，人口超越了现有发达国家的总和。因此从内地其他地区以及我国的总体现代化背景来看，西藏的经济现代化基础有着人口密度和经济密度相对较低的特征。

如上文所述，西藏在经济密度和人口密度上有其区别于内地，特别是沿海较发达地区的特征。一方面这意味着在经济增长要素中的劳动力要素的缺乏，根据索洛和丹尼森的经济增长理论，劳动力是经济增长的主要因素之一[①]，人口密度低意味着相对于其他人口密度高的地区缺乏可投入产出的劳动力的源泉。另一方面人口密度低，会极大地增加公共产品和服务供给成本，降低公共服务的可得性和可及性，同时又导致商业零售的市场规模较小，在市场起决定性作用的前提条件下，成为商品市场的末梢，增

① 于淑艳主编：《经济学原理》，中国铁道出版社，2019年，第293页。

加商品和劳务供给成本，相对于其他地区，西藏的人口密度使西藏的现代化区别于其他地区的现代化，成为我国现代化中人口稀疏条件下的现代化的典型。

第二，西藏现代化是以人民为中心、逐步实现全体人民共同富裕的现代化。西藏的现代化是在中国共产党的领导下进行的，以人民为中心、逐步实现全体人民共同富裕是其执政的基本理念。各级党委和政府把群众根本利益作为一切工作的出发点和落脚点，在发展中保障和改善民生，群众获得感、幸福感、安全感不断提升。当前阶段我国仍然存在区域差距、城乡差距、收入差距较大等问题，在中央政策的全面无差别帮扶下，西藏的现代化并没有造成两极分化，但是西藏区内的区域发展差距、城乡差距、收入差距仍然存在。如下表 7－1 所示，从 2021 年西藏各市城镇居民人均可支配收入和农村居民人均可支配收入来看，区域间的收入差距尚未出现明显两极分化，但是城乡居民收入存在较大差距。此外，从各市的人均地区生产总值来看，西藏区内经济发展存在区域差距，拉萨、林芝所在的藏中南地区经济发展处于西藏的第一梯队，而藏北地区的经济发展水平稍落后于其他地区。然而这些问题是在特定的历史发展阶段无法完全避免但终将解决的。

从起点来看，西藏是全国贫困发生率最高、贫困程度最深、扶贫成本最高、脱贫难度最大的集中连片特困地区，但是到 2020 年，西藏全面消除了绝对贫困人口，聚焦“两不愁三保障”，西藏 62.8 万贫困人口全部脱贫，74 个贫困县（区）全部摘帽，把解决高寒高海拔地区群众饮水安全与脱贫攻坚结合起来，解决了 207 万农牧民饮水安全问题，不断提升民生建设的质量和标准，迈进全面建成小康社会的历史性阶段。同时也是喜马拉雅地区第一个摆脱绝对贫困而步入全面小康社会的地区，消除两极分化、最终实现共同富裕，一直都是西藏实现现代化的题中应有之义。

表 7 - 1　2021 年西藏各地区经济发展水平

单位：元

地区	人均地区生产总值	城镇居民人均可支配收入	农村居民人均可支配收入
拉萨市	85475	49299	21198
日喀则市	43630	45286	15217
昌都市	36265	40586	15159
林芝市	87488	41346	21767
山南市	67025	43100	18435
那曲市	36128	45799	15426
阿里地区	63130	49620	15959
西藏自治区	57022	46503	16910

本表地区生产总值与人均可支配收入分别来自西藏自治区及七市（地区）政府工作报告，由作者整理；人口数据来自西藏自治区全国第七次人口普查办公室：《西藏自治区全国第七次人口普查公报》，2021 年 5 月 20 日。

第三，物质文明与精神文明并行推进下的现代化。生活在高原的人们非常重视精神生活。这是青藏高原各族人民能够在极端艰苦的环境中生生不息的重要的“生存密码”。由于历史的原因，西藏大多数藏族群众信仰宗教，宗教的影响渗透到藏民族的文化、艺术、风俗和日常生活的许多方面。正确处理民族、宗教问题是西藏现代化发展中长期面临的一个重大问题。西藏的物质文明是在全国支援和依靠西藏各族人民自力更生的前提下取得的。这仅是西藏现代化的一个层面。在西藏现代化的过程中，原有的传统文化得到保护传承，尤其是在宗教信仰自由的政策下，西藏各族人民的宗教信仰得到充分保障。习近平在中央第七次西藏工作座谈会上指出，“要积极引导藏传佛教与社会主义社会相适应，推进藏传佛教中国化”，藏传佛教中国化的发展成为西藏各族人民精神文明建设的重要方向。在保证宗教信仰自由的同时，现代科技文化知识成为西藏各族人民追求美好生活的重要支撑，社会主义核心价值体系成为西藏精神文明建设的根基。因此，在西藏现代化过程中，西藏的物质文明得到极大提升，并与精神文明的提升相伴而行，二者协调发展。

西藏70年来的发展表明，加快现代化建设是西藏人民的根本利益所在，也是实现民族平等和共同发展的关键所在。坚持民族区域自治制度，切实保障西藏各族人民，特别是藏族人民依法管理本地区事务的自治权利，充分尊重他们的文化传统、风俗习惯、语言文字和宗教信仰，是西藏现代化健康发展的重要保证。只有以经济建设为中心，坚持改革开放，把保护宗教信仰自由同坚持政教分离、积极引导宗教与现代化发展和社会进步相适应结合起来，把保持和弘扬西藏的民族特性同大力发展现代产业和现代科学文化教育、推动西藏传统产业和传统文化的现代化结合起来，才能走出一条有西藏地区特色的中国式现代化道路。

第四，人与自然和谐共生的现代化。从全国来讲，“双碳”战略是党的十九大以后所提出的发展战略，即我国力争2030年实现“碳达峰”、2060年实现“碳中和”，是党中央经过深思熟虑作出的重大战略决策，事关我国社会主义现代化建设的方向和中华民族的永续发展。“双碳”战略提出后，给我们党制定的社会主义现代化建设战略增添了新的内容。一是在人类和自然的关系上，人类应当尊重自然、顺应自然、保护自然，推动形成人与自然和谐共生新格局。二是保护生态环境。保护生态环境就是保护生产力，改善生态环境就是发展生产力。三是优化能源结构。减少化石能源的使用，大力发展可循环能源和清洁能源，如风能、太阳能、水能等。四是提升生产结构和改变生活方式。

中央第七次西藏工作座谈会指出，西藏是我国的生态安全屏障，保护好青藏高原生态就是对中华民族生存和发展的最大贡献，坚持对历史负责、对人民负责、对世界负责的态度，把生态文明建设摆在更加突出的位置，守护好高原的生灵草木、万水千山，把青藏高原打造成为全国乃至国际生态文明高地。建设人与自然和谐共生的现代化，首先要树立人与自然是生命共同体的观念，要处理好生态环境保护和经济发展的关系；同时必须完善生态文明领域的统筹协调机制，从体制机制上保障人与自然和谐共处，加快构建生态文明体系。

有了这一认识前提，需要将西藏的高速发展与生态环境保护有机协调起来。一方面，西藏的地区生产总值增速连续27年为两位数，多年是全国第一，另一方面，西藏的生态环境得到很好的保护，美丽西藏展示在世人面前。70 年来，国家投入生态环境领域的资金累计达 814 亿元，实施了一系列生态保护与建设工程。2016 年国务院新闻办发布的《西藏生态安全屏障保护与建设工程（2008—2014 年）建设成效评估》显示，西藏高原生态系统总体趋好，重点生态工程区已经开始发挥生态效益，国家生态安全屏障得到有效维持。生态环境保护作为经济社会发展的红线、底线、高压线，在推进经济社会高质量发展的同时确保生态环境质量持续保持良好。立足生态环境和自然资源优势，建立了具有西藏特色现代工业体系，在推进高质量发展的同时实现生态环境高水平保护。西藏的蓝天碧水和良好的生态环境已成为全区经济增长的"引擎"，成为老百姓增收致富的"聚宝盆"。西藏生态环境保护法治建设得到重视，健全完善环境保护有关法规制度，不断提升生态环境治理能力。各族群众在生产生活中孕育形成了敬山敬水、爱护生灵的特色生态文化，尊重自然、顺应自然、保护自然已成为西藏各族人民的自觉行动。①

第五，经济社会发展与人本身发展相统一的现代化。人自由而全面的发展是社会主义的最终追求之一，社会主义现代化是富强民主文明和谐美丽的全面现代化，是社会发展与人本身发展相统一的现代化。和平解放前，西藏 90% 以上的人没有自己的住房，过着衣不蔽体、食不果腹的生活。旧西藏没有一所现代意义上的学校，文盲率高达 95%，现代科技更是一片空白。2020 年，西藏各族人民生活已迈进全面小康。2020 年，西藏城乡居民人均可支配收入比 2010 年翻一番。农村居民人均可支配收入 14598 元，比 2019 年增长 12. 7%，连续 18 年保持两位数增长，近五年增速保持在 13% 左右，增速均居全国第一。城镇居民人均可支配收入 41156 元，比 2019 年增长 10%。未来公共文化服务体系不断完善，满足不断增长的现代文化需求。现代医疗教育体系不断完善，尤其是"组团式"医疗教育人才援藏的实施，西藏的医疗和教育得到质的提升。社会保障体系不断完善为西藏各族群众编织一个安全网，满足西藏各种追求美好和人自身发展的需要。

---

① 《西藏举行和平解放 70 年来生态文明建设和生态环境保护成就新闻发布会》，中华人民共和国国务院官网，参见 http：//www. scio. gov. cn/xwfbh/gssxwfbh/xwfbh/xizang/Document/1706963/1706963. htm。发表时间：2021 - 06 - 18，访问时间：2021 - 10 - 21。

需要注意的是，经济现代化不能忽视人的现代化。经济现代化毕竟是由人来推动和参与的，人的观念、素质、思维、行为方式直接影响着经济现代化的进程。经济现代化不仅要以人的现代化为目标，而且要以人的现代化为条件。世界各国经济现代化的实践证明，一个国家或地区拥有的现代人越多，社会经济改革的步伐就会变得越快，当现代意识渗透到大多数国民思想中后，人们对现代化的态度、舆论和社会行为就会变成一种巨大内在动力，推动经济社会的全面发展。相反，如果一个国家国民的现代意识越少，那么经济现代化的阻力也越大。经济现代化要求人的现代化与其协调发展并同步进行。

二、西藏经济现代化与全国各地现代化的差异性

西藏的现代化是在中央关怀和各地支援之下，依靠西藏各族人民艰苦奋斗取得的。但西藏的现代化与全国各地现代化仍然有一定差异。这是认识中国式西藏现代化特点的深化。

第一，与全国各地的处境是不一样的。西藏最初是被动卷入现代化历史进程的，但与其他地区相比，有自己的特点。第一，西藏被动卷入现代化的历史时期相对于内地较晚。西藏是全国得到解放，即反帝反封建任务基本完成之后，才开启这一历史进程，表面上看起来是以“和平”方式解放西藏，以“民主”方式改革西藏社会，但实际上相对于祖国其他地区来讲，在西藏，与顽固封建旧势力的斗争却相当激烈。从和平解放以前西藏的社会现状来看，在“政教合一”封建农奴制的长期统治下，以三大领主为首的统治阶级占有西藏绝大部分生产资料，控制着底层人民的精神世界，广大人民群众初期对帝国主义和封建主义危害的认识没有内地那么深刻，同时，当时统治阶级对人民群众长期的、残酷的政治压迫和经济剥削，导致最初进行社会改革的各方面准备不那么充分。但无论如何，西藏的解放是一定要完成的，只不过从其特殊性考虑而采取了和平解放的方式。中国共产党是以马克思主义武装起来的政党，不可能让西藏长久停留在“政教合一”的封建农奴制社会，鉴于西藏社会的特殊性，将民主改革向后推迟，并采取了听从西藏当时社会上层意见的做法。当全国进入社会主义建设的进程之中时，中央给予西藏以特殊关怀，并号召和安排全国

各地支援西藏发展。在中华民族步入伟大复兴的新征程之中，也没有让西藏掉队，采取各种措施，使西藏实现全面建成小康社会，并顺利步入“第二个一百年”奋斗目标。

第二，西藏被动卷入现代化历史进程的发展不一样。由于所处的时代差异，中国其他地区卷入现代化的历史初期经历多种苦难，而西藏卷入现代化的过程从一开始就获得向上发展的趋势，每一次社会革命的成功，都是西藏各族人民获得解放的机会。举凡和平解放、民主改革、改革开放等重大事件，无一不使西藏现代化大步向前。西藏现代化之所以能够取得如此骄傲的成就，既因这些事件给西藏现代化扫清了道路，又因这些事件成为加速西藏现代化的动力。当然，与全国的现代化保持一致性，西藏在2000年建成的“小康之家”，是人均地区生产总值较低的现代化。2020年西藏全面建成小康社会，实现基本消除绝对贫困的现代化，但人均地区生产总值距离全国平均水平还有一定差距。展望未来，在2035年西藏基本实现社会主义现代化，也是一个刚刚进入世界高收入阶段的现代化。

第三，西藏被动卷入现代化的历史过程不一样。总体而言，西藏历史发展过程并没有在西藏社会内部积累起巨大的力量，或者说，西藏社会虽然存在社会革命的力量，但这种力量之弱，难以推翻当时“政教合一”的封建农奴制，也无法将帝国主义势力驱逐出西藏。西藏和平解放的意义是使西藏摆脱帝国主义的羁绊，重新回到祖国大家庭。这是西藏的重大历史事件，为西藏现代化扫清了道路。民主改革使中国共产党领导西藏各族人民推翻了“政教合一”的封建农奴制，实现了西藏各族人民成为国家和社会主人的愿望。进入社会主义建设时期，国家给予西藏大力支持，安排一批又一批重大建设项目在西藏，选派一批又一批内地干部和专业技术人员到西藏工作，即使在“文革”期间，中央对西藏的关怀和全国各地对西藏的支援也未间断。进入改革开放时期，国家率先在西藏实施优惠扶持政策，实施高强度的转移支付和对口支援，推进以社会主义市场经济为目标的改革。进入社会主义建设新时代，国家给予西藏更大的支持，祖国各地给予西藏更大的支援，实施更加优惠的扶持政策，加快西藏实现第二个百年奋斗目标。从这一过程来看，西藏被动卷入现代化，得益于中央的特殊关怀和全国各地的支援。这与祖国其他地区实现现代化的过程有着明显的区别。

第五节　西藏经济现代化的持续推进

一、西藏社会主要矛盾及其转换

从现实来看，西藏经济现代化是西藏社会主要矛盾及其转换的需要。众所周知，1951 年 5 月 23 日，《十七条协议》的签订，西藏实现了和平解放；1959 年 3 月，达赖集团发动了武装叛乱，党中央决定在平叛中实施民主改革；1965 年，在民主改革的基础上，成立西藏自治区。这一连串的措施，使得西藏彻底从旧社会走出来，加入社会主义新西藏建设的历史进程之中。1980 年中央第一次西藏工作座谈会后，西藏实现了各项工作的拨乱反正，进入到改革开放的时代。尽管西藏社会面临“各族人民同以达赖集团为代表的分裂势力之间的特殊矛盾”，但社会主要矛盾是“人民日益增长的物质文化需要同落后的社会生产力之间的矛盾”。几十年来，中央召开了七次西藏工作座谈会，给予西藏巨大的关怀和帮助，西藏逐渐打破了过去那种自我封闭的状态，经济实现了持续快速发展，西藏的社会生产力得到解放，“人民日益增长的物质文化需要同落后的社会生产力之间的矛盾”逐渐被置于重要地位。

经过改革开放 40 年的发展，西藏经济社会取得了重大成就，社会生产力也得到极大提高，在内地的支持下，西藏的社会生产力在满足西藏各族人民日益增长的物质和文化生活需要方面有了质的提升和跃进。党的十八大以来，中国特色社会主义进入新时代，西藏与全国一道实现了社会主要矛盾的转换，即将社会主要矛盾转化为人民日益增长的美好生活需要和不平衡不充分的发展之间的矛盾。但西藏仍然有其“特殊性”，主要表现在：一是当前西藏社会矛盾转换处于转换的初级阶段。西藏历史起点较低，加上西藏的特殊矛盾对解决主要矛盾的干扰，导致当前西藏处于社会矛盾转换的初级阶段。2015 年中央第六次西藏工作座谈会对西藏经济社会发展所处的历史阶段作出科学研判，即西藏处于“打好扶贫攻坚战、如期全面建成小康社会的决胜阶段；处于加紧生态功能区建设、增强自我发展能力的重要阶段；处于保持持续稳定和全面稳定、走向长治久安的关键阶段；处于聚焦改进作风、全面夯实基层基础的强化阶段”。由于西藏处于社会主要矛盾转换的初级阶段，所以其社会主要矛盾的表现形式、具体形态与内地是有很大差异的。这意味着在解决西藏社会主要矛盾的方式方法上要与内地有所区别。

二是西藏社会矛盾表现形式多样。西藏整体上属于国家认定的深度贫困地区，脱贫奔小康是其解决社会主要矛盾的重要手段。高海拔地区、边境地区、边缘地区、高山峡谷地区、长期受地方病困扰地区是西藏发展最为滞后的地区，贫困问题与民生问题、交通基础设施建设问题、公共服务欠缺问题等交织在一起。因此，这些地区的基本生存问题相对于我国其他地区来说，显得更加尖锐复杂。在交通便利、自然环境较好的地区，特别是“一江三河”（雅鲁藏布江、拉萨河、年楚河、尼洋河）地区是西藏经济社会较为发达的地区，各族群众的生活已经达到相当高的水平，人们追求美好生活的愿望十分强烈，但由于种种原因，这些追求美好生活的需求不可能随时随地得到满足。介于这两者之间的地区，也面临着这样或者那样的社会矛盾和问题。总之，问题和矛盾的多样性是西藏社会主要矛盾转换后需要在施政时特别关注的。

三是西藏社会矛盾具体形态具有多层次性。从人与自然的关系来看，追求快速发展以满足人们多样化的社会需求与自然环境约束之间的矛盾比较突出。习近平为庆祝西藏自治区成立 60 周年题词“建设美丽西藏，维护民族团结”，为庆祝西藏和平解放 70 周年时题词“建设美丽幸福西藏　共圆伟大复兴梦想”，均把保护西藏生态环境放在十分重要的位置。从不同社会阶段的关系来看，围绕资源、利益、权利分配发生的矛盾仍然比较多，协调难度较大。从不同文化传统和意识形态来看，不符合时代要求的传统习惯、旧的社会意识形态与先进的意识形态之间的矛盾显而易见。西藏社会矛盾表现出多层次性，是西藏社会主要矛盾转换过程中值得重点关注的方面。

四是西藏社会主要矛盾与特殊矛盾形成重叠。2010 年中央第五次西藏工作座谈会的理论贡献是阐述了西藏社会存在两对矛盾，除了社会主要矛盾外，就是西藏面临的特殊矛盾，即“西藏各族人民同以达赖集团为代表的分裂势力之间的矛盾”。这一矛盾与社会主要矛盾重叠在一起，使得西藏在解决社会主要矛盾时，必须兼顾解决特殊矛盾。

总之，无论是过去解决西藏“人民日益增长的物质文化需要同落后的社会生产力之间的矛盾”，还是当今解决西藏“人民日益增长的美好生活需要和不平衡不充分的发展之间的矛盾”，都是西藏经济现代化的过程。从现实来看，解决西藏的社会主要矛盾，仍然需要加快推进西藏经济现代化。特别是在新发展理念指导下，实现西藏融入“以国内大循环为主体、国内国际双循环相互促进的新发展格局”，推动实现西藏高质量发展，并将满足西藏各族人民不断追求美好生活与西藏高质量发展结合起来。

二、迈向“第二个一百年”奋斗目标

西藏在实现社会主义现代化，与全国一道实现“第二个一百年”奋斗目标进程中面临着巨大障碍和压力，要想实现经济发展阶段性的任务，必须坚持党对西藏工作的全面领导，站在统筹中华民族伟大复兴战略全局与世界百年未有之大变局的高度，深刻分析西藏经济社会发展的现有基础，依靠全国对西藏的支持，牢牢抓好西藏的发展、稳定、生态和强边四件大事，以稳定保发展，以发展促稳定，深化对中央治藏稳藏兴藏成功经验的总结，不断创新发展。

（一）充分发挥中国社会主义制度优势，释放西藏经济增长的潜能

一是集中力量办大事，动员全国支援西藏。自和平解放以来，中央一直将西藏经济社会发展作为党和国家工作大局中的重要工作来抓，不仅从国家层面给予大量的支持和关怀，而且号召全面支援西藏。西藏之所以有今天的发展成就，主要靠的是社会主义制度的优势，离开了中央的关怀和全国支援，西藏不可能取得如此显著的发展成果。在迈进“第二个一百年”奋斗目标之后，需要进一步发挥中国社会主义制度优势。在庆祝西藏和平解放70周年大会上，汪洋代表中央宣布：“党中央对西藏发展的投入和支持只会增加、不会减少。只要把中央关怀、全国支持同自力更生、艰苦奋斗有机结合起来，西藏与全国共同迈向全面现代化必定能够

实现。”①

二是深化改革，激发创新创业的活力。西藏的经济社会发展长期得到中央关怀和其他地区的支援，内生动力不足是西藏发展迫切需要解决的重大问题之一。2017 年笔者在西藏自治区医院调查时当地干部反映，西藏各项事业之所以落后于其他地区，是因为长期脱离国家改革的步伐，脱离国家建设标准。1994 年中央第三次西藏工作座谈会就提出了“西藏经济体制改革要围绕建立社会主义市场经济体制的总目标，总体上全国框架一致，体制上衔接”②，但这一改革目标当前并未完全实现。因此，深化改革成为西藏迈进“第二个一百年”奋斗目标之后必补之课。经济结构调整是重中之重，因为国有经济在国民经济中的份额大大高于全国平均水平，非公有制经济发展严重不足，所以，要将鼓励非公有制经济发展与国民经济结构结合起来，释放非公有制经济对西藏经济增长、就业等方面的潜力。而建立与社会主义市场经济体制、边疆治理现代化相适应的体制机制则是重要的一环。虽然西藏这一方面的探索已经起步，但与迈进“第二个一百年”奋斗目标的要求有较大差距，需要进一步解放思想，实事求是地推进各方面改革。

（二）转换经济发展的动能，构造新的经济增长机制

进入新时期，党的十九大指出“我国经济已由高速发展阶段转向高质量发展阶段”③，以新发展理念推动高质量发展也是西藏未来的发展方向。2015 年 7 月，李克强首次在国家科技战略座谈会上提出“新旧动能转换”的概念，以改革创新培育中国经济社会发展新动能，其要义是加快培育壮大新动能、改造提升旧动能，是高水平的平衡增长路径对低水平平衡增长路径的替代过程。新旧动能转换包括器物层、技术层、产业层等承接要素集聚的“载体”，也包括制度、观念以及政策等属于影响要素集聚形态的“环境”，其机制是通过“承载力”的形式直接推动区域动能转

① 汪洋：《在庆祝西藏和平解放 70 周年大会上的讲话》，《人民日报》2021 年 8 月 20 日。

② 《中共中央、国务院关于加快西藏发展、维护社会稳定的意见》（1994 年 8 月 29 日），中央文献研究室等编：《西藏工作文献选编（一九四九—二〇〇五年）》，中央文献出版社，2005 年，第 483 页。

③ 习近平著：《习近平谈治国理政》，外文出版社，2020 年，第 15 页。

换，通过“环境”为“承载力”提升创造条件。① 根据经济增长的新旧动能转换规律，可以作出以下路径选择：一是贯彻新发展理念，构建新发展格局。高质量发展本身是创新成为第一动力、协调成为内生特点、绿色成为普遍形态、开放成为必由之路、共享成为根本目标的发展。习近平在中央第七次西藏工作座谈会上要求“要贯彻新发展理念，聚焦发展不平衡不充分问题，以优化发展格局为切入点，以要素和设施建设为支撑，以制度机制为保障，统筹谋划、分类施策、精准发力，加快推进高质量发展”。对巩固脱贫成果与乡村振兴的衔接、交通为重点的基础设施建设、解决就业以及涉及教育、医疗、养老、生态等民生问题给予了重点关注。高质量发展是“十四五”乃至长时期西藏发展的主题，不只是一个经济要求，而且是对经济社会发展方方面面的总要求。② 当前，西藏脱贫攻坚已经取得全面胜利，但高质量发展之路需要贯彻新发展理念，融入新发展格局。

二是提升科技进步对经济增长的贡献，释放“科技是第一生产力”的潜力。当前科技进步对西藏经济增长的贡献率为45%，与科技进步对全国经济增长的贡献率相差15个百分点，这种差距不可谓不大。西藏经济发展战略的第一步是未来15年即到2035年消化掉15个百分点的差距，意味着每年需提升1个百分点的贡献率。任务非常艰难，但这是西藏经济发展的希望所在。为此，西藏发展战略应将提升科技对经济社会发展的作用作为“一号工程”。科技贡献率的提升又与西藏人力资源开发紧密相关，今后应加大对提升人力资本相关项目的投入力度，包括教育和医疗两个重点领域。“组团式”教育医疗人才援藏是近年来西藏促进教育医疗两个领域加快发展的重大举措，今后还要加大力度，并将这一方式向其他领域延伸。同时，扩大从内地输入技术人才力度，促进西藏与内地之间进行交流互动。内外结合，提高西藏劳动力质量，释放经济增长动能。

三是构建具有西藏特色的现代经济体系，不断提升自我发展能力。中央给西藏以关怀，全国给西藏以无私支援，其根本目标是帮助其加快提升

---

① 杨明洪、巨栋、涂开均：《“南北差距”：中国区域发展格局演化的事实、成因与政策响应——来自新旧动能转换视角的考察》，《经济理论与经济管理》2021年第5期。

② 中国藏学研究中心党组：《不断开拓西藏工作新境界》，《求是》2021年第17期。

自我发展能力。西藏的现代化既离不开全国人民的支持，又离不开西藏各族人民的艰苦奋斗。构建具有西藏特色的现代经济体系是西藏走向自我发展的必由之路。据新华社报道，“十三五”期间，西藏产业建设驶入快车道，高原生物、旅游文化、绿色工业、清洁能源、现代服务、高新数字、边贸物流七大产业实现增加值超1900亿元。① 也就说，西藏现代产业体系的框架基本形成，未来的重点方向是提升产品和服务质量，增强产品特色，扩大市场销售规模，提高经济效益。

四是提高城镇化发展质量，形成若干区域经济中心。西藏城镇化率低，既是挑战又是促进经济增长的机会。在自然环境的约束下，西藏属于人口密度和经济密度低的发展类型区域，作为限制开发区占95%的区域，西藏是国家进行积极推动主体功能区规划发展的重要代表区域，大规模开发不适用于西藏，因此在国家区域协调发展战略下，西藏要以构建开发与保护的新格局这条路为基础，构建属于自己的优势发展道路。首先，应做好主体功能区规划，立足资源环境承载能力，逐步形成城市化地区、农牧产品主产区、生态功能区三大空间格局。其次，应大力加快新型城镇化进程，加强基础设施建设，通过异地搬迁、人才引进、建立产业园区等方式增强人口和产业的聚集；最后应培育拉萨作为西藏的中心城市、核心增长极，增强其辐射带动能力，形成以市（地）所在地为支点，以县城、边境城镇、特色文化旅游城镇为网络的城镇体系。

（三）实施积极的开放政策，构建西藏经济增长的新动能

西藏的对外开放全面启动，统筹“两个开放”成为西藏经济发展的重要动力之一。早在1984年中央第二次西藏工作座谈会上就提出“在西藏对外开放有两层意思：一是对国外的开放，一是对国内其他省区市的开放”②。未来西藏需要同时扩大对内对外开放力度，全面融入以国内大循环为主体、国内国际双循环相互促进的新发展格局，构建西藏经济增长的新动能。

---

① 新华社新媒体：《数说宝“藏”丨这五年，西藏七大产业实现增加值超1900亿元》，参见https://baijiahao.baidu.com/s?id=1689867244732743362&wfr=spider&for=pc。发表时间：2021-01-25，访问时间：2021-07-01。

② 《西藏工作座谈会纪要》（1984年3月28日），中央文献研究室等编：《西藏工作文献选编（一九四九—二〇〇五年）》，中央文献出版社，2005年，第359页。

是开拓国内市场，使消费成为西藏经济增长的新动力。西藏属于投资拉动型经济增长模式，按支出法计算2013—2017年西藏居民消费支出对于地区生产总值的贡献率仅为26.85%，消费需求对于西藏的经济增长还具有很大的潜在空间。作为拥有14亿人口的国家，我国具有超大的消费需求市场，因此西藏必须跳出本地消费市场的空间和规模局限，积极融入全国大市场，进入国内大循环。同时利用当前全面实现小康社会后人们对文化、旅游、高原绿色产品的巨大需求，充分发挥西藏的资源优势和产业优势，实现本地产业结构的升级，使高原绿色产业、文化旅游产业、清洁能源产业、农牧特色产业、藏医药产业成为西藏经济增长新的突破点。

二是建设面向南亚开放重要通道，开辟西藏经济发展的新空间。西藏地处东亚与南亚、中亚的“十字路口”，在“一带一路”建设中具有重要的战略地位。中央第六次西藏工作座谈会将西藏定位为“面向南亚开放重要通道”，表明了西藏对外开放的方向和重点。这是西藏迈进“第二个一百年”奋斗目标中的重点方向。青藏铁路、拉日铁路、拉林铁路、川藏铁路以及其他多个机场、高速公路的建设为这一目标的实现奠定了坚实基础。未来的西藏，需要进一步背靠国家尤其相邻省市，将国际国内两个方面统筹起来，通过建立新的机制，全方位地吸纳市场主体参与，将西藏建成我国面向南亚开放的重要通道，在努力成为我国面向南亚开放门户中实现自身的快速发展。①

（四）强化中国藏学研究，为西藏社会主义现代化建设提供理论指导

西藏是中国重要组成部分，藏学的故乡在中国。百年来中国藏学得到快速发展，并涌现大量优秀藏学研究成果。中国藏学研究对西藏和平解放、民主改革和改革开放等作出了重要贡献。但我们也清醒地看到，中国藏学研究服务于西藏治理，不仅与西藏实现“两个一百年”奋斗目标对藏学研究的要求有较大差距，而且还没有构建起较为完备的学科、理论和话语体系。西藏与全国一道实现“第二个一百年”奋斗目标，需要增强“四个自信”，需要有与之相适应的中国藏学研究。

由于众所周知的原因，藏学研究并非仅限于中国，国际上研究藏学的学者也非常多，并形成了相当规模，如四年举行一次的国际藏学会。当今

① 杨明洪：《面向南亚开放大通道的理论与实践》，《开发研究》2020年第1期。

的中国藏学是在马克思主义指导下发展起来的，担负的历史使命是维护国家统一、反对国家分裂、促进西藏现代化发展。在西方世界发展起来的藏学总体上是非马克思主义的，一些机构和个人打着学术的名义，与分裂主义政治集团沆瀣一气，从事分裂活动。在国内，巩固西藏脱贫攻坚成果、实施乡村振兴的任务艰巨，经济发展质量提升面临瓶颈，民生改善遇到难题，基础设施建设任务繁重，国际生态文明高地建设任务巨大。因此，中国藏学应坚持正确鲜明的政治立场，以服务于西藏与全国一道实现“第二个一百年”奋斗目标，从政治到经济、从文化到生态等多角度研究西藏现代化进程中的重大理论和现实问题。

第六节　未来研究展望

纵观西藏现代化历程，在第一个一百年中，西藏和平解放完成了“反帝”任务，回到祖国大家庭，开启了西藏迈向现代化的大门①。1959年西藏进行民主改革，从政治、经济以及精神方面对西藏人民进行全面解放，生产关系得以改革，生产力得到极大解放，完成了反封建任务，是实现与内地在政治经济文化等方面的一体化发展的开端，为西藏的现代化发展扫清了道路②，走上现代化发展之路。1961年民族区域自治的实施，从制度上确保了各民族平等、团结、互助和共同繁荣政策在西藏的实现，为西藏现代化发展与全国共同发展提供了制度保证。1987年邓小平提出了要使西藏“在中国四个现代化建设中走进前列”的伟大目标③，西藏与全国一起进入改革开放新时期，与全国一道掀起了现代化建设热潮，“改革开放为西藏的现代化发展注入了强大动力”④。1994年第三次中央西藏工

① 中央文献研究室等编：《西藏工作文献选编（一九四九—二〇〇五年）》，中央文献出版社，2005年，第703页。

② 中央文献研究室等编：《西藏工作文献选编（一九四九—二〇〇五年）》，中央文献出版社，2005年，第704页。

③ 邓小平：《立足民族平等，加快西藏发展》（1987年6月29日），中央文献研究室等编：《西藏工作文献选编（一九四九—二〇〇五年）》，中央文献出版社，2005年，第398页。

④ 中央文献研究室等编：《西藏工作文献选编（一九四九—二〇〇五年）》，中央文献出版社，2005年，第705页。

作座谈会后，确立了西藏以经济建设为中心，紧抓经济发展与稳定局势两件大事的工作指导方针，自此西藏的现代化建设进入新的发展阶段，经历了快速发展时期、跨越式发展时期，尽管起步晚，西藏最终在 2020 年与全国一道实现了第一个一百年奋斗目标。

过去 70 年，西藏从封建农奴制的农业社会跨越式发展进入社会主义现代化，尽管有“文革”的干扰以及达赖集团的破坏，但西藏走过了过去千年都未曾实现的路程，形成了良好的现代化基础，也为西藏追赶全国发展水平奠定了基础。现在，中国共产党团结带领中国人民又踏上了实现第二个百年奋斗目标新的赶考之路①。西藏当前的发展水平仍然落后于内地大部分省市，在现代化的程度上与全国平均水平相比还存在较大差距。过去 70 年西藏的现代化发展很大一部分原因得益于中央政府主导下全国对西藏的支援以及中央的政策倾斜，投资拉动型经济增长是西藏很长一段时间的经济增长特征，但是随着社会主义市场经济的完善和西藏市场经济体系的构建，西藏逐步融入全国市场中。2021 年 9 月起西藏开征契税，是全国最后一个开征契税的省区，这一方面说明西藏的经济发展进入新的阶段，另一方面也表明西藏在打通经济循环，逐步融入新发展格局。从西藏现代化发展进程来说，这是西藏现代化发展实现高质量发展、追赶上全国水平的关键时期，这一发展阶段对西藏与全国一道实现社会主义现代化、建成社会主义新西藏具有重大意义。

实现中华民族伟大复兴中国梦的恢宏历史进程给西藏现代化带来巨大契机，同时，世界百年未有之大变局，其“时与势在我们一边”，这也给西藏现代化带来机遇。机遇与挑战并存，西藏与全国一道实现社会主义现代化的趋势是不可能逆转的。党的十八大以来，习近平同志反复强调“世界上没有放之四海而皆准的发展模式”②，“我们愿意借鉴人类一切文

① 《迈好第一步、见到新气象——习近平总书记关于“十四五”开好局起好步重要论述综述》，《人民日报》2021 年 8 月 3 日。

② 习近平：《永远做可靠朋友和真诚伙伴——在坦桑尼亚尼雷尔国际会议中心的演讲》，参见 https：//www. fmprc. gov. cn/ce/cgbrsb/chn/xwdt/zgxw/t102494 9. htm。发表时间：2013 –03 –25，访问时间：2021 –07 –01。

明成果，但不会照抄照搬任何国家的发展模式”①。我们要走的现代化是立足中国国情、独立自主发展的现代化。中国幅员辽阔、广袤的国土上存在不同资源禀赋、发展程度不同的各个区域，当前区域差距仍是我们实现社会主义现代化过程中必须解决的问题。当前，西藏与全国一道全面建成小康社会，步入“第二个一百年”奋斗目标阶段。站在新的历史起点，切实解决好西藏发展不平衡不充分的问题，推动西藏高质量发展成为时代紧迫课题。1987 年邓小平提出要使西藏“在中国四个现代化建设中走进前列”的伟大目标，西藏开启了争取和全国一道实现社会主义现代化的征程。“第一个一百年”始于中国共产党的成立，到 2021 年，西藏与全国一道全面建成小康社会，实现了“第一个一百年”的奋斗目标。“第二个一百年”始于新中国成立，而西藏的和平解放为西藏推动现代化提供前提，西藏的民主改革为西藏现代化扫清了道路。当前，西藏与全国一起进入“第二个一百年”奋斗征程，到 2035 年基本实现社会主义现代化，到 2049 年，力争把中国建设成为富强民主文明和谐美丽的社会主义现代化强国，并在这一大框架下，力争建成团结富裕文明和谐美丽的社会主义现代化新西藏。

西藏的现代化道路，既有中国特色，又有西藏特点，且当前已经取得历史性发展。总体说来，西藏的现代化走的是一条中国式的现代化道路。西藏地处青藏高原，是东亚、南亚、东南亚结合地区，也被称为“世界第三极”，西藏的现代化发展为地处于高海拔、经济发展水平低、地方文化浓厚的地区提供了一种可供参照的现代化发展模式，为这些地区尤其是喜马拉雅地区中希望走现代化道路的国家和地区树立了榜样。同时，西藏的现代化是中国社会主义现代化的重要组成部分，丰富了中国现代化发展经验，因而具有广泛的影响力。西藏从中央第三次西藏工作座谈会以来连续 20 年保持两位数增长，年均增速高达 12.4%。尽管近年来有所放缓，但 2015—2020 年年均增速仍高达 9.0%。从历史发展趋势来看，在中央的支持下西藏有很大机会实现达到全国平均水平的增长，可以完成基本实现

① 习近平：《坚定不移走和平发展道路　坚定不移促进世界和平与发展》，参见 http://cpc.people.com.cn/n/2013/0320/c64094-20845746.html。发表时间：2013-03-20，访问时间：2021-08-01。

社会主义现代化和全面现代化在经济增长方面的任务。

虽然经过 70 年的发展，西藏有了良好的现代化基础，但其经济发展水平与全国平均水平相比还存在较大差距。同时也要清醒地看到，世界百年未有之大变局带来的机遇与挑战并存，西藏新时期面临着“五期叠加”的严峻形势，在中国经济整体下行的情况下，西藏的经济增长速度明显开始放缓。因此，西藏要实现社会主义现代化经济发展的阶段性任务，面临着严峻的挑战。为此，需要牢牢抓好西藏的发展、稳定、生态和强边四件大事，以稳定保发展，以发展促稳定，充分发挥中国社会主义制度优势，贯彻新发展理念，实施更加积极的开发政策，注重发展改革的系统性，强化服务于西藏现代化发展的藏学研究理论体系，进一步释放现有经济增长动能，培育新的经济增长动能，以推动西藏经济的高质量发展，确保西藏能与全国一道实现“第二个一百年”奋斗目标。

同时研究西藏经济现代化也存在一些问题。其中，一个关键性问题是现代化概念以及所包含的学术理论及话语体系。因为现代化发端于西方，中国其他地区尤其是沿海地区是现代化的先行地区，当代现代化的学术理论和话语主要来自中国发达地区甚至是西方，而这些理论和话语往往难以准确表达西藏现代化的具体实践。这就降低了从学术上揭示西藏现代化的丰富过程和成果。反过来，也在一定程度上限制了使用西藏现代化案例推进学术理论和话语创新。因此，将马克思主义基本原理与西藏现代化的实践相结合，创新现代化理论任重道远。

参考文献

一、图书

1. 白涛主编：《从传统迈向现代——西藏农村的战略选择》，西藏人民出版社，2004 年。

2. 白涛主编：《西藏农牧区的变革》，西藏人民出版社，2005 年。

3. 次顿、王清先等著：《西藏农业可持续发展研究》，西藏人民出版社，2001 年。

4. 次顿编著：《西藏农村经济跨越式发展研究》，西藏藏文古籍出版社，2005 年。

5. 狄方耀、程志碧、罗华主编：《西藏经济学导论（第 2 版）》，西藏人民出版社，2006 年。

6. 狄方耀、何宗英著：《西藏百年经济史》，厦门大学出版社，2020 年。

7. 杜莉、土多、多布杰著：《西藏发展县域经济与农牧民增收问题的研究》，西藏人民出版，2007 年。

8. 多杰才旦、江村罗布著：《西藏经济简史（上、下）》，中国藏学出版社，2002 年。

9. 多杰才旦编：《西藏封建农奴制社会形态》，中国藏学出版社，1996 年。

10. 黄颢、刘洪记著：《西藏 50 年历史卷》，民族出版社，2001 年。

11. 罗莉、拉灿著：《西藏50年·经济卷》，民族出版社，2001年。

12. 罗绒战堆著：《西藏的贫困与反贫困问题研究》，中国藏学出版社，2002年。

13. 冉光荣主编：《西部开发中西藏及其他藏区特殊性研究》，黑龙江人民出版社，2003年。

14. 孙勇主编：《西藏非典型二元结构下的发展改革——新视角下研讨与报告》，中国藏学出版社，1991年。

15. 王洛林、朱玲主编：《后发地区的发展路径选择——云南藏区案例研究》，经济管理出版社，2002年。

16. 王洛林、朱玲主编：《如何突破贫困陷阱：滇青甘农牧藏区案例研究》，经济管理出版社，2010年。

17. 王清先著：《转轨、转型与发展跨越：西藏农牧民增收与农牧业发展研究》，中国藏学出版社，2006年。

18. 王太福、王代远、王清先著：《西藏经济跨越式发展研究》，西藏人民出版社，2004年。

19. 王天津、罗绒战堆、格桑卓玛著：《西部开发与西藏的可持续发展》，中国藏学出版社，2002年。

20. 王文长、拉灿著：《西藏经济》，五洲传播出版社，2002年。

21. 王延中编：《西藏社会发展调查研究》，中国藏学出版社，2019年。

22. 温军著：《西藏农业可持续发展战略研究》，中国藏学出版社，2006年。

23. 吴健礼著：《西藏经济概述》，中国藏学出版社，1995年。

24. 西藏自治区人民政府办公厅、西藏自治区党委党史研究室编著：《全国支援西藏》，西藏人民出版社，2002年。

25. 肖怀远主编：《西藏改革纵横谈》，西藏人民出版社，1994年。

26. 徐平、郑堆著：《西藏农民的生活——帕拉村半个世纪的变迁》，中国藏学出版社，2000年。

27. 杨军财著：《西藏现代化发展与社会稳定研究》，国际文化出版公司，2014年。

28. 杨明洪等著：《西藏经济社会跨越式发展的实证研究》，中国藏学出版社，2006 年。

29. 杨明洪著：《区域超常规发展论：以中国西部若干民族地区的实证分析》，四川大学出版社，2004 年。

30. 杨明洪著：《统筹西藏与四省藏区协调发展论》，中国藏学出版社，2020 年。

31. 杨明洪著：《西藏农村公共产品及相关问题研究》，四川大学出版社，2009 年。

32. 杨明洪著：《中国西藏民生发展论》，四川大学出版社，2013 年。

33. 余振、郭正林主编：《中国藏区现代化——理论·实践·政策》，中央民族大学出版社，1999 年。

34. 张可云著：《青藏高原产业布局》，中国藏学出版社，1997 年。

35. 张小平主编：《走向二十一世纪的西藏》，中国藏学出版社，1997 年。

36. 张艳红著：《西藏经济现代化研究》，民族出版社，2012 年。

37. 中国社会科学院民族研究所、中国藏学研究中心社会经济所合编：《西藏的商业与手工业调查研究》，中国藏学出版社，2000 年。

38. 中国现代化课题组：《中国现代化报告（2001）》，北京大学出版社，2001 年。

39. 中国现代化战略研究课题组、中国科学院中国现代化研究中心：《中国现代化报告 2004——地区现代化之路》，北京大学出版社，2004 年。

40. 中国现代化战略研究课题组、中国科学院中国现代化研究中心：《中国现代化报告 2005——经济现代化研究》，北京大学出版社，2005 年。

41. 黄毅作、郑长德总主编：《西藏经济发展 70 年研究》，中国经济出版社，2019 年。

42. 文富德、李涛主编：《印度高科技发展战略研究》，巴蜀书社，2011 年。

43. 余芳琼著：《当代印度的东南亚政策研究》，中央民族大学出版社，2015 年。

二、期刊

1. 白涛、庄永福：《西藏贫困地区扶贫工作的透视和思考》，《中国藏学》1997 年第 2 期。

2. 薄成珍：《中国经济现代化内涵研究述评》，《经济研究导刊》2008 年第 13 期。

3. 陈崇凯、吴颖：《历史的飞跃——西藏经济现代化和社会进步的道路选择与基本经验》，《西藏大学学报》（汉文版）2008 年第 4 期。

4. 程志敏：《我国 31 个省（区、市）现代化进程的比较分析》，《重庆工商大学学报（西部论坛）》2008 年第 1 期。

5. 次仁卓玛：《西藏医药产业现状及发展思路》，《中国藏学》2005 年第 3 期。

6. 崔大树：《现代化研究述评》，《当代经济科学》2000 年第 4 期。

7. 邓黎明：《对西藏经济发展诸问题的思考》，《中国藏学》1991 年第 4 期。

8. 格勒、旺希卓玛、卢梅：《关于加快藏区现代化建设步伐的思考》，《中国藏学》2006 年第 4 期。

9. 格勒：《西藏家庭与西藏现代化三个发展阶段》，《中国藏学》2011 年第 2 期。

10. 格勒：《西藏家庭与西藏现代化三个发展阶段——对西藏 50 年来社会变迁的实地调查》，《人权》2010 年第 1 期。

11. 宫蒲光：《试谈与西藏经济发展相关的非经济因素》，《西藏研究》1987 年第 1 期。

12. 韩庆军：《改革开放以来中央对西藏经济政策的发展和演变》，《西藏大学学报》2004 年第 4 期。

13. 何景熙：《关于全国主要藏区资源——经济的人口容量的几个问题》，《中国藏学》1995 年第 4 期。

14. 何景熙：《关于新世纪西藏改革和发展中人力资源开发的思考——兼论西藏“非典型二元结构”演化的途径与对策》，《中国藏学》2003 年第 1 期。

15. 胡鞍钢、温军：《西藏现代化发展道路选择问题（上）》，《中国藏学》2001 年第 1 期。

16. 胡鞍钢、温军：《西藏现代化发展道路选择问题（下）》，《中国藏学》2001 年第 2 期。

17. 拉加当周：《发展集体经济，筑牢西藏基层治理现代化的产业基础——基于乃东区发展壮大村级集体经济的实践探索》，《中国藏学》2020 年第 4 期。

18. 拉加当周：《论政治发展中推进西藏治理体系和治理能力现代化》，《中国藏学》2015 年第 3 期。

19. 拉加当周：《试论民族区域自治制度与西藏的政治现代化》，《人权》2012 年第 2 期。

20. 拉加当周：《试论民族区域自治制度与西藏的政治现代化》，《中国藏学》2011 年第 4 期。

21. 强舸：《小麦怎样走上了藏族的餐桌？——西藏的现代化与藏族饮食文化变迁》，《开放时代》2015 年第 3 期。

22. 史金波：《西藏现代化和西藏人权问题》，《民族研究》1995 年第 4 期。

23. 史云峰：《制度变迁与西藏现代化进程》，《西藏研究》2005 年第 1 期。

24. 孙勇：《新西藏的经济发展之路》，《中国藏学》1995 年第 3 期。

25. 索林：《西藏现代化与主体素质的提高》，《西藏研究》1996 年第 4 期。

26. 王景迁、褚梦卉：《新时代西藏乡村治理现代化研究——以 M 县 Y 村为例》，《中国藏学》2021 年第 2 期。

27. 王延中、宁亚芳：《新时代西藏高原牧业县的现代化探索——来自阿里地区改则县“六统一”的实践经》，《中国藏学》2018 年第 4 期。

28. 温军、胡鞍钢：《民族与发展：新的现代化追赶》，《西南民族学院学报》（社科版）2003 年第 2 期。

29. 温军、施祖麟：《西藏经济发展问题的几点思考》，《清华大学学报》（社科版）2000 年第 6 期。

30. 温军：《西藏经济发展战略问题探讨》，《中国藏学》2000 年第 3 期。

31. 温军：《西藏现代化新战略》，《西藏研究》2001 年第 2 期。

32. 温起秀、温军：《民族地区现代化进程中的文化效应》，《西北民族大学学报》（哲社版）2003 年第 4 期。

33. 文厚泓：《民国时期西藏地方的现代化探索》，《船山学刊》2014 年第 1 期。

34. 许广智：《西藏近（现）代化发展历程评述》，《西藏大学学报》（汉文版）2007 年第 3 期。

35. 杨明洪、安七一、郑洲：《西藏“安居工程”建设：基于公共产品视觉的分析》，《中国藏学》2007 年第 2 期。

36. 杨明洪、刘建霞：《“两个一百年”奋斗目标之间的西藏现代化：科学内涵、阶段性任务与路径选择》，《西南民族大学学报》（社科版）2022 年第 6 期。

37. 杨明洪：《“组团式”医疗人才援藏：对口援藏机制创新及其实践效应的调查与分析》，《中国藏学》2018 年第 4 期。

38. 杨明洪：《对口援藏有效性的理论认识与实现路径研究》，《中国藏学》2014 年第 3 期。

39. 杨明洪：《和平解放以来中央对口支援西藏政策变迁研究》，《中国藏学》2019 年第 4 期。

40. 杨明洪：《市场化背景下的央企对口援藏制度研究》，《中国藏学》2015 年第 3 期。

41. 杨明洪：《西藏村庄整体搬迁绩效评估：基于德吉新村连续四年的观察——兼论大型社会工程命运的斯科特逻辑》，《中国藏学》2010 年第 3 期。

42. 杨明洪：《西藏经济跨越式发展：治藏诉求与政策回应》，《中国藏学》2006 年第 2 期。

43. 杨明洪：《西藏农户经济演化特征：基于农村住户调查资料的实证分析》，《中国藏学》2005 年第 3 期。

44. 杨明洪：《西藏农牧区公共服务农牧民满意度评价分析——以昂

仁县秋窝乡三村为例》，《中国藏学》2013 年第 1 期。

45. 杨明洪：《支出责任：中央企业对口援藏之政治责任实现的制度逻辑分析》，《中国藏学》2022 年第 1 期。

46. 杨亚波：《试论西藏的地区现代化问题》，《西藏民族大学学报》（社科版）2010 年第 2 期。

47. 扎嘎：《略论西藏乡村社会生活现代化》，《中国藏学》1999 年第 3 期。

48. 张江华：《西藏非庄园经济的再认识——与西双版纳傣族领主经济和农村公社比较》，《中国藏学》1998 年第 1 期。

49. 张艳红：《西藏经济现代化的演化：基于社会发展动力理论的考察》，《西南民族大学学报》（社科版）2010 年第 7 期。

50. 朱晓明：《西部大开发中的西藏现代化——以中央政府对西藏的政策支持为视角》，《中国藏学》2003 年第 2 期。

三、其他参考文献

1. 中国国务院新闻办公室：《西藏的现代化发展》白皮书，2001 年 11 月 09 日。

2. 中国国务院新闻办公室：《西藏的民族区域自治》白皮书，2004 年 5 月 23 日。

3. 中国国务院新闻办公室：《西藏的发展与进步》白皮书，2013 年 10 月 22 日。

4. 中国国务院新闻办公室：《西藏发展道路的历史选择》白皮书，2019 年 4 月 15 日。

5. 中国国务院新闻办公室：《伟大的跨越：西藏民主改革 60 年》白皮书，2019 年 3 月 27 日。

6. 中国国务院新闻办公室：《西藏和平解放与繁荣发展》白皮书，2021 年 5 月 21 日。

后　记

本书的完成用了非常长的时间。作为一项研究任务，最初来自中国藏学研究中心原副总干事、知名藏学家格勒研究员主持的国家级项目“西藏现代化若干重大问题研究”。出于对我的信任，2010年格勒研究员将西藏经济现代化研究的重要任务委托于我，我非常荣幸地接受并完成了这项任务。格勒研究员在中国藏学研究中心先后主持多项有关西藏现代化的重大项目，并取得了丰富的研究成果，我参与他主持的科研项目，也从中学到许多非常宝贵的经验与知识。在此首先感谢格勒研究员，感谢他的信任和学术上的指导。

早在2006年，我们还参加了张明（又名罗绒战堆）教授主持的西藏农牧业和农村方面的研究课题。当时几方面任务同时进行，为了完成这些课题，我邀请当时指导的硕士和博士研究生参与其中。张明在西藏安排了多次驻村调研，从而我们的调研得以顺利实施，本书的很多材料和观点就是在这些调研中形成的。感谢张明给予的各种帮助和指导。

郑州轻工业大学李国政副教授通读本书原稿，从内容到文字、标点都做了十分细致的修改。特别是在郑州出现“千年不遇”的洪灾之后，他冒着新冠肺炎疫情的风险前往昆明，与本书部分作者交流并在宾馆修改书稿，让我们十分感动。

2015—2016年，中国藏学研究中心党组原书记朱晓明研究员与我们在四川大学社会发展与西部开发研究院共事了一段时间。那时，朱晓明研究员担任四川大学中国西部边疆安全与发展协同创新中心西藏平台主任，我作为这个平台的秘书长，协助朱晓明研究员开展工作。在这一段时间里，我从他那里学习到很多当代西藏研究的知识，即使后来他离开了四川大学，我们也联系不断。这些知识对本书的完成起到了重要作用。在此表示感谢。

我先后在四川大学、云南大学工作，指导的硕士和博士研究生中有 20 多人参与了当代中国西藏研究的有关工作，并以此获得相应的学位。教学相长，我也从中学习到不少新知识。我工作过的四川大学、云南大学各位同事给予我非常多的帮助。在此一并致谢。

本书系国家社会科学基金重大招标项目“全国支援西藏建设的重要文献资料收集、整理与研究”（22&ZD239）阶段性成果，由本人及张艳红（云南民族大学）、刘建霞（四川大学）共同完成。在此，也对全国哲学社会科学工作办公室表示感谢。

中国藏学出版社洪涛社长、王维强总编辑，以及责任编辑杜冰梅副编审给予本书的完善与出版以大力支持。在此表示特别感谢。

杨明洪

2021 年 11 月 13 日

图书在版编目（CIP）数据

民族区域发展的奇迹：西藏经济实现中国式现代化研究/杨明洪，张艳红，刘建霞著.
—北京：中国藏学出版社，2023.5

ISBN 978-7-5211-0433-2

Ⅰ.①民… Ⅱ.①杨… ②张… ③刘… Ⅲ.①区域经济-经济现代化-研究-西藏
Ⅳ.①F127.75

中国国家版本馆 CIP 数据核字（2023）第 080601 号

民族区域发展的奇迹

——西藏经济实现中国式现代化研究

杨明洪 张艳红 刘建霞 著

责任编辑 杜冰梅
封面设计 李建雄
出版发行 中国藏学出版社
印　　刷 中国电影出版社印刷厂
印　　次 2023 年 5 月第 1 版第 1 次印刷
开　　本 787×1092 毫米 1/16
印　　张 23.25
字　　数 369 千
书　　号 ISBN 978-7-5211-0433-2
定　　价 82.00 元

图书若有印装质量问题，请与本社发行部联系
E-mail：dfhw64892902@126.com　电话：010-64892902